人は簡単には騙されない

嘘と信用の認知科学

ヒューゴ・メルシエ

高橋洋 訳

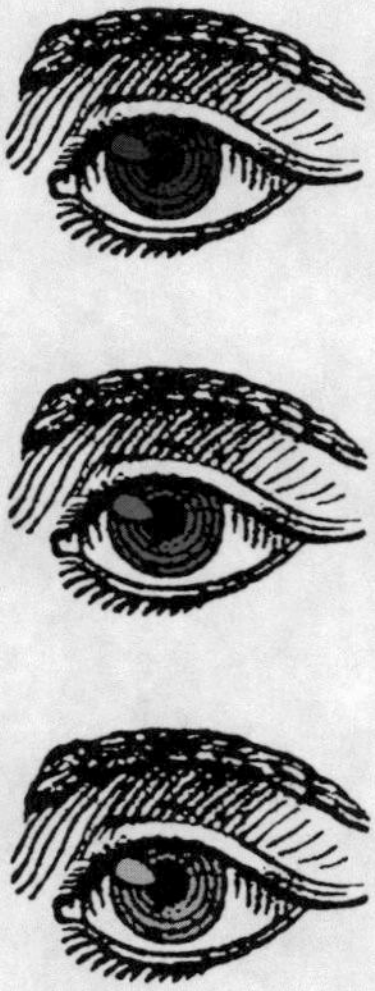

Not Born Yesterday

The Science of
Who We Trust and What We Believe

Hugo Mercier

青土社

人は簡単には騙されない　目次

人は簡単には騙されない　嘘と信用の認知科学

本書をテレーズ・クローニンに捧げる

謝辞

本書が提起する考えは、ダン・スペルベル、ファブリス・クレマン、クリストフ・ハインツ、オリヴィエ・マスカロ、グロリア・オリギ、デイドル・ウィルソン、ならびに私が書いた論文「認識的警戒」に基づいている。われわれはこの論文で、人間には伝達された情報を評価するための専用の認知メカニズムが備わっていると論じた。私はとりわけ私の論文指導者、共著者、師匠、友人であるダン・スペルベルに感謝している。彼は著作や議論を通じて私の考えを形作ってくれたばかりでなく、辛抱強く本書を読み、それに対するフィードバックを与えてくれた。ファブリス・クレマンは同じテーマに関して博士論文と『信じやすさのメカニズム（*Les Mécanismes de la crédulité*）』というタイトルの本を書き、私がヌーシャテル大学のポスドク研究員をしていた頃に、それについて二人で議論したことがある。ダンとファブリスの他にも、本書の考えは、コミュニケーション、信用、議論について論じる講座（二〇一八〜二〇一九）の学生たちからのフィードバック、パリ高等師範学校認知研究部門での議論、ペンシルベニア大学、さらには会議、レストラン、パブ、カフェで行なった会話に多くを負っている。私はそれらの場所で、誰彼かまわずつかまえては「人間は騙されやすくない」という考えを説いて回った。ライラ・サン・ロックは寛大にも、ドゥナ族におけるエビデンシャルの興味深い使用について知識を共有してくれた。また私は、うそ発見に関するクリス・ストリートの知識に多くを負っている。

草稿のすべて、あるいは一部に目を通してコメントしてくれた次の諸氏にお礼の言葉を述べたい。サッシャ・アルタイ（二回！）、ステファン・ブランケ、パスカル・ボイヤー、コラリー・シュヴァリエ、テレーズ・クローニン（二回！）、ギヨーム・ドゥゼカシュ、ヘレナ・ミトン、オリヴィエ・モラン、トム・スコット＝フィリップス、ダン・スペルベル、ラディ・アンブレスの諸氏である。

本書は、私のエージェントであるジョン＆マックス・ブロックマンと、最初からこのプロジェクトを信じ、とても貴重なフィードバックを与えてくれた編集者のサラ・カロがいなければ存在しなかったはずだ。またプリンストン大学出版局の担当チームにもお世話になった。

私は次の機関から資金援助を受けた。装備総局（とりわけディディエ・バザルジェット氏に感謝する）、ペンシルベニア大学の哲学、政策、経済プログラム（スティーヴン・F・ゴールドストーン氏の寛大な支援に感謝する）、ヌーシャテル大学の認知科学グループとスイス国立科学財団（Ambizione grant no. PZooP1_142388）、フランス国立研究機構（grant EUR FrontCog ANR-17-EURE-0017 to the DEC, grant ANR16-TERC-0001-01 to myself）、現在の私の雇用主で、ジャン・ニコ研究所というすばらしい施設で働けるように取り計らってくれたフランス国立科学研究センターの諸機関である。とりわけ私が所属する進化と社会認知に関するチーム（ジャン＝バプティスト・アンドレ、ニコラス・ボマード、コラリー・シュヴァリエ、オリヴィエ・モラン、ならびに学生、エンジニア、ポスドク研究生から成る）は、私に最高の社会的、知的環境を提供してくれた。

揺らぐことのない支援を与えてくれた両親、祖父母、拡大家族には、いくら感謝してもしきれない。私に愛情とは何かについて教えてくれたクリストファーとアーサーは、世界最高の子どもたちだ。また、もう少し従順になってくれたらと思うこともあるが、子どもは騙されやすくないということも教えてくれた。テレーズの激励は感謝しきれないほどの力をもたらしてくれた。すべてに感謝する。

はじめに

ある日私は、大学から歩いて帰る途中、身なりの良い中年男性に話しかけられた。彼は地元の病院の医師で、急患が出て急いでいるのだが、財布をなくしてタクシーに乗れない、だからどうしても二〇ユーロほど借りたいと言うのだ。そして私に名刺を渡し、そこに印刷されている番号にかければ、すぐに秘書が借りた金を返済すると言った。

それからあれやこれやのやり取りがあったあと、私は彼に二〇ユーロを渡した。

だが結局、名刺にあった名前の医師はいなかったし、その番号に電話しても秘書などいなかった。

私はなんと愚かだったことか。

それから二〇年が経過した今、その私が、人は簡単には騙されないと主張する本を書くことになろうとは、何たる皮肉であろうか。

人は簡単に騙される

私をとりわけ騙されやすい人だと思うのなら、以下の章を読むまで待ってほしい。そこには、地球は『ゲーム・オブ・スローンズ［ファンタジーテレビドラマシリーズ］』ばりに高さ六〇メートルほどの氷の壁に囲まれ平坦であると、[*1] 魔女が魔法のダーツを用いてやかんに毒を注入していると、地元のユダヤ人が過ぎ越しの儀式で血を飲むために少年たちを殺していると、民主党の幹部がピザ店を拠点に児童買春を行なっていると、北朝鮮の最高指導者だった金正日が瞬間移動《テレポート》能力や、天候をコントロールする力を持っていると、そして元米大統領のバラク・オバマが敬虔なイスラム教徒であると信じ込んでいる人びとが登場する。

テレビ、書籍、ラジオ、パンフレット、ソーシャルメディアによって拡散され、大勢の人びとに受け入れられるようになった、ありとあらゆる与太話を考えてみればよい。それなのになぜ、「人は簡単には騙されない」「私たちは、読んだことや聞いたことを何でも鵜呑みにしているわけではない」などと主張できるのだろうか？

人は騙されやすいという広く流布している見方に異を唱える私は、少数派に属する。古代ギリシャから二一世紀のアメリカに至るまで、また極左から極右に至るまで、知識人は大衆を救いようのないほど騙されやすい人びとの集団と見なしてきた。長い歴史を通じて、思想家たちは自分たちが目撃したと思い込んでいる状況に基づいて、「有権者は唯々諾々として大衆扇動者《デマゴーグ》に従う」「群衆は血に飢えたリーダーの先導で暴動に駆り立てられる」「大衆はカリスマ的人物に服従する」などといった暗澹たる結論を導いてきた。さらに二〇世紀中盤になると、被験者が権威に盲従し、自分の目で見た明白な証拠より集団の意見を信じることを示す心理実験によって、その考えが強化された。またここ数十年のあいだに、人間の騙されやすさを説明する、種々の高度なモデルが提起されてきた。彼らの主張の要点は次のようなものである。他者から学ばねばならないことがたくさんあるにもかかわらず、誰から学ぶべきかを見極めることが非常に困難であるため、私たちは「大勢に従え」「有名人に従え」などといった単純な経験則に頼りやすい。たとえ非適応的な実践や誤った信念［「belief」の訳で、単に個人が信じていることのみならず、世に出回っている集合的な信条のようなものも含む］を受け入れることになったとしても、人類はとにかく身近な文化を吸収する能力に依存することで、種《しゅ》としての繁栄を享受してきた。

本書は、以上の考えがまったくの誤りであることを明らかにする。私たちは、たとえ大多数の意見や、カリスマ的な有名人が支持する見解であったにせよ、言われたことを何でも無批判に受け入れたりはしない。それどころか、誰を信用すればよいのか、誰の言うことを信じればよいのかを見極めることに長けている。敢えて言えば、人はいとも簡単に他者の影響を受けるのではなく、むしろ非常に受けにくいというのが現実である。

人は簡単には騙されない

被暗示性は、文化的環境からスキルや信念を吸収するにあたって役立つなどといった利点があっても、第2章で論じるように、コストがかかりすぎるために安定性や一貫性を欠く。他者が伝達する情報の受け入れは、他者と自分の関心が整合する場合にのみ利益を生む。体内の細胞や巣内のミツバチについて考えてみればよい。人間同士のコミュニケーションに限って言えば、その種の関心の一致はめったに起こらない。妊婦が胎児の発する化学的なシグナルを疑うべき理由さえある。幸いにも、もっとも敵対的な関係においてすら、コミュニケーションを機能させるやり方が存在する。獲物は自分を追わないよう捕食者を説得することができる。しかしそのようなコミュニケーションが成立するためには、シグナルの受け手は、それを信じるほうがよい結果が得られるという強い保証を必要とする。メッセージは、概して誠実なものでなければならない。人間の場合、誠実さは伝えられた情報を評価する一連の認知メカニズムによって保たれる。私たちはこのメカニズムを通じて、非常に有益なメッセージは進んで受け入れ（開放性）、きわめて有害なメッセージは捨てる（警戒）。私は、本書の中心的なテーマをなすこのメカニズムを「開かれた警戒メカニズム（open vigilance mechanism）」と呼んでいる。*2

では、かくも大勢の学者たちによって人間の騙されやすさの裏づけとして用いられてきた「観察結果」をどう考えればよいのか？　実のところ、そのほとんどは広く流布している誤解にすぎない。第8章と第9章で取り上げる研究によれば、デマゴーグ、広告業者、説教師、宣伝工作員など、大衆を説得しようとする人びとのほとんどは、みじめに失敗する。中世ヨーロッパの農民は、キリスト教の教えに対する頑強な抵抗によって多くの牧師を絶望の境地に追いやった。チラシの配布、ロボコール［自動音声メッセージによる宣伝目的の電話］などの選挙戦略は、大統領選挙の帰趨にほとんど影響を及ぼさなかった。非常に強い影響力を持っていたと見なされているナチスのプロパガンダは、ドイツ人をナチスシンパに変えることすらできず、聴衆にほとんど影響を及ぼせなかった。

人間がほんとうに騙されやすいのなら、人びとに影響を及ぼすのはいとも簡単なはずだ。だが実際にはそうではない。それでも、きわめて愚かな考えを抱く人がいることに間違いはない。だからここで説明が必要なのは、なぜ妥当なものも含め非常に流布しにくい考えがある一方で、まったく見当違いなものも含めいとも簡単に流布する考えがあるのかという一般的な傾向である。

開かれた警戒メカニズム

開かれた警戒メカニズムの理解は、コミュニケーションの成功や失敗を説明する際のカギになる。このメカニズムはさまざまな手がかりを処理して、言われたことをどの程度信じればよいかを教えてくれる。それには、受け取ったメッセージが、自分が真であるとすでに信じている見方と一致するかどうか、あるいはすぐれた議論に裏づけられているかどうかを判断するメカニズムが含まれる。また、情報源に注意を喚起するメカニズムもある。彼は、信頼できる情報を握っているのだろうか？　彼女は私の利害について理解しているのだろうか？　彼の発言が誤りであることがわかった場合、彼に説明責任の遂行を求められるのか？

子どもや乳児を含めて開かれた警戒メカニズムがうまく機能していることを示す、実験心理学の証拠が多数ある。このメカニズムのおかげで、私たちはきわめて有害な主張を捨て去ることができるのだ。それと同時に、私たちがおりに触れて誤った考えを受け入れてしまうのも、このメカニズムのゆえなのである。

開かれた警戒メカニズムは高度な仕組みであり、新たな情報を学んで取り入れることを可能にしてはいるが、無限の柔軟性を持つわけではない。親愛なる読者のみなさんは、人類の祖先が進化してきた頃とは非常に異なる情報環境のもとで暮らしている。一度も会ったことがない人びと（政治家やセレブ）や自分に影響を及ぼすことのないできごと（外国で起こった災害や最新の科学的発見）、あるいは訪れたことのない場所（大洋の海底や遠い銀河）に関心を抱いている。また、誰が言い出したのかわからないさまざまな情報を受け取っている。エルヴィスがまだ生きているといううわさを誰が広めたのか？　両親の宗教的信念は何に由来しているのだろうか？　私たちの祖先にはまったく実践的な意味がなかったはずの見解について、自分の意見を求められることもある。地球はどんな形をしているのか？　生命はいかに誕生したのか？　大規模な経済システムを構築するための最善の方法は何か？　私たちの備える開かれた警戒メカニズムが、このとても奇妙なすばらしき新世界［「brave new world」の訳で、オルダス・ハクスリーの同名のディストピア小説に言及している］で完璧に機能したなら、むしろそのほうが驚きだ。

　現代の情報環境は、私たちの持つ開かれた警戒メカニズムを安心安全圏《コンフォートゾーン》から追い出し、誤謬の生産を促している。概して言えば、私たちは不正確なメッセージを受け入れるより、気候変動の現実からワクチン接種の効果に至るまで、有益なメッセージを拒絶する可能性のほうが高い。しかし、それとは異なる誤り方があり、それは開かれた警戒メカニズムの欠陥より、それが依拠している情報内容が孕む問題から生じる。人びとは、自分の持つ知識、信念、直観を賢明に用いて言われたことを評価する。しかし残念ながら、直観は、一定の領域で系統的に誤りやすい。誰かに「私たちは（球体ではなく）平面に立っている」、あるいは「あなたの祖先は皆、あなたにとてもよく似ていた（そして魚のようには見えなかった）」と言われ、それを確かめる手段が他に何もなければ、あなたはそれらの発言をごく自然に信じてしまうことだろう。だが広く流布した虚偽の信念の多くは、雄弁家によって広げられたのではなく、本質的に直観に訴えるがゆえに拡散したのだ。

平坦な地球という考えは直観に訴えるが、高さ六〇メートル、長さ数千キロメートルの氷の壁は、直観的とはとても言えない。金正日のテレポート能力も同様である。幸いなことに、世に出回っているもっとも常軌を逸した信念は、表面的に受け入れられているにすぎない。賭けてもよいが、地球平面説を擁護する人も、大洋の彼方に高さ六〇メートルの氷壁を実際に見出したら、ショックを受けるに違いない。金正日がスタートレックばりにテレポートするところを目にすれば、彼にへつらう腰巾着でさえ、混乱して目を回すだろう。そのような信念が流布する理由を知るために問われるべきは、「なぜ人びとはそれを受け入れるのか？」ではなく、「なぜ人びとはそれを口にするのか？」である。人間には自分が正しいと信じている見方を他人と分かち合いたがる傾向がある点は別として、自己の信念の公言には、自分の存在を印象づける、他者をいらだたせる、喜ばせる、誘惑する、操作する、安心させるなど、さまざまな理由が存在する。それらの目標は、現実との関係があいまいな言説、あるいはときに真実とは正反対の言説を発することで、もっともうまく達成できる場合がある。開かれた警戒メカニズムはそのような動機のもとで、倒錯的にももっともあり得そうな考えではなく、とてもあり得そうにない考えを同定するために動員されてしまうのだ。

非常に直観的な考えから信じられないほどばかげた考えに至るまで、誤った考えが流布してしまう理由を知りたければ、私たちは開かれた警戒メカニズムの機能を理解しなければならない。

本書の理解

本書を読み終える頃には、読者は、何を信じるべきか、あるいは誰を信用すべきかをめぐって私たちがいかに判断を下しているのかを理解できるようになっているはずだ。また広告や勧誘などの月並みなものから、洗脳やサブリミナル効果などの極端なものに至るまで、大衆説得の試みのほとんどが、みじめにも失敗してきたことを知るだろう。あるいは、うまく流布していく誤った考えもあれば、拡散しにくい有益な洞察もある理由について何らかの手がかりが得られるだろう。そして、私がニセ医師に二〇ユーロを手渡してしまった理由もわかるだろう。

読者にはぜひ本書に提起されている議論の主旨を受け入れてほしいと、私は願っている。だがその言葉を頭から信じないでほしい。自分の読者によって自分の考えが間違っていることが証明されるのは最悪だからだ［読者が著者の言うことを単純に鵜呑みにすれば、人は簡単に他者の言うことを信じ込んだりはしないという自分の主張が反証されてしまうからということだろう］。

第1章　人は簡単に騙される

数千年間、人びとはあまたの奇妙な考えを受け入れ、不合理な行動に走るよう説得されてきたようだ。それらの信念や行動は、「大衆は騙されやすい」という見方に信憑性を与える。だが実のところ、話はもっと込み入っている（あるいは以後の章で検討するようにまったく異なってさえいる）。とはいえ、人間の騙されやすさを示す事例をまず取り上げることから始めよう。

紀元前四二五年、アテネはスパルタと、双方にとって破壊的な戦争をすでに数年間続けていた。ピュロスの戦いでは、アテネの艦隊と陸上部隊は、スパルタの軍勢をスパクテリア島に追い詰めた。精鋭の兵士が多数捕虜になったのを見て取ったスパルタのリーダーは、アテネに有利な条件を提示して講和を求めた。アテネはその申し出を拒絶した。かくして戦争は続き、今度はスパルタが優位に立った。紀元前四二一年に（一時的な）平和条約が調印されたとき、アテネにとって条件ははるかに厳しくなっていた。この失策は、アテネが下した一連のまずい決定の一つにすぎない。他のまずい決定には、征服した都市の全市民を殺戮するなどの道徳的に許されざる決定や、失敗に終わるシケリア遠征を敢行するなどといった戦略的な観点からして破滅的な決定もあった。最終的にアテネは戦争に敗れ、かつての力を取り戻すことは二度となかった。

一二一二年、フランスとドイツの「大勢の貧者」が、カトリック教会のために異教徒と戦い、エルサレムを奪還するために十字架を取った。[*1] 貧者の多くは非常に若かったため、この運動は「少年十字軍」と呼ばれている。若者たちはサン＝ドニ大聖堂で祈りを捧げ、フランス王に会い、奇跡の実現を願った。しかし、奇跡は起こらなかった。資金もなく訓練もされていない、まとまりのない一群の少年たちにいったい何を期待できようか？　実際、ほとんど何も達成できなかった。多くは遠征の途上で死に、エルサレムにたどり着いた者は一人もいなかった。

一八世紀中頃、南アフリカの牧畜民族コーサは、イギリスによって新たに課せられた規則に苦しんでいた。コーサ族のなかには、自分たちが飼っている家畜をすべて殺し、作物を焼き払えば、イギリス人を追い払ってくれる亡霊の軍隊が到来すると信じていた人びとがいた。彼らは実際に数千頭の家畜を犠牲にし、畑に火を放った。しかし亡霊の軍隊はやって来ず、イギリス人は居座り、人びとは死んだ。

二〇一六年一二月四日、エドガー・マディソン・ウェルチは、アサルトライフルと回転式連発拳銃《リボルバー》とショットガンを携えて、ワシントンD．C．のピザ店「コメット・ピンポン」に押し入った。強盗を働くためではなく、地下に子どもたちが監禁されていないか確認するために押し入ったのである。というのも、クリントン夫妻（元米大統領ビル・クリントンと、当時大統領選を戦っていたヒラリー・クリントン）が性的人身売買を組織化し、その拠点の一つが「コメット・ピンポン」であるといううわさが流れていたからだ。ウェルチは逮捕され、現在も服役中である。

無条件の信用

大衆に対して優越感を抱いている学者たちは、「過度に他者を信用しようとする」「カリスマ的なリーダーに、能力や動機を度外視して直観的に従おうとする」「信憑性の如何に関わりなく聞いたことや読んだことを鵜呑みにする」「災厄に巻き込まれようが群衆に追随しようとする」などといった人間の持つ傾向によって、それらの疑わしい決定や奇妙な信念の由来を説明しようとする。「大衆は騙されやすい」というこの説明は、本書で明らかにしていく通り間違っているにもかかわらず、これまで非常に大きな影響力を持っていた。

なぜアテネはスパルタに敗れたのだろうか？　ペロポンネソス戦史を著したトゥキディデスを始めとする多くの歴史家が、「大衆に対して非常に大きな影響力を持つ」成り上がり者で、この戦争における最悪のヘマのいくつかに責任があるとされているクレオンらのデマゴーグの影響を指摘している。*2 一世代あとのプラトンは、トゥキディデスの議論を民主制自体の告発へと拡張した。プラトンにとって多数者による統治は、「暴徒を自由に操り」やがて僭主と化すリーダーの出現を必然的に促す。*3

なぜ若者の集団が、遥か彼方の土地に侵攻するという無益な希望にほだされて故郷を捨てたのだろうか？　彼らは、インノケンティウス三世によって企図された新たな十字軍への参加を求める呼びかけに応じてそのような行動に出たのだ。実のところ、ハーメルンの笛吹き男の伝説は、彼らの信じやすさに着想を得たと言われている。この伝説の笛吹き男は、魔法の笛を吹いて、それを聞いた子どもたちに絶対的な権力を行使したという。*4 民衆の十字軍はまた、「人々を奴隷の群れとして（専制君主や僭主）の手に明け渡し、自分の好きなように扱った」としてキリスト教会を厳しく非難したドルバック男爵らの、啓蒙時代に提起された批判を理解する際にも役立つ。[*5]

コーサ族は、なぜ自分たちの家畜を殺したのか？　それより一世紀前、フランス啓蒙思想の中心人物であったコンドルセ侯爵は、小規模社会のメンバーが「ペテン師や魔術師」を過剰に信頼して「すぐに騙される」と述べた。[*6]　コーサ族は、この構図に当てはまる。彼らは、死者が立ち上がってイギリスと戦い、「誰も生活苦を経験することがなく、望むものが何でも手に入り、あらゆるものを好きなだけ利用できる」新たな世界が到来するという未来像《ビジョン》を見た、ノンガウセという名の若い女預言者に取り込まれたのである。[*7]　それに対して「ノー」と言える人がいるだろうか？　どうやらコーサ族も「ノー」とは言えなかったらしい。

なぜエドガー・マディソン・ウェルチは、何も悪いことをしていないピザ店のありもしない地下室からいるはずのない子どもたちを救おうとして刑務所送りになったのか？　彼は、悪魔崇拝者がアメリカを乗っ取る、政府が故意に大災害を引き起こしたなどといった、奇怪な陰謀論を吹聴するのを得意としているカリスマ的なラジオ番組司会者、アレックス・ジョーンズの話を聞いていたのだ。[*8]ジョーンズは、クリントン夫妻と彼らの側近が子どもの性的人身売買を行なう組織を率いているという考えを取り上げたことがあった。『ワシントン・ポスト』紙の記者が指摘するように、ジョーンズや彼の同類項たちは、「騙されやすさがマーケットを形成する」がゆえに、大それた理論を商うことができるのだ。[*9]

人びとはたいがい信じやすく、根拠のない話をすぐに真に受け、騙されて愚かで高くつく行動に走りやすいというのが、識者の一致した見解である。事実これほど、普段は考えが劇的に異なる識者のあいだでさえ、みごとに意見の一致が得られる見解はなかろう。説教師は、彼らが信じる神以外の神を崇拝する「信じやすい大衆」を厳しく非難する。[*10] 無神論者は、いかなる神を崇拝しているかを問わず説教師に追随する信者の「ほとんど超人的とさえ言える騙されやすさ」を指摘する。[*11] 陰謀論者は、公式ニュースを無邪気に受け入れる「マインドコントロールされたシーパル〔〈sheep ヒツジ〉＋〈people（人間）〉で、ヒツジのように大勢に従う人びとを指す〕」より、自分たちのほうが優秀だと感じている。[*12] 陰謀論を暴く人びとは陰謀論者を、怒ったエンターテイナーが売り込むほら話を真に受ける、「超がつくほど騙されやすい人びと」と考えている。[*13] 保守主義を信奉する思想家は、恥知らずのデマゴーグにそそのかされ、伝染する感情にあおられて暴動を起こす大衆の犯罪的な信じやすさを非難する。左派は伝統的に、大衆の受動性を支配的イデオロギーの受容によって説明してきた。「個人は、自己の抑圧を自分の人生として〈進んで〉受け入れている。元来の本能的な欲求に基づいて行動するのではなく、自分が望んでしかるべきとされていることを望む」のだ。[*14]

人類の歴史のほとんどの期間を通じて、社会の理解の基盤として信じやすい大衆という概念が通用してきた。人びとはデマゴーグにいとも簡単に取り込まれるという想定は、古代ギリシャから啓蒙時代に至る西洋思想にあまねく浸透し、「政治哲学における民主制に対する懐疑の主たる根拠」をなしてきた。[*15] 現代でも識者たちが、人間の騙されやすさにつけ込むことで政治家がいとも簡単に有権者を操れることを嘆いている。[*16] しかし一九五〇年代以来、社会心理学者が行なってきたいくつかのよく知られた実験ほど、人びとが影響を受けやすいことをはっきり示した証言はない。

騙されやすさの心理学

最初に登場するのはソロモン・アッシュである。アッシュは彼が行なったもっとも有名な実験で、「図1の右側の三本の線のうち、左側の線と同じ長さを持つのはどれか?」という単純な問いに答えるよう被験者に求めた。[*17] 三本の線は互いに長さが異なり、そのうちの一本は明らかに左側の線と長さが一致していた。それにもかかわらず、被験者は三〇パーセント以上の試行《トライアル》で間違った。なぜ被験者は、その種の明らかな間違いを犯したのか? その理由は次のとおりである。各被験者が自分の意見を求められる前に、すでに何人かがその問いに答えていた。被験者は知らなかったことだが、その何人かとは実験者が選んでおいた協力者だったのだ。あるトライアルでは、協力者全員が間違った線を選んだ。ちなみに協力者たちは、彼らの素性を知らない被験者に対していかなる影響力も持っておらず、しかも間違いであることが明らかな答えを出した。それにもかかわらず六〇パーセント以上の被験者が、少なくとも一度は協力者に追随したのである。著名な社会心理学者であったセルジュ・モスコヴィッシが著した教科書には、この結果が「現実や真実に背を向けることになると本人が認識していても無条件に集団に従おうとする傾向、すなわち同調のもっとも劇的な事例の一つである」と書かれている。[*18]

ソロモン・アッシュの次に登場するのはスタンレー・ミルグラムである。ミルグラムの最初の有名な実験は、アッシュの実験と同様、同調に関する研究であった。彼は数人の学生に、歩道に立って建物の窓を見つめるよう指示した。そしてそばを通る何人の歩行者が彼らの真似をするか数えた。[*19] 十分な数の学生が同じ方向を見つめていると（決定的なグループの規模はおよそ五人のようだった）、歩行者のほぼすべてが学生たちに追随して建物を見つめた。人は群衆に従わざるを得ないかのごとく。

しかしミルグラムは、のちに行なった、それよりはるかに挑発的な実験によってもっともよく知られている。[*20] この研究では、被験者は学習に関する調査という触れ込みの実験に参加するよう求められた。実験室にやって来た被験者は、別の被験者に紹介される。この実験でも、別の被験者とは実のところミルグラムの協力者だった。実験者は、二人のうち一人を生徒に指定した。その際、表向きはランダムに決めているかのように見せかけたが、実際にはつねに協力者が生徒として指定された。それから被験者は、電気ショックを受けないようにしようとする人のほうが、より効率的に学習できるか否かを検証することが実験の目的だと告げられる。さらに生徒は一連の言葉を覚えなければならず、被験者は生徒が記憶違いを犯した場合、電気ショックを与えなければならないと言われる。

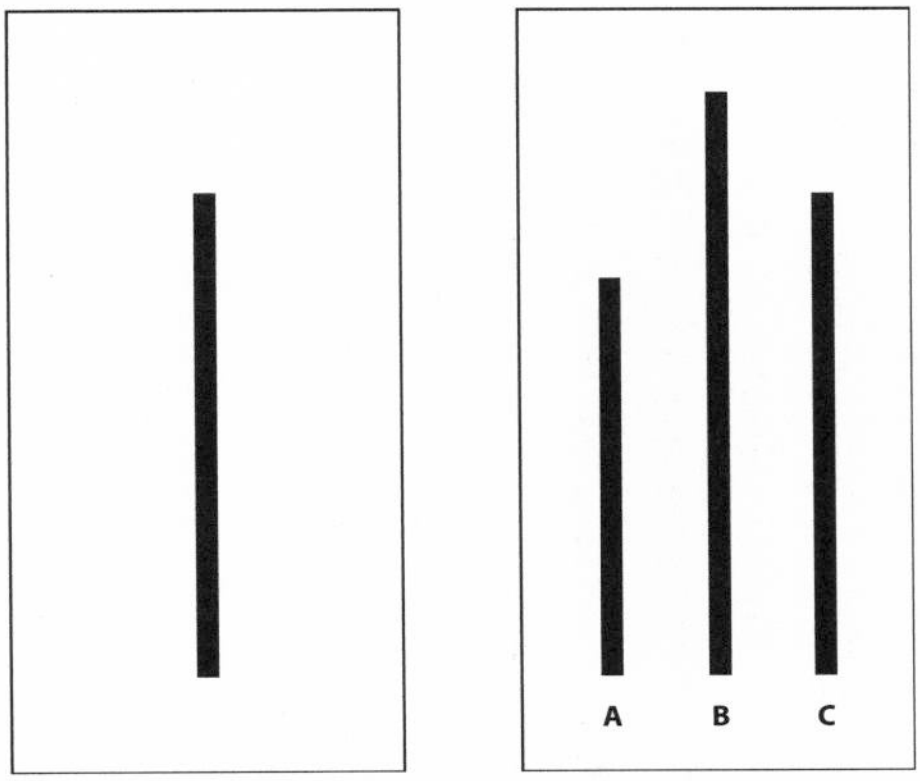

図1：アッシュの同調実験で提示された線分（ウィキペディアより）

実験の流れを具体的に説明しよう。被験者は一連のスイッチが並ぶ大きな装置の前に座らされた。スイッチは生徒に電撃を加えるためのもので、次第に電圧が高まっていくよう配置されていた。生徒は少し離れた別室に連れて行かれたが、被験者はマイクロフォンを通じて生徒の声を聞くことができた。生徒は最初、記憶テストをうまくこなしていたが、課題がむずかしくなるにつれ頻繁に間違うようになる。生徒に電気ショックを加えるよう実験者にせっつかれたすべての被験者が、その指示に従った。これは特に驚くべきことではない。最初のスイッチには、「軽い電気ショック」と表記されていたからである。生徒が間違いを犯し続けると、実験者はより高圧の電気ショックを加えるよう被験者を促した。スイッチの表記は「軽い電気ショック」「中程度の電気ショック」「強い電気ショック」「非常に強い電気ショック」と次第に強力になっていったが、すべての被験者がそれらのスイッチを押し続けた。「激烈な電気ショック」（三〇〇ボルト）と表記されたスイッチに至って初めて、数人の被験者がスイッチを押すことを拒否するようになった。その間生徒は、苦痛を表明するさまざまな言葉やうめきを発していた。そしてある時点で、生徒は苦痛に耐えられなくなり、「ここから出してくれ！　もういやだ！　出してくれ！」とわめきちらしながら、被験者にやめるよう懇願し始めた。[*21] 心臓の異常を訴えすらした。それでも大多数の被験者は、電気ショックを加え続けたのである。

「極端に激烈な電気ショック」と表記されたスイッチに至ると、さらに数人の被験者がスイッチを押さなくなった。ある被験者は、「危険：極度の電気ショック」と表記されたスイッチを押さねばならなくなったときに拒絶した。その段階では、生徒は悲鳴さえあげず、ただ「出してくれ！」と懇願するだけになり、やがて何の反応も示さなくなった。しかしそれでも被験者の三分の二は、「XXX」という不気味な表記のある四三五ボルトと四五〇ボルトのスイッチを押したのだ。要するにミルグラムは、実験に参加したごく普通のアメリカ市民の多くに、苦痛に身をよじり慈悲を求めている（と彼らが考えている）仲間の市民に対して、致命的な結果をもたらしうる（と彼らが考えている）電気ショックを加えるよう仕向け、それに成功したのである。

以上の実験結果や、類似の現象を示唆していると考えられる無数の歴史的事例に鑑みると、政治哲学者ジェイソン・ブレナンの次のような圧倒的な主張に同意せずにはいられない。彼によれば、「人間は真実や正義ではなく見解の一致《コンセンサス》を求めるべく配線されている。社会的な圧力によって束縛され、権威に過剰な敬意を表明する。一致した見解の前ではひるみ、理性よりも何かに属したいという欲求、情動的な訴えかけ、性的魅力に揺り動かされるのだ[22]」。心理学者のダニエル・ギルバートらはそれに同意して次のように主張する。「実のところ人間は疑い深いというより騙されやすいという見方は、〈私たちの本性に関するもっとも重要でありふれた概念の一つだ[23]〉」

人間は本質的に信じやすいと考えるべきなら、次に問われればならないのは「なぜ？」である。すでに紀元前五〇〇年に、記録に残る最初の古代ギリシャの哲学者の一人であるヘラクリトスは、次のように問うている。

自分たちのなかにいったい何人の愚か者や盗人がいるのかも、善を選択する人がいかに少ないかも考慮せず、雄弁家にこぞって誘導されてしまう人びとの知的能力にいかなる価値があるのか？[24]

ヘラクリトスのこの言葉は、それから二五〇〇年が経過した現代でも、「なぜ人は、恐ろしく騙されやすいのか？」という、ＢＢＣが掲げた、より散文的ながら簡潔な見出しにこだましている。[25]

信じやすさの適応性

社会心理学者に人間の信じやすさを例証しようとする傾向が見られるとするなら、人類学者はたいていそれを自明のことと見なしている。[*26] 彼らの多くは、伝統的な信念や行動の維持を正常な営為と見なしてきた。それらの営為は、子どもたちが周囲を取り巻く文化を吸収することで維持されてきたのである。人類学者は論理的に、前世代の知識や技能の単なる受け手と彼らが考える子どもに、ほとんど注意を払ってこなかった。[*27] 批判的な人類学者は、「人間は周囲の文化を何でも吸収する」という前提を、「文化の網羅的伝達」[*28]、あるいはより軽蔑的に「内面化の〈ファックスモデル〉」[*29]と呼ぶ。

この文化的伝達のモデルはその単純さによって、人びとが信じやすい理由を理解するのに役立つ。人間は信じやすいからこそ、先祖の世代が獲得してきた知識や技能を学べるのである。かくして生物学者のリチャード・ドーキンスは、「子どもに組み込まれた騙されやすさ」を「言語や伝統的な知恵の学習における有用性」によって説明する。[*30]

魔術信仰から纏足《てんそく》の実践に至るまで、年長者から受け継ぐべきではない「伝統的な知恵」を思い浮かべるのは容易だが、そういった有害な慣習は例外的であり、文化的に獲得された信念は、十分に理にかなっているのが普通だ。具体的に言えば、私たちは毎日、会話を始めとして、歯を磨く、服を着る、料理をする、買い物をするなど、文化的な影響を受けた行動を無数に実践している。

考古学的証拠や人類学的証拠の示すところによれば、文化的な技能はこれまで長く、人間の生存にとって不可欠であった。小規模社会のメンバーは、採集、狩猟、調理、衣服の製作、生存に不可欠のさまざまな道具の生産に必要な伝統的な知識やノウハウに依存している。[*31]

文化的伝達の「ファックスモデル」は、その単純さのおかげで、周囲の文化から学習することで得られるさまざまな利点を際立たせるとしても、その限界は明らかである。そもそもこのモデルは、ごく小規模の自足した社会にさえ見出される文化的変化の度合いを過小に見積もっている。儀式のように、グループメンバー全員によってきわめて類似したあり方で実践されている行動もあるとはいえ、ほとんどの行動は多様である。あらゆるハンターが獣道を見て同じことを知るわけでも、採集者の誰もが同じテクニックを用いて木の実を探すわけでも、すべてのアーティストが等しく魅力的な歌や彫刻や絵を制作するわけでもない。したがって前世代のやり方を無条件に模倣しようとする人でさえ、「誰を模倣すべきか?」をめぐって判断を下さねばならない。

この問いに答えるためのもっとも先進的な枠組みの一つに、人類学者のロバート・ボイドと生物学者のピーター・リチャーソンによって提起された理論がある。[*32]「遺伝子と文化の共進化」と呼ばれるこの理論は、人類の進化の過程で遺伝子と文化が相互に影響を及ぼし合ってきたと主張する。とりわけ二人は、文化が人類の生物学的進化を形作ってきたと主張する。文化のどの部分を模倣すべきかを選択することが非常に重要ならば、人類は自然選択を介して、この問題をできるだけ効率的に解決することを可能にするメカニズムを進化させてきたはずだ。人類はこれまで、周囲のおおむね正しい様相をとらえる、食物を探す、捕食者を回避する、生殖相手を得る、交友関係を結ぶなどといったことがらをめぐって、私たちの祖先が直面しなければならなかった種々の問題に取り組むための素質を進化させてきた。[*33]ならば、私たちが仲間や年長者の文化を獲得するのに役立つメカニズムも進化させたと考えることは理にかなう。

誰から学ぶべきかという問いに答えるにあたって、私たちは誰がうまくやっているかを観察することから始める。アレックスは料理が上手だ。レネは人づきあいがとてもうまい。だから彼らから学ぶことは理にかなう。しかし問題をこのように狭く限定しても、模倣すべき行動は無数にある。アレックスがかくもおいしい料理を作れる理由やその方法を正確に把握するにはどうすればよいのか？「彼の髪型は関係ないだろう」など、いくつかの候補は直観的に排除できる。しかしそれでも、素材や料理にかける時間などの明らかな要因から、使っているタマネギの種類やコメのとぎ方などといった特殊な要因に至るまで、多くの可能性が残る。レシピを真似しようとして気づくことがあるように、料理の成功の秘訣はきわめて見えにくいものでもありうる。[*34]

より効率的に他者から学ぶことに関して、ボイドとリチャーソン、あるいは人類学者のジョー・ヘンリックや生物学者ケヴィン・レイランドらは、人間には文化的学習を導く一連のおおまかな発見的方法《ヒューリスティクス》が備わっていると主張する。[*35] その一つとして、もっとも成功した人から学ぶ能力があげられる。彼らの成功がどの行動に由来するのかを見極めることは困難なので（アレックスはなぜおいしい料理を作れるのか）、成功した人の行動や考えを、身なりから髪型に至るまで無差別に模倣するほうが確実かもしれない。このような見方は「成功バイアス」と呼ばれる。

他のヒューリスティクスに、大多数の人びとの行動を模倣する「同調バイアス」がある。[*36] このバイアスは、「貴重な情報を収集する独自の能力が各人に備わっているのなら、広く受け入れられている考えや行動はすべて、採用する価値がある可能性が高い」と考えれば理解できる。

その種のヒューリスティクスは他にもたくさん考えられる。たとえばヘンリックと彼の同僚のフランシスコ・ギル＝ホワイトは、ある種の同調バイアスを用いて成功バイアスを改善することをあげている。[*37] 彼らの指摘によれば、誰が成功しているのかを見極めることさえ困難になることがある。たとえば小規模社会では、どのハンターが多くの獲物を捕らえるかは日によって大幅に異なる。[*38] そのような統計的なランダムさのもとでは、どのハンターを模倣すべきかを決めることは困難だ。それでも、人びとの態度に着目することは可能である。つまり大勢の人びとが特定の個人に注目していれば、言い換えるとその個人に名声があれば、その人物を模倣することには価値があるかもしれない。ヘンリックとギル＝ホワイトによれば、そのような「名声バイアス」は高度に適応的である。

ボイド、リチャーソン、ヘンリックらは、おおまかなヒューリスティクスに依拠することで、いかに個人が周囲の文化を最大限に利用できるかを示す高度なモデルを構築してきた。それらのヒューリスティクスの別の利点として、認知的なコストがかからない点があげられる。つまり費用便益の複雑な計算をせずに、多くの人びとが何を信じているかを見極めてその信念を採用したり、誰かが他の誰よりも何かをうまくこなしていることを知って、その人のあらゆる行動を模倣したりすることができるのだ。[*39]

とはいえ大多数の意見が間違っていたとしたら、あるいはもっとも成功し、最高の名声を獲得した人が単に幸運に恵まれていたにすぎなかったとしたらどうだろう？　その種のおおまかなヒューリスティクスは、安価なコストで相応の結果が手にできるお買い得の手段だったとしても、系統的な誤りを引き起こしうる。

だがボイド、リチャーソン、ヘンリックは、決してひるまない。日本の神風特攻隊の自己犠牲は、集団にとっては有益でも個人にとっては有害な文化的要素の流布を可能にする一種の同調バイアスに基づくものとして説明される。[*40] 名声バイアスは、セレブが自殺したあとで自殺者の数が増える理由を説明する。[*41] またそれほど劇的ではないが、成功バイアスはバスケットボールのスター、マイケル・ジョーダンの運動能力と下着の趣味のあいだにはいかなる関係もないはずにもかかわらず、彼が宣伝する下着を消費者が買う理由を説明する。[*42]

遺伝子と文化の共進化を支持する理論家たちはひるまないばかりでなく、喜んで反論に立ち向かう。彼らは、「社会的学習の恩恵を得るためには、人は信じやすくなければならず、自分が属している社会で観察されるたいていの方法を理にかなった妥当なものとして受け入れる」という考えを認める。[*43] 実のところ、おおまかなヒューリスティクスへの依存が、有用な信念や行動ばかりでなく愚昧な信念や非適応的な行動の流布をもたらすという事実は、「これらの規則の持つ興味深い進化的特徴を示している」。[*44] 非適応的な文化が拡大するのは私たちが文化に適応しているからだとする、この考えの新しさは、それだけ余計に魅力的に思える。

人は簡単には騙されない

社会科学理論の多くは、この遺伝子と文化の共進化という枠組みで大雑把にとらえられるだろう。「支配階級の考えは、いつの時代にも支配的な考えである」とマルクスとエンゲルスは指摘している。[*45]

これは成功バイアスだ。人々は無条件に大多数の意見に従う。これは同調バイアスである。カリスマ的なリーダーは、派閥のメンバーによる崇拝から大衆のコントロールへと進んでいく。これは名声バイアスに基づいている。数世紀にわたる政治哲学、実験心理学、生物学的知見に基づくモデルなどの知的伝統における信じられないほど多数の説が、人は概して信じやすく、過剰に権威に追随し、過度の体制順応者だとする理解に集約される。

それらがすべて誤っている可能性はないのだろうか？

私は本書を通じて、「大衆は騙されやすい」とする考えの基盤を掘り崩していくつもりだ。とりあえずここでは、その要点を記しておこう。

ひとたび戦略的な側面を考慮すれば、騙されやすさはいとも簡単に他者に利用され、よって適応的でないことがわかる。人は騙されやすいどころか、伝えられた情報を慎重に評価することを可能にする専用の認知的メカニズムを備えている。私たちは有名人や大多数の意見に無条件に従うのではなく、多くの手がかりをもとに何を信じるべきか、誰がもっともよく知っているのか、誰を信用すべきか、どう感じるかを判断するのである。

デマゴーグから広告業者に至るまで、さまざまな人物や制度によって、有史以来大衆説得の試みが繰り返しなされてきたが、その事実は人間の騙されやすさの証明にはならない。それどころか、それらの試みが何度も失敗してきたことは、まとめて人びとに影響を及ぼすことのむずかしさを例証する。

最後につけ加えておくと、デマから超自然的な存在に対する信念に至る、いくつかの誤謬の文化的な成功は、人間の信じやすさによってはうまく説明することができない。一般には、誤謬は有名人やカリスマ的人物などの供給側《サプライサイド》の押しつけによってではなく、自分の見方に適合し、自分の目的に資する信念を人びとが求めているという需要側の要件に基づいて流布するのである。幸いにも、よくある誤謬のほとんどは、他の心の部位から切り離され、現実的な結果をもたらすことがほとんどない。だからこそそれを受け入れたとき、比較的のほほんとしていられるのだ。

第2章　コミュニケーションにおける警戒

人間の信じやすさを擁護するもっともわかりやすい議論は、それによって仲間や祖先の知識が得られるというものだ。他者の行動や考えを模倣し、単純なヒューリスティクスに依拠して誰を模倣すべきかを決め、また多くの人びとや著名なリーダーが何をし、考えているのかを見極めようとする傾向は、これまで蓄積されてきた豊富な知恵にアクセスするための手軽な手段になる。

しかしこの議論は、人間同士のやり取りに必ずや含まれる戦略的要素を考慮に入れていない。その手の議論には、模倣される個人が適応的な行動を実践し、正確な信念を形成するべく全力を尽くしているという前提がある。だから模倣される個人が、模倣する人びとに影響を及ぼそうとする意図を持つ可能性を考慮していない。だが、そのような意図を持とうとしない理由はないはずだ。他人に影響を及ぼすことができれば、それは大きな力になる。そして進化的観点から言えば、大きな力を手にすれば、絶好の機会が得られる。

他者に影響されるとともに他者に影響を行使するよう人間が進化するのなら何が起こるかを理解するのにもっともふさわしい枠組みは、「コミュニケーションの進化」である。この理論から得られる直観に反する予測は、動物の不可解な行動に格好の事例を見出すことができる。本章では、それについて詳しく検討する。

奇妙な行動をとる動物たち

オーストラリア東部の森林地帯を訪れると、奇妙な構造物に遭遇することがある。草でできた、小さな家のような構造物で、木の実、卵の殻、金属片、種々の色鮮やかな物体で飾られている。アズマヤと呼ばれるこの構造物を作っているのは、地元民ではなくマダラニワシドリと呼ばれる鳥類である。マダラニワシドリは、天候や外敵から身を守るために、そのような手の込んだアズマヤを作っているのだろうか？　そうではない。その目的のためなら、この鳥は木に普通の巣を作っている。ではなぜ、それとは別にアズマヤを作っているのか？

トムソンガゼルは、多少愚かなところはあるが、流線型の体型をし、長い角と輝く白い臀部を持ち、脇腹には黒い優雅なしま模様のある、とても立派な動物である。リカオンの群れがサバンナをうろつき、トムソンガゼルを追ってむさぼり食おうとしている。ところがトムソンガゼルは、リカオンの群れを見つけても、全速力で逃げようとしない場合が多い。それどころか、一か所に留まったまま脚をまっすぐ伸ばして跳躍することさえある。この行動はストッティングと呼ばれ、ときには一・八メートルほど跳躍することもある。*1 トムソンガゼルは、障害物などないにもかかわらず、また、自分の逃げ足を鈍らせてさえこの行動をとる。なぜこの動物は、愚かなストッティングをやめないのか？

マダラニワシドリ同様、アラビアヤブチメドリは茶色の鳥で、その全長は三〇センチメートルに満たない程度である。しかしアラビアヤブチメドリは、アズマヤは作らず無意味な音を発する。また顕著な特徴として、鳴き声以外に協調性があげられる。十羽を超える個体から成る群れが、一緒にヒナを育て、互いの身体を清潔に保ち、見張り役を担うのである。捕食者が近づいてくるのを見て取ると、見張りはトムソンガゼルのストッティングよりはるかに理にかなっているように思われる行動に出る。つまり警戒声を発するのだ。見張りは、捕食者がかなり遠くにいる場合には比較的低い声、もしくはそれより高いが長く振動する声を二度発し、捕食者が近づいてくると短くかん高い声を三度発する。この警戒声によって、群れの他のメンバーは、捕食者の違いに応じて隠れたり群がって脅したりする。ここまでは特に奇妙な点はない。しかし、個体のなかには、他の個体と協調せずに単独で生き、行動する流れ者もいる。しかし、そのような流れ者の個体が捕食者を見つけると、見張りと同じように警戒声を発するのだ。[*2] 単独で行動している個体が、なぜそのような理不尽きわまりない警戒声を発するのだろうか？

他の哺乳類同様人間でも、妊娠すると母体にさまざまな変化が起こる。腹部の膨らみなど明らかにそれとわかる変化もあれば、インスリン産生の様態の変化などの目には見えない変化もある。インスリンとは、血糖を脂肪に転換するよう身体に告げるホルモンである。糖分の多い食物を摂取すると血糖値が上昇し、インスリンが分泌され、血糖が脂肪の形態で蓄えられるのだ。しかし妊娠が終盤にさしかかると、妊婦の身体は食事後にますます多量のインスリンを分泌するようになっていく。これは奇妙に思えるかもしれないが、次第に成長し、莫大な量のエネルギーを必要とするようになった胎児が、母親の血液からその分の糖分を引き出すようになるからだ。さらに奇妙なことに、このインスリンの大量分泌にもかかわらず、血糖値は通常より長く上昇したままになる。[3] なぜ母体は、胎児の引き出す資源をわざわざ制限しようとするのか？　そして、なぜそれに失敗するのか？［詳細は「コミュニケーションの意外な失敗」と題する節を参照］

　ミツバチは、ごく小さな脳のわりに非常に洗練された採集者だ。蜜に富む花を探し出して、その場所を覚えておき、巣に戻ると、よく知られたミチバチダンスを行なって仲間に食物のありかを教える。ミツバチの個体は効率的に蜜を採集するために、（花の咲く豊かな区画をどこで見つけたかという）自己の経験と社会的情報（他の個体のダンス）の両方を用いる。昆虫学者のマーガレット・レイらは一連の巧妙な実験を行なって、ミツバチが個体の経験と社会的情報のそれぞれを、どの程度重視しているのかを検証している。彼女らが湖の真ん中にエサ入れ《フィーダー》（糖分から成る人工的なエサ）を置くと、何匹かのミツバチが湖面を渡ってきてフィーダーを見つけ、よい知らせを携えて巣に戻った。言うまでもなく、湖面に花が咲いたりはしない。だから戻ってきた個体がダンスをして湖の方角を指示するのを見た仲間のミツバチが、それが間違いであると見なしたとしても不思議ではないはずだ。ところが仲間は、そうは見なさず、そこに向かって巣から飛び立っていった。しかも、はるかにあり得そうな場所にフィーダーが置かれていた場合と同じ割合で飛び立っていったのだ。[4] なぜこの知的な昆虫が、直観を無視して、あり得そうにない指示に従うのか？

争いとコミュニケーションの進化

以上の奇妙な行動を理解するにあたってのカギは、私たちが言われたことをいかに評価しているのかを理解する際のカギにもなる。そのカギとはコミュニケーションの進化の理論だ。

真正なコミュニケーションが成立するためには、シグナルの送り手と受け手のそれぞれに専用の適応メカニズムが備わっていなければならない。[*5] 一例をあげよう。尾長ザルは高度な警報システムを備え、ワシ、ヘビ、ヒョウなどの捕食者の存在を互いに知らせ合うことができる。したがって尾長ザルは、捕食者を見つけたときに、捕食者の種ごとに異なる警戒声を発するメカニズムと、種ごとに異なる警戒声に対してそれにふさわしい反応を引き起こすメカニズムを備えていなければならない。たとえば、ワシが近づいてきたときに木に登るのは妥当ではない。[*6] 明らかにこのような捕食者の種ごとに異なる警戒声は、高度に進化したコミュニケーションシステムの一つと見なせる。

自分が情報を発信したり受け取ったりしようとしているときに、相手がその情報を受け取ったり発信したりする能力を備えていなければ、コミュニケーションは成り立たない。しかしコミュニケーションの代わりとして、受け手のみに能力が求められる手がかり《キュー》を考えることができる。たとえば哺乳類の成獣は、同じ種の幼獣と成獣を区別できる。しかし、そのためにコミュニケーション能力が必要とされるわけではない。サイズを手がかりにすればよいのである。幼獣は、幼獣として認知されるために小さくなるべく進化したのではない。小ささは、幼獣性を示す手がかりであってシグナルではない［シグナルは相互コミュニケーションを前提とする］。

自然選択による進化の理論は、「コミュニケーションのメカニズムの進化は、シグナルの送り手と受け手双方の適応度を高めるがゆえに生じる」と主張する。進化の理論において適応度とは、繁殖成功度を意味する。そして繁殖には、その個体の複製のみならずその個体のコピーの複製も含まれる。したがって個体は、より多くの子孫を持つことだけでなく、遺伝子の共有度が高い親族がより多数の子孫を持てるよう支援することでも、適応度を高められる。生物学者は、それを「包括適応度」と呼ぶ。

コミュニケーションの進化は、ごく単純なものにもなりうる。一個体を構成する諸細胞は、適応度を共有する。あなたの肝細胞と脳細胞はどちらも、あなたが子どもを産むときに適応度が高まる。両者の利益は完全に一致しているからだ。だからある細胞が、同一の身体を構成する別の細胞が伝達する情報を疑ってかかる理由はまったくなく、両者間のコミュニケーションの進化を阻害するものは何もない。それどころか私たちの身体を構成する細胞は、コミュニケーションの相手となる細胞が異常をきたしても、互いに情報を伝達し合っている。たとえばがん細胞は、血管をもっと発達させるよう身体に告知するシグナルを発し、身体はそれに従う。[*7]

複数の実体は、単一の身体を構成せずに適応度を共有することも可能である。たとえば働きバチの適応度は、女王バチの適応度に完全に結びついている。働きバチは生殖能力を持たず、女王バチの子孫を介してしか、自己の遺伝子をのちの世代に受け渡すことができない。そのため働きバチは、互いに騙し合おうとする動機を持たず、だからミツバチの個体は、伝達された情報が湖の真ん中に花が咲いているなどといった奇妙なものでも、いちいちチェックすることなく他の個体の発したシグナルを信用することができるのだ。

とはいえ、適応度を共有しない個体のあいだでもさまざまなコミュニケーションが生じる。そのような争いを引き起こしうる相互作用においては、多くのシグナルが送り手の適応度を高める一方、受け手の適応度は変化しないか、場合によっては低下することもある。たとえば尾長ザルは、捕食者を見つけたからではなく、熟れた果物がたくさんなる木を見つけ、他の個体の注意をそらして自分だけでたらふく食べたいがゆえに警戒声をあげることも考えられる。その種のシグナルは、受け手に害をもたらす不誠実な、あるいは信頼性を欠くシグナルと見なせる。

信頼性を欠くシグナルが蔓延すると、コミュニケーションは安定性を失う。受け手は、コミュニケーションから恩恵を受けられなくなれば、それによるシグナルに注意を払わなくなるよう進化する。何かに注意を払わなくなることはたやすく起こり、もはや利益をもたらさなくなった構造は、モグラの目やイルカの指のように失われる。それと同じことは、たとえば聴覚メッセージに特化した耳や脳の部位にも、対応するメッセージが有害なものと化せば生じる。

同様に、送り手がコミュニケーションの恩恵を受けられなくなるほど受け手が送り手のシグナルにつけ込めるようになると、送り手はそのシグナルを発しないよう次第に進化していくだろう。*8 動機を、言い換えると適応度を共有しない個体間のコミュニケーションは、本質的に脆弱にならざるを得ない。しかも互いに大敵同士でなくても状況はすぐに悪化する。

コミュニケーションの意外な失敗

私たちは、妊娠を母親と子どもの共生的な関係としてとらえやすい。しかし実のところ、この関係には、最初からある程度敵対的な側面が含まれている。自己の適応度を最大化するためには、母親はすべての資源を胎児につぎ込むべきではなく、資源の一部はすでに生まれている子どもや未来の子ども（そして母親自身）にも回す必要がある。それに対して胎児は、兄弟姉妹より自分に有利に資源が分配されるよう進化してきたはずだ。つまり母親と胎児にかかる選択圧力の非対称性は、母親が提供する資源を一人の子どもに対する最適な割り当て量以上に求めるよう胎児を進化させてきたと考えられる。

独創的な進化生物学者の一人デイヴィッド・ヘイグによれば、母親と胎児にかかる選択圧力の差異は、他の多くの現象とともに、インスリンの分泌に関連する妊婦の生理機能の奇妙さを説明する。[*9] 胎児は数種類のホルモンを産生し、胎盤を介して母親の血中に分泌する。その一つヒト胎盤性ラクトゲン（ｈＰＬ）は、インスリン抵抗性を高める。母体のインスリン抵抗性が高まれば高まるほど、血糖値はそれだけ長く上昇したままになり、胎児はより多くの資源を確保することができる。母体はそれに反応してインスリンの産生量を増やす。やがて母親と胎児は、一種の均衡状態に落ち着く。その状態においては、血糖値の高まりは通常より少し長続きするが、母体が大量のインスリンを分泌しなかった場合ほどには長続きしない。母親の血糖値を操作しようとする胎児の試みは驚異的なもので、胎盤は一日に一グラムから三グラムのｈＰＬを分泌する。[*10] 成長するのに忙しい小さな胎児にとって、これは大きな資源の消費になる。それとは対照的に、この綱引きに関与しない胎盤性ホルモンは、その一〇〇〇分の一の量で母体に影響を及ぼしうる。

進化のロジックは、母親と胎児がホルモンを用いて資源の奪い合いをするなどといった奇妙な現象の理解をもたらす一方、それとは別の難題を解くカギにもなる。警戒声を考えてみよう。一九六〇年代になるまでは、ある個体がグループの他のメンバーに警報を発することが警戒声の機能であると、自明のことのように考えられていた。捕食者に自己をさらす結果になることに加え、エサの捕獲ではなく見張りに時間を費やさねばならないというデメリットがあっても、警戒声を発することに価値があるのは、グループが生き残る可能性が高まるからだと考えられていたのだ。生物学者ジョージ・ウィリアムズは、一九六六年に刊行された古典的な著書『適応と自然選択（*Adaptation and Natural Selection*）』で、この論理に真っ向から反対した。グループに属するある個体が警戒声をまったく、もしくはほとんど発しないよう進化したとする。この個体は残りの個体より有利な立場にある。依然として他の個体の警戒声の恩恵を受けられる一方、自らはコストをまったく、もしくはほとんど支払わなくても済むからだ。そのような特徴は選択され、いかなる個体も警戒声を発しなくなるまで個体群内で広がっていくことだろう。ならばなぜ、警戒声は多くの動物種で維持されているのか？　一つの答えは、血縁選択に求められる。たとえばキバラマーモットは警戒声を発するが、すべての個体が等しくそうするわけではなく、ほとんどの警戒声は子どもを産んだばかりの母親によって発せられる。より年長の幼獣に比べて生まれたばかりの幼獣は捕食者の検知に長けておらず、母親の警戒声によって大きな恩恵が得られる。かくして自分が産んだばかりの幼獣に対して警戒声を発することは、他のグループメンバーに対してはわざわざ警報を出したりしない母親にとっても、すぐれた投資になるのだ。[11]

類似の現象がアラビアヤブチメドリにも見られる。近親の個体でグループを形成するこの鳥では、警戒声は、自分の、もしくは兄弟姉妹の子孫が生き残るよう支援することで、それを発する個体の適応度を高める。[12]しかしそれによっては、単独で行動する流れ者の個体が、警告する相手がいないにもかかわらず警戒声を発する理由を説明することはできない。

コミュニケーションの意外な成功

コミュニケーションの進化の論理は、母親と胎児など、共有する資源が多い個体同士で効率的にコミュニケーションを行なうことがむずかしい理由を説明する。また、純然たる敵対関係にあるように見える個体間でもコミュニケーションが成立しうる理由も説明してくれる。共有する動機が存在するかしないか、またその程度が重要だとしても、さらに重要なのは、誠実なシグナルを発し、概して受け手に恩恵がもたらされるよう保つ可能性の有無である。

捕食者と獲物は、いかなる動機を共有しているのか？　捕食者も獲物も資源の浪費は避けたい。獲物が捕食者の魔手から逃れられることがほぼ確実なら、捕食者は攻撃を控え、両者ともエネルギーを節約するほうがどちらにとっても得になる。だが獲物は、単に「キミはボクを捕まえられないよ！」というメッセージを送るだけでは済まない。若すぎる、老いている、疲れている、けがをしている、捕食者から逃げる準備が整っていないなどの不利な条件のもとでも、あらゆる獲物がこのメッセージを送る動機を持っているはずだ。ならば捕食者がそのシグナルを信用すべき理由はないことになる。その種のシグナルが機能し維持されるためには、その大部分が、捕食者から逃れられるに十分なほど壮健な獲物から発せられたものでなければならない。さもなければ、そのシグナルは進化的に安定せず、やがて消えていくだろう（あるいは、そのようなシグナルはそもそも出現しないかもしれない）。

アラビアヤブチメドリの警戒声も、それと同じ機能を果たしているのだろう。つまりこういうことだ。この鳥は警戒声を発することで、「ボクはキミを見つけたよ！」というメッセージを捕食者に送る。ひとたび見つかってしまえば、捕食者による攻撃は成功する確率が低くなる。今やアラビアヤブチメドリは逃げることができるからだ。トカゲからカンガルーネズミに至る多くの動物が、そのような方法で捕食者に警告を発する。[*13] では何がそのシグナルの誠実さを保ち、進化的な安定性を保証しているのか？　なぜアラビアヤブチメドリは、たまたま捕食者があたりをうろついていた場合に備えて、頻繁に警戒声を発しないのだろうか？　その理由の一つは、警戒声によってつねに捕食者の攻撃が阻止されるわけではなく、単に攻撃される確率が低下するだけだからである。獲物がすでに捕食者に見つかっているのなら、警戒声を発する価値はある。しかしまだ見つかっていないときに警戒声を発すれば、近くをうろついている捕食者に自分の位置を暴露する結果になる。しかも自身は捕食者の位置を把握していないため、逃れられる可能性は低い。したがって獲物は、実際に捕食者を見つけた場合にのみ警戒声を発して、それを信用に足るものに保とうとする動機を持つ。

捕食者を抑止するシグナルは、その本質においてある程度の信頼性を備えているが、捕食者が見てはっきりとわかるよう獲物が対峙することで、言い換えると捕食者をすでに見つけていなければできない行動をとることで、さらにシグナルの信頼度を高められる。[*14] 一例をあげよう。トムソンガゼル［以下ガゼルと訳す］は、捕食者を見つけると臀部をそちらに向ける。臀部には白い斑点があり、それによって捕食者はシグナルを受け取りやすくなる。[*15] かくしてガゼルは、自分を見逃すにはあまりにもおしいと万一捕食者が決定した場合に備えて反対の方角を向きながら、「ボクはキミを見つけたよ！」というメッセージを捕食者に送るのだ。

ガゼルは臀部を捕食者のほうに向けるだけではなく、ストッティングも行なう。高く跳躍するストッティングは無益どころか、捕食者を抑止するシグナルとして機能する。ガゼルはそうすることで、「ボクはこんなにタフなんだから、キミより間違いなく足が速い。それなのにわざわざ追いかけるのかね？」と捕食者に警告しているのである。ストッティングが信頼に足るシグナルたりうるのは、壮健な個体だけが捕食者に攻撃を思いとどまらせられるほど十分に高く跳躍できるからだ。

ストッティングは、進化的な仮説の検証に用いられる証拠の好例をなす。ガゼルのストッティングの主たる機能が捕食者による追跡の阻止であることを、どうすれば証明できるのか？　まず、いくつかの代替仮説を除外することができる。ストッティングは、ガゼルをより速く走れるようにするわけではない。実のところ、捕食者がすぐそばまでやって来ると、ガゼルはストッティングをやめる。[*16] ストッティングは、障害を回避するためになされるのではない。ガゼルは通常、障害がまったくないところでもストッティングをするからだ。ガゼルは単に捕食者を見つけたことを伝えるためにストッティングをするのではない。チーターを見つけても、めったにそのような行動をとらないからである。

チーターは待ち伏せをする捕食者であり、ガゼルの持つ長距離を走る能力に注意を払うことはない。代替仮説を除外した今、ストッティングには捕食者の追跡を阻止する機能があるという仮説を裏づける、いかなる証拠があるのか？　第一の証拠は、ガゼルが特定の動物、具体的に言えば獲物を追跡する捕食者であるリカオンを相手にストッティングをすることだ。この事実は、ストッティングが長時間走り続ける能力の誇示であると考えれば合点がいく。第二の証拠として、ガゼルは環境にうまく適合していない乾季より、適合している雨季におけるほうが、ストッティングをより頻繁に行なうことがあげられる。第三の証拠は、ストッティングが実際に機能することだ。リカオンは、頻繁にストッティングをするガゼルを追わない場合が多い。またひとたび追跡が始まっても、追いかける獲物をストッティングをしない個体に切り替える場合が多い。

コストがかかるシグナルをタダで発する方法

自然選択は、信頼性を欠くシグナルの伝達を実質的に不可能にすることで、強い敵対的な関係のもとでさえコミュニケーションを誠実なものに保つ驚くほど創造的な方法をあみ出した。アラビアヤブチメドリは、捕食者を見つけていないのに警戒声を発することはできない。壮健なガゼルのみが、説得力のあるストッティングをすることができる。だが人間は、自分が発するメッセージの信頼性を示す、その種の手段を何も持っていないように思われる。「私は口がきけません」と言って、口がきけることを確実に示すなどといった、いくつかの逸話的な例外を除けば、会話コミュニケーションにおいて信頼性を欠くシグナルを発することを抑制する生得的な手段を人間は持っていない。十分なストッティングができない虚弱なガゼルとは違って、ハッカーは有害な助言をする能力を完璧に備えている。

人間同士のコミュニケーションを安定させるためによく用いられる方法は、コストをかけてシグナルを送ることである。そうすることで、そのシグナルの信頼性が保証される。コストのかかるシグナルは、人間による数々の奇妙な行動を説明するとされている。高級ブランド製品を買うことは、富と地位を示すコストのかかるシグナルとして機能する。[*17] 定期的な祈祷から断食に至る、自己抑制が求められる宗教的儀式は、宗教的グループへの献身を示すコストのかかるシグナルと見なせる。[*18] また、狩猟採集民族メリアム族のカメ猟からアメリカのティーンエイジャーの無謀な運転に至るまでの危険な行動は、その人の力と能力を示すコストのかかるシグナルと見なせる。[*19]

コストのかかるシグナルが発せられる機会は多いが、誤解されることも多い。直観的に言えば、コストのかかるシグナルが機能するにあたって重要なのは、信頼に足るシグナルを送る人によってコストが支払われる点にある。アイフォーンを持つことが富を示す信頼に足るシグナルになるのは、最新のアイフォーンを買うには一〇〇〇ドル以上支払わねばならないからだ。実のところ、信頼に足るシグナルを送る人と比べて、信頼性を欠くシグナルを送る人は、シグナルを発する際により大きなコストを支払わなければならない。要するにここでのポイントは、新しいアイフォーンを買うことそれ自体にあるのではなく、携帯端末一台にそれだけの金額をかけることが、一〇〇〇ドル払おうが払うまいが大差のない金持ちと比べて、その分生活必需品の購入を切り詰めなければならない貧乏人にとっては、より高くつくという事実にある。[*20]

信頼に足るシグナルを送る場合と、信頼性を欠くシグナルを送る場合のコストの差が重要である点に鑑みれば、コストそれ自体は重要でない。よって直観に反して、コストのかかるシグナルは、コストを実際に支払わなくても、伝達されるシグナルを信頼に足るものにする場合がある。信頼性を欠くシグナルの送り手がより高いコストを支払う限り、信頼に足るシグナルの送り手はタダでそれを発することができるのである。

オスのニワシドリはメスを誘うために建造物を作る。事実、魅力的な装飾を施せば施すほど、その個体はそれだけ多くの交尾の機会が得られる。[*21] ではなぜメスは、派手なアズマヤに惹かれるのか？そもそもアズマヤには実用性がまったくない。コストのかかるシグナルに関する理論の構築に大きく寄与した生物学者のアモツ・ザハヴィによれば、ニワシドリは、派手なアズマヤを築くためのコストを支払う自らの能力を誇示することで交尾の相手としての価値を示しているのだという。アズマヤを築くためには危険を冒さねばならないかもしれないし、うまそうなエサではなく飾り物をかき集めているあいだに餓死してしまうかもしれないからだ。[*22] とはいえ実のところ、アズマヤの建築にはそれほどコストがかからないようにも思える。またニワシドリのオスが、アズマヤを築く季節に特に死にやすいわけでもない。[*23] ならば、アズマヤが信頼に足るシグナルとして機能するのはなぜか？

そのメカニズムは、鳥類学者のジョア・マッデンが、一部のアズマヤに余分の木の実を加えてニワシドリのメスをトリックにかける実験を行なったときに意図せずして発見された。[*24] メスは通常、木の実がもっとも豊富なアズマヤを築くオスと交尾する。しかし、マッデンの手で追加された木の実にそのような効果はなかった。彼が追加した木の実が、ニワシドリにしてみればまずかったというわけではなく、ライバルの個体が、木の実が追加されたアズマヤに妨害工作を行なったのだ。つまりライバルは、そのアズマヤの持ち主が自らの地位を実際より高く見せかけている証拠として追加された木の実をとらえ、妨害工作を行なって持ち主の地位をしかるべき位置に戻したのである。

派手なアズマヤを築くのに必要なコストそれ自体が、システムを安定した状態に保っているのではない（そもそもコストは低い）。互いのアズマヤを監視し合い、誇張されたアズマヤを築く個体にコストを課そうとするオスの警戒心によってシステムの安定状態が保たれているのだ。したがって自らの防御能力を超えた身分不相応のアズマヤを築こうとするオスがいない限り、アズマヤは、大きなコストの支払いなしにオスの能力に関する信頼に足るシグナルを発することができる。これが、コストのかかるシグナルをタダで発するということの意味である（他のオスが築いたアズマヤの監視という間接的なコストを考慮に入れれば、「ほぼタダで」と言うべきかもしれない）。

これから見ていくように、この論理は、人間のコミュニケーションを安定化させるメカニズムを理解するにあたって非常に重要になる。話すことそれ自体には、コストがかからない。たとえば最新のアイフォーンの購入とは違って、約束それ自体にはコストがかからない。人間の会話は典型的な「チープトーク」であり、コストのかかるシグナルとはとても言えないように思われる。だが、この見方は間違っている。重要なのは、約束を守る人に課されるコストではなく、守らない人に課されるコストなのだ。信頼性を欠くメッセージの送り手に、今後信用されなくなるなどといった程度のものであれ、相応のコストを課すメカニズムが存在する限り、コストのかかるシグナルに何らかの対処がなされ、コミュニケーションが安定した状態に保たれる。明らかに人類の繁栄は、発するたびにコストを支払うことなく信頼に足るシグナルを送る方法を発達させたことに大きく依拠している。

警戒の必要性

コミュニケーションは扱いにくい営為である。コミュニケーションの成功や失敗は、たいてい予想外のケースに見出すことができる。たとえば成功に関して言えば、獲物は捕食者に追跡をあきらめるよう説得することができる。失敗に関して言えば、胎児は、もっと多くの資源を回すよう母体を説得することに失敗しうる。進化の論理は、これらの成功や失敗の理由を理解するにあたって不可欠の要素をなす。それは、身体の細胞であれ巣に宿るミツバチであれ、いかなる状況のもとで個体間の動機の共有が達成されるのかを教えてくれる。しかし妊娠期間中の胎児と母体の争いが示すように、動機の共有だけでは十分でない。繁殖をめぐって胎児と母体の運命が完全に結びついていない限り、信頼性を欠くシグナルを送ろうとする動機は、ほぼ確実に存続するだろう。まさにここにおいて、自然選択は創造力を発揮してシグナルの信頼性を保つためのさまざまな方法をあみ出してきた。それらの方法には、ガゼルのストッティングなど、興味深くも人間同士のコミュニケーションにはとても適用できないものもある。以後の章で検討していくが、人間同士のコミュニケーションの信頼性は（たいてい）、信頼性を欠くシグナルへの暴露を最小限に抑える一連の認知プロセス、すなわち開かれた警戒メカニズムを動員することで、そして誰が何を言ったかを追跡し、信頼性を欠くシグナルの送り手にはコストを課すことで保たれる。

そのようなメカニズムがいかに機能し、何を信じるべきか、誰を信用すべきかの決定を導くのかについては、以下の五つの章で検討する。いずれにせよはっきりしていることは、私たちには他者にいとも簡単に騙される余地などないということだ。簡単に騙されていたら、人びとが強引に自分に影響を行使してくるのを阻止することはできないだろう。そしてその結果、他者の言うことには一切耳を傾けないほうがマシであるということになり、人間同士のコミュニケーションや協同性の崩壊をきたすだろう。

第3章　開かれた心の進化

人間にとって、コミュニケーション能力にはとても大きな意義がある。コミュニケーションがなければ、何が食べられるのか、危険を回避するにはどうすればよいのか、誰が信用できるのかなどといった判断を下すのに苦労しなければならなくなるだろう。今日ますます効率的なコミュニケーションが重要になりつつあると言われているが、それは狩猟、採集、育児、同盟の形成、技術の伝達のために連絡を取り合う必要があった私たちの祖先にとっても不可欠の要件であった。[*1] 人間が備える複雑な発声器官や聴覚器官は、明らかに高度な会話コミュニケーションの実践に役立ち、少なくとも人類が現代人と同じ解剖学的特徴を持つようになったときから三〇万年にわたり存続している。六〇万年以上前に人類と分かれたネアンデルタール人は、同じ解剖学的器官を備えていたらしいが、そのことは複雑な会話コミュニケーションがそれよりさらに古くから存在していたことを示唆する。[*2]

人類は、先史時代の非常に早い時期から相互コミュニケーションによって多大な恩恵を受けていたのなら、同時にコミュニケーションの悪用に基づくリスクにもさらされていたはずだ。他のいかなる霊長類と比べても、人類はコミュニケーションによって惑わされ操作されるリスクを負っている。進化に関連する問題の所在は、その問題を解決するための専用の認知メカニズムの発達を促す選択圧力を生む。そのことは、良い面と悪い面の両方を含めコミュニケーションにも当てはまる。

事実、かかっているものは非常に大きく、人類がコミュニケーションの潜在力のみならずそのリスクに対処するための専用の認知メカニズムを進化させなかったとしたら、そのほうが不思議であろう。ダン・スペルベルと彼の妻を含めた同僚たちは二〇一〇年に発表した論文で、このメカニズムを「認識的警戒（epistemic vigilance）」と呼んでいるが、私は、このメカニズムが、伝達された情報に対して警戒するのと少なくとも同程度にオープンに外界に接するという点を強調するために「開かれた警戒（open vigilance）」と呼ぶことにしている。*3 いずれにせよ、そのようなメカニズムが存在するという点には同意したとしても、それが機能する様態は一つではないと考えるべきだろう。

コミュニケーションの進化、そしてそれゆえ開かれた警戒メカニズムを備えた心の進化について考える一つの方法は、軍拡競争のたとえ《アナロジー》を用いることである。軍拡競争とは、二つの組織が互いに相手の動向に反応しながら次第に掛け金を上げていく争いをいう。このたとえは、ソ連とアメリカが、相手陣営の核兵器の増強に反応して自陣営がさらに多くの核兵器を保有し、それに対して相手陣営がさらなる核兵器の増強を図るという経緯をたどった冷戦時代に生まれた。

コミュニケーションにおける軍拡競争は、受け手を操作する手段を次第に洗練させていく送り手と、信頼性を欠くメッセージを捨て去る手段を次第に洗練させていく受け手のあいだでなされる。たとえばコンピューターウイルスとセキュリティーソフトウェアのあいだで、その種の軍拡競争が行なわれている。人間の場合、軍拡競争のモデルは知的鋭敏さの欠如と騙されやすさの関連づけを示唆する。歴史を通じて多くの思想家が、女性から奴隷に至るまで、特定のタイプの人びとの重篤な知的限界をあげつらってきた。そしてこの限界が、（私の用語で言えば、より洗練された開かれた警戒メカニズムの使用を排除することで）それらの人びとを騙されやすくしていると主張した。私たちの誰もが、同一の認知メカニズムを備えていると仮定したとしても、つねにそのメカニズムに頼れるわけではない。かくして軍拡競争モデルの予測に従えば、受け手は、疲れている、気が散っているなどの理由で高度な認知メカニズムを動員できなくなると、セキュリティーソフトウェアの更新がなされていないシステムがハッカーの攻撃に対して脆弱になるのと同じように、送り手のより高度な認知メカニズムに対抗することができなくなる。

洗脳者とサブリミナル効果

一九五〇年代のアメリカでは、操られることへの恐れが時代精神と化していた。依然としてヨシフ・スターリンがソ連を率いていた当時にあって、アメリカでは共産主義者の脅威が叫ばれ、マッカーシズムが最高潮に達していたのだ。「赤ども」が、政府、学問の世界、防衛システムを始めとしてあらゆる場所に潜入していると考えられていた。さらに狡猾にも、もっとも献身的で愛国的なアメリカ人、すなわち兵士の心にも浸透しているとされた。朝鮮戦争中に、数千人の米兵が北朝鮮や中国の捕虜になった。何とか脱走できた兵士たちは、捕虜のおぞましい扱いや、睡眠剥奪から水責めに至る拷問に関する話を持ち帰ってきた。戦争が終わり、捕虜がアメリカに送還されると、捕虜の扱いがさらに悲惨なものであったことが判明する。それは敵が行なった理不尽で残虐な行為としてのみならず、米兵を洗脳して共産主義の教義を受け入れさせる試みと見なされるようになったのである。故郷に帰還せず共産主義者に従って中国に亡命することを選択した米兵捕虜が二三名いた。その事実は、当時の『ニューヨーク・タイムズ』紙が指摘するように、「共産主義者による洗脳が人によっては有効であることを示す生き証人」になった。[*4]

洗脳は、「条件づけ」「衰弱」「解離・催眠・暗示」などによって、高次の反省能力を破壊することで機能すると考えられていた。[*5] 米海軍少将ダニエル・ギャルリーにとって洗脳とは、「人間と、生き残ろうとあがくラットの境界領域」に人びとを置く手段であった。[*6] 朝鮮人や中国人が用いていたテクニックは、かつてロシア人が開発した、捕虜を「パブロフの囚人」に変えるテクニックに由来すると考えられていた。[*7] パブロフとはもちろん、ベルの音で唾液を分泌するようイヌを仕向ける実験を行なった著名な心理学者のことだ。皮肉にもアメリカ人は、やがて「対テロ戦争」でテロリストの容疑者から情報を引き出すために、水責めを始めとする、数々の同様なテクニックを駆使することになる。

一九五〇年代のアメリカでは、人は思考能力をはく奪されているときに他者の影響を受けやすくなるという考えは、それとはかなり異なった文脈でも持ち出された。洗脳のターゲットは、朝鮮半島の収容所で地獄を経験した捕虜ではなく、ハリウッドの最新の大ヒット映画をくつろいで鑑賞している映画ファンであった。上映中に、「コークを飲め」などといったメッセージが、意識にはとらえられないほど素早く表示されたというのだ。[*8] そのようなメッセージはすぐに、識閾下を意味する「サブリミナル」を付加して「サブリミナルメッセージ」と呼ばれるようになる。なおこの場合の「閾」とは、気づきの境界を指す。サブリミナルメッセージは、数十年間世間の不安を煽ってきた。こうしたスキャンダルは、二〇〇〇年になっても起こっている。その年、当時民主党の大統領候補だったアル・ゴアの政策提言を攻撃する、共和党の資金で製作された広告に、視聴者の識閾下に訴えかけることを狙った「rats」という語が一瞬映っているのが発見されたのだ。[*9] サブリミナルメッセージの力は、もっとまともな目的のためにも利用されていた。たとえば睡眠中に聞くことのできる、自己啓発のためのテープが出回っていたことがある。睡眠中には意識によるコントロールがほとんど効かないことに基づいて、録音内容は潜在意識に直接向けられており、したがってそれらの製品はとりわけ効果的だと考えられていた。

洗脳やサブリミナル効果に対する恐怖は、劣った認知能力と騙されやすさの関連づけに基づいている。ものごとについて考えなくなればなるほど、その人の思考力は劣化し、よってそれだけ有害なメッセージの影響を受けやすくなると考えるのだ。この知的洗練の欠如と騙されやすさの関連づけは、はるか昔からさんざん指摘されてきた。早くも紀元前五〇〇年には、「何人の愚か者や盗人がいるかを考えることなく、群れをなして雄弁家に従う人びと」について語ったヘラクリトスは、貴族ではなく一般人から成る大衆を論じていた。

それと同じ言葉は、二五世紀後の群衆心理学者の議論に豊富に見出すことができる。一九世紀後半に活躍していたこれらのヨーロッパの学者たちは、革命に身を投じる暴徒からストライキを実行する鉱夫に至るまで、政治における群衆の影響力の増大について論じていた。彼らは暴力的で騙されやすい群衆という見方を発展させた。この見方は世に広く受け入れられるようになり、やがてベニート・ムッソリーニやアドルフ・ヒトラーを触発し、今日でも法執行機関のメンバーなど、群衆に対処しなければならない人びとのあいだで流布している。[10] 著名な群衆心理学者ギュスターヴ・ル・ボンによれば、群衆は「女性、野蛮人、子どもなどの進化的に劣った存在に見られる（…）批判的思考の欠如」を共有する。[11] ル・ボンの同僚のガブリエル・タルドは動機をともなう理由づけのみごとな実例をあげて、「従順さと信じやすさのゆえに、（…）群衆は、男性で構成されている場合でも女性的である」と述べている。[12] 別の群衆心理学者イポリット・テーヌによれば、人びとは群衆をなすと、「互いに真似し合う卑しいサル」のごとく自然状態に回帰する。[13] 同じ頃、大西洋の対岸では、マーク・トウェインがジムを「満足し、騙されやすく、子どものような奴隷」として描いた。[14]

二一世紀になっても、この不適切な関連づけの影響を見出すことができる。『ワシントン・ポスト』紙や『フォーリン・ポリシー』誌の記者は、ドナルド・トランプが有権者の「騙されやすさ」や「無知」によって大統領に選出されたと書く。[15] イギリスの欧州連合離脱（ブレクジット）に対する一般的な見方は、その支持者を「無教養な大衆《プレブス》」と、また残留派を「啓蒙され教養のある人びとから成るコスモポリタン」ととらえている。[16]

現代の学問の世界では、教育程度の低さと信じやすさの関連づけは、たいてい二つの形態をとる。一つは子どもにおけるもので、認知的に成熟していない子どもは、騙されやすさとしばしば結びつけられる。最新のある心理学の教科書によれば、より複雑な認知スキルを会得していくにつれ、子どもは「より騙されにくくなる」。[17] また別の教科書には、もっと大げさに「子どもは広告業者の夢のような存在である。隙だらけで騙されやすく、簡単に商品を売り込めるからだ」と書かれている。[18]

二つ目の形態は、思考のプロセスを、いわゆるシステム1、システム2という二つの主要なタイプに分類するよく知られた見方に基づく。心理学では長く知られ、最近になって心理学者ダニエル・カーネマンの著書『ファスト&スロー――あなたの意思はどのように決まるか？』によって広く知られるところとなったこの見方によれば、認知プロセスには心的努力を必要とせず無意識裏に迅速に作用するものがあり、これはシステム1に分類される。単純な文章を読む、初めて会った人の第一印象を得る、馴染みの街路を自在に歩くなどといった営為はすべて、システム1に属する。システム1を形成する直観は概して効果的だが、系統的なバイアスの影響を受けやすい。たとえば私たちには、他者の能力や信用度の判断を顔の特徴に基づいて行なう傾向がある。そのような判断には、一定の信頼性がある場合もあろう。だがそれは、その人が実際にとった行動などの、より堅固な手がかりによって簡単に取って代わられる。[*19]そこで作動するとされるのがシステム2だ。緩慢で心的努力を要する反省的なプロセスであるシステム2は、システム1がうまく機能しなかったときに取って代わり、より客観的なプロセスと理性的な規則を用いて誤った直観を訂正する。以上は、二重化システムに関する一般的な説明である。[*20]

二つのシステムの機能を例証する、おそらくはもっともよく知られた問題として、次のようなバットとボールの問いがあげられる。

バットとボールの値段は合わせて一・一〇ドルである。バットはボールより一・〇〇ドル高い。ではボールの値段はいくらか？[*21]

この問題を知らない読者は、読み進める前に自分で考えてみよう。

この問題が心理学者の関心を引くのは、その単純さにもかかわらず多くの回答者が間違った答え(一〇セント)を出すからだ。一〇セントという答えは、システム1が出した典型的な答えであり、大多数の回答者にとって、問題を読んだあとで最初に頭に浮かんでくるのがこの答えである。しかしボールの値段は一〇セントではあり得ない。その場合バットの値段は一・一〇ドルになり合計が一・二〇ドルになってしまうからだ。たいていの人は、この直観的な間違いを訂正し、五セントという正解を出すためにシステム2に頼らねばならない。[*22]

システム1が間に合わせのメカニズムから成るのに対し、システム2が緩慢な反省的熟慮から成るのなら、システム1は信じやすさに、システム2は批判的思考に結びついていると考えたくなるだろう。心理学者のダニエル・ギルバートらは、一連の巧妙な実験を行なって、伝達された情報を評価する際にこれら二つの心的システムが果たしている役割を調査した。[*23]この実験では、実験者は被験者にいくつかの文を提示した。そして各文を提示した直後に、その真偽を教えた。一例をあげよう。あるトライアルでは、提示された文はアメリカ原住民のホピ族の言葉に関するものであった。たとえば被験者は「〈ghoren〉は水差しを意味する」と言われ、一秒後にさらに「それは真である」と言われた。こうしてすべての文が提示されたあと、被験者はどの文が真でどの文が偽かを尋ねられた。二つのシステムが果たしている役割を検証するために、ギルバートらはときおりシステム2の機能を停止させた。緩慢で心的努力を要するシステム2の働きは簡単に中断させることができる。実験では、この操作は特定の音を聞いたときに被験者にボタンを押させることで行なわれた。そしてこの音は、提示された文の真偽を示す重要な情報が伝えられた際に鳴らされることが多かった。

どの文が真でどの文が偽であったかを思い出すにあたって、システム2の働きを停止された被験者は、実際に真として提示されたのか偽として提示されたのかに関係なく、当該の文が真であったと答えることが多かった。つまりシステム2の働きが中断することで、多くの被験者が、偽として提示された文を真だと思うようになったのである。ギルバートらはこの結果に鑑みて、「人間は、言われたことをとにかくまず受け入れる傾向を持ち、システム2の働きが少しでも妨げられると、この最初の受け入れを再考しようとはしなくなる」と結論づけている。このテーマに関する彼らの二本目の論文のタイトルに示されているように、「あなたは読んだことのすべてを信じざるを得ない」のだ。[*24] カーネマンはそのような発見を次のように要約している。「システム2が別の仕事に動員されると、私たちは何でも信じてしまうだろう。システム1は騙されやすく、何でも信じようとする。システム2は、疑いを喚起して簡単にものごとを信じないようにする役割を担っているが、ときに忙しくなったり、怠惰になったりすることがある」[*25]

この結果は、システム1よりシステム2に依拠しようとする、より「分析的な」思考様式と、経験的に疑わしい考えの排除が結びつくとする考えにも沿う。心理学者のウィル・ジャーヴェイスとアラ・ノレンザヤンは、よく知られた論文で次のような発見を取り上げている。それによれば、より分析的な思考様式を持つ人びと、具体的に言えばバットとボールのような問題を解くのに長けている人びとは、無神論者であることが多い。[*26] また他の研究によれば、分析的にものごとをとらえる傾向のある被験者は、魔術や予知のような、超自然的現象に関する信念を簡単には受け入れない。[*27]

読んだことは何でも信じないようにしたほうがよい

認知的洗練度の低さと騙されやすさの結びつきを強調する見方は、警戒心の進化に関する軍拡競争的な見方によって補強され、古代ギリシャの哲学者から現代の心理学者に至るさまざまな学者によって広められてきた。だが私の考えでは、軍拡競争のたとえ、ならびに認知的洗練度の低さと騙されやすさの関連づけは、いかに魅力的な見方であったとしても、まったくの間違いである。そしてそのせいで、誰が誤った信念を受け入れやすいか、ならびにその理由に関して致命的な誤解が生じている。

そもそも軍拡競争のたとえは、人類におけるコミュニケーションの進化の全体的なパターンにそぐわない。軍拡競争は、二国間での軍備のエスカレーションを通じての現状維持によって特徴づけられる。ソ連とアメリカは両国とも、核攻撃能力を次第に強化していったが、どちらか一方が優位に立つことはなかった。コンピューターウイルスはセキュリティーソフトウェアによって根絶されたわけではないが、ウイルスがすべてのコンピューターを征服したこともない。同様に前章で取り上げた母親と胎児の資源をめぐる争いでは、両者におけるホルモンの漸次的な大量動員は、実際にはいかなる総体的効果ももたらさない。

幸いにも、人間のコミュニケーションはそれらの事例とは事情が大きく異なる。以上の例での現状には、人類出現以前の私たちの進化的祖先や、その近似例としての人類の近縁種が交換する情報量がに相当する。だが明らかに、私たちの置かれている現状は、彼らが直面していた状況からはかけ離れており、他のいかなる霊長類と比べても桁違いの量の情報を交換している。またさらに重要なことに、受け取った情報からはるかに大きな影響を受けている。つまり私たちのコミュニケーションの帯域幅は、劇的に拡大されているのだ。私たちは遠い過去や遠隔の地で起こったできごとについて論じることもあれば、深い感情を表現することもある。さらには抽象的なものごとについて議論したり、架空の存在をめぐるストーリーを物語ったりすることさえある［説明の意図がややわかりにくいが、軍拡競争の目的が現状維持であるのに対し、コミュニケーションの進化はそもそも交換される情報量の増大という変化に対応しなければならないということだろう。よってコミュニケーションの進化には、交換される情報量の増大にともなって、警戒心のみならず開かれた心の進化も必要とされ、したがって次段落以後の説明にあるように軍拡競争より雑食性の進化のたとえのほうがふさわしいことになる］。

人類におけるコミュニケーションの進化に関しては、軍拡競争のたとえより雑食性の進化のたとえのほうが的を射ている。食物の種類が極端に限定されている動物がいる。コアラはユーカリの葉しか食べない。吸血コウモリは生きた哺乳類の血しか吸わない。パンダが食べるのは竹のみだ。これらの動物は、自分たちが選択した特定の食物以外はすべて拒否する。極端な例をあげると、コアラはユーカリの葉しか食べないだけでなく、そのユーカリの葉も特定の様態で与えられなければ食べない。たとえば、ユーカリの木の枝についている葉は食べても、地面に葉だけ置かれると食べないのだ。[*28] これらの動物は極端に特殊化した食物の選択を進化させたのだが、そのような戦略は環境が変わると裏目に出る可能性がある。生きた哺乳類の血のみを摂取する吸血コウモリは、食物の新鮮さを吟味する必要がない。有害な食物を避けるために学習しなければならないという課題には恒常的な環境のもとでは対処する必要がない。したがって吸血コウモリは、食物嫌悪を学習するためのメカニズムを備えておらず、よって新たな環境のもとに置かれると、病気を引き起こすものとして関連づけられるべき食物を摂取し続ける結果になる。[*29]

それらのスペシャリストとは対照的に、雑食動物はより開かれているとともに、警戒心も強い。雑食動物は、はるかに多様な食物を探して見つけ出し、食べるという点で開かれている。ラットや人間は、三〇種類以上の栄養素を確保しなければならない。それには「九種類のアミノ酸、数種類の脂肪酸、少なくとも一〇種類のビタミン、少なくとも一三種類のミネラル」が含まれる。[*30] これらの栄養素をすべて含む食物は存在しない。だから雑食動物は、より多様な食物を試してみることに対してはるかに開かれていなければならない。事実ラットや人間は、食べられそうなものなら何でも食べようとする。両者とも、自分が摂取した食物にさまざまな栄養素を検知し、ナトリウムが欠乏しているときには塩分を含む食物を欲しがるなど、摂取する食物を自分のニーズに従って調節するための一連のメカニズムを備えている。[*31]

このような開かれた姿勢は、雑食動物を途方もなく適応的な存在にしている。ちなみに人類は、ほぼミルクとじゃがいもだけで（一八世紀のアイルランドの農民）、あるいは肉と魚だけで（かつてのイヌイット）生きていくことができる。だが、そのような開かれた姿勢は、雑食動物を危険にもさらしてきた。肉はやがて腐敗し、危険な細菌を含むようになる。多くの植物は、毒を含むか消化しにくくすることで、なるべく食べられないようにしている。その結果雑食動物は、スペシャリストと比べ食物に対する警戒心がはるかに強く、さまざまな戦略を駆使して、有害な副作用があると思しき食物を避けるすべを学習していく。もっとも基本的な戦略は、体調不良を引き起こした食物を覚えておき、将来その食物に手を出さないようにすることだ。雑食動物たる私たちはそれを自明なことと考えているが、吸血コウモリなどそうした能力を持たない動物もいる。どの食物が安全かを覚えておくことは、一般的な学習メカニズムではなくそれ専用の神経回路を必要とする。何かを食べて具合が悪くなった動物は、数時間前に食べた食物を避けるよう学習しなければならない。その際、食べた時点から具合が悪くなった時点に至るあいだに受けた他のすべての刺激、たとえば見たこと、感じたこと、嗅いだことを除外する必要がある。[*32] ラットから人間に至る雑食動物のみならず毛虫でさえ、幼い頃に食べたものを好む。[*33] またラットと人間は、自分が属する種の他の個体が何を食べているか、さらにはそれがその個体の具合を悪くしたか否かに注意を払い観察することで、どの食物が安全かを学習していく。[*34]

コミュニケーションの観点からすると、人類と他の霊長類の違いは、雑食動物とスペシャリストの違いに似ている。人類以外の霊長類は、たいてい特定のシグナルに依存する。尾長ザルは、空から襲ってくる捕食者を見つけるとそのときのための警戒声を発する。[*35] チンパンジーは、微笑んで服従の意を表す。[*36] ヒヒのボスは、下位の個体に近づく前に、それが平和的な意図に基づく行為であることを示すためにうなる。[*37] すでに述べたように、人間はコミュニケーションの雑食動物である。つまり考えつくほぼありとあらゆる情報を伝達し合う。かくして人間は、他の霊長類よりはるかに開かれた姿勢を示す。指差しという基本的な行為について考えてみよう。人間の乳児は一歳になってまもなく指差しを理解するようになる。[*38] しかしチンパンジーの成獣は、私たちには意味が明確であるような状況のもとでも、指差しを理解することができない。二つの不透明な容器をチンパンジーの目の前に置く実験が何度も行なわれている。一方の容器にはエサが入っているが、どちらの容器かはチンパンジーにはわからない。実験者が一方の容器を指差しても、チンパンジーが他方の容器よりそちらをより頻繁に取り上げることはなかった。[39] チンパンジーに知性が欠けているからではない。というのも、実験者が一方の容器をつかもうとすると、チンパンジーは、そちらがエサの入った容器だと正しく推論したからである。[40] チンパンジーにとってコミュニケーションとは、人間にとってよりはるかに不自然なものなのだ。

　人間が他の霊長類に比べてコミュニケーションのさまざまな形態や内容にはるかに開かれているのなら、私たちの警戒心はそれだけ強くあるべきだろう。私たちがいかに警戒心を行使しているのかについては以後の四章で詳しく検討するが、ここでは私たちが持つ開かれた警戒メカニズムの全体的な仕組みに焦点を置きたい。この仕組みは、メカニズムの一部が損なわれた場合、何が起こるのかを理解するにあたって非常に重要になる。そのような障害は、誤った情報を受け入れやすくするのだろうか？

　軍拡競争理論によれば、私たちは極端に開かれていて騙されやすい状態から、より最近になって発達した認知機能によって実現可能になった高度な警戒心を持つよう次第に進化していった。だからこの認知機能が除去されれば、私たちはもとの騙されやすい状態に逆戻りし、ばかげたものや有害なものを含めてあらゆるメッセージを安易に受け入れるようになるはずだと考える。

　それに対し雑食の進化のたとえは、その逆が真であると主張する。つまり人類は、極端な保守主義、すなわち一連の限られたシグナルのみに影響を受ける状態から、警戒心はより強いが、コミュニケーションのさまざまな形態や内容に対してオープンに接する姿勢へと態度が進化してきたと考える。人類は、次第に洗練されていくにつれより開かれた姿勢をとるようになり、全体的にはるかに堅固な機能を備えるようになった。軍拡競争のたとえでは、高度なメカニズムの毀損が私たちを信じやすく脆弱にする。それに対して開かれた姿勢と警戒心が手を携えて進化すると考えるモデルは、私たちをそれほど脆弱な存在とは見なさない。新たに進化したメカニズムが損なわれれば、私たちはより古いメカニズムに依存するようになり、警戒心のみならず開かれた姿勢も弱まる。また新たに進化した認知機能が損なわれれば、もとの保守的な姿勢に回帰し、騙されやすくなるのではなくより頑固になる。*41

洗脳は何も洗い流さない

洗練度の低さと騙されやすさの結びつきと、警戒心の進化に関する軍拡競争のたとえを裏づける証拠についてはどう考えればよいのか？　手始めに、洗脳とサブリミナル効果について考えてみよう。高度な認知能力の毀損、もしくはその完全な迂回が影響力行使の有効な手段になるのであれば、洗脳とサブリミナル効果は私たちを無防備の状態に陥れ、共産主義の教条を受け入れさせたり、コカコーラを無性に飲みたくなるよう仕向けたりできることになる。しかし実を言えば、洗脳もサブリミナル効果も驚くほど効力がない。

洗脳の恐怖は、二三人の米兵捕虜が朝鮮戦争後中国に亡命したときに始まった。だがそもそも、その数自体が洗脳の成功率の低さを示している。四四〇〇人の米兵捕虜のうちの二三人とは、〇・五パーセントにすぎない。それどころか純然たる転向者などおそらく一人もいなかっただろう。亡命した兵士は、アメリカに帰還したときに待ち受けている事態を恐れていた。というのも、彼らは捕虜収容所で何らかの利益を得ようと中国人の看守に協力したか、あるいは少なくとも他の捕虜ほどには反抗の意を示さなかったために、アメリカに戻れば軍法裁判にかけられると考えていたからだ。事実、アメリカに帰還した戦争捕虜のなかには、一〇年の服役を課された者が一名、原告によって死刑を求刑された者が一名いた。それに比べると、どのみち自分ではほとんど理解していない共産主義の教義に対するへつらいになったとしても、亡命者として中国で敬意を受けることは、それほど悪いことではないように思えたはずだ。[*42] もっと最近の例をあげると、洗脳に由来し、容疑者の心を麻痺させることを意図した身体拘束や睡眠剥奪などに依存する、「強化された尋問手法」のようなテクニックが、米軍によって「対テロ戦争」で使われてきた。しかし洗脳と同様、これらのテクニックは、尋問者が容疑者と信頼関係を築き話し合うという、もっぱら容疑者の高度な認知能力に訴えかける、より穏便な方法と比べ、効果がはるかに薄いことが判明している。[*43]

同様に、サブリミナル効果や無意識の心のコントロールに対する恐怖には根拠がまったくない。閾域下の刺激の効果を示す初期の実験は、でっち上げにすぎない。映画館で「コークを飲め」などという広告を観客の閾域下に提示したためしなどない。[*44] それに続いてさんざん行なわれた（まっとうな）実験では、閾域下の刺激が人間の行動に有意な影響を及ぼすことを示す結果はまったく得られていない。[*45] スクリーンに一瞬表示された「コークを飲め」というメッセージを見ても、普段以上にコカコーラを飲みたくなるわけではない。睡眠中に自己啓発テープを聴いたところで、自己評価が高まるわけではない。何らかの刺激が気づきの埒外で私たちに影響を及ぼしうることを示唆する実験があったとしても、それはたとえば、すでにのどが渇いている人がわずかに多く水を飲むなど、せいぜいわずかな効果を示したにすぎない。[*46]

ギルバートらが行なった実験についてはどうか？　彼らは「〈ghoren〉は水差しである」などの記述がごく自然に受け入れられ、それを否定するにはある程度の心的努力を要することを示した。この結果は、彼が言うようにシステム1が「読むものすべて」を受け入れていることを意味するのだろうか？　そんなことはない。被験者が提示された文に関して何らかの背景知識を持っている場合、それが被験者の最初の反応を導く。たとえば「軟《ソフト》せっけん《ソープ》は食べられる」などの文に対する被験者の最初の反応は否認である。[*47]　直観的に否認されるにあたっては、その文が明らかな誤りである必要はない。誤りであることを示す何らかの関連性がありさえすればよい。ホピ族のあいだでは「〈ghoren〉は水差しである」という文が真でないことを知っても、大して役に立たない。それに対して「ジョンはリベラルである」という文が誤りであることを知れば、ジョンについて有用な情報が得られる。「ジョンはリベラルである」のような文に直面すると、人びとは、受け入れるより疑う態度をとることで直観的に反応する。[*48]　システム1は「騙されやすく信じやすい」どころではなく、[*49]　背景となる自分の知識に反するいかなるメッセージも、さらにはあいまいなメッセージや、信頼性を欠く情報源によって発せられたメッセージも否定しようとする傾向を持つ。[*50]　それにはたまたま真であるようなメッセージも含まれる。たとえば、あなたがたいていの人と同じように、バットとボールの問題で一〇セントという答えに達し、誰かに五セントが正しいと言われれば、あなたの最初の反応はその人の言葉を否定することであろう。この場合、正解を受け入れるためには、あなたのシステム2は相応の仕事をしなければならない。この仕事はシステム2にとって、無根拠な信念を拒絶する仕事よりはるかに典型的なものだ。

分析的な姿勢の欠如、つまりシステム2を動員する頻度の低さと、実証的に疑わしい信念の受け入れやすさの系統的な結びつきを示唆する実験結果は得られていない。その代わり、さまざまな認知メカニズムを動員しようとする傾向と、人びとが受け入れる実証的に疑わしい信念のタイプのあいだには複雑な関係があることが見出されている。背景となる見方と共鳴する信念は、その信念が正しいか否かにかかわらず、システム2にあまり依拠しない人びとのあいだで通用しやすいはずだ。しかしシステム2に対する過剰な信頼は、一見すると堅実に見えながら、その実欠陥のある議論に基づく疑わしい信念を受け入れることにもつながる。

このように、分析的思考と実証的に疑わしい信念の受け入れの関係は単純どころではない。分析的思考は無神論と結びつけられることがあるが、それは特定の国々においてにすぎない。[*51] 日本では、分析的傾向は、超自然的な信念を受け入れる傾向と相関することが見出されている。[*52] 洗脳のテクニックが捕虜を共産主義者に転向させることに失敗したのに対し、マルクスとエンゲルスの高度な議論は、かなりの数の西洋の思想家を説得することに成功した。実のところ、一見あり得そうにない新たな考えをいの一番で受け入れるのは、知識人であることが多い。それらの考えの多くは、プレートテクトニクスや量子論のように、やがてその正しさが判明しているが、なかには常温核融合《コールドフュージョン》や体液病理説など、間違っていることが判明したものも少なくない。

知的洗練度の相対的な低さが騙されやすさと一致するように思われる場合でさえ、前者が後者を引き起こしていることを裏づける証拠は得られていない。ある尺度に従えば、幼い子どもは年長の子どもや成人より騙されやすい。[*53] たとえば、三歳児が誰かが自分を騙していることを理解し、その人を信用しなくなることはほとんどない。[*54]（三歳児にブロッコリーを食べさせようとしたり、早く寝かせようとしたりしたことのある親なら誰でも知るように、それとは別の側面では、三歳児は恐ろしく頑固になることがある）。だが、この見かけの（部分的な）騙されやすさは、認知の未熟さのゆえに引き起こされるのではなく、三歳児が生きる環境の現実を反映している。成人に比べ幼い子どもは、ものごとをほとんど知らず、周囲のおとなが言うことはたいてい信用できる。[*55] 私たちが進化してきた環境のもとでは、幼い子どもはほぼつねに、子どもを騙そうとする動機を持つことがほとんどなく、虐待が生じないよう留意している母親のそばにいる。幼い子どもが持つこの信頼の強さは、ある意味でミツバチに見出されるものと似ている。人間の幼い子どもが扶養者に対して抱く疑いと比べてさえ、ミツバチが他の個体を疑う理由はさらに少ない。いずれにせよどちらのケースでも、知的洗練度は、誰か（あるいは特定の個体）が、他者（や他の個体）を信用したりしなかったりする理由を説明するわけではない。

進化の論理は、騙されやすさが安定した特徴になることを実質的に不可能にしている。騙されやすい人は、受け取ったメッセージを無視するようにならない限り、つけ込まれ続けるだろう。そうならないよう、私たちは警戒心を持たねばならない。メッセージの送り手は受け手を操作するよう、また受け手はその試みをくじくよう進化するという、警戒心に関する軍拡競争のたとえは直観に訴える。だが軍拡競争のたとえが、知的洗練度の低さと騙されやすさが結びついているとする広く流布した見方とうまく符合するとしても、このたとえは間違っている。そうではなく開かれた姿勢と警戒心は、人間同士のコミュニケーションが広く浸透し強力になるにつれ、手を携えながら進化してきたのである。さてこれで、コミュニケーションに対して開かれた態度を取るとともに、警戒心を持って臨むことを可能にする認知メカニズムをより詳細に検討する準備が整った。何を信じるべきか、誰がもっともよく知っているか、誰を信用すべきか、何を感じるべきかについて、私たちはいかに判断を下しているのだろうか?

第4章　信念

あなたは、どんな料理でも食べる食通だったとしよう。しかし例外が一つある。スイス料理だ。さまざまな経験を経て、スイス料理はよくて凡庸だと見なすようになったのである。そこへ友人のジャックが、「とてもうまいスイス料理店が近所に開店したんだ」と言ったとする。あなたならどうするか？

その手のごくありふれたコミュニケーションでさえ、いかなるものであれメッセージを評価する際には、考慮すべき手がかりが多数あることを示している。ジャックはそのスイス料理店に実際に行ったことがあるのだろうか？　それともうわさを聞いただけなのか？　彼は特にスイス料理が好きなのか？　それとも料理ならなんでも詳しいのか？　この店の経営に関与しているのだろうか？　次の二章では、情報源をめぐる手がかりの特定と理解について検討するが、本章では情報の内容に焦点を絞る。

ジャックはあなたと同じくらい地元のレストランに詳しく、そのスイス料理店を強くすすめる理由はなかったとしよう。その場合あなたは、「あのスイス料理店はうまい」という彼の見方とスイス料理に対する自分の疑念をいかに統合すればよいのか？　自分が持つ既存の信念のもとでメッセージを評価することは、開かれた警戒メカニズムのもっとも基本的な機能である「妥当性チェック(plausibility checking)」の仕事である。

一方では、言われたことを評価する際には、既存の見方や知識を動員すべきことは明らかだ。誰かがあなたに月はチーズでできていると言えば、頭から疑ってかかるだろう。あなたが何年も良好な関係を維持してきたジャニタが不愉快な人物だと言われれば、その情報には用心すべきだろう。

とはいえ、自分が抱く既存の信念に固執すれば、見方が偏向するのではないだろうか？　既存の見方に反する見解をすべて否定していたら、恐ろしく頑固で強い偏見を持つ人間になってしまうのではないか？

対立する意見の対処方法

実験が示すところによれば、不合理な頑迷さに陥る危険は実際にある。特定の状況のもとでは、人は反証をつきつけられると自分の見方にさらに強く固執するようになる傾向があるらしい。本章の冒頭のたとえを用いると、「あの店のスイス料理はとてもおいしい」と言われると、余計にスイス料理はまずいと確信するようになるのだ。この現象はいつでも観察され、心理学者は「バックファイア効果」と呼んでいる。一例として、第二次イラク戦争が起こった直後に行なわれた実験があげられる。ちなみにジョージ・W・ブッシュ政権は、第二次イラク戦争でのイラク侵攻の理由として、当時イラクの支配者であったサダム・フセインが大量破壊兵器を開発していることをあげていた。そのような兵器は発見されなかったにもかかわらず、その存在を肯定する信念は、とりわけブッシュとイラク戦争を支持する傾向を持つ保守主義者のあいだで何年も存続していた。そのような状況のもとで、政治学者のブレンダン・ナイハンとジェイソン・ライフラーは、イラクには大量破壊兵器が存在しないことを示す信頼に足る情報をアメリカ人の保守主義者に見せた。[*1] 被験者は、この新たな情報を提示されても自分の意見を少しも改めることがなく、大量破壊兵器があったとさらに強く確信するようになった。二人は数年後、今度は予防接種の頑強な反対者に類似の効果を見出した。反対者にインフルエンザワクチンの安全性と有益さに関する情報を提示すると、彼らは余計に予防接種を受けようとしなくなったのだ。[*2]

確かにバックファイア効果は、例外的な現象なのだろう。ナイル川の長さを尋ねられたとしよう。あなたは七〇〇〇キロメートルくらいだろうと思っていたところ、誰かが五〇〇〇キロメートルに満たないと言ったとする。バックファイア効果が一般的なら、しばらくその議論を繰り返したあとで、あなたは「ナイル川は地球を数周するほど長い」と言い出すだろう。幸いにも、そうはならない。ナイル川の長さについて自分は七〇〇〇キロメートル、他者は五〇〇〇キロメートルだと考えているような状況のもとでは、人は他者の意見に三分の一ほど近づくのが普通であり、その逆に遠ざかることはほとんどない。[*3]

政治や健康などの繊細な問題に関してさえ、バックファイア効果はめったに見られない。ナイハンとライフラーは、イラクには大量破壊兵器が存在しないことを聞かされた保守主義者が余計にその存在を確信するようになったことを示したが、政治学者のトマス・ウッドとイーサン・ポーターは、最近この発見の再現を試みている。彼らは再現には成功したものの、バックファイア効果が確認されたのは三〇回説得を試みて一回にすぎなかった。「銃撃事件の件数が減っている」「妊娠中絶の件数がかつてなく減っている」などといった米政府の政策にまつわる事実を教えられた他の二九回の試みでは、被験者は信頼に足る新たな情報に従って意見を変えている。それは、たとえその情報が被験者の既存の見解や政治的立場に反していたとしても当てはまる。[*4] 人は一般に、信頼に足る情報源から発せられた、自分の見方に反するメッセージを受け取った場合、新たな情報を自分の世界観に統合する方向へと立場を変える。[*5]

ここまであげてきた事例では、被験者の信念（たとえばイラクには大量破壊兵器が存在する）と、言われたこと（そのような兵器は存在しない）のあいだに直接的な対立がある。スイス料理店の事例は、やや微妙である。というのもこの例では、あなたはジャックが推薦する店に関しては何の意見も持っていない。スイス料理一般に偏見を抱いているだけである。その場合にとれる最善の方策は、いくぶん直観に反する。一方では、ジャックの見解を疑い、その店の料理がまずいだろうとあなたが考えることは正当化されうる。だがそうであったとしても、バックファイア効果が働いたかのごとく、スイス料理一般がまずいといっそう強く確信すべきであることにはならない。むしろ、スイス料理一般に対するあなたの否定的な信念が薄まるのがほんとうのところであろう。だから大勢の人びとから「あのスイス料理店はうまい」と聞けば、あなたはやがて自分の考えを改めるはずだ。[*6]

妥当性チェックを超えて：議論

妥当性チェックはつねに作用しているフィルターであり、受け取ったメッセージを受け入れるべきかはねつけるべきかをチェックしている。概して言えば、このフィルターの役割は否定的である。妥当性チェックによって既存の信念と整合するメッセージのみを受け入れていれば、もとよりそのメッセージに基本的に同意しているため、その人の考えはほとんど変わらないだろう。だから自分の考えを改めるためには、情報源の質、つまり信頼性や誠意を頻繁にチェックする必要がある。しかしそれには例外があり、情報源の質に関する情報が何もなくても、妥当性チェックそれ自体が、新たな情報を受け入れるべき理由を提供するケースが存在する。それは、その新たな情報の受け入れによって自分の信念の一貫性が向上する場合である。[*7]

以下の設問は、新たな情報を内容のみに基づいて受け入れることができるのはいかなる場合かを示す好例になる。

シアラとシアーシャは同じ両親のあいだで同年月日に生まれたのだが、双子ではない。これはいったいどういうことか？

答えを知らない人は、しばらくこの問題を考えてみよう。

ここで誰かが「彼女たちは三つ子のうちの二人だ」と言ったとする。たとえあなたが、その人物をまったく信用していなかったとしても、また、その答えがそれまで一度も聞いたことのない情報だったとしても、あなたはそれを受け入れるはずだ。それだけでも妥当な答えであることがわかる。同じ両親のあいだで同年月日に生まれた姉妹という記述と、その二人が双子ではないという記述の不一致を解決することで、あなたの信念はより一貫したものになる。

場合によっては、何かを言われるだけでは、たとえ当の情報を受け入れることが自分の信念の一貫性を強化したとしても、人は考えを改めないことがある。次の設問を考えてみよう。

ポールはリンダを見ている。
リンダはジョンを見ている。
ポールは結婚しているが、ジョンはしていない。
この場合、既婚の人が未婚の人を見ているという言明は真か?
イエス/ノー/決められない

しばらくこの問題について考えてみよう。(これは私が好きな論理パズルで、同僚と私は実験でよく用いている)[*8]。

さて自分なりの答えを出したところ、友人のシェタナが「正解はイエスだ」と言ったとする。自分もイエスという答えをはじき出していなければ、シェタナは完全に間違っているとあなたは思うはずだ。おそらくあなたは、「決められない」が正解だと思っているのではないか。たぶん、それが正解だと確信しているはずである。[9]

だがシェタナは正しく、「イエス」を正解として受け入れるべきだ。なぜか？　リンダは結婚しているかもしれないし、していないかもしれない。彼女が結婚しているのであれば、既婚の人（リンダ）が、未婚の人（ジョン）を見ているという言明は真になる。彼女が結婚していないのなら、それでも既婚の人（ポール）が、未婚の人（リンダ）を見ているという言明は真になる。したがって、既婚の人が未婚の人を見ているという言明はつねに真なので、正解は「イエス」になる。

「イエス」という答えを受け入れられれば、あなたは進歩したことになる。だが、最初に間違った答えをはじき出した被験者（大多数がそれに該当する）のほぼ全員が、根拠を示す議論をまったく示さずにただ単に「イエス」が正解であると言われても、それを正解として受け入れることはなかった。[10]彼らは、点と点を結ぶのに役立つ理由を必要としていたのだ。

議論は、論理的な問題を解く場合にのみ役立つのではなく、日常生活のあらゆる場面で交わされる。同僚と一緒にクライアントを訪問するために、私は地下鉄六号線を利用するつもりでいる。だが同僚は、バスで行こうと言う。そこで私は、バスより地下鉄のほうが早く目的地に着けると指摘する。しかし同僚は、地下鉄の乗務員が現在ストライキを行なっていることを私に思い出させる。だから私はバスで行くことにする。同僚の議論を受け入れなければ、私は駅まで行ってから、閉まっていることに気づき、貴重な時間を失うはめになるだろう。

議論の内容を評価するために人びとが依拠する認知メカニズムは、「推論」と呼ぶことができる。推論は、議論の質に関する直観を呼び起こす。先の設問で「イエス」と答えるべき理由や、地下鉄かバスかの例でバスに乗るべき理由を説明する議論を聞くとき、推論は、それらが自分の信念を改めるのに値するすぐれた議論であることを教えてくれる。このメカニズムは、私たちが他者を説得する際にも、その目標の達成に資する議論を考える際に動員される。[*11]

推論は妥当性チェックと似たあり方で機能する。妥当性チェックは、自分の既存の信念を用いて言われたことを評価する。それに対し推論は、既存の推論メカニズムを用いる。乗務員がストライキ中なので地下鉄を使うべきではないという議論が機能するのは、私たちが「乗務員はストライキ中である」→「地下鉄は閉鎖されている」→「今は地下鉄を利用できない」という推論をごく自然に遂行するからである。[*12] 地下鉄の乗務員がストライキ中であるという情報を聞いていたら、私は最初から同僚と同じように推論し同じ結論に至っていたことだろう。つまり同僚は、私が点と点をつなぐのを手伝ってくれたのである。

地下鉄かバスかの例では、点と点はたやすくつなげる。誰かの助言がなくても可能だったかもしれない。しかし、リンダとポールとジョンの設問のように、課題によっては点と点をつなぐことははるかにむずかしくなる。新規の数学的証明は、難解を極めるまったく新たな方法で点と点をつなぐ。それでもその証明を理解できる数学者は、既存の直観に訴えさえすれば、結論に至る各ステップの妥当性を評価することができる。

推論に関するこの見方は、ソクラテス式問答法をめぐる議論を説明する。プラトンの『メノン』で、ソクラテスは若い奴隷にピタゴラスの定理を教えている。ソクラテスはいかなる結論も奴隷に無理強いせず、おのおの前提がふさわしい文脈のもとに置かれると、奴隷は自分で適切な結論を導いていくことができる。つまりソクラテスは、奴隷が自力で階梯をのぼっていけるよう各ステップを配置しさえすればよかったのである。ある意味で、答えは「奴隷が自分の頭ではじき出す」のだが、[13] おそらく若い奴隷は、ソクラテスの支援なしにはその答えに至らなかったはずだ。

　この話は、開かれた警戒メカニズムとしての推論の効果を例証する。推論は警戒心に基づく。というのも、議論が既存の推論メカニズムと符合する場合にのみ、困難な結論を受け入れるよう促すからである。妥当性チェックと同様、推論は基本的に信頼に足る。人は通常、他の方法では認めないであろうことを誰かが自分に説得しようとしているときに議論を受け入れる。[14] 気が散って議論に注意を払っていなければ、人は自分の考えを改めたりしない。またたとえ注意を払っていたとしても、議論の内容を理解しない限り、自分の考えを改めることはない。議論の内容を理解し評価することができて初めて、人は説得されることがあるのだ。

　推論は私たちに警戒心を呼び起こすばかりでなく、心を開かせもする。議論せずには決して認めなかったはずの結論を受け入れるよう導いてくれるからだ。私は（ナイル川の長さに関する事例をあげつつ）、人が他者の意見より自分の見解に重きを置き、平均しておよそ三分の一だけ他者の意見に近づくことを示した研究に言及した。自分の見方を支持する議論をめぐって他者と意見交換する機会が与えられると、人は捨て去るべき意見と受け入れるべき意見をはるかにうまく区別できるようになる。そしてそれには、議論せずには決して受け入れなかったはずの意見も含まれる。[15]

　私たちの直観のほとんどは堅実なものだ。さもなければ私たちは無事に暮らしていけなくなるだろう。というより、とうの昔に人類は淘汰されていたはずだ。私たちは堅実な直観を動員して他者の議論を評価するので、自分の考えを改めるに値するほど妥当なものとして他者の議論を認めることは、たいていはより正確な見方を形成し、よりよい判断を下すことにつながる。だから小グループによる議論の交換は、さまざまな課題を遂行するにあたり成績の向上をもたらす場合が多い。というのも各メンバーが、自分の信念を改めるべき頃合いや、どの新たな考えを採用すべきかを、議論を通じて見出していくことができるからだ。それはさまざまな局面に見出され、予測屋がより確からしい予測を提示する、医師がより正確な診断を下す、法律家がよりすぐれた法的裁定を下す、科学者がよりよい仮説を提起する、生徒が教えられたことをより深く理解するなどといったことが、それによって可能になるのである。[*16]

挑戦的な議論

心を広く開くためには、私たちは推論を通じて可能な限り客観的に議論を評価できなければならない。とりわけ、たとえ導かれた結論がありそうにないように思えても、それがすぐれた議論であればそのようなものとして見分けられるようでなければならない。たとえばリンダとポールとジョンの問題の正解が「イエス」であると聞かされたとき、（誤った答えをはじき出した人の）妥当性チェックはそれに「ノー」と言う。同僚がバスで行くべきだと示唆したとき、地下鉄よりバスのほうが遅いことを知っている私の妥当性チェックは「ノー」の答えをはじき出した。しかしどちらの事例でも、ひとたび議論が提示されれば、推論メカニズムが働き、妥当性チェックによってはじき出された当初の否定は覆される。とはいえ、結論が間違っているとより強く感じた場合には、私たちはその議論を受け入れようとしないのではないか？

リンダとポールとジョンの問題を被験者に解かせたある実験では、確信度の尺度に新たな選択肢をつけ加えなければならなくなるほど、間違った答えに対する被験者の確信度が高まった。被験者全員が、正しい答えを選択したと「非常に強く確信している」と主張したのだ。しかも新たな選択肢をつけ加えても、多くの被験者が間違った答えが正しいと「自分が最大の確信を持っているものごとと同程度に強く確信している」と言い張った。それでもこれらの超がつくほど過信した被験者でも、正しい議論が提示されると、彼らほどには確信していない被験者と同程度にその議論を受け入れた。[*17]

その種の課題に関しては、人は自分の考えを改めることがあるのかもしれない。過信はしていたとしても、人は特に（間違った）答えに固執する理由を持っていないのだから。しかし自分の生活や政治的信条や信仰がかかっていたとしたらどうか？　それでも私たちは、客観的に議論を評価することができるのだろうか？　実験的、歴史的、内省的という三つのタイプの証拠に基づいて言えば、すぐれた議論は一般に、たとえ既存の信念に強く抵触したとしても人びとの考えを改められると、私は楽観的に考えている。

いくつかの実験では、被験者は、完全に間違った議論から非の打ちどころのない議論に至るまで、信頼度の異なるさまざまな議論を評価するよう求められた。また別の実験では、提示された議論の質の違いによって、被験者が自分の考えをどの程度改めるかが測定されている。これらの実験の結果によれば、ほとんどの被験者は提示された議論に理性的に反応した。間違った議論はただちに否定し、論旨の弱い議論より強い議論に説得され、それに応じて自分の考えを改めたのだ。[18]

歴史的な証拠も、非常に革新的な結論を支持する場合でも議論がうまく機能することを示している。二〇世紀前半、バートランド・ラッセル、アルフレッド・ノース・ホワイトヘッド、ダフィット・ヒルベルトら何人かの西洋の偉大な理論家たちが、数学の論理的基盤を確立しようと試みていた。ところが一九三〇年になって、当時は無名だったクルト・ゲーデルという名の若い数学者が、そのような試みが成就し得ないこと（より正確に言えば、完全かつ無矛盾の数学的な公理の体系は存在し得ないこと）を証明した。[19] 関係者は皆、ゲーデルの証明を読むや否や、数十年にわたる自分の業績を捨て、自らの夢を放棄しなければならないことを意味したとしても、それを受け入れたのだ。[20] 数学とそれによる完全な証明は脇に置くとして、科学においても、たとえ既存の理論に挑戦するものであってもすぐれた議論は通用する。「科学の新たな真実は、対立する科学者たちを説得し、新たな光を示すことで勝利するのではない。対立する科学者たちが死に絶え、それに馴染んだ新しい世代が育つことで勝利するのだ[21]」というマックス・プランクの見方は単純に間違っている。新たな理論は、それを裏づける証拠があれば、いかに革新的なものであろうと、迅速に科学界に受け入れられるのだ。たとえばプレートテクトニクスは、ひとたびそれを裏づける十分な証拠が出揃うと、周辺理論であったものが数年で教科書に掲載されるようになった。[22]

すぐれた議論は、政治や道徳の領域でさえうまく機能する。『理性の謎（*The Enigma of Reason*）』で、ダン・スペルベルと私は、以上のような数学や科学からの例を論じたが、それとともに、経済的なコストが見込まれるにもかかわらず、イギリス国民に奴隷制度の廃止を訴え、それに成功した奴隷制度廃止運動をめぐる驚くべきストーリーも取り上げた。[*23] 過去数十年のあいだに、多くの国々で女性、LGBT、個人、少数民族の権利に関して劇的な改善を見た。それらのおのおののケースにおいて、共同体のリーダー、知識人、ジャーナリスト、学者、政治家は、時間と労力を費やしてさまざまな道徳的根拠や事実に基づく議論を発展させていった。人びとはそれらの議論を読んだり聞いたりして、その一部を日常の会話に取り込むようになった。[*24] すぐれた議論だけが私たちが目撃してきた巨大な変化の要因ではないが、人びとが考えを改めるようすぐれた議論を着想し、発展させ、伝える努力は、世論の劇的な変化に貢献してきた。

個人的なレベルで言えば、おそらく誰もが、違和感を覚える議論に影響を受けたことがあるはずだ。私が大学に通っていた頃、(断固たる) 左派であることが当然と見なされていた。しかし私は、仲間のあいだで広く受け入れられていた政治的信条に挑戦する議論に繰り返し遭遇した。それらの議論を無視したとしても、個人的には実践面で何の否定的な結果も生じなかっただろう。しかも今も昔も基本的にノンポリの私がそうすれば、仲間の承認という形態で社会的恩恵を受けることができた。それでも私は、仲間のあいだで広く受け入れられていた議論とは異なる議論の力を感じざるを得なかった。それらの議論は私の心をしばらく動揺させることがあったが、それでも現在の私の政治的見解を形成するのに重要な役割を果たした。

異論はあろうが、マルティン・ルターに、控えめに言えば理性に対する嫌悪を抱かせた要因は、このよく考え抜かれた議論の力であった。彼は、次のような激しい言葉でその感情を表現している。「理性とは、その本性からして有害な売春婦だ。しかし自分が抵抗しさえすれば、彼女は私に危害を加えられない。ああ、だが彼女は非常に魅力的で輝いている。（…）理性を抑え、彼女の美しい思考を追い求めないようにしよう」[*25]。ルターは、彼が戦っていた宗教的な争いのもとで、自分の宗教的、道徳的見方に挑戦する議論に遭遇していたのだろう。それらの議論を簡単に打ち負かすことができたのであれば、あるいは無力なものと感じていたのなら、彼は激しい苦悩を経験して理性に対する憤懣を募らせたりはしなかったはずだ。

直観が間違っていたら？

伝えられた情報の内容の評価は、二つの主要なメカニズムに依拠して行なわれる。一つはメッセージの内容を既存の信念と比べる妥当性チェックで、もう一つはそのメッセージを支持する議論が既存の推論メカニズムと整合するか否かをチェックする推論である。

私はここまで、妥当性チェックと推論が開かれた警戒メカニズムとしてうまく機能する例をあげてきた。私たちは既存の信念に依拠することで、確証バイアスに陥ったりバックファイア効果のせいで過激化したりすることなく、言われたことを評価できる。推論能力の進化は、広く開かれた心の出現を可能にした。すぐれた議論は、それがなければ決して認めなかったはずの結論、つまり深く根づいた信念に挑戦するような結論を受け入れるべく私たちを導いてくれるのだ。

妥当性チェックと推論の主たる問題は、伝達された情報を既存の信念や推論に関係づけることでバイアスが生じうるという点ではなく、既存の信念や推論それ自体に存する。私たちの心は、正確な信念や堅実な推論を築けるよう進化してきた。事実人類は、何を食べるべきかを知る、他者の発言の意味を理解するなどといったさまざまな課題に対処するべく進化してきたが、それらの問題領域のほとんどでうまくやってきた。また進化的に新たな領域でも、学習の機会が十分に得られさえすれば堅実な推論を行なうことができるようになる。今では数十億の人びとが、ほぼ完璧に文章を読むことができる。電子コンピューターによって置き換えられる以前の人間のコンピューター［かつては種々の計算に従事する人びとをコンピューターと呼んでいた］は、ほとんど誤りなしに空で複雑な計算を行なうことができた。

それに対して私たちは、進化や学習を通じて対応する能力が築かれていない領域で推論を行なおうとすると系統的に誤りやすい。私たちは新たな問題に挑むとき、手元の問題に関連しているように思われる近接領域の認知メカニズムを動員し、解決方法を探ろうとする。この近接領域の認知メカニズムは、同じ問題と格闘している人びとのほとんどにとって同一である可能性が高い。かくして多くの人びとが同じ様態で間違えるようになると、そこに文化的なパターンが形成されうる。

科学の素養がまったくない人が、動物が環境にみごとに適応した特徴を備えている理由について疑問に思ったとする。私たちはこの疑問に答えるためのメカニズムを備えていない（そもそも、それに答えることの実践的意義はゼロに等しい）。それに対し、人工物を認識し理解することには大きな実践的意義がある。よって私たちは、それに関する問題に対処する認知メカニズムを備えているはずだ。人工物も、独自のあり方で環境に適応している。人工物が行為主体《エージェント》によって製作されたものであることを知っている私たちには、動物の適応的な特徴も、何らかの行為主体によって作られたという考えが理にかなっているかのように思える。[*26] 現在でも創造論が隆盛を極めている理由の一つもそこにある。創造論はそれほど人びとの直観に訴えるということだ。導き手のいない自然選択というプロセスを介して適応がなされるとするダーウィンの考えより、創造論のほうが説得力があるのは確かであろう。

同じ論理は、世に広まっている他のさまざまな誤謬にも当てはまる。予防接種について考えてみよう。一般の人びとが想像するところでは、予防接種とは、健康な乳児に疾病の断片（通常、それらは不活性の状態にある）を含有する液体を注射することを意味する。病原菌や感染に対する私たちの直観は、「そんなことをするのは愚かだ！」と叫ぶ。[*27] 近年における反予防接種運動の隆盛の原因は、大勢の人びとを有害で非科学的な行為へと走らせた特定の人物、たとえばイギリスにおけるアンドリュー・ウェイクフィールドや、アメリカにおけるジェニー・マッカーシーらの説得の達人に帰されている。だが実のところ、反予防接種運動は予防接種の歴史と同程度に古く、早くも一八五三年には、イングランドにおける最初の予防接種法の施行が、「感染に対する巨大な恐れを引き起こした」。[*28] 予防接種に対する恐れは、一つにはポリオワクチンの目に見える成功もあって二〇世紀前半にいったん退潮したあと、欧米で再び蔓延し始める。その流れは反予防接種のレトリックに対する需要を生み出し、その需要はただちに満たされた。医学史家のエリナ・コニスが指摘するように、「（不当にもワクチンと自閉症を結びつけた）ウェイクフィールドの研究と予防接種懐疑論者としてのマッカーシーの人気はどちらも、今日におけるワクチンに対する両親の不安の原因をなすのではなく、その産物である」。[*29] とりわけウェイクフィールドの研究はそれだけで、二〇〇〇年前後に、アメリカにおけるＭＭＲワクチン（不正に自閉症に結びつけられたワクチン）の接種率に影響を及ぼした。その当時は、彼の研究は専門家にしか知られておらず、他の数十の研究によってその結果が反証され、でっち上げであることが判明する前であった。それに対して、その数年後に始まったワクチンと自閉症の結びつきをめぐるメディアの狂騒は、ワクチン接種率に何の影響も及ぼさなかった。[*30]

同様の事例はいくらでもある。私たちは、大規模で複雑、しかも多様な政治や経済について考えるための能力を十分に備えているわけではなく、小さな同盟を形成して争いに対処することを通じて進化してきた直観に頼ろうとする。[*31]たとえば直観は、交易で誰かが過剰な利益を手にすれば自分が損をすると、あるいは共謀して自分たちに対抗しようとしている強力な敵の同盟を警戒しなければならないと告げる。だから保護主義や保護貿易主義、あるいは陰謀論が広く支持されるのである（もちろんそれらの直観が正しいこともある。私たちに害を及ぼす貿易もあれば、実際に陰謀を企てる輩もいる）。

直観の誤った適用という理由によって、誤謬のすべてをうまく説明できるわけではない。フランス人は同質療法《ホメオパシー》を好むが、私には、たとえばアヒルの肝臓を何も残らないほど希釈したものでどうしてインフルエンザを治療できるのかさっぱりわからない。第8章では、一三世紀フランスのモンタイユーの住民が共有していた非常に風変わりな信念をいくつか取り上げる。たとえば彼らは、へその緒を保存しておけば、あとで訴訟に勝つのに役立てられると信じていた。そのような信念は私にはとうてい理解できない（何かヒントがあればぜひ教えてほしいと本気で思っている）。

だが創造論、反予防接種、陰謀論などと比べれば、それらの奇異な誤謬ははるかに文化的に限定される（とりわけへその緒に関する信念は広がらなかった）。もちろん文化的に限定された誤謬が存在する理由は別に説明を要するとしても、広範に流布している誤謬が、おおむね直観に訴えるものであるという点は指摘しておくべきだろう。強力な反証がなければ、大した説得なしに、誰かを創造論者、ワクチン忌避者、陰謀理論家に仕立て上げることができる。

直観に訴える誤謬の流布は、人びとの信じやすさより、貧弱な情報を与えられたときの妥当性チェックの働きをはるかに色濃く反映している。自然選択による進化、あるいはワクチンの効果などといった事項に関して、より正確な見方が世に浸透するのに必要とされる手段の一つは議論であるが、議論は、多くの知識を共有し、手元の問題を十分に論じ合う人びとのあいだでもっとも強力に機能する。堅実な信念を専門家で構成される小さなグループの枠を超えて広げるためには、私たちは、ときに他者のほうがものごとをよく知っているということを認識できるようでなければならない。

第5章　知識

二〇一三年一月五日、ベルギーの小さな町エルクリンヌの住人サビン・モローは、およそ八〇キロメートル離れたブリュッセルの駅で友人を拾う予定だった。彼女は住所をカーナビに打ち込み、車を発進させた。二日後彼女は、道中三か国を横切って、およそ一三〇〇キロメートル離れた、ヨーロッパの反対側に位置するザグレブ［クロアチアの首都］にいた。そのとき初めて何かがおかしいことに気づいた彼女は、Uターンしてエルクリンヌに戻った。*1

私たちは、前章で論じたように他の条件が等しければ伝えられた情報より自分の信念を重視する。しかし他の条件は、等しくないことが多い。人は無知であったり、誤った考えを抱いていたり、情報不足であったりする。私たちは、そのような人の意見を割り引いて受け取る。しかしより賢明な人もいれば、情報通もいる。開かれた警戒メカニズムを備えたオープンな心は、ものごとをよく知る人びとを特定して、彼らの発言に耳を傾け、既存の信念に反する情報をはねつけようとする妥当性チェックに駆り立てられて生じた最初の反応を克服する能力に多くを依存する。

本章では、誰がものごとをもっともよく知っているかを特定するのに役立つ、さまざまな手がかりを検討する。誰が情報への最善の接近手段《アクセス》を持っているのか？　これまでものごとを正しく把握してきたのは誰か？　誰の意見がもっとも多くの人びとに共有されているのか？

これらの手がかりに従えば、サビン・モローはカーナビを信用すべきであった。カーナビは正確な地図を表示し、過去の実績によってその信頼性が裏づけられており、正確であることが一般に知られている。明らかに彼女は、自分の直観よりそれらの手がかりに重きを置きすぎたようだ。しかしこのたった一件の事例に対し、カーナビの指示に従わなかったために道に迷ったり交通渋滞に巻き込まれたりした人がいったいどれくらいいるだろうか？

目撃者の優位性

自分より他者のほうが正しい可能性が高いであろうことを示すもっとも明白な手がかりは、他者が堅実な情報源へのアクセスを持っていることである。友人のポーラは妊娠していないとあなたは思っているとしよう。そこへ彼女に会ったばかりのビルが、彼女はかなり以前から妊娠しているとあなたに語ったとする。ビルがうそをついている理由に心当たりがなければ（それについては次章で検討する）、あなたは考えを改めて、ポーラが妊娠していることを受け入れるべきだろう。また妥当な情報源から得られた証言は、特権的なアクセスに基づくものと見なしうる。ビルがポーラに電話をしたばかりであることを知っていれば、彼女は妊娠しているとする彼の証言も信用すべきである。

情報へのアクセスが有する価値に関する直観は、幼少期から発達する。心理学者のエリザベス・ロビンソンらは、箱の中身について、子ども（三歳児を含む）が持つ情報を系統的に操作するという古典的な研究を行なっている。[*2] 箱の中を見た子どももいれば、推測しただけの子どももいた。それから子どもたちは、自分の答えとは違うものが箱の中に入っているとおとなに言われた。子どもたちと同様、箱の中を見たおとなもいれば、推測しただけのおとなもいた。その結果、おとなが箱の中を見て、子どもが推測しただけのケースで、子どもがおとなの言うことを信じる可能性がもっとも高くなることが、また、おとなが箱の中を見ずに推測し、子どもが見たケースで、その可能性がもっとも低くなることがわかった。

相手がいかなる情報へのアクセスを持っているのかをあなたが知らない場合、相手はあなたにそれについて教えてくれることが多い。ポーラは妊娠していないとあなたが思っていることをビルが知っている場合、彼は「ポーラ自身が、自分が妊娠していることをぼくに教えてくれたんだ」と言うことで、前もってあなたの疑いを晴らそうとするだろう。自分の信念の出所に関する情報の開示は、会話ではありふれている。たとえ明示的に言及されなかったとしても、普通は会話の内容から推測できる。ビルがあなたに「あの映画はすばらしい！」と言えば、その言葉は、彼がその映画について雑誌で評を読んだのではなく、実際に観たことを示している。

幼い子どもでさえ、情報へのアクセスに関するそうした示唆や報告に敏感である。われわれは、(人形の) 少女がはぐれた (おもちゃの) イヌを探すのを手伝うよう就学前の子どもたちに求める一連の実験を行なった。実験は、次のように行なわれた。まずある (人形の) 女性が、「イヌがあっちに行くのを見た」と言うことで、イヌがどの方角に向かったかを示唆する。それから別の (人形の) 女性が異なる方角を指すが、なぜその方角にイヌを探すべきかについては何も言わない。その結果、子どもたちは信頼に足る情報へのアクセスを示唆したほうの女性を信用する場合が多いことがわかった。また、二人目の女性が理由を何も言わないのではなく、不適切な理由を口にした場合でも、同じ結果が得られた。*3

信頼できる専門家

友人があなたにパソコンを修理する方法を教えたり、レストランを推薦したり、デートのアドバイスをしたりするとき、それらの情報を友人がどこで得たかを知るだけでは十分ではない。彼女が実際にそのレストランで食事をしたことがあったとして、その経験の価値は、食べ物に対する彼女の趣味にも依存する。マクドナルドとミシュリンの星つきレストランの区別ができなければ、食べ物に関する彼女の経験の価値は、高いとはとても言えない。誰がどの領域に関して有能であるかを、どうすれば見極められるのだろうか？

もっとも信頼できる手がかりは過去の実績である。つねにパソコンをきちんと修理してくれる人、いつでも絶品の料理を出すレストランを選ぶ人、いつ尋ねてもデートに関する堅実なアドバイスをくれる人がいれば、それらの領域に関してその人の意見に耳を傾けることには価値があるはずだ。

進化の観点から見ると、過去の実績は、捏造が困難、もしくは不可能であるがゆえにきわめて有力な手がかりになる。パソコンの修理、絶品の料理を出すレストランの発見、デートに関する堅実なアドバイスの提供を恒常的に行なうためには、当該領域でそれだけの実績を残し続けられるだけのスキルや知識を持っていなければならない。

私たちは、他者の望み、信念、意図を理解し、業績を評価するためのさまざまな認知メカニズムを備えている。それらの心を読むメカニズムのおかげで、私たちは、たとえば友人がパソコンを修理したがっているなどと理解できるのだ。ならば私たちは、その人がうまく自分の目標を達成できるかどうかを追跡しさえすればよい。

また私たちは、前章で取り上げた二つのメカニズム、すなわち妥当性チェックと推論を動員することができる。(三つ子の問題のような) 洞察を要する問題に正しく答えられる人や、斬新で説得力のある数学的証明を提示できる人は、少なくとも当該の領域では能力が高いと見なされるべきであろう。[*4]

プロスポーツ選手から職人に至るまで、誰かが何かをみごとに実行している様子を見ることは、とても心地よい。「コンピテンシーポルノ」などという言葉さえある。一つの例として、映画脚本家アーロン・ソーキンが描く登場人物同士のつねに明瞭でウイットに富んだ会話の心地よさがあげられる。自分には直接的な恩恵がないにもかかわらず、誰かが何かを淀みなく行なっている様子を見て感じる心地よさは、そこから得られる学習の可能性に関係しているのかもしれない。

誰がどの領域ですぐれているのかを認識することで、その人物を模倣する機会が得られる。ハツカネズミのような動物は、模倣すべき個体を選択し、若い個体より成獣を真似ることが多い。[*5] しかし模倣には限界がある。パソコンを修理する友人を模倣しても、自分でパソコンを修理できるようにはならないだろう。食通の友人につきまとっても、自分の好みに合ったレストランを見つけられないかもしれないし、貯金が底をつくかもしれない。そこで役立つのがコミュニケーションだ。過去の実績を参照することで、「あいつはコンピューターに強い」ということがひとたび推察されれば、自分が抱えているパソコンの問題についてその人に相談することができる。あるいは食通の友人に、自分の好みと予算に合ったレストランを紹介してもらうこともできる。友人の専門知識に依拠して自分の問題を解決することは、単純な模倣より理にかなっている。*6

アインシュタインか修理工か？

過去の実績を参照することは能力を評価するための強力な戦略になるが、ことは見かけほど単純ではない。一つの問題として、実績の多くは単なる僥倖によってもたらされうる点があげられる。現代における悪名高い例は、金融市場における株式売買に見出せる。たとえば、あるヘッジファンドの業績がトレーダーの能力によるものなのか、まったくの幸運によるものなのかを見極めるのは途方もなくむずかしい。*7 数年にわたる好成績でさえ、大した指標にはならない。というのも、偶然だけで何年もすぐれた実績を残すヘッジファンドがいくつか出現するのは、その数からして統計的に必然的だからである。それと同じ論理は、明らかに現代より人類の進化の初期段階に関係が深い、大型獣の狩猟などのスキルにも当てはまる。ひとたび一定の能力が得られたら、その日誰がもっとも多くの獣を仕留めるかは運にも左右され、ハンター個人の能力を査定することが困難になる。*8

幸いにも、パソコンの修理などといった多くの領域における実績は、それほど運に左右されない。*9 しかし実績を確実に評価できたとしても、「人はいかにして、実績からその基盤となる能力を割り出しているのか？」という問いは残る。友人がプリンターの故障を修理したとすると、その事実から何を引き出せるのか？　私たちは、たとえば「彼女は月曜日にプリンターをうまく修理する」「灰色の機械を直すのが得意だ」「机の上に乗せられたものを修理することに長けている」など、いくつかの選択肢を直観的に排除する。しかし、たとえば「彼女はパソコンに接続されたプリンターを修理するのが得意だ」「プリンター一般の修理に長けている」「マックの問題を解決するのが得意だ」「パソコン一般の修理に長けている」「電気製品なら何でもござれだ」「道具なら何でも直せる」「複雑な問題を理解するのに長けている」「マニュアルにきちんと従うことができる」など、それでもさまざまな可能性が残る。

実のところ、「人はいかにして、実績からその基盤となる能力を割り出しているのか？」という問いに対する答えを、心理学者は持っていない。認知課題の遂行能力は、ＩＱと相関すると論じる心理学者もいる。人間はさまざまな種類の知性を備えていると主張する心理学者もいる。たとえばロバート・スタンバーグは、知性には分析的スキル、創造性、実践的スキルという三つの側面があるとする理論を提起している。ハワード・ガードナーは、視覚空間的能力から身体運動的能力に至る、八種類ないし九種類の知性の様態について論じている。[*10]あるいは、心は顔認識モジュールから推論モジュールに至る、機能の特化した多数のモジュールから構成され、各モジュールの能力は人によって異なると主張する心理学者もいる。[*11]

この複雑な問題の正解が何であったにせよ、実績からその基盤となる能力を推論するよう導く直観を人間が備えていることは明らかである。この直観は、幼い子どもにすでに認められる。就学前の子どもは、おもちゃに関する問いをおとなではなく別の子どもに、また食べ物に関する問いを別の子どもではなくおとなに向けるべきことを知っている。[*12] また、エレベーターの動きについて誰がよく知っているかと尋ねられたときには医師より機械工を、また植物の成長に日光が必要である理由について誰がよく知っているかと尋ねられたときには機械工より医師を選択した。[*13]

おとなは誰が何を得意としているかを判別するのに長けているように見える。すでに述べたように、各人の狩猟の実績が日によって変動することは、誰がもっともすぐれたハンターなのかを見極めるには、長期にわたる継続的な観察が必要であることを意味する。だが幸いにも、人間はそのような観察を行なう能力を備えている。アフリカ南部で暮らす狩猟採集民族のハッツァに、仲間の何人かのハンターを評価するよう求めたところ、その順位は（弓のスキルをテストするなどして実験者が測定した）狩猟の技能に相関することがわかった。[*14]

タンザニアの平原からイングランド南西部のパブに目を移すと、コーンウォールの住民から成るいくつかの被験者グループに、地理から美術史に至る一連のトリビア的クイズを出す実験が行なわれた。[*15] 各人がいくつかの問題に答えたあと、被験者は、ボーナス問題に答えるグループメンバーを一名指名するよう求められた。ちなみに指名されたメンバーがボーナス問題に正解できれば、グループ全体がその恩恵を受けられた。すると被験者は、最初の数問に誰が正解したかについて何の情報も与えられなくても、有力なメンバーや人気のあるメンバーを指名するなどといった適当なやり方はとらず、トリビアの各カテゴリーに関してもっとも知識のあるメンバーを正確に指名することができた。さらに重要な指摘をすると、政治的議論に関する研究で明らかにされたところによれば、アメリカの市民は、知り合いのあいだで誰がもっとも政治に詳しいかを判別することができ、それらの政治通の知人に政治に関する話題を持ち出すことが多い。[16]

理性的なヒツジ

すぐれた情報源を持つがゆえに、あるいは有能であるがゆえに誰かが自分よりものごとをよく知っているということだけが、他者が正しく自分が間違っている（あるいは単に無知である）ことを教えてくれる手がかりなのではない。私たちは特定の意見を評価するために、それを発した人の個人的な能力を超えて、その意見を共有している人の数を考慮することができる。

とはいえ多数派《マジョリティ》の意見であることを理由に何かを受け入れることは、一般に評判がよくない。数千年間、人びとは群衆に無条件に追従することで非難されてきた。マジョリティの意見に対するこの嫌悪は、それをめぐって極端な結論を導く知識人を生んできた。たとえば哲学者のセーレン・キルケゴールは「真実はつねに少数者《マイノリティ》の手にある」と主張し、[17] マーク・トウェインは「マジョリティはつねに間違っている」と述べた。[18]

その論理に従うかのように、「地球は平らである」「地球は姿を変える能力を持つトカゲに支配されている［現代イギリスの陰謀論者デイヴィッド・アイクの説。第11章に登場する］」などといった説が唱えられてきたのである。キルケゴールやトウェインほど悲観的になる必要はないが、人びとがマジョリティの意見にほとんど関心を持たないことを示す実験がある。次の問題を考えてみよう。

九九人で構成されるグループがあったとする。彼らは、二つのオプションからどちらを選ぶかを投票で決めなければならない。一方のオプションは他方のオプションよりすぐれているが、投票する前にはそれがどちらなのかがわからない。どちらを選ぶかを決定するために、彼らは多数決を採用する。九九人が投票するので、五〇人以上の票を集めたオプションが選ばれる。各メンバーにはすぐれているほうのオプションを選ぶ確率が六五パーセントある。ではこのグループが、すぐれているほうのオプションを選ぶ確率は何パーセントになるか？

マーティン・ドッケンドルフとメリッサ・シュウォーツバーグと私は、この問い、もしくはそのバリエーションをアメリカに住む被験者に出題した。[*19] 被験者は平均して、すぐれているほうのオプションを選ぶ可能性がほとんど偶然を超えないだろうと考えた。それが正しければ、多数決を行なっても個々のメンバー以上にすぐれているほうのオプションを選ぶ可能性が高くなるわけではないことになり、民主的な手続きに強力な挑戦状をたたきつけることになるだろう。

実のところ、この問題には正解がある。それを導く公式は、フランス革命を支持しながらギロチンにかけられるのを避けるために自殺しなければならなくなった卓越した知識人、コンドルセ侯爵によって一八世紀後半に発見されている。[*20] 彼のこの陪審定理によれば、先の問題のグループが正しい選択を行なう確率は九八パーセントにのぼることがわかる（いくつかの前提があるがそれについてはあとで述べる）。

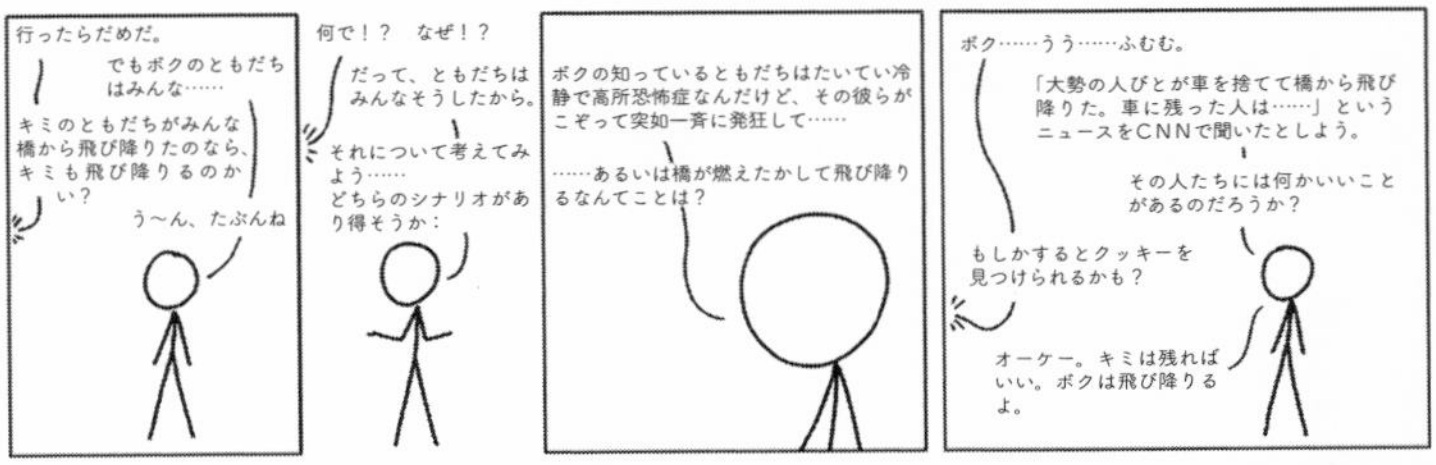

図2：ウェブコミック『xkcd』に掲載されたランドール・マンローの漫画「橋」（xkcd.comより）

多数の情報源から情報を集めることで得られる力は、昨今ますます強く認識されるようになりつつある。コンドルセの偉業から一世紀後、フランシス・ゴルトンは、多数の意見を平均することで、誤った結果が出る可能性をほぼ確実に下げられることを示した。平均することで生じる誤りは、誤りの平均より一般に小さく、それより大きくなることは決してない。[21] 最近になって、ジャーナリストのジェームズ・スロウィッキーは著書『「みんなの意見」は案外正しい』で、「集団の軌跡」という概念を世に広く知らしめた。[22] 漫画家のランドール・マンローは、xkcd.com に掲載された漫画でこの論理を直観的にわかりやすく描いた（**図2**参照）。[23]

マジョリティに従うことで得られるかもしれない恩恵は非常に大きいので、人間以外の多くの動物がその方法に依存している。[24] 数十の個体が群れをなして移動するヒヒは、完璧な例を提供してくれる。群れを構成する各個体は、エサの入手場所についてつねに決定を下している。ヒヒの意思決定を研究するために、アリアナ・ストランドバーグ＝ペシュキンらは、数頭の個体にGPSを装着し、群れの移動を緻密に追跡できるようにした。[25] ときに群れは分裂し、二つの下位集団が別々の方向に移動し始めた。それが起こると、まだどちらにも属していない個体は、おのおのの下位集団に属するメンバーの数を観察し、一方の集団が他方の集団より大きければ大きいほど、それだけ大きいほうの集団を追うことが多かった。

群れで生活するヒヒやその他の動物が、多数決原理の力を直観的に把握しているのなら、ヒヒよりはるかに強く社会的情報に依存している人間が、この豊かな洞察の源泉をまったく無視するはずはない。*26

先にあげた、九九人のメンバーから成るグループに関する問題を用いた研究や、それに類似する研究によって、マジョリティを構成するのに必要なメンバーの数が数値や百分率で示され、問題が抽象的な形態で提示されると、人は多数決原理の力を把握できなくなることが示されている。だが個々の意見を参照する機会が与えられると、それとは異なる結果が得られている。心理学者のトマス・モーガンらは、このトピックに関するもっとも明快な実験の一つを行なっている。*27 この実験では被験者に、たとえば異なる角度から見た二つの図形が、同じものか否かを判定するなど、さまざまな課題が与えられた。ちなみに課題は、被験者が自分の出した答えに確信を持てない程度に難易度が上げられていた。そして被験者は、他の被験者が出した（とされているが、実際には実験者がでっち上げた）答えをいくつか提示された。このような状況のもとでは、被験者は完全に多数決原理に従った。つまりある答えがより大きなグループによって支持され、広範な合意を得ている場合、被験者は自分の意見を改めてその答えを採用することが多かったのだ。このパターンは他の多くの実験でも見出されており、就学前の子どもにも確認されている。*28

私たちは、多数決原理の力を直観的に把握している。だが、問いがより明示的で抽象的な形態で提示されると、私たちはそれを把握できなくなる。この見かけの矛盾を理解するための一つの方法は、

「進化的に妥当な手がかり」という概念の適用である。[*29] 手がかりは、それが人類の進化の過程においてそれにふさわしい期間に提示された場合、進化的に妥当なものになる。一例をあげよう。私たちの祖先にとって、腐りかかった肉には手を出すべきでなかった。腐りかかった肉はアンモニアを生成する。だからアンモニアは、その食物には手を出すべきではないことを示す進化的に妥当な手がかりになる。私たちがアンモニアのにおいに嫌悪を感じるのも、そのためだ（ネコの尿を考えてみればよい）。

ヒヒのような人間以外の霊長類が多数決原理に従う能力を持つ点に鑑みると、特定の決定を下す個体の数は、人類の分枝がチンパンジーの分枝と別れるはるか以前から現代に至る長きにわたって、信頼に足る手がかりとして機能してきたと考えられる。それに対し、数、確率、百分率は最近の文化的発明である。[*30] それゆえ、進化的に妥当な手がかりとは見なせない。コンドルセの陪審定理の方程式を理解するなど、そのような手がかりに適切に反応することは可能だが、そのためにはそれに的を絞った学習が必要とされる。

誰の意見が誰に影響を及ぼしているかについて評価する際にも、同じパターンを見出すことができる。[*31] コンドルセの陪審定理が十全に当てはまるのは、投票者が互いに独立して意見を形成する場合に限られる。たとえば先の例で九八人のメンバーが何も考えずに残った一人に追随するようなら、そのグループの意見の質は残った一人の意見の質よりすぐれたものにはならない。

相関係数などの、意見同士の依存性に関する抽象的な手がかりは、単純に無視される。[*32] このことは、相関係数が進化的に妥当な手がかりではあり得ないことを考えればよく理解できる。それに対し、ヘレナ・ミトンと私が進化的に妥当な手がかりを提示したところ、被験者はそれを考慮に入れた。[*33] この実験でわれわれは、「三人の友人たちが、あるレストランを推薦した。三人全員がそうしたのは、もう一人の共通の友人がそのレストランがすばらしいと言ったからだ」と被験者に語った。このような枠組みが与えられると、被験者はそれら三人の友人たちの意見を、一人の人物の意見であるかのごとく扱ったのだ。また別の実験では、四歳児でさえ意見同士の依存性を考慮に入れる能力があることが示されている。[*34]

マジョリティの力に抗する

人びとはいくつかの進化的に妥当な手がかりを比較しつつ、マジョリティの意見にどれくらいの価値があるかを評価する。それには全体に占めるマジョリティの割合（同意の程度）、絶対的な大きさ（グループサイズ）、マジョリティを構成するメンバーの能力、意見同士の依存度が含まれる。[*35] しかし、人はいかにして自己の心の状態との関係でそれらの手がかりを考慮するのだろうか？　第1章で見たように、これらの手がかりが一点に集中すると、また、とりわけ意見を共有する大規模なグループを前にすると、マジョリティの意見の力は抗いがたいものになる。

多数者の意見の一致が、自分の目を疑わせるように仕向け、明らかに長さの異なる二本の線が同じ長さだと被験者に信じさせたソロモン・アッシュの同調実験は、マジョリティの意見の力が、いかに根深いものであれ個人の既存の信念を押しつぶせるほど強いことを示す完璧な事例であるように思える。しかしアッシュ自身は、自分の実験をそうは解釈しておらず、強調点はグループの圧力に抗する個人の力にあった。そもそも被験者が群衆に追随したのは、全トライアルのうちのおよそ三分の一においてでしかなかった。[*36] また群衆に追随した場合でも、それを駆り立てたのは、マジョリティの意見が持つ情報力ではなく社会的圧力であった。[*37] 被験者の多くは、グループの意見が誤りであるとわかっていてもその圧力に屈したことを実験後に認めている。[*38]

それよりもさらにすぐれた証拠が、アッシュの実験の別バージョンで得られている。その実験では、被験者は実験に遅刻したから答えを紙に書かなければならないと言われた。間違っていることが明らかな線を全員一致で選んだグループの面前で自分の意見を述べるのではなく、内密に答えることができたのだ。すると同調する被験者の数は激減し、わずかなトライアルでのみ被験者はグループに同調した。[*39] これらの実験を通じて、ごく少数の被験者のみがグループの意見が正しいと信じていた。また さまざまな戦略を用いて、グループが奇妙な答えを出した理由を理解しようとした。たとえば、「錯視のせいだろう」「長さではなく幅について尋ねられたのかもしれない」などと考えたのである。[*40]

では、数人の実験協力者が任意のビルを見上げることで、あらゆる通行人を同様に振る舞わせた、ミルグラムの同調実験についてはどう考えればよいのか？ この研究を再現しようとした最近の研究によれば、アッシュの実験の被験者とは違って、通行人は社会的圧力のゆえに同調したのではない。心理学者のアンドリュー・ギャラップらはミルグラムの実験を追試し、人通りの多い街路で何人かの実験協力者に同じ方向を見上げさせた。[*41] しかしこの実験では、実験協力者はカメラを見上げ、実験者は動作を追跡するソフトウェアを用いて周囲の人びとの行動を追跡した。ミルグラムの実験と同様、通行人のなかには実験協力者と同じ方向を見る人もいたが、協力者の前を通る人より背後を通る人のほうが、そうすることが多かった。この結果は、社会的圧力が重要な要因でないことを示唆する。なぜなら、そうであったなら、通行人は実験協力者によって見られ判断を下される可能性がある場合のほうが、カメラを見上げることが多いと予想されるからだ。しかしギャラップはまた、概して通行人が堅実な手がかりをもとにマジョリティの意見に従うべきか否かを判断し、きわめて合理的に振る舞うことを発見した。彼らは見上げている実験協力者が多ければ多いほど、また群衆の密度が低いときに（つまりそこに居合わせている人びとの大多数が見上げているときに）自分も見上げたのである。この実験ではさらに、多くの通行人は見上げないことが、したがってその反応が反射的なものではないことが示されている。通行人が見上げるか否かは、当人が急いでいるかどうかなどといった別の要因で決まる可能性が高かったのだ。

有能な能力検知

私たちが備える開かれた警戒メカニズムは一般に、誰がもっともよく知っているかに関してすぐれた評価を下す。就学前の子どもでさえ、驚くほど多くの手がかりを用いて自分より他者のほうがよく知っているかどうかを判断し、誰がもっとも信頼できる情報源へのアクセスを持っているのかを考慮する。また、特定の領域で誰がより有能なのかを過去の実績に照らして評価し[*42]、それぞれの専門領域の境界をよくわきまえている。さらに言えば、マジョリティの人数が多く全員一致に近づけば近づくほど、またマジョリティのメンバーが有能であればあるほど、さらにはマジョリティの意見がメンバー相互のあいだで独立して形成されたものであれば、その意見に従うことがそれだけ多くなる。*43
就学前の子どもたちは、自分より他者のほうがよりよく知っていると判断した場合に自分の考えを改めるが、警戒を解くわけではない。人気はあっても無能な人物やマジョリティに盲従することはなく、能力や同調に関連する手がかりと既存の信念を比較するがゆえに、専門家や総意を前にしてさえ、無条件に自分の考えを改めたりはしない。アッシュの同調実験の素朴な解釈とは異なり、そのことはおとなにも当てはまる。

だがそれは、有能を装う人びとや総意を捏造する人びとに騙されることがないという意味ではない。愚者の使いは、その他愛のない例である。愚者の使いとは次のような話だ。とある工房に弟子入りした一人の徒弟が、「ひじの油（elbow grease）」という名の実際にはありもしないものを探してくるよう使いを言いつけられる。あらゆる手がかりが、その言いつけに従うべきだと告げている。というのも、使いを命じた職人たちは有能で、使いの件に皆同意し、その仕事がなぜ重要なのかを彼が尋ねてまわると、職人たちはそれぞれ独自の理由を説明してくれたからだ。*44 そのような状況のもとで愚か者にならないためには、この徒弟はそれらの手がかりをすべて無視し、職人たち全員が自分を騙そうとしていることに気づかなければならない。

第6章　信用

言われたことを正しく評価するためには、誰がもっとものごとをよく知っているのかを見極める必要があるが、それだけでは不十分である。いかに有能な専門家の意見であっても、当人がうそをつこうとしているのであれば役に立たない。同様にグループの総意は、メンバーが自分を騙そうとしているのであればほとんど役に立たない。

「欺瞞の検知」、つまりうそを見破るのに私たちがどのくらい長けているのかという問題に関して、これまでに膨大な量の研究がなされてきた。私たちは、うその検知に少しでも長けているのだろうか？　その際、いかなる手がかりに依拠しているのか？　それらの手がかりは、どの程度信頼できるのか？　うその検知の日常生活への影響は、非常に大きいように思われる。人事担当者から犯罪捜査官に至るまで、あるいは夫（妻）に浮気をされた妻（夫）からオレオレ詐欺の被害者に至るまで、うそを見破るための確たる手段を望まない人などいないだろう。

細かな非言語的手がかりは、信頼できる兆候であると見なされることが多い。もじもじしている人、うさんくさい顔つきをした人、目を合わせようとしない人は、信頼に足る人物ではないという印象を与えやすい。*1　フロイトが言うには、「秘密を保てる人などいない。たとえ一言も発しなくても、指が雄弁に物語る。あらゆる毛穴から秘密が湧き出してくるのだ」[*2]

事実、うそを見破れるという自信を持つ人は多い。あまたの文化のもとで、法廷で文字による証言より言葉による証言のほうが好まれる理由の一つはそこにある。判事は、被告が話す様子を見れば、うそをついているか否かがわかると考えているのだ。[*3] 今日に至るまで、多くの犯罪捜査官は「視線をそらす、斜に構える、うつむく、自分の体のあちこちを触るなどの視覚的な手がかり」に着目するよう教えられてきた。[*4]

テレビドラマシリーズ『ライ・トゥ・ミー』は、この考えに基づいて製作されている。主人公のカル・ライトマンは、情動表現に関する研究で広く知られる心理学者ポール・エクマンをモデルにしている。ライトマンはエクマン同様、世界のどこでも恐れなどの情動を表現するにあたって誰もが同じ表情をすることを例証するために、世界中を駆け回っている。また情動表現に関する深い知識を動員し、とりわけ微表情の観察に基づいてうそを見破ることに長けている点もエクマンと同じだ。[*5]

微表情とは、五分の一秒未満しか続かない顔の表情を指す。この一瞬の表情は、うそをついている人や、より一般的には自分の感情を隠そうとしている人が抱く、情動の葛藤を暴露する現象だとされている。罪悪感や悲嘆、あるいは喜びを隠したい人は、隠そうとしている情動を反映する、筋肉の微細な動きを意に反して露呈してしまう。そう考えるのである。

微表情は訓練を積んでいない人には基本的に見つけられなかったとしても、さまざまな法執行機関に所属する担当官向けにエクマンが製作した短い講義（オンラインで購入できる）などの専門の訓練を受けた人たちには検知できるとされる。一見すると、ついに私たちはうそを発見する方法を見出し、しかも数時間訓練を受けさえすればうそを見破れるようになったかのように思える。

微表情

残念ながら、ことはそれほど単純ではない。エクマンの考えと実験結果は論議の的になっている。うそを検知するツールとしての微表情の信頼性に関する彼の発見が、論文審査《ピアレビュー》のある専門誌に発表されていないという批判もある。また彼の用いた方法やデータは、公開されていないために独自に検証することができない。[*6] さらに言えば、彼のグループに属していない科学者の手で行なわれた実験では、むしろ否定的な結果が得られている。

心理学者のスティーブン・ポーターとリアン・テン・ブリンケは、嫌悪から幸福に至るさまざまな情動を喚起する刺激を被験者に与え、被験者の一部にはその刺激によって通常引き起こされるものとは異なる情動を表現するよう指示した。[*7] それから二人はコーダー［エクマン理論に基づいて微表情を検知できるよう訓練された分析者］に、［被験者の表情を撮影したビデオをもとに］微表情を検知するために一コマずつ（合計で一〇万四五五〇コマにのぼる！）被験者の表情を分析させた。その結果、情動をでっち上げるよう求められたトライアルのほぼ三分の一で、被験者は指示されたものとは違う表情を呈していることがわかった（たとえば嫌悪を表現するよう指示された被験者が、一瞬であれ恐れや幸福を表現した）。

この結果はエクマンの理論を裏づけるように思えるが、その見方は次の二つの理由で誤っている。一つは、これらの意図とは異なる表情が、平均して一秒は続いており、訓練されていない観察者でも容易に検知できる点である。二つ目は、一四の純然たる微表情のうちの六つが、被験者が何も隠そうとはしていないときに生じている点だ。この事実は、微表情が欺瞞を検知するツールとして役に立たないことを意味する。また、純然たる後悔の念か、でっち上げた後悔の念を示すよう被験者に求めたテン・ブリンケの別の実験でも、類似の結果が得られている。微表情はめったに生じず、しかも純然たる後悔の念を示した被験者も、それをでっち上げた被験者と同程度の頻度で微表情を呈したのである。[*8]

問題は微表情に限られない。ポーターとテン・ブリンケの最初の実験では、表情をでっち上げるよう指示された被験者の三分の一が、指示されたものとは異なる表情を呈した。しかし、でっち上げるよう指示されていない被験者の二七パーセントにも同じことが当てはまった。とどのつまり、私たちは相反する情動を同時に感じることが頻繁にあるのだ。[*9] したがってその種の微表情は、欺瞞の検知にはまったく役立たない。うそつきのほとんどを見逃し、何も隠そうとしていない人を大勢つかまえることになってしまうからだ。

ポーターとテン・ブリンケの実験結果は一つのパターンに沿う。被験者がうそをつくところや、真実を語るところを詳細に観察する数十の研究によって、欺瞞を示す手がかりになる振る舞いが緻密に精査されているが、それらの実験のメタ分析によって暗い結果が得られている。誰がうそをつき、誰が真実を語っているのかを確実に識別できるような、堅実な手がかりはまったく見つからなかったのだ。[*10] たとえば欺瞞の可能性とアイコンタクトの時間の相関は文字通りゼロであり、視線回避との相関は実質的に使い物にならない〇・五である。[*11] この分野における最近の見方によれば、「著名な行動科学者たちは、態度（身体言語《ボディーランゲージ》）を手がかりとして信頼性の判断を確実に行なうことができるとする考えに、一貫して強い懐疑を抱いている」[*12]。信頼に足る手がかりなど存在しないために、専門家とされている人びと、すなわちうその発見を職業としている人びとでさえ、行動に基づく手がかりのみに頼っていては、誰がうそをつき、誰が真実を語っているのかを偶然以上の確率で識別できないのだ[*13]。

なぜうそを見破れないのか

うそや欺瞞を見破るための、行動に基づく確実な手がかりが存在しないのはなぜだろうか？　すでに述べたように、心理メカニズムの機能に基づくおおよその理由として、人はうそをついていようが真実を語っていようが、相反する情動を同時に感じることがあげられる。その事実は、うそをついている人と真実を語っている人の識別を困難にする。また進化に基づく究極の理由として、そのような手がかりは進化的に安定しないことがあげられる。仮にそのような手がかりが存在したとしても、やがて自然選択によって淘汰されるはずだ。ポーカープレイヤーは、素寒貧になって競技を続けられなくなるのを避けたければ、ハッタリをかませたときにその事実を露呈させてはならない。それと同じことである。欺瞞を暴露する手がかりとなる仕草などというものは、進化的な観点からすると非適応的なものにならざるを得ない。というより、そもそもそんなものは存在しないはずだ。

そのことは、「人は伝達された情報に対して自然に警戒する」という本書の主旨にとって都合が悪いのではないかと思う読者もいることだろう。うそと真実を見分けられないのなら、警戒しようがないのではないか？　さらに事態を悪くすることに、うそを見破る実験のほとんどでは、被験者は人びとが真実を語っていると考えて間違えることが多い。

実際には人はめったにうそをつかないことを考えれば、そのような傾向は理解可能であると主張する、心理学者ティム・レヴィンを始めとする研究者もいる。[*14] 日常生活におけるうその研究によれば、人がうそをつくことはまれであり（平均して一日に二回未満）、しかもそれらのほとんどは、実際より嬉しそうに振る舞うなど、他愛のないものである（少なくともアメリカ人を被験者にして行なった実験ではそのような結果が得られている）。[*15] その種の些細なうそを検知するためにばく大なエネルギーを費やすより、誰もが真実を語っていると仮定したほうが私たちにとっては都合がよい。この見方は、一八世紀に哲学者のトマス・リードが提起した議論を思い起こさせる。彼の主張によれば、「他者を信用し、真実を語っていると見なそうとする私たちの傾向は、真実を語ろうとする傾向と関係している」のだ。[*16]

進化の観点からすれば、リードやレヴィンの見方は通用しない。うそをつくことでメッセージの送り手がどれだけ頻繁に恩恵を受けられるかを考慮すれば、いくらでもうそをつけるのなら誰も信用できなくなるまでうそが拡大していくであろうことは、火を見るよりも明らかである。人は一般に真実を語ると皆が単純に想定しているのなら、人びとは真実を語ることをやめるはずだ。誰もがあなたを信用していると、そして自分はうそをついても決してバレないと確信しているのなら、あなたは間違いなく一つや二つはうそをつこうとするだろう。

では、動作に基づく手がかりが当てにならないのなら、私たちはコミュニケーションにおける欺瞞にどう対処すればよいのだろうか？　誰が信用できるのかを知るにはどうすればよいのか？

手抜きと誠意

欺瞞は隠された意図に依存するため見破りにくい。本心は、当人が何も話さなければ知りようがない。多くの場合、自分の意図を隠すには、単に自発的に暴露しさえしなければよい。法廷で偽証を証明することが困難なのも、それと同じ理由による。偽証を証明するには、本人が間違っていることのみならず、真実を知りながら隠していることを暴く必要がある。*17

しかし欺瞞は、コミュニケーションにおける唯一の危険因子でもなければ、主要な危険因子ですらない。*18 あなたは、中古車を買おうとしているところだとしよう。販売員は、「この車を買いたがっている人は他にもいます！」と出し抜けにうそをつくかもしれない。あるいは「この車はあなたにとてもお似合いです！」とおべっかを使うかもしれない。そのようなアドバイスは、言った本人は堅実なものだと思い込んでいたとしても、その車があなたのニーズに合うことを示す深い知識に裏づけられたものであるより、車を早く売ろうとする動機に駆り立てられたものである可能性のほうが高いだろう。そこであなたが「この車は事故を起こしたことがありますか？」と尋ねたところ、販売員は「ノー」と答えたとする。実はその車に事故の履歴があることを販売員が知っていたら、彼はあなたを騙していることになる。しかし販売代理店がその車を不相応に安い金額で買い取った事実を知りながら、その真相をまったく調査していなかったら、彼のその不作為は手抜きになる。この例では、販売員がその車に事故の履歴があることを知っていようが、事故に遭った可能性があるにもかかわらず知ろうとしなかったのであろうが、あなたにとってはほとんど違いがない。どちらの場合にも、あなたは間違ったアドバイスと、欠陥品をつかまされることになるのだから。

欺瞞の実践には認知的な負荷がかかる。一つのストーリーをでっち上げ、整合性を保ちながらそれを貫き通し、しかも相手が知っていることとのあいだに矛盾が生じないよう留意しなければならないからだ。それに対し、手抜きは不作為《デフォルト》を意味し、何の努力も必要とされない。コミュニケーションの相手が妥当と思う方向に自分の行為を合わせるよう導いてくれる認知メカニズムを備えていたとしても、相手が聞きたいと思っている情報や必要としている情報を、自分の発言に確実に含めるのは容易ではない。私たちの心は本質的に自己中心的であり、欲求や嗜好に調整されている。そして誰もが私のあらゆる行動を知り、たいていのことがらで自分に同意するのが当然だと考えている。*19

だから私たちは、相手の誠意の度合い、つまり相手がどの程度、私にとって価値のある情報を伝えようと努力しているのかを見極めるべきである。誠意は能力とは異なる。味の微妙な違いを識別できる、料理にぴったりのワインを選べるなど、食べ物の知識がとても豊富な友人がいたとする。その彼女にレストランを推薦してもらうことは理にかなっている。しかし彼女があなたに固有の条件、たとえばあなたの味覚、予算、健康状態を考慮する努力をまったく払わなければ、彼女のアドバイスはあまり役に立たない。菜食主義者であることを何度言っても、ステーキハウスばかりを紹介するようでは、彼女はあなたに正しい情報を伝えようとする誠意を持っているとはとても言えない。あなたがそのことを恨んで、以後彼女のアドバイスを信用しなくなったとしても、あなたのせいではない。

騙す意図より誠意、すなわち有益な情報を伝えようとする努力に着目することは視点の転換をもたらす。私たちは、欺瞞を示す手がかり、つまりメッセージを捨てる理由を探そうとするのではなく、誠意を示す手がかり、すなわちメッセージを受け入れる理由を探すべきである。[20] この見方の妥当性は、開かれた警戒という観点から見ればよりはっきりする。それに従えば、相手が十分な誠意をもって自分に何を語るかを決めていることを示す何らかの手がかりが得られない限り、言われたことを受け入れないというのが判断の基準になる。

動機がものを言う

（騙そうとしていないことは当然としても）相手が誠意をもって語るのはどのようなときか？　単純に言えば、相手の動機《インセンティブ》が私の動機と符合する場合、言い換えると私に利益があれば相手にも利益がある場合だ。個人間で動機が一致する理由は一般に二つある。ときに動機は自然に符合する。一例をあげよう。あなたと友人のハディが二人して乾燥機を移動させようとしていたとする。すると二人には、互いに協力し合うことでできるだけ楽に作業を進めようとする動機が生まれ、たとえば同時に持ち上げ、同じ方向に動かそうとするだろう。その結果、ハディがあなたに「一、二、三で持ち上げよう」と言えば、彼が必ずや三のタイミングで持ち上げるはずだと信じるべき正当な理由が生じる。もう一つの、動機の自然な一致は、もっと長期的なものである。親は自分の子どもの健全な成長を、親友同士は互いの成功を願う自然な動機を持つ。

動機が自然に符合しているか否かは、単純な思考実験によって知ることができる。誰が情報の送り手なのかが受け手にとって重要か否かを考えてみればよい。たとえばハディは、三のタイミングで持ち上げようと言ったのが自分ではなく第三者であったとしても、自分がそのタイミングで持ち上げるつもりであることをあなたに知っていてほしいはずだ。同様に、医学を勉強するよう息子を説得したいと考えている母親は、息子が医師になれるのなら、説得するのは特に自分でなければならないとは考えていないだろう。

私たちは一般に、動機の自然な一致を考慮に入れることに長けている。自分の動機と、情報の送り手の動機が一致していることを示す証拠があれば、私たちはその人の意見をより重視する。これは、心理学者ジャネット・スニーゼクらの巧みな実験で証明されている。[*21] この実験は次のように行なわれている。助言者は、任意のトピック（リュックサックの値段）について自分の意見を述べるよう求められた。実験者は、被験者がどの程度助言者の意見を取り入れるかを観察した。リュックサックの実際の値段を教えられたあと、一部の被験者は助言者に褒美を与えることができた。また助言者は、アドバイスをする前から、一部の被験者から褒美をもらえる可能性があることを知っていた。つまり助言者は、褒美をもらえる可能性のある被験者に対しては有益な意見を開帳すべき動機を持ち、それが助言者と被験者の共有の了解事項になっていた。実験の結果、被験者は自分と動機が一致している助言者の意見をより重視することがわかった。[*22]

動機の一致を認識したときに他者を信用するようになる能力が人間には備わっていることを示すはるかに劇的な例として、マックス・ゲンデルマンとカール・キルシュナーの事例があげられる。[*23] ゲンデルマンはユダヤ系アメリカ人の兵士で、一九四四年に東部戦線に近いところでドイツ軍の捕虜になった。キルシュナーはドイツ軍兵士で、負傷したために捕虜収容所の近くにある自宅で療養していた。二人は、ゲンデルマンがその捕虜収容所に収容されているときに出会っている。ゲンデルマンが収容所を脱走したときに、キルシュナーが彼をかくまったのだ。そのときキルシュナーはゲンデルマンに、ドイツ軍兵士の自分はソビエト軍の進撃から逃れねばならないと、そして二人は助け合わねばならないと語った。つまりゲンデルマンは、脱走した捕虜を探しているドイツ兵に射殺されないようキルシュナーを必要とし、キルシュナーは前線に到達したときにアメリカ兵に射殺されないようゲンデルマンを必要としたのだ。この動機の一致は、本来敵同士の二人が、無事にアメリカ軍の占領地域に入るまで協力し合わねばならない状況を作り出したのである。*24

人は動機の一致を見出したときに相手の話を重視するようになるのなら、動機の不一致を見出したときには、もっとも信頼している友人や親愛なる家族のメンバーの話にさえ耳を傾けなくなることがある。そのような状況は、たとえば友人同士が、ポーカーから「カタンの開拓者たち〔ドイツ製ボードゲーム〕」に至る競争的な性格を持つゲームをしているときに生じる。また小学生も、言われたことを信用すべきか否かを決めるために動機を考慮に入れる。心理学者のボリヴァー・レイズ＝ジャックとキャサリン・エコルズは、七歳児と九歳児に次のようなゲームをさせた。*25 このゲームでは、一部の児童（目撃者）は二つの箱のうちのどちらにキャンディーが隠されているかを確認し、別の児童（推測者）はどちらの箱を開けるかを決めた。そして目撃者は、どちらの箱を開けるべきかを推測者に助言できた。協力的な条件のもとでは、推測者がキャンディーの入った箱を開けることができれば、目撃者も推測者もおやつをもらえた。競争的な条件のもとでは、正しい箱が開けられた場合には推測者が、間違った箱が開けられた場合には目撃者がおやつをもらえた。実験の結果次のことがわかった。

協力的な条件のもとでは、推測者の役割を与えられた子どもは、つねに目撃者の話を信じた。それに対して競争的な条件のもとでは、推測者は当然のことのように目撃者の話を無視し、ランダムに箱を開けた。[*26]

同じ論理に従って、子どももおとなも自己本位の主張を警戒する。七歳児は、競争に勝ったと言う人より負けたと言う人を信用することが多い。[*27]相手がうそをついているか否かを見極める際おとなが考慮に入れるおそらくはもっとも重要な要件は、相手の動機であろう。うそをつく動機を持つことは、その人の信頼度を著しく損なう。[*28]

動機は程度こそ変われども自然に整合しうるが、完全に一致することはまずない。ハディは、あなたに重いほうの側を持ってほしいと思っているかもしれない。母親は、自分自身の社会的地位が向上するから息子に医師になって欲しいのかもしれない。友人はあなたの成功を願っているのかもしれないが、自分よりはるかに大きな成功は収めて欲しくないのかもしれない。幸いにも人類は、動機を符合させるための強力な手段をあみ出した。名声である。

名声ゲーム

メッセージの送り手の信頼度を評価する際には、動機の自然な符合を考慮に入れることが不可欠になるが、それだけでは十分でない。なぜなら、それのみではコミュニケーションの進化にともなう基本的な問題を解決できないからである。動機が異なる場合、何が起こるのか？[*29]

そこで必要とされるのは、情報の送り手と受け手の動機を符合させる何らかの人為的な手段である。懲罰はその一つであるように思えるかもしれない。信頼性を欠く情報を送った人を、たとえば殴るなどして罰すれば、罰せられた人はそれ以後注意して情報を送るようになるだろう。残念ながら（あるいは幸いにも）、進化的な観点から見れば、この直観に訴える解決法は見かけほどうまく機能しない。懲罰にはコストがともなう。殴られた情報の送り手は、普通はそれに唯々諾々と従うわけではない。有害なメッセージのせいですでに危害が生じているうえ、送り手を罰することでさらなるコストを引き起こせば、事態はさらに悪くなりうる。懲罰は抑止力としてのみ有用である。信頼性を欠くメッセージを送れば罰せられることを、メッセージを送る前に納得させることができれば、送り手はより慎重になるだろう。[*30]

かくして問いは、「信頼性を欠くメッセージの送り手を罰する覚悟が自分にはあるということを、いかにして相手に伝えられるのか？」というコミュニケーションに関するものになる。ここで、信頼に足るコミュニケーションの進化という謎が頭をもたげてくる。信頼性を欠くメッセージを送る輩は罰せられると公言することは、人を罰する意図も手段も持たない人びとも含めて誰にも可能だ。だが、信頼性を欠くメッセージの送り手をほんとうに罰するつもりの人は、その警告を信頼に足るものにする手段が必要になる。懲罰は、信頼に足るコミュニケーションの問題を解決するどころではなく、まさにその問題が解決されている状況のもとでのみ機能するのである。

幸いにも人類は、互いの名声を監視し合うことで動機を符合させ協力し合うという手段を進化させてきた。[*31] これまで長い間、協力的なパートナーをうまく選べない人や、パートナーとして欠陥のある人は、たいてい繁栄を謳歌することができなかった。パートナーとして最悪の人にとって、村八分は死刑に等しかった。野生の世界で、ひとりで生き続けることはほぼ不可能だからだ。[*32] だから人間は、他者が自分との協力を望む可能性を最大化し、よきパートナーを選択することに長けるようになったのだ。[*33]

コミュニケーションにおける誠意は、よき協力者に不可欠な資質である。メッセージの受け手は、誰が誠実で誰がそうでないかを追跡し、その情報に基づいて将来の自分の行動を調節できる。かくして誠意のない人には耳を傾けなくなり、協力もしなくなる。ならばメッセージの送り手は、自分が協力を望んでいる受け手や、場合によっては自分が協力を望んでいる人に影響力を行使できる受け手と交換するときには誠実であろうとする動機を持つはずだ。かくしてメッセージの送り手と受け手の動機は、社会的に一致する。

動機の社会的一致のおかげで、信頼に足るメッセージを送ろうとする送り手の誠意が向上するのだとしても、送り手はつねに最大限の誠意を持っていると期待することはできない。その期待は公正とは言えない。あなたの食通の友人シモネッタがあなたに最善のアドバイスをするためには、彼女はあなたの食生活に関して、最近どこで食事したか、使える予算はどれくらいか、誰と食事する予定なのかなど、あらゆることを知らねばならない。メッセージの送り手は、つねに最大の誠意を保っていなければならず、しかも目的を達成できなかった場合、信頼の低下、協力関係の破綻などの最悪の結果を覚悟しなければならないのなら、何も言わなくなるのが普通であり、そうなれば受け手は貴重な情報を得る機会を失ってしまうだろう。いずれにせよ、食通の友人のアドバイスは、あらゆる要因が考慮されていなかったとしても有用であろう。

私たちが必要としているのは、期待を管理する方法、つまりメッセージをどの程度重視すればよいのかに関する情報を送り手が受け手に伝える手段である。「献身度シグナル《コミットメント》」の機能は、まさにそこにある。[*34] 私たちは、自分の言葉（や文章）にどの程度献身《コミット》しているかを示すことができる。自分の言葉にコミットしているとき、基本的に私たちは、その情報が聞き手にとって価値あるものだと確信していることを知らせているのだ。そのようなメッセージを聞き手が受け入れる可能性は高いが、実際には話し手に誠意がなかったことがあとで露呈した場合には、聞き手は通常より激しい反応を示すだろう。

人間同士のコミュニケーションは、献身度シグナルに満ちている。その指標の一つには、「〜と確信している」「推測するに」「思うに」など、確信度を示す明示的な言い回しがある。認識様態を示す「かもしれない」「でありうる」などといった表現も献身の度合いを示す。確信度の高まり（ゆえに献身）は、声の調子の変化などの非言語的な兆候によって暗黙的に伝えられる。[*35] 信念の出所を開示することも、献身の度合いに関連しうる。たとえば「私は、ポーラの妊娠をこの目で見た」と言う場合、「聞いたところでは、ポーラは妊娠しているらしい」と言う場合より、ポーラが妊娠しているという真実に対する献身の度合いが高い。幼い子どもでさえ、その種のシグナルを考慮に入れる。たとえば二歳児は、確信を持って話す人をより信用しやすい。[*36]

献身の度合いを示すものとして発言をとらえることは賢明ではあるが、それは次の二つの条件が満たされる限りにおいてである。一つは誰もの献身を同様に扱わないことと、もう一つは過去の献身の侵犯の度合いに応じてその人の信頼度を調節することだ。

自信過剰は高くつく

献身の度合いを的確に考慮に入れるためには、私たちは自分との継続的な協力関係を相手がどれだけ重視しているかを追跡しなければならない。そうすることで自分がどの程度献身すべきかを知ることができる。私たちは、相手が自分との協力関係の維持を望んでいると強く思えば思うほど、それだけ相手の献身を信用する。しかしそれと同時に、誰が何に献身しているかを追跡し、それに応じて他者に対する信頼度を調節しなければならない。献身シグナルは、懲罰の恐れなく悪用できるようなら安定を保てない。他者に影響を及ぼすために誰もが献身シグナルを乱発し、無価値なものと化してしまうからだ。

心理学者のエリザベス・テニーらは一連の実験で、被験者を模擬裁判に参加させている。この裁判では、被験者は二人の目撃者の証言に基づいて判決を下さねばならなかった。証言する際、一方の目撃者は他方の目撃者より自信に満ちていた。[*37] 被験者は自信以外に二人の目撃者の相違を判断する材料が与えられていなかったので、自信に満ちた目撃者の証言を重視した。のちに二人の目撃者の証言の両方が間違いであることが示されると、今度は、被験者は自信のない目撃者、つまり他方の目撃者と同様に間違っていたが、自分の証言に強くコミットしていなかった目撃者のほうがより信用できると感じた。

われわれはこの発見を再現し、さらに拡張した。[*38] われわれの実験では、被験者は二人の助言者の話を聞いた。二人は同じ助言をしたが、自信の度合いは違っていた。両者とも間違っていることが明らかにされると、被験者は、最初の話題とまったく関係のない分野の問題に関しても、間違ってはいたが自信のない様子をしていた助言者をより信用しようとした。

自信過剰は割に合わないと言うと、奇妙に思えるかもしれない。偉そうなことを吹きまくる政治家やビジネスマンはいくらでもいるではないか？　確かに、聞き手が話者の実績についてよく知らない場合など、状況によっては自信過剰が効力を発揮することもあるだろう。しかし、そのような状況は例外であって常態ではないという点に留意しておく必要がある。メンバー同士で互いの言動や行動を容易に監視できる小グループでは、自信過剰はよい戦略とは言えない。私たちの祖先が暮らしていた環境に比較的近い伝統的な小規模社会は、格好の例を提供してくれる。そのような社会では、有能な個人は虚勢によってではなく、秀でた実践的スキルを持つ、すぐれた助言をする能力を持つ、争いを解決する方法を知っているなどの理由によってリーダーになる。[*39] それと同じことは、日常生活でも見られる。自分の考えこそベストであると言い張る威勢のいい友人に丸め込まれる人もいる。だがそれは長くは続かない。その考えがうまくいかなければ、私たちはそれに基づいてその友人に対する期待を変更するからだ。

私たちは、他の条件がすべて等しければ、話者が献身的に見えれば見えるほど、つまり自信たっぷりに話せば話すほど大きな影響を受ける。しかしそのような話者は、話が間違っていることがのちに判明すると、余計に多くを失う。献身シグナルの安定性は、間違いが判明すれば名声を失い、それによって他者に対する影響力も失うというこのコストによって保たれているのである。

誰を信用するべきかを判断する

誰を信用するべきかという判断は、緊張している兆候を探したり、とらえどころのない微表情を見つけたりすることとはほとんど何の関係もない。うそつきを見極めることが最重要の課題になるのでもない。そうではなく誰が誠意あるコミュニケーションを心掛けているか、誰が自分のためだけでなく他者にも有益な情報を提供しようとしているのかを見極めることに関連する。そして誠意は、動機に関するものでもある。私たちは、自分の動機と話者の動機が一致するときに、その話者を誠意ある人物として信用する。

メッセージの送り手と受け手の動機は、同じ苦境に立たされているときなど自然に一致することがある。とはいえわずかな動機の不一致ですら、コミュニケーションの破綻をもたらしうる。したがって動機は、自然に一致するだけではめったに十分なものにならない。この問題を解決するために、私たちは誰が何を言ったのかを追跡し、無益な情報を垂れ流す人を信用しないようにすることで、動機の一致を自力で生み出すようになった。かくして私たちがそのような追跡能力を持つようになると、話者は誠意をもって情報を提供するよう動機づけられ、動機を社会的に一致させることが可能になったのだ。

私たちは他者の献身の度合いを追跡し、それに応じて信頼度を調節することができるので、人間のコミュニケーションのほとんどは軽口《チープトーク》ではなく、コストのかかるシグナルにならざるを得ない。自分の発したメッセージが信頼性を欠くものであることがわかると、コストを支払わなければならなくなるからだ。異論はあろうが、人間のコミュニケーションが前例のない規模と影響力を持つようになったのは、この献身の動力学《ダイナミクス》のおかげである。しかし誰が何を言ったかを追跡する能力や、話者の動機が自分の動機とどの程度一致するかを判断する能力を十分に発揮するためには、さまざまな情報にアクセスすることができなければならない。人類進化のほとんどの期間にわたり、一人の人間は生涯に出会う人の大多数をよく知っていた。だから自分と相手の動機が符合するか否かを知り、自信過剰な人や信用できない人やうそをつく人を見極め、それに応じて相手の献身度の評価を調節するために必要な情報を豊富に手にしていたのだ。

皮肉にも、今や私たちはかつてないほどの情報の洪水に見舞われているのに、自分に大きな影響を与えうる人びとの多くに関してほとんど何も知らない。自分が買おうとしている製品が安全だと太鼓判を押すセールスマン、自分がこれから手術を受けようとしている外科医、搭乗している飛行機のパイロットについて、私たちは何を知っているのだろうか？　また、自分が住む町や国を治めている政治家たちについて、専属のライターが書いた原稿に沿った演説や、注意深く作り上げられた私生活のイメージから割り出せる以上のことはほとんど何も知らない。そのような状況にあって、誰を信用すべきかをいかに判断すればよいのか？

開かれた警戒メカニズムの原理の一つは、肯定的な手がかりが見つからない場合、伝達された情報を捨て去ることである。人間は基本的に、騙されやすいのではなく保守的なのだ。信用に関しても同じことが言える。私たちは、素性のわからない人物を信用したりはしない。信頼関係を確立するための第一歩は、個人として、あるいは組織として認知されることである。だから政治の世界では知名度が、マーケティングではブランド名が幅を利かせるのだ。[*40]

もちろん、名前だけでは十分でない。自分のメッセージが信頼に足るものであることを相手に説得するためには、それ以上の何かが必要とされる。前章までに見てきたように、的確な情報に基づき、過去にすぐれた実績を残してきた議論は、話者の説得力を高める。しかし信頼度のせいでつまずくことは多い。（自閉症とワクチンのあいだには何の関係もないことを示す信頼に足る研究があるなどといった）信頼性を保証する前提を受け入れないと、議論はたいてい説得力を失う。情報を熟知した非常に有能な話者の話でさえ、聞き手が自分の利害に配慮されていないと考えれば、耳を傾けられることがないだろう。広告や政治的態度に関する研究によって、信頼性が重要であることを裏づけるいくつかの結果が得られている。第9章で検討するように、広告に起用されるセレブは、関連する領域の専門家と受け手に見なされた場合にもっとも大きな効果を発揮するが、信頼性はそれよりもさらに重要な要素をなす。[*41] 有権者が抱く政治家の個人的なイメージが投票に影響を及ぼすという点に関して言えば、ある研究が示すところでは、もっとも重要な特徴は、「候補者がどの程度真摯に市井の人びとに配慮しているか」、言い換えれば候補者と有権者の動機がどれだけ符合しているかである。[*42]

信頼度の重要性は、それが失われたときに生じるダメージによってはっきりとわかる。（有能で信頼のおける）セレブとの連想によって製品に付与されるポジティブな効果は一般に、当のセレブがスキャンダルに見舞われれば余波をもろに受ける。[*43] たとえばタイガー・ウッズの不倫スキャンダルによって、彼を宣伝に起用していた三つのブランド（ペプシ、エレクトロニック・アーツ、ナイキ）が、市場価値にして六〇億ドル近くを失った。[*44] 同様に政治家は、選挙時の公約を守ってもめったに報われることがないが（少なくとも民主社会では守られることが多い）、汚職が摘発されると、当然ながら選挙で高い代価を支払わねばならなくなる。[*45]

誰を信用すべきかを判断する際に利用できる情報の少なさに鑑みれば、私たちは他者を信用しすぎることがない。それについては第15章で詳しく検討する。

第7章　情動

一九六〇年代前半、タンガニーカ［アフリカ南東部にかつて存在した国家］は不安的な国家であった。一九六一年に英国から独立したが、一九六二年に最終的に英国とのつながりを完全に絶つまでは英連邦に属していた。一年後、タンガニーカは隣国のザンジバルと合併し現在のタンザニアになっている。しかし一九六一年には、タンガニーカの混乱は政治に限られなかった。ヴィクトリア湖西岸のブコバ地区では、子どもたちが奇妙な行動を見せていた。そのできごとは、同じ寄宿学校の生徒だった三人の十代の少女たちが、突如として抑えようもなく笑ったり泣いたりし始め、それが数時間続いたときに始まった。[*1] その一年後には、一〇〇人近くの生徒が同様な状態に陥り、この寄宿学校は強制的に閉鎖された。生徒たちは家に帰り、不安を煽る彼らの異常な行動が広がっていった。それから数か月にわたり、この異常な行動の伝染は、同地区の数百人の若者たちに影響を及ぼした。

異様な行動の突発は目新しいものではなく、また現在でも見受けられる。[*2] 二〇一一年、ニューヨーク州のル・ロイと呼ばれる小さな町に住む十代の数十人の少女たちが、五〇年前にタンガニーカの寄宿学校の生徒を襲ったものと同じような症状を数か月にわたって呈した。[*3]

それらのできごとを語るにあたっては、突発、蔓延、罹患、伝染などといった疫学の用語でたとえざるを得ない。タンガニーカのできごとを報告した二人の医師は、それを「笑いの伝染《エピデミック》」と呼んだ。[*4]

同じたとえは、群衆の行動にも適用されることがある。一九世紀後半、伝染は、群衆の行動を説明する主要な用語になった。ギュスターヴ・ル・ボンは「群衆においては、思考、感情、情動、信念は微生物と同程度に強力な伝染力を持つ」[*5]と、また彼の同僚のガブリエル・タルドは「都市の群衆のもとでは、伝染はもっとも速く、激しく、強力なものになる」[*6]と記している。イタリア人のスキピオ・シゲーレは「道徳的な伝染は、身体の病気と同程度に確実に存在する」と述べている。[*7]

情動の拡散と病原菌の拡散の類比が、当時花盛りであったことは特に驚きではない。ジョン・スノウがコレラの伝染を抑え、ルイ・パスツールが狂犬病の予防接種を考案し、ロベルト・コッホが炭疽病、コレラ、結核を引き起こす病原体を特定した一九世紀後半は、細菌論の黄金時代だったからだ。[*8]

伝染のたとえは細菌論と同様、隆盛する一方だった。たとえばそれは、オーソン・ウェルズによる「宇宙戦争」のラジオ放送に触発されて起こった（とされる）反応のようなパニックを記述するために使われてきた。ウェルズのラジオ番組を聴いていた数千人が、ほんとうに火星人が襲来したと思い込み、パニックを起こして逃げ惑ったとされるこのできごとは、「史上初のメディア拡散事件」と呼べるだろう。[*9] あるいは軍隊は、「混乱と恐れと無知の伝染によって」敗走したなどと記述されることがある。[*10] 今日では伝染やウイルスを用いたたとえは、ソーシャルメディアの効果に言及する際に、しかも一般向けの雑誌ならずとも頻繁に使われるようになった（「バイラルマーケティング」などという言い回しを考えてみればよい）。二〇一四年には、著名な科学専門誌『米国科学アカデミー紀要』に、「ソーシャルネットワークにおける情動の伝染」を検知し操作することを試みる二本の論文が発表されている。[*11]

疾病が拡大する様相と情動や行動が伝播する様相のあいだには、興味深い類似性がある。人は故意に病原菌をまき散らしたりはしない。それと同様に、情動表現や、狂ったように笑う、踊るなどの異様な行動は、意図してなされるのではない。人は自発的に病原菌に侵されるのではない。それと同じように、他の人が笑ったり泣いたりしているのを見て、意図して自分も同じように振る舞うのではない。むしろたいていは、そのような衝動を意思の力でなんとか抑えようとするだろう。病原菌には抵抗することが極端に困難なものもある。同様に、「群衆の持つ情動や行動の伝染力に抗える人はほとんどいない」とノーベル賞作家のエリアス・カネッティは述べる。[*12] 最後に病原菌は悲惨な結果をもたらす。それと同様に情動や行動の伝染は、「人をヒーローにも暗殺者にもする」(とされている)。[*13] また、「集団のために自己の利害を犠牲にする」よう個人を仕向けることがある。[*14]

一九世紀の心理学者は群衆の行動のおおまかな観察に依拠していたのに対し、彼らの後継者は情動的なシグナルに対する反応がいかに自動的かつ素早いものになりうるかを示す注目すべき実験を行なった。心理学者のジョン・ランゼッタとベイジル・エングリスは、被験者の顔面筋の動きを記録することで、誰かが笑ったりしかめ面をしたりする様子を見ると、観察者の顔に同じ筋肉の活動が生じることを見出した。[*15] そののち心理学者のウルフ・ディムバーグらは、意識的に気づけないほど素早く表情が提示されても、この自動的な模倣が生じることを示した。[*16] この瞬間的な顔面筋の活性化は、伝染の兆候と見なされている。人びとは他者の顔に無意識のうちに表情をとらえ、それによって同じ情動を覚えると考えられているのだ。また心理学者のギヨーム・ドゥゼカシュらは、この模倣が第三者にも伝播することを示した。つまり観察者が観察対象の表情を模倣するのみならず、その観察者を観察している第三者もその表情を模倣するのである。[*17]

それらの実験結果からすれば、情動的なコミュニケーションの分野でもっとも影響力のある本の一つである、心理学者のエレイン・ハットフィールド、ジョン・カシオポ、リチャード・ラプソンの著書が『情動感染（*Emotional Contagion*）』というタイトルを持ち、「比較的自動的、非意図的で抑制不可能、そして反省的な気づきによってはほとんどとらえられない、未発達で原始的な情動の伝染」の力を論じていることは特に驚きではない。[*18]

理性の内なる情念?

本書が採用する進化的観点から見れば、情動の伝染はありそうもない。情動がほんとうに伝染するなら、またそれによって模倣が強いられるなら、いとも簡単に悪用されるはずだ。詐欺師は、カモが一緒に笑うまで笑えばよい。仇敵同士は、相手が自分に共感し気づかうようにさせればよい。情動をいとも簡単に操作できるのなら、情動シグナルにまったく注意を払わないほうが自分にとってはるかに都合がよい。

ハットフィールドらの現代の情動研究者は、「情動の表現は、それを見た人びとに同じ状態を引き起こす」[*19]という一九世紀の社会学者アルフレッド・エスピナスの言葉に示されているような、類は友を呼ぶ式の伝染による素朴な見方の限界を指摘している。そのような感染がまったく意味をなさない情動もある。怒りを考えてみよう。私たちは、自分が間違ったことをされたと、また同じことは二度と起こってはならないと相手に印象づけるために怒りを表す。[20] 怒りの表現の効果が相手を怒らすことにしかなかったら、怒りはまったく非生産的なものになるだろう。

「類は友を呼ぶ」という表現が示すところよりは厳密でない感染を想像することはできる。情動は単純に何らかの反応を引き起こす。またその反応は、最初の情動とは異なる情動に起因するものである場合もあろう。しかしそのことは、先にあげた感染の問題を解決するわけではない。怒りの表現がつねに相手を屈服させられるのなら、弱者が怒りを表明して、力関係にかかわらず相手を跪かせることができてしまうだろう。

情動シグナルを概して信頼に足るものに保つ、つまり平均して受け手に有益なものにする要因が存在しなければならない。情動表現をテーマに一冊の本を著したチャールズ・ダーウィンは、この問題に十分に気づいていた。彼は赤面に関して、同僚の一人で「赤面は、自分がした恥ずべき行為を公共の面前にさらす機能を持つ」と述べたトマス・バージェスを引用している。バージェスにとって、創造主は人間の魂に、「偶然であろうが意図的であろうが種々の道徳的感情が侵犯されたときには、それに起因する内的情動を頬に、すなわち何ものにも覆われていない身体の部位につねに表現する最高の力」を付与したのだ。[21] 彼によれば、赤面が誠実なシグナルとして機能するのは、魂と頬のあいだに、意思の力ではごまかせない直接的な結びつきがあるからだ。驚くべきことに、なぜ情動シグナルが信頼に足るものであるのかという問いに対する答えは、バージェスがその信頼度を創造主の慈悲深い手に帰して以来、ほとんど変わっていない。

経済学者のロバート・フランクは、情動の機能を論じた、ダーウィンの本以来もっとも刺激的な著書『オデッセウスの鎖——適応プログラムとしての感情』〔原題は *Passions Within Reason: the Strategic Role of the Emotions* であり、そのメインタイトルが本節の見出しになっている〕を著している。[*22] そこでフランクは、情動表現が理性的なものでありうると主張している。報復を確かな脅威であると思わせる戦略について考えてみよう。他者が自分に悪事を働かないようにするためには、自分に悪事を働けば報復することを相手に信じさせる必要がある。だが前章で述べたように、ひとたび悪事を働かれてしまうと、報復は最適な戦略にならないことが多い。あなたはオンラインで安ものの製品をつかまされたとしよう。売り手は頑固に払い戻しを拒否している。あなたは彼を訴えることができる。しかし訴訟を起こすには多額の費用がかかる。時間もとられる。だからそのようなケースでは、あきらめることが理にかなった選択である場合が多い。詐欺師は、そこにつけ込むことができる。だがいかなるコストがかかろうと報復するつもりであることを詐欺師に納得させられれば、詐欺にあわずに済ませられる。したがって実際に報復する必要もなくなる。[*23]

フランクによれば、情動やその表現は、その種の問題を解決するべく進化した。たとえば怒りは、悪事を働かれたら、どれほどコストがかかろうと必ず報復するという意思を表すために進化したのだ。ならば当然、何が怒りの表現を信用に足るものにするのかが問題になる。フランクのような学者にとって、その答えは、情動表現がそれに対する私たちの反応と同様、自動的なものであり、意識のコントロール下にない点に求められる。彼は次のように述べる。「あらゆる顔面筋が完全に意識のコントロール下に置かれれば、表情から情動的な情報を伝達する力が奪われるだろう」[*24]。意識のコントロール下にないことを理由に本質的に誠実であるとされる他の手がかりには、興奮の現れとしての瞳孔の拡大や、罪悪感の現れとしての赤面などがあげられる。

かくして情動感染の回路は完成する。人びとが情動シグナルに自動的に反応しても問題がないのは、情動シグナルそれ自体も自動的に送られ、ゆえにでっち上げることができないからだ。こうして情動は、雪崩を打つかのように自動的に発せられる説得力のあるシグナルとなって、群衆全体に影響を及ぼすまで広がっていくのである。

進化の観点から見れば、シグナルが意識的に送られるか否かは問題ではなく、そのような議論には漏れがある。ガゼルが自分は壮健そのものだから捕まらないことをリカオンに伝えるためにストッティングをすることはすでに述べた。ではなぜ、ガゼルはエネルギーを要するストッティングを行なう代わりに警戒声を発しないのか？　メッセージの信頼度は、ガゼルが意識して警戒声を発しているのかどうかによって変わるわけではない。すぐに虚弱なガゼルも、自発的にせよそうでないにせよ警戒声を発するよう進化し、リカオンはそれに注意を払わなくなるだろう。

それと同様に、特定の行動や情動表現が受け手に一定の行動を確実に引き起こすのなら、個人は自分に都合さえよければ、信頼性を欠こうが、そのようなシグナルを送るようになるだろう。ガゼルのストッティングは、単純に虚弱な個体が説得力のあるストッティングを行なうことはあり得ないために、信頼に足るシグナルとして機能するのだ。それに対して、いかに自動的であろうが、情動シグナルにはそのような制限が存在しない。ならば、報復するつもりがまったくなくても怒りを示したほうが、あるいは恥ずべき行為を躊躇なく繰り返すつもりでも、赤面したほうが自分にとって都合がよいのではないか？

自動的に生じることが信頼性を保証しないのなら、なぜ私たちは情動シグナルに注意を向けるのか？　何が情動シグナルの誠実性を担保するのか？

情動的警戒

その問いに対する答えは、「自動的（automatic）」と「強制的（mandatory）」を混同しないようにすることにある。[*25] 認知メカニズムは、その機能が意識のコントロールの埒外で作用する場合、自動的だと言える。幸いにも、このケースは大多数の認知に関して、ほとんどの場合に当てはまる。私たちは、他者の発言を理解する、あるいは視覚場面を解釈する際、それに必要なあらゆるステップに意識的な注意を向けることなどできない。また認知メカニズムは、特定の刺激が提示されたときにそれに応じた一連の決まった処理を実行せざるを得ない場合、強制的だと言える。強制的なメカニズムは、医師が膝の下をハンマーで小突けば、つねに足が跳ね上がるなどといった反射作用に似ている。

自動的な認知メカニズムは、強制的でもあると考えたくなる。だがそう考えたくなるのは、私たちが意識的なコントロールを重視しすぎているからにすぎない。実際ほとんどの認知メカニズムは自動的ではあっても、強制的なものは、あったとしてもごくわずかにすぎない。[*26]

一切れのうまそうなチョコレートケーキを目にすると、たいていの人は食べたくなる。この反応は自動的であり、ダイエット中でも、というよりとりわけダイエット中には抑えがたい。しかし豪勢な料理をたらふく腹に詰め込みデザートにチーズケーキを二個食べたあとでは、同じ一切れのチョコレートケーキが嫌悪感を引き起こす。この反応も完全に自動的だ。だが同一の刺激が異なる文脈のもとで正反対の反応を喚起するので、どちらの反応も強制的ではない。

情動シグナルに対する反応が強制的でなければ、その反応はギヨーム・ドゥゼカシュ、トム・スコット＝フィリップス、ならびに私が「情動的警戒（emotional vigilance）」と呼ぶ、情動シグナルに特化した開かれた警戒メカニズムと見なしうる。[*27] 無意識のうちに作用するとしても、私たちは情動シグナルに対する反応を調節し、有害な反応を阻止する能力を持っていてしかるべきである。さらには、情動的警戒の適用は信頼性を欠く情動シグナルを発しないようにする動機を送り手に与える。

情動的警戒はいかに機能するのか？　おそらく、一つの決まったあり方で機能するのではないのだろう。情動的警戒は、多種類の情動の特質に調節される必要がある。一例をあげよう。怒りに比べて嫌悪は、自分に都合よく他者を操作できる機会をあまり与えてくれない。ほとんどの人が、他者を屈服させるのに怒りが有用だと思っているのではないだろうか。それに対して他者に嫌悪を催させることは、うまそうなチョコレートケーキを独り占めにしたい場合などを除けば、それほど有用に思えない。とはいえ情動シグナルに人が反応するときには、それがいかなる情動であろうと次の三つの要因が関与する。それは、「どのような信念や計画を持っているのか」「いかなる文脈のもとでシグナルが発せられたのか」「送り手は信用できる人物か」である。情動をコントロールするための高度な手段をまだ持っていないはずの乳幼児でさえ、情動シグナルに反応する際にはそれらの要因を考慮に入れる。

子どもが選択的無視の達人であると聞いて驚く親は少ないだろう。子どもは自分に都合がよいときにのみ、両親の言うことに耳を傾ける。心理学者のキャサリン・タミス＝ルモンダらは、生後一八か月の乳児を対象にそれを検証する巧みな実験を行なっている。[*28] この実験では、乳児は斜面を降りるかどうかを決めなければならなかった。母親はさまざまな情動シグナルを発することで、降りるよう励ます、もしくは降りないよう制止することを求められた。乳児は、身振りや表情を使って誘導しようとする母親が目の前にいるため、情動シグナルを無視することができなかった。実際、乳児は完全に母親のしていることを理解した。斜面が急すぎることも緩すぎることもない場合、乳児は母親の態度に注意を向けた。そして母親が制止を意味する情動シグナルを発したときには四分の一の乳児のみが、また激励を意味する情動シグナルを発したときには、四分の三の乳児が斜面を降りた。さもなければ、乳児は完全に母親を無視した。傾斜が数度しかなく、まったく安全に斜面を降りることができる場合、母親が制止しようとしても乳児は降りた。傾斜が五〇度に達し斜面を降りることが明らかに危険になると、母親がいかなるシグナルを発しようと乳児は降りなかった（実験者は乳児が降りた場合に備えてつかまえようと待ち構えていた。よって実験中にけがをした乳児はいない）。つまり乳児は単純な形態の妥当性チェックを行なっていたのだ。

よちよち歩きの乳児は、特定の情動表現がいかなる場面で妥当かも理解している。「泣く乳児とポリアンナ」と題する論文で、心理学者のサブリナ・チアレラとダイアン・プーラン＝デュボワは、同様に生後一八か月の乳児を対象に行なった実験について報告している。[*29] この実験では、乳児は女優が状況に合った情動（立派なおもちゃをもらって幸福そうにしている）、もしくは状況にそぐわない情動（立派なおもちゃをもらって悲しそうにしている）を表現するところを映したビデオを見せられた。その結果乳児は、状況にそぐわない悲しみの表現により大きな好奇心を示し、おもちゃと女優を交互に見つめて何が起こっているのかを知ろうとした。また状況にそぐわない表現を見たときには、心配することがあまりなく助けを求めようとしなかった。

よちよち歩きの三歳児を対象に行なわれた類似の実験では、三歳児は情動表現が状況にふさわしいか否かに応じて反応を変えるだけでなく、信頼性を欠く情動シグナルの送り手の責任を追及することが見出されている。心理学者のロベルト・ヘパッチらは、よちよち歩きの乳児を、状況に応じた、もしくは状況にそぐわない情動を一貫して表現するおとなとやり取りさせた。[*30] おとなは、（手ではなく）着ている服の袖が箱の重いふたに引っかかったとき苦痛の表情を見せ、彼女の絵が（引き裂かれるのではなく）わずかにへこんだとき泣き出した。またゲームでビー玉を（不公平にではなく）公平にもらったときにぐちをこぼした。それから彼女は、スクリーンの背後で泣き始めた。するとつねに状況にそぐわない情動シグナルを発し続けた彼女の様子をチェックしたのは、乳児の三分の一のみだった。それに対して、状況に応じた情動シグナルを発し続けたおとなは、八〇パーセント以上の乳児がチェックした。別の課題では、乳児は信頼性を欠く情動シグナルを発したおとなをあまり助けようとしなかった。

ここには情動シグナルの安定に寄与する主たる要因を見て取れる。状況にそぐわない情動シグナルの多くは、はなから捨てられる。また情動シグナルを悪用する人は、高い代償を払わねばならなくなる。必ずしも身体的な懲罰を受けるわけではないとしても、あからさまに約束を破る人と同じように評判が落ちる。信頼性を欠く情動シグナルの送り手は、それを発したときに信用されず、さらには別の形態のコミュニケーションを行なったときにも信用されなくなるだろう。
以上は乳児を対象とする実験から引き出された結論だが、おとなはどうか？　本章の初めのほうで取り上げた実験では、おとなは他者に見出した情動を必然的に模倣することが示されたのではなかったのか？　ならば、人間は成長するにつれ、信頼に足る情動シグナルと信頼性を欠く情動シグナルを識別する能力を失っていくということなのか？
そんなことはない。おとなも、誰がどのような状況のもとで発したかに応じて情動シグナルに対する反応を変える。ランゼッタとエングリスは、のちの実験で被験者と実験協力者が協力し合う予定になっていた場合に限って、協力者が作った微笑みやしかめ面を被験者が自動的に模倣することを示した。それに対し被験者と協力者が競い合う予定になっていた場合には、被験者はそれと逆の反応を示し、協力者がショックを受けたときには微笑み、褒められたときにはしかめ面をした。ランゼッタとエングリスは、これを「反共感（counterempathy）」と呼んでいる。[*31]
その種の情報源効果は、数々の実験で報告されている。涙は、よちよち歩きの乳幼児よりおとなが流したときに、より確実に悲しみを引き起こす。[*32]女性は、自分に対して不公正に振る舞う人の情動表現を模倣しない。[*33]男性は、（ライバルスポーツチームのファンである）相手が恐れを示したときにはポジティブな情動を、喜びを示したときにはネガティブな情動を表現する。[*34]逆らいようのない伝染の格好の例と見なされているあくびでさえ、見かけほど反射的ではない。人は、見知らぬ人のあくびより知人のあくびを目にしたときのほうが、自分でもあくびをしやすい。[*35]またよちよち歩きの乳児と同様、おとなも、たとえば交渉で有利な立場を得ようとして怒ったふりをする人など、虚偽の情動を示そうとする人を次第に信用しなくなる。[*36]

伝染は受けはよくても誤解を招くたとえである

情動シグナルに対する私たちの反応は自動的でありうるが（私たちは情動反応を意識的にコントロールしない）、強制的なものではまったくなく、既存の信念や計画、文脈、相手の信頼度など、いくつかの要因に応じて変わりうる。この事実は伝染のたとえに疑問符をつきつける。[*37] 私たちは病原菌に感染したりそれを拡散したりするべく進化してきたのではなく、人類の進化のかなりの部分は、そのような事態を避けるために費やされてきた。それに対して、私たちは情動シグナルを送ったり受け取ったりするべく進化してきた。[*38] したがって情動に対する人間の反応を病原菌の伝染にたとえることには、ほとんど意味がない。

情動の伝播を伝染の結果としてとらえることは、いかなる正当な理由もなく伝播という現象に別の名称をつけることと何ら変わらない。それどころか、伝播という現象のいかなる側面に関しても理解の向上をもたらさない。[*39] 病原菌の伝染に関しては比較的よく理解されているので、このたとえは新たな理解をもたらすかのような印象を与えるが、実際には、病原菌の伝染と情動的なコミュニケーションのあいだには共通点より相違点のほうが多い。[*40]

だがコストに関してはどうか？　病原菌によるものであれ情動シグナルによるものであれ、伝染はその影響を受ける人にとってコストになるのではないか？　情動シグナルに対する私たちの反応は適応的なものであり、信頼性を欠くメッセージの送り手から自己を守るために調節されているという考えと、奇妙な行動の伝染という概念、つまり群衆が個人を、血に飢えたごろつきやパニックに陥ったヒツジに変えるという考えをいかに調停できるのか？　実を言えば、最新の適応的な見方は、情動の伝染と見なされている事例と矛盾するわけではない。というより、情動表現が人びとに強力な影響を及ぼすこともあれば、まったく影響を及ぼさないこともある理由を教えてくれる。

笑いの伝染のような「集団心因性疾患」のさまざまな事例では、伝染という見方と最新の適応的な見方の明確な違いは、誰に向けて行動が広がっていくのかをめぐる予測に見出せる。病原菌は、保菌者と頻繁に接触している人びとに拡大していく。伝染のたとえが正確であるのなら、情動シグナルにも類似のパターンを見出せるはずだ。それに対して適応的な見方は、情動シグナルを知覚する受け手の心の状態、ならびに送り手との関係によってその影響が大幅に制限されると予測する。情動的警戒という見方の正しさを裏づける証拠として、集団心因性疾患を特徴づける異常な行動は、互いをよく知り信用し合っている人びとから成る小集団以外では、ほとんど見られないことがあげられる。そのような症状は、せいぜい生徒、工場労働者、小さな村の住民など、同じグループに属する数十人程度に影響を及ぼすにすぎない。[41] 現代における集団心因性疾患の事例では、該当地区にはジャーナリスト、政府の役人、専門家、やじ馬がすぐに群がってくるが、彼らの誰も影響を受けることがない。影響を受けるのはたいてい男女のいずれか、あるいは特定の年齢層に属する人びとである。高校生のあいだでは、奇妙な行動はティーンエイジャーの社会生活の典型的な断層に沿って広がっていく。日頃一緒にたむろしているませた生徒《クールキッズ》のあいだで最初に広がり、そのあとで目立たない生徒へと拡大していくのだ。[42]

ある人が奇妙な行動に走り始めるかどうかは、すでに症状を露呈している人びととの関係のみならず、本人の心の状態にも左右される。他者に対する暴力、自傷などの真に危険な行動は、集団心因性疾患を引き起こしたりはしない。引き起こすのは、めまい、けいれんのような動作、笑いなどの行動である。さらに言えば、集団心因性疾患の影響を受けた人はそれによって恩恵を得ることがある。その症状は、すでに異常なストレスを受けている人が過酷な状況を脱せられるようにするか、あるいは少なくとも過酷な状況の存在を人びとに気づかせる場合があるのだ。タンガニーカでは、突発はおもに、伝統的な文化と、寄宿学校を運営する修道女によって課された規律のはざまにとらわれた子どもたちのあいだで生じた。作業環境がとりわけひどい工場では、集団心因性疾患が生じやすい。また訴訟や補償の可能性が生じると、より多くの人びとが症状を呈し始める。[43] 一例をあげよう。一九八〇年代前半に奇妙な（ただし純然たる）伝染病がスペインで流行したとき、政府は患者に補償を出すことにした。精神科医の記録によれば、政府の補償は身体症状ではなく精神症状を呈する患者のあいだで、「症状の模倣を生み出した」。つまり補償を受ける資格があると医師が判断した患者を（おそらくは無意識のうちに）模倣する人が出てきたのだ。[44] 集団心因性疾患を特徴づける奇妙な行動とは対照的に、病原菌は、それが引き起こす危害の程度にまったく無関係に伝播する。インフルエンザがいかに自分の生活に重大な影響を及ぼすかを知ったところで、罹患を防げるわけではない。

したがって、誰がどのような人と接触したあとで影響を受けやすいかなどといった集団心因性疾患のパターンは、他者の情動表現に対する反応を、伝染のたとえではなく情動的警戒に媒介されるものとしてとらえる適応的な観点から説明するほうがはるかによい。では、群衆についてはどうか？　その答えは単純である。群衆を暴力的な情動の奔流に屈する受動的な群れとしてとらえる見方は、事実に基づいておらず、端的に言って誤っている。[*45]

理性的な群衆

フランス革命は、慣例的なストーリーでは「群衆の専制」として描かれてきた。そして「その手順は、本質的にさまざまな暴力行為から構成され、抵抗する者を見つけては打ちのめした」[*46]。だが歴史家のジョージ・リューデは、『フランス革命と群衆』で真実を再発見した。[*47] バスティーユ襲撃では一〇〇人以上の死者が出ているが、そのほとんどは革命家たちであった。リューデは、「勝利を手中に収め猛り狂っていたはずの群衆」が、なぜとても落ち着いていて、数人の守備兵しか殺さなかったのか不思議だとすら述べている。二か月後、群衆はパリ市庁舎を占拠する。市民は公文書を引き裂いたが、そこにあった多量の金銭には手をつけなかった。一七九一年七月、五万人を超える群衆がシャン・ド・マルスを行進した。それは平和的な行進だったが、彼らを制圧するために動員された国民衛兵隊は数十人の参加者を殺害している。革命期を通じて、女性で構成される群衆が、倉庫や砂糖を販売する店を占拠しているが、彼女たちは略奪を働くことがなく、値引きを要求しただけだった。革命に参加した群衆による無防備な犠牲者のほとんどは、九月虐殺で殺された受刑者たちだったが、この虐殺は完全に理不尽であったわけでも、まったく見境がなかったわけでもない。パリは、外国勢力によってあらゆる方角から攻められていた。健康な男性のほとんどとありったけの武器が前線に集められたために、パリは内側からの攻撃に著しく脆弱になっていた。また女性受刑者や借金をしただけで投獄された人など、多くの受刑者は虐殺の対象にならなかった。

低賃金や劣悪な労働条件に抗議し、ル・ボン、タルドらの群衆心理学者の心胆を寒からしめた一九世紀後半のストライキ参加者たちは、たいてい無害であった。二七〇〇件のストライキのうち、暴力的になったのは一〇〇件未満にすぎず、群衆が殺害したのは合計してたった一人（労働者に嫌われていた卑劣な監督官）だけだった。[48] ストライキ参加者は、自分たちが誰かを殺すより、守備兵や警官に殺されるケースのほうがはるかに多かったのだ。アナーキストは、ストライキ参加者の従順さを見て取って彼らの愚かさを嘆き、それを裏づけるために群衆心理学者を引用した。このように、暴力的か従順かを問わず、群衆は騙されやすいと（誤って）考えられていたのである。[49]

これらの概して理性的で驚くほど抑制された行動は、フランス革命の群衆に限って見られるのではない。

一四世紀のイングランドで反乱を起こした農民たちは、荘園や城や教会を占拠している。だが略奪や殺戮は行なわず、借金を抱えた暮らしや農奴の地位に自分たちをしばりつけている文書を焼くことでたいていは満足した。[50]

歴史家の青木虹二は、日本の徳川時代（一六〇三～一八六八）の民衆の抗議行動を七〇〇〇件以上集めている。これらの騒擾のうち二パーセントのみが、抗議の対象になった人びとのあいだで死者を出している。[51]

一七八六年、ダニエル・シェイズに率いられた数千人がマサチューセッツ州で経済的、政治的秩序に対抗して武器を取った。この反乱や類似の反乱は、合衆国憲法の起草者たちを脅かした[*52]。しかし反乱を起こした群衆のほとんどは、無力であることが判明する。反徒は一人も殺したり傷つけたりせず、結局そのほとんどは、恩赦を得るために供述書に署名した。

一九六六年、中国の武漢で紅衛兵の「自然発生的な群衆」が形成された[*53]。群衆は二万一〇〇〇の「怪物や幽霊」、つまり文化大革命に反対していると見なされた人びとの家を標的にしていた。誰も彼らに逆らおうとはしなかった。紅衛兵は勝手気ままに標的を殺せたが、標的の九九・九パーセントは殺されなかった。

群衆がリンチからレイプに至るおぞましい行為に走りうることは否めない。ここでの目的は、群衆やそれを構成する個人に道徳的評価を下すことではなく、その動力学《ダイナミクス》を理解することにある。ほんとうに「伝染性の歓喜、抗いがたい情念の流れ、信じやすさの伝染」に駆り立てられているのなら、群衆ははるかに一貫して暴力的になり、抑制が効かず、まったく理不尽な行動に走るはずだ[*54]。ところが実際には、群衆は暴力を回避することが多い。また回避できなかった場合でも、その行動には一貫して分別があり、特定の目標のみを攻撃し、全面的な暴動より抑制された戦術を用いる[*55]。道徳にもとる攻撃でさえ、必ずしも理不尽なものになるわけではない。群衆には、あらゆる機会をとらえて盗みを働こうとしたり（たいてい特定の）他者を攻撃しようとしたりする輩がいるが、彼らは「抗いがたい情念の流れ」に駆り立てられているのではなく、群衆を隠れ蓑にして悪事を働く機会を得ようとしているのである[*56]。

パニックとされているできごとにも同じことが当てはまる。[57] パニックの事例には、まったくの捏造もある。たとえば悪名高い「宇宙戦争」のラジオ番組の聴取者のうち、実際にパニックを起こした人はごくわずかだった。[58] 自然災害や空襲などの真に恐ろしいできごとでさえ、パニックの拡大を引き起こすわけではない。[59] 同様に、戦争中「パニックによって戦闘部隊が重大な秩序崩壊を起こすことは、(…)きわめてまれにしかない」。[60] 危機的状況下にある群衆にも、伝染性のパニックではなく、他の群衆と同様な多様性が見られる。人的要因の研究者ギレーヌ・プルーらは、ニューヨークで同時多発テロを経験し生存した人たち、具体的に言えばジャンボジェットが世界貿易センタービルに突入したときにその中にいた生存者の報告を分析している。[61] そのような状況下では、集団パニックが起こり、誰もが出口に殺到していたとしてもおかしくはなかった。しかし実際には、当事者の三分の一未満が、他の人びとが「一時的にパニックに陥った」と述べているにすぎない。生存者の大多数は、皆落ち着いていて、相応の数の人びとが人助けをしていたと報告している。ギヨーム・ドゥゼカシュらは、パリで起こったバタクラン劇場襲撃事件の犠牲者にも同様な反応が見られたと述べている。[62] 劇場に閉じ込められた人びとは、テロリストに自動火器で狙われていたにもかかわらず、反社会的行動より(他者を慰めるなどの)向社会的行動を取った。さらに言えば、他者を押しのけて出口に殺到するなどといった反社会的行動は、純粋なパニックではなく脱出の可能性への考慮などの(利己的ながら)理性的な要因によって駆り立てられていた。

同時多発テロやバタクラン劇場襲撃の生存者の反応は例外ではない。いかなる危機的状況のもとでも、出口に殺到する、他者を押しのけるなど、パニックに陥っているかのように反応する人は少ない。

だがパニックという表現は、その行動が理不尽ですぐに伝播するという印象を与えるため、誤解のもとになる。銃撃や火災などの脅威に直面している状況のもとでいかなる手段を用いても逃げようとすることは、いかに利己的であったとしても、決して理不尽ではない。またパニックは拡大しない。ほとんどの人は十分に落ち着いて行動し、多くは他者、とりわけ弱者を助ける。[*63]

反徒であろうがパニックに陥っている人びとであろうが、群衆に対する一般的なイメージは、「群衆のメンバーは誰もが同じように行動する」と見なす「全会一致の幻想」に基づいている。[*64] 群衆のメンバーが一つのイデオロギーを共有している場合でもその行動は多様であり、必ずしも互いの行動を模倣したり、リーダーの要求に従ったりするわけではない。[*65]「抗いがたい情念の流れ」が存在しないのなら、群衆のメンバー同士が影響を及ぼし合ったとしても、それはたいてい、群衆に一緒に参加し、互いをよく知り、互いの反応を容易に信用することのできる人びとで構成される小グループの内部に限られる。[*66] その唯一の例外は、退却時に兵士が示す行動である。兵士同士が互いを知らなければ知らないほど、信用していなければいないほど、それだけ彼らは最初に誰かが逃げ出すとその兵士を模倣することが多く、壊滅的な敗走に陥りやすい。しかしこれは、情動感染とは何の関係もない。十分な根拠をもとに、他の兵士たちが前線に踏みとどまれないだろうと予測した兵士は、もっとも望ましくない状況に自分が置かれないよう、つまり敗走のしんがりを務める破目にならないよう努力するだろう。[*67]

私たちは、たまたま遭遇した情動表現を無条件に取り込むのではなく、群衆に囲まれていてさえ情動的警戒を働かせる。私たちが情動シグナルに対して送り手の意図したとおりに反応するのは、次のような場合に限られる。その反応は自分の計画や心の状態に適合したものでなければならない。また、情動シグナルの送り手は自分が好意を持ち、過去に信頼にもとる行動をしたことのない人物でなければならない。そして発せられた情動は、妥当に思えなければならない。これらの条件が満たされなければ、私たちはまったく反応しないか、痛そうにしている人を見て喜んだり、怒りに対して怒りで反応したりなど、送り手の意図とは逆の様態で反応するだろう。

第8章　デマゴーグ、預言者、伝道師

進化は騙されやすさを不適応なものとして扱う。信頼性を欠くメッセージの送り手につけ込まれないようにするために、私たちは、自分が聞いたことや読んだことをどの程度重視すべきかを判断するための一連の認知メカニズムを備えている。この開かれた警戒メカニズムは次のような手がかりを参照する。すぐれた議論が提示されているか？　情報提供者は有能か？　情報提供者は、私の利害を考慮に入れているか？

大規模な聴衆が相手となると、よくも悪くもこれらの手がかりは規模に見合った尺度の拡大が得られずにうまく通用しなくなる。というのも、議論は小グループで丁々発止のやり取りを通じてなされる場合にもっとも効率的なものになるからだ。数百万の聴衆を相手に演説する場合、演者は共通理解に訴えなければならない。そして確実に提起されるだろう多数の反論のすべてを、あらかじめ予測しておくことはできない。大規模な聴衆を相手に自分の能力を示すことはむずかしい。限られた知識と集中力をもってして、いかに聴衆は、もっとも有能な政治家や経済人《エコノミスト》を見極められるのか？　同様に、他者に信用されるよう自己の善意を示すことは、言うは易く行なうは難しである。というのも信頼の構築は、一人ひとりを対象に時間をかけて行なわなければならないからだ。

洗練された開かれた警戒メカニズムが機能しないと、私たちは妥当性チェックに頼らざるを得ない。妥当性チェックは、作動できるようつねに準備が整っている。その結果、大衆説得に不釣り合いなほど大きな影響を及ぼし、人びとの心を改めさせることをきわめてむずかしくしている。大衆を説得しようとする人は、せいぜい世に出回っている既存の信念や未来像に合致するメッセージを拡散する程度のことしかできない。ただし、そもそも聴衆が確たる意見を持っていないあいまいな事項に関してなら、ある程度努力すれば影響を及ぼすことができるだろう。

とはいえ大衆は、群衆全体の意見を変える預言者、国家を転覆させるデマゴーグ、選挙の帰趨を誘導する活動家、そして私たちを無分別な消費者に変える広告業者が持つ能力に屈してきた。これはいったいどうしたことか?

デマゴーグ

古代アテネが民主主義《デモクラシー》のひな型《ブループリント》だとすれば、デマゴーグのクレオンは民主主義の「最悪の敵」のひな型と言えよう。[*1] 政治家のマイケル・シグネールが指摘するように、クレオンは「アテネ政府を乗っ取り、彼にあえて逆らった著名な劇作家をすんでのところで処刑しようとし、征服した島の住民の大量虐殺を試み、無謀な軍事遠征を敢行し、一時民主政治を挫折させる結果をもたらす戦争へとアテネを誘導した」のだ。[*2] クレオンの批判者によれば、彼はもって生まれたカリスマ性、とりわけアテネ市民に向って熱弁を振るう際のその力強い声のおかげで「大衆に絶大な影響力を及ぼすことができた」。[*3]

クレオンのようなデマゴーグが持つ影響力は、大衆の騙されやすさを裏づける格好の事例と見なされてきた。

現代から振り返れば、クレオンが行なった決定には道徳にもとるものや、戦略的に疑わしいものがあったことは疑うべくもない。しかしここでの真の問いは、「クレオンは、カリスマ性を行使することで、自分に都合がよく、市民に都合の悪い決定を下すよう、アテネ市民を説き伏せることができたのか？」だ。

クレオンが下したとされているもっとも悪名高い決定は、アテネに対する反乱の報復としてミュティレネの住民の一掃を指示する命令を下したことである。これは、民衆を悪事に駆り立てる血に飢えたデマゴーグの典型例と見なせよう。だがクレオンは、そのような暴虐を働くためにカリスマ性を行使してアテネ市民を説得する必要があったのか？　そうではないように思われる。ミュティレネはスパルタと共謀することでアテネを裏切った。[*4] また他の都市を反乱に動員した。当時の基準からすれば、そのような裏切り行為に走った場合には、残虐な懲罰が待っていた。皮肉にも、この事件はデマゴーグの立場の弱さをよく示している。命令を実行するために三段櫂船が派遣された翌日、議論が再開され、クレオンの反対者であったディオドトスが、現実的な理由からミュティレネの住民を処刑すべきでないとアテネ市民を説き伏せた。[*5] 最初の三段櫂船を阻止するために派遣された別の三段櫂船は、うまくその使命を果たすことができた。かくして寡頭制の支配者たちは除去されたが、それ以外のミュティレネの住民は許された。

クレオンのカリスマ性は堅実な議論に対抗するには弱すぎたばかりでなく、嘲笑から自分を守ることさえできなかった。アリストファネスが自作劇でクレオンをやり玉にあげたとき、聴衆は怒り出したのではなくおもしろがった。有能なデマゴーグのクレオンが「完全に自分の意のままに操った」とされる聴衆が、そのような反応を示したのである。[*6] それどころかクレオンがアリストファネスを訴えたとき、市民陪審員は劇作家の肩を持った。

クレオンに対するアテネ市民の支持は無制約なものではなく、概して誠実なものだった。市民は彼を将軍にし、彼の政策の多くに賛成票を投じた。しかし彼は、何もせずに権力を手中にしたのではない。彼の経済政策は、多くの貧者に恩恵をもたらしたように思われる。[*7] 彼の影響は、市民を説得する尋常ならざる能力ではなく、「真のデマゴーグが持つ、人びとの感情をとらえる如才なさ」を持っていたという点に帰せられる。[*8] 貴族ではなかったクレオンは、何のためらいもなく大衆迎合《ポピュリスト》の政策をとり、「富裕層の権威やチェックされることのない伝統に挑戦することができた」。[*9] 概して言えば、彼の力強い声は、よくも悪くも民衆の意思を導いたというより反映していたのである。

ウィリアム・ジェニングス・ブライアンからヒューイ・ロングに至る、アメリカにおけるポピュリストの長い系譜を始めとする他のデマゴーグたちは、それと同じ戦略を取った。つまり群衆の操作によってではなく、すでに世に広まってはいるものの政治家たちによっては十分に代表されていない見解を擁護することで政治的権力を手にしたのだ。もっとも悪名高いデマゴーグであるヒトラーでさえ、その例外ではない。

歴史家のイアン・カーショーは、日記からナチ情報サービスに至る広範な情報源の調査を通じてナチス政権下のドイツの世論に精通している。[*10] 彼は著書『ヒトラー神話――第三帝国の虚像と実像』で、ヒトラーが彼の政治的経歴を通じて一般のドイツ人にいかに認識されていたか、また、彼が一時期ドイツ国民の広範な支持を得ることができたのはいかにしてかについて論じている。[*11] カーショーの見方では、ヒトラーが一九三三年の選挙に勝った主たる理由は、彼が「すでに十分に確立していた広範なイデオロギー的総意を体現していた」からだ。[*12] その点で、ヒトラーが激しい反マルクス主義の波に乗り、教会や実業界のエリートたちと考えを共有していたことは特筆に値する。[*13]

ヒトラーは一九二七年から一九三三年にかけて、現在では広く適用されているが当時は革新的だった選挙戦略を用いた。なるべく大勢の国民と接することができるよう、ドイツ国内を飛び回ったのだ。また拡声器を用いて声を拡大することで、自分が駆使するさまざまな雄弁術が聴衆に与える効果の増大を図った。規模の如何にかかわらず、群衆を相手に数百の演説を行なった。それらの試みは成功したのだろうか？　綿密な研究によれば、成功しなかった。政治学者のペーター・ゼルプとサイモン・ムンツェルトによれば、ヒトラーが行なった無数の演説は、「選挙におけるナチスの成功にほとんど寄与していない」[*14]

権力掌握後のヒトラーの人気は、経済的、軍事的な状況の変化に応じて上下した。ヒトラーは、彼の提起する政策から利益を引き出せる人びとのあいだでは、また、次々と楽な軍事的勝利を収めたときには一般国民のあいだでも人気を博した。[*15] だが早くも一九三九年には、戦争に向けて引き締めを図るようになったために、不満が募り始めていた。[*16] スターリングラードの戦いで大敗北を喫したあとは、ヒトラーに対する支持は瓦解する。国民は彼を、士気を鼓舞するリーダーとは見なさなくなり、悪いうわさが流れ始める。[*17] 一九四三年から彼が自殺する一九四五年四月にかけて、多くのドイツ国民は、死罪に相当するにもかかわらず、彼をあからさまに非難した。[18]

ドイツ国民の世論を形成するどころか、ヒトラーはそれに反応する側だった。カーショーによれば、「他のいかなるプロパガンダ主導者にもまして、ヒトラーは大衆の忍耐力に対して極端に敏感だった」[19]。国民をコントロールするために、自分の世界観に反するメッセージを発しなければならなかったのだ。権力を掌握する過程では、彼は自分が抱く反ユダヤ主義をなるべく表に出さないようにし、演説ではわずかしか言及せず、ユダヤ人が経営する店舗のボイコットを訴える請願を却下している。[20] かくして彼は、他のデマゴーグ同様、大衆を動かすために自分の説得力に頼ることができず、既存の世論を利用せざるを得なかった。[21] のちに見るように、ナチのプロパガンダ装置自体も、それ以上の効果をほとんどもたらさなかった。

預言者

大衆を動かすデマゴーグの力は誇張されてきた。では、預言者などの宗教的なリーダーについてはどうか？　通常の歴史記述では、預言者は、自己犠牲から失敗が運命づけられた十字軍に至る自殺行為を導く熱狂に群衆を駆り立てる能力を持つとされている。しかし客観的に眺めて見れば、重要なのは預言者の説得力ではなく、聞き手の心の状態や生活状況であることがわかるはずだ。ひとたび極端な行動に走る心構えが人びとのあいだで確立すれば、そこへ預言者が登場して、火をつけるのである。[22]

一八五〇年代中頃、ノンガウセは、南アフリカの農村地帯で暮らすコーサ族の強力な占い師になった。[23] そして、コーサ族が彼女に従えば「誰もが楽に暮らせるようになる。何もかもが豊富に手に入り、欲しいものは何でも手に入るようになる。(…)手足を失った人はそれを取り戻すことができ、目の見えない人は見えるようになり、老人は若返る」という壮大な予言をした。[24] またノンガウセは、強力な死者の軍隊がやって来てイギリス人の侵略者と戦ってくれると村人に語った。しかしその夢をかなえるためには、家畜を皆殺しにし、作物を焼き尽くさねばならなかった。かくして多くの村人は、自分が飼っている家畜を一頭残らず殺し、作物を徹底的に焼いた。しかし、やって来たのは死と飢餓だけだった。

このできごとは、極端な騙されやすさと大衆説得のおぞましい事例になるのではないか? コーサ族は、村人が誰も知らないノンガウセを信用する正当な理由を持っていなかった。彼女は、自分が村人に急き立てた行動を正当化するいかなる根拠も示さなかった。そして、その行動は明らかにコストが非常に高くつくものであった。イギリス人の目からすると、ノンガウセは単純に村人の「信じやすさにつけ込んだ」にすぎなかった。[25] しかしこの説明は、コーサ族の行動を理解するにあたって、きわめて重要な要因を見落としている。

当地では一八五六年から五七年にかけて、「肺の病気(lungsickness)」が流行し、そのせいで家畜の群れが一掃されていた。[26] そのような状況下にあっては、病気になる前に家畜を殺して食べてしまうことは、妥当な選択肢であるように思える。[27] この件で肺の病気の重要性を指摘することは、決して誇張ではない。病気が発生しなかった地域では、一頭の家畜も犠牲になっていないからだ。[28] この事件に関して私が依拠している歴史家のジェフ・ペイレスは、「肺の病気はコーサ族による家畜の殺戮の必然的な原因であった」と結論づけている。[29] 作物に関しても、異常な雨季が胴枯れ病に対する脆弱性をもたらしたという類似の推論が可能である。

肺の病気に見舞われた地域でさえ、村人はノンガウセに盲従したのではなく、供犠の伝統に従って一、二頭の家畜を殺すことから始めている。[30] 貴重な家畜は最後に回したのである。[31] またナンガウセの予言が実現しないことがわかると、村人はすぐに幻滅を感じた。[32] 場合によっては、家畜の殺戮は、すべてを失い、公共善とされている供犠の実行を拒否する人びとに不信感を抱いていた族長、隣人、あるいは親戚の脅迫に屈して行なわれた。[33]

ペイレスは次のように論じている。「現代人の想像を超えた圧力によって自暴自棄に駆り立てられていた国家にあっては、家畜の殺戮は論理的かつ合理的、おそらくは必然的な反応だったのだろう」。[34] この結論はいくぶん誇張されているのだろうが、彼の研究によれば、ノンガウセはコーサ族に対していかなる魔術的影響力も持っていなかった。彼女に従った村人は、日常生活の必要性に駆り立てられて極端な行動に走ったのである。

さらに言えば、家畜の殺戮は反乱一歩手前の紛糾の現れの一つでもあった。[35] それまでコーサ族は、族長たちがほとんどの家畜を所有するという事態に耐えていた。というのも村人は、困難な状況に陥った場合には家畜を分けてくれると考え、族長たちを信用していたからだ。しかし貴族たちが余った家畜を、皆で分け合うのではなくイギリス人入植者に売り始めたときに状況は変わる。[36] この行為は、多くの村人たちを家畜の殺戮へと追いやった。家畜が彼らのものではなかったばかりでなく、もはや「干ばつ時の保険」にさえならなくなったからだ。[37] それに対して、家畜の売買で利益を得ていた人びとは、圧倒的に家畜の殺戮に反対していた。[*38]

コーサ族による家畜の殺戮は、少なくともその点で千年王国運動の典型的な特徴を示している。数世紀にわたり、大勢の人びとが千年王国運動に魅せられて、世界の終末が迫り、はるかに幸福な世界がもうすぐやって来ると信じていた。コーサ族同様、千年王国の信者は、見たところ無分別な行動に走ることが多かった。預言者の命令に従って十字架を取り、エルサレムを奪還しようとしたヨーロッパの貧しいキリスト教徒はその好例である。しかし彼らの行動は、大衆説得にほだされたのではなく、たいていはより実際的な考えに導かれていた。

一般に、ヨーロッパ中世における貧者による千年王国運動は、絶望や、物質的な繁栄の追求に駆り立てられたものだった。もっとも成功した貧者の十字軍がエルサレムに到達したとき、彼らのリーダーは「財産が欲しい貧乏人はどこだ！」と叫んだという。[*39] 歴史家のオイゲン・ウェーバーは次のように述べている。

問題は、これらの威圧された人びとが千年王国そのものより、それに先立つ根絶、すなわち抑圧者の打破、聖職者やユダヤ人の絶滅、そして富者や肥太った輩の根絶に関心を抱いていたことだ。彼らの陶酔や怒りは、平和ではなく、つるはしを手にした戦いをもたらした。一二世紀から一六、一七世紀にかけて終末論の興奮が高まっていたとき、十字軍は虐殺と化し、霊的希求は社会的、政治的な暴動に至ったのだ。[*40]

他の歴史家もこの見解に同意する。千年王国運動という「抑圧された者たちの宗教は、危機の察知や経験、より強力なグループからの抑圧、極端な貧困、特定の社会階層に脅威をもたらす社会の根本的な変化から」おもに生じたのである。[*41]

社会秩序に対する挑戦は、典型的な規範の侵犯である。したがって強い正当化が求められる。千年王国思想は、その正当化を与えてくれる。世界はどのみち終わりを迎え、そのあとでよりよい世界がやって来るのだから、今は何を破壊しても構わない。そう考えるのだ。だから文化の垣根を越えて、あまたの抵抗運動に千年王国思想が認められるのである。もっともよく知られた千年王国運動はキリスト教徒によるものだとしても、この思想は新約聖書にはるかに先立ち、ユダヤ教やゾロアスター教の教典にも見出される。また仏教などの他の宗教でも、ほぼ独立してその発展を見ている。[*42]さらに言えば、キリスト教徒による千年王国運動は南アフリカのコーサ族から中国の太平天国に至るまで、しばしば宣教師の努力のおかげでというよりその意図に反して、さまざまな民族によって、多様な方法で取り入れられてきた。[*43]

千年王国到来の予言は、世界の至るところで、それをうまく利用できる場合にはつねに成功を収めてきた。つまり民衆が既存の秩序に激しい抵抗を試みようとしたときには、どれほど文化間に相違があろうと至るところで表面化してきたのだ。世俗の反乱にも、革命を通じて混乱ののちに黄金時代が取り戻されると主張する、独自の千年王国思想を見て取ることができる。[*44]終末予言の市場《マーケット》は、ずる賢い預言者の供給によってではなく、不満を抱えた群衆の需要によって維持されてきたのだ。

伝道師

預言者は、大衆に対してそれほど大きな影響力を持っているわけではない。だが、差し迫った世の終末の脅威という言説に(たいていは)依拠していない宗教指導者についてはどうか? 仏教(信者:五億二〇〇〇万人)、キリスト教(二四億二〇〇〇万人)、イスラム教(一八億人)の文化的成功は、大規模な群衆の改宗に成功した伝道師がいたことを示唆する。またこれらの勝利は、古来の宗教に限られない。一九世紀におけるモルモン教の興隆、あるいは二〇世紀におけるクリシュナ意識国際協会やアメリカ統一教会などの新宗教運動の成功は、現時点では小規模ながら類似の偉業が現代人を対象にしても達成しうることを示している。

たった一人の展望が、いかにして数百万、ときには数十億の信者に伝わるのかについて考えてみれば、そこでは集団改宗が起こっていると見なさざるを得ない。聖書には、ある日ペテロが行なった説教は、「その日およそ三〇〇〇の魂を加えた」とある。[*45] 紀元四世紀に歴史家のエウセビオスは、「初めて聞いたにもかかわらず、群衆全体が宇宙の創造主に対する敬神を心の底から熱烈にかき抱くようになった」と記している。[*46] 二〇世紀の多くの歴史家は、宗教の急激な成長には「大衆の取り込み」を必要とするという見方を共有している。[*47] 同様に、大勢の人びとが新宗教運動の発展に不安を感じ、新規参入者を洗脳しているとして運動のリーダーたちを非難してきた。[*48]

集団改宗に対するその種の見方は、複利計算に対する無理解に基づいている。規模は小さくても恒常的な成長は、長い年月が経過するうちに大きな利益を生む。西暦〇年に(キリスト教徒一人につき)

一ドルを投資し、二〇二〇年に二四億二〇〇〇万円を獲得したい場合(キリスト教徒一人につき一ドル)、年率一パーセントをわずかに上回る程度の利息で十分である。社会学者のロドニー・スタークは、何人かの歴史家による見積もりを集め、キリスト教徒の数が、西暦四〇年のおよそ一〇〇〇人から三五〇年には三四〇〇万人に増加していることを見出している。この期間が、キリスト教がもっとも急速な拡大を達成した時期であったにもかかわらず、一年あたりの増加率は三・五パーセントにすぎない。[*49]数人から三世紀間で数千万へと至るキリスト教信者の劇的な増加を説明するには、各キリスト教徒が一生のうちに二人を改宗させれば十分である点を指摘すればよい。これは集団改宗とはとても言えない。

より最近の宗教運動も、類似の改宗率を示している。初期のモルモン教会を対象とするスタークの研究では、年成長率が五パーセント未満であることが示されている。[*50]社会学者のアイリーン・バーカーは、創始者のサン・ミョン・ムーン〔文鮮明〕の名にあやかってムーニーと呼ばれることが多い統一教会への新規メンバーの加入について詳細に調査している。[*51]統一教会はもっともよく知られている新宗教運動の一つだが、その成功率は非常に低い。教会センターの一つを訪れるほど関心を持った人のうち、「二年後にまだ運動に参加しているメンバーは二〇〇人に一人に満たない」[*52]。二日間の静修《リトリート》に参加したメンバーのあいだでさえ、「一年後に正規メンバーとして残っていたのは五パーセントにすぎない」[*53]

伝道師が大衆説得の偉業を達成してきたのではなく、宗教的改宗はわずかな例外を除けば、既存の強固な関係に駆り立てられてなされている。友人が友人を勧誘し、家族のメンバーが別の家族のメンバーを引き入れる。スタークと同僚のジョン・ロフランドの詳細な研究によれば、アメリカ統一教会は、このパターンに依拠して発展している。この運動はヤング・オーン・キムに率いられていたが、彼女は「講演と新聞発表を通じて改宗者を勝ち取る」ために全力を尽くしたあと、何とか十人ほどの友人やその家族を募集できたにすぎなかった。[*54] この開拓者的な研究以来、親密な個人的結びつきを改宗に用いることの重要性、というより準必要性は、モルモン教、日蓮正宗、あるいは中世のカタリ派などに繰り返し見出されている。[*55]

友人や家族に勧誘された場合でも、改宗すれば、未改宗の人びとから、誤解から迫害に至る社会的コストを受ける可能性が生じる。そのような状況を考えてみると、改宗は、信用のみに基づいて、個人的な義務を担わされる場合も多い新たな信念を誰かに受け入れさせるという、説得の偉業の結果だとは言えないだろうか？　いやそれどころか、改宗者は、新たに参加したグループに愛着を見出しているように思われる。心理学者のディック・アンソニーは、新宗教運動に関するさまざまな研究を要約して、「改宗者の心理的、情動的状態は、改宗後悪化するより改善する場合のほうが多い」と記している。[*56] コストのかかる行動でさえ、本人に恩恵を与えうる。モルモン教徒は収入の一〇パーセントを教会に寄付し、一〇パーセントの時間を教会のための活動に費やさねばならない。それでも、信者の誰もが多くを共有し、「メンバー同士の気前のよい社会的サービス」を実践する機会を提供してくれる共同体で暮らす選択をする理由は容易に見て取れる。[*57] ときに重大な迫害の脅威を受けていた初期のキリスト教徒でさえ、この新宗教に信者が忠誠を誓うことで生み出された支援ネットワークの恩恵を受けていた。[*58] そのような実践的な側面と比べれば、新宗教に結びつけられた見かけは風変わりな信念は、あとづけの小さな役割しか果たしていない。経済学者のローレンス・イアナッコーネは次のように述べる。「信念は通常は関与のあとで生じる。人びとは強い愛着によって宗教グループに引き込まれるが、強い信念はもっとゆっくりと形成されるか、まったく形成されない」[*59]

新たな宗教運動は、人びとが享受できる社会的相互作用のあり方を提供することで、集団改宗によらずして発展しうる。だが、その宗教が支配的で普遍的なものになった場合はどうか？ その場合、人びとの思考や行動を規定できるのは伝道師ではないのか？

中世を通じてカトリック教会は、礼拝への定期的な出席や懺悔から、毎年収穫の一〇分の一を納めるよう農民に求める十分の一税に至るまで、ヨーロッパの農民に対して農民自身の明白な利益にはならない行動の実践を課そうとしてきた。そのうえ教会は、既存の悪弊を擁護する信念を広げた。王は人びとを支配する神聖な権限を持つ。聖職者は、富者の成功を努力に見合ったものとしてではなく幸運に恵まれたものとして見なす考えが、悪の根源たる「強欲に類似する」ものだと教えた。[*60]

マルクス主義者は、それを「支配的イデオロギー」と呼ぶ。つまり、上流階級が自分たちの立場を正当化するために作り出し、人民に押しつけた世界観と見なしている。[*61] マルクスとエンゲルスにとって、「物質的な生産手段を自在に操れる階級は、同時に心的な生産手段をコントロールする手段を持つ。一般に、心的な生産手段を持たない人びとの考えは、それに従属する結果になる」[*62]。悲惨な生活が自分たちの地位に見合ったものだと思わせ、その運命を甘受させるイデオロギーをかくも大勢の人びとに受け入れさせたことは、これまでになされた大衆説得のなかでももっとも驚くべき所業だと言えよう。

この見解に沿って、カトリック教会は最高の権威を持ってヨーロッパ中世の世界を支配したとよく言われる。敬意、無知、地獄に対する恐れなどの複合要因に基づいて、教会は従順な民衆に訓戒や教義を受け入れさせることができたというのだ。[*63] 一三世紀に南フランスの貧しい地域で伝道活動を繰り広げていたドミニコ会修道士のフンベルト・ド・ロマンスは、それとは異なる見解を述べている。フンベルトは、のちにドミニコ会の位階をかけ上がってトップの地位に昇りつめているところからして、おそらく自分の仕事に非常に長けていたと考えられる。しかしその彼も、地上で見たことに対して絶望を感じていた。

絶大な権力を握っていたはずの教会も、受洗、「父なる神」を知ること、年に一度聖体拝領を行なうことなどの、教義に基づく最低限の要請にも貧者をほとんど従わせることができなかった。[*64] フンベルトは、人びとが「夜間に、無益な話題のみならず邪悪あるいは野卑な話題に関するゴシップを交わし合うために」教会に通っていることに不満を述べている。[*65] 特別な行事に関してはどうか？ 民衆は聖人の祝日を祝ったが、その恩恵を受けたのは教会ではなく、「宿屋の主人や売春婦たちであった」。[*66] 信者は巡礼に出かけることがあったが、それはときに「その人が生涯を通じて犯してきた罪より多くの罪を犯す機会」を提供した。[*67]

貧者は宗教的な祝賀行事を放蕩の機会に変えたばかりでなく、教会が課そうとしたコストのかかる行動はいかなるものでも積極的に忌避した。フンベルトは「懺悔や断食の無視」や「十分の一税を払おうとしないこと」を嘆いている。[*68] 歴史家のエマニュエル・ル・ロワ・ラデュリは次のように記している。「十分の一税をめぐる争いは、（…）数々の農民の反乱をつなぐ糸のように起こり続けた。それは、カタリ派からカルヴィニズムに至るまでの共通項をなし、断絶することの多いいかなる教義より、その連続性を明白に見て取ることができる」[69]

では民衆の十字軍は、このような不服従の図式にどのように当てはまるのか？　教会は何千人もの貧者を説き伏せて、それ自体の目的のために彼らに究極的な犠牲を払わせたのではないのか？　すでに述べたように、貧者は十字軍を霊的な義務ではなく簒奪の機会と見なしていた。いずれにせよ、貧者の十字軍は教会権力の落とし子ではなかった。[70] それどころか、教会は彼らと積極的に戦うことさえあった。それには妥当な理由があった。というのも、「終末論思想に焚きつけられた貧者の群れは」視界に入ったユダヤ教徒の住居を簒奪し尽くしたあと、「ただちに矛先を聖職者に向けるようになった」からだ。[71] 最初の羊飼い十字軍の最中には、「聖職者の殺害はとりわけ称賛に値すると見なされていた」。[72] どうやら羊飼いたちは、支配的なイデオロギーに配慮したりなどしなかったらしい。

教会が求めたコストのかかる行動を起こすことを拒絶したばかりでなく、中世の大衆はカトリック教会の教義の多くを無視した。思想史家たちは、啓蒙時代になるまで「深く根付いた抜きがたい異教崇拝《ペイガニズム》が、（キリスト教という）見かけにうっすらと覆われていた」ケースが多いことを指摘している。[73] ル・ロワ・ラデュリは一三世紀におけるフランスの村落に関する詳細な研究で、キリスト教の色合いが明らかに薄いさまざまな慣習を取り上げている。例をいくつかあげよう。家長が死ぬと、他の家族のメンバーは家長の髪の毛や爪を「活力の源」として保存し、それによって家が死者の持つ魔術的性質を吸収すると考えられていた。少女の最初の経血は、のちにほれ薬として使うために取っておかれた。へその緒は、訴訟に勝つために役立つと考えられ、大切に保管された。[74] ドミニコ修道会修道士のフンベルトが農民を「すぐに魔術を信じ」「あまりにも頑迷、いやそれどころか救いがたいために、破門によっても、それ以外のいかなる脅しによっても行動を抑えられない人びと」として非難しているのは何ら驚きではない。[*75]

貧者によって断固として拒否された信念には、苦しい生活を従順に受け入れさせることを目的としたものもあった。フンベルトは「強欲は罪である」と教えたのかもしれないが、それでも「大衆はこの世の富者たちを幸運な人びとと見なし、彼らが腐敗した司教に(しばしば正しく)責任を求める教会統治の悲惨な状況」についてしきりに苦情を訴えると述べている。[*76] 中世を通じて、大衆説得によって魅力のない信念やコストのかかる行動を民衆に強要しようとするカトリック教会の試みは、繰り返し失敗に終わった。

カトリックが支配する中世ヨーロッパに見られるパターンは、経済を支配する階級においても世界規模で再現された。[*77] 支配的イデオロギーを受け入れるどころか、社会学者のジェームズ・スコットが著した二冊の重要な本のタイトルを借りて言えば、人びとは至るところで「弱者の武器(weapons of the weak)」を携えて「抵抗の策謀《サボタージュ》(the arts of resistance)」をめぐらせた。[*78] 主人と奴隷のあいだのもっとも大きな力の不均衡でさえ、後者に苦境を受け入れさせることはできなかった。奴隷は、「遅延、偽装、見せかけの服従から放火や破壊活動に至るまで」、利用可能なあらゆる手段を使って戦い続けたのである。[*79]

支配階級が、自分たちの優位性を正当化し、考えられる限り最善の状況として現状を肯定する物語《ナラティブ》を紡いできたと見なす支配的イデオロギー説には一理ある。そのようなナラティブが、おりに触れて文書から電波に至る情報伝達媒体を賑わわせてきた。しかしそのことは、社会的地位が低い人びとがそれを受け入れてきたことを意味するのではない。むしろそれらのナラティブは至るところで拒否され、たとえば変革の機が熟した際に出現した千年王国思想など、その代わりとなるナラティブが生み出されてきたのである。

第9章　政治宣伝、選挙キャンペーン、広告

政治宣伝

牢獄で『わが闘争』を書くあいだ、ヒトラーは政治宣伝《プロパガンダ》についてあれこれ考えていた。彼は大衆を信じやすい「その本性において女性的な」「子どもの集まり」として記述している（子どもと女性は、長らく情動や騙されやすさと結びつけられていた）。したがって効果的なプロパガンダは、「提示された考えを一人残らず受け入れるようになるまで執拗に繰り返される、（…）決まった形式」に依拠しなければならなかった。*1

おもに経済的、反共産主義的基盤に依拠して選挙に勝利し、ひとたび権力を掌中に収めると、ヒトラーはヨーゼフ・ゲッベルスと宣伝局の支援を受けて、自分の理論を実践に移した。そして彼らは協力し合って、史上もっとも恥ずべき大衆説得の手段をあみ出したのだ。とりわけその企ては、映画、ラジオ番組、書籍、ポスター、教材などでユダヤ人を中傷することで、ドイツにおける反ユダヤ主義の確立を目指した。

この「プロパガンダの一斉射撃」には、どの程度の効果があったのだろうか？*2　ドイツにおける反

ユダヤ主義に関する詳細なデータを得るために、経済学者のニコ・フォークトレンダーとハンス＝ヨアヒム・ヴォスは、一九九六年から二〇〇六年までに実施されたさまざまな調査を分析している。[*3] 二人は、ナチのプロパガンダにさらされた、とりわけ一九二〇年代から三〇年代にかけて生まれたドイツ人のあいだで現在でも反ユダヤ主義を抱いている人びとの割合を調査した。その結果、この世代のドイツ人は、確かに強い反ユダヤ主義的感情を抱いていることがわかった。その年代に生まれた人びとのあいだでは、「ユダヤ人は世界中で過剰な影響力を行使している」などといった記述に同意する人の割合が、他の世代に比べて五～一〇パーセント高かったのだ。

ナチのプロパガンダは現代ドイツにおける反ユダヤ主義にはわずかな影響しか与えていなかったとしても、まったく無関係ではなさそうに思われる。だがそれは、ヒトラーが考えていたようにプロパガンダの執拗な繰り返しのおかげなのか？　フォークトレンダーとヴォスは、地域ごとに、どれくらいの家庭がラジオを所有していたのか、プロパガンダ映画を上映できる映画館が何軒あったかなど、その地域の住民がナチのプロパガンダに触れる機会がどの程度あったかを調査している。単に執拗に繰り返せばこと足りるのなら、ナチのプロパガンダへの暴露の度合いが高い地域ほど、反ユダヤ主義者が急増したはずである。だがプロパガンダへの単純な暴露には効果がまったくなく、その効果の地域的な偏差は、すでに反ユダヤ主義が浸透していたか否かによって説明がつくことがわかった。つまりヒトラーが権力を握る以前から、反ユダヤ主義が広範に流布していた地域のみが、プロパガンダを受け入れたのである。これらの地域の住民にとって、反ユダヤ主義のプロパガンダは、政府が自分たちと同じ立場に立っているがゆえに、自由に偏見を表現できることを示す、信頼できる手がかりとして用いられたということなのかもしれない。[4] ラジオ放送の効果に焦点を絞った別の研究では、さらに確かな結果が得られている。ラジオによるプロパガンダは、「歴史的に反ユダヤ主義が隆盛していた地域では効果があった」が、「そうではない地域ではネガティブな効果をもたらした」[5]

前章で取り上げた歴史家で、ヒトラーの人気を理解するためにナチ政権下におけるドイツの記録を渉猟したイアン・カーショーも、ナチのプロパガンダの効果を分析して類似の結論に達している。ドイツ人はユダヤ人の店舗をボイコットし、さらにはユダヤ人を追放せよとする呼びかけを聞き入れなかった。ナチスが「ドイツの生活から、経済的に（そして次第に社会的に）ユダヤ人を排除していくことに成功したのは、もっぱら恐怖や法的差別を通じてであった」[6]

カーショーによれば、ナチプロパガンダの他の側面は、ドイツ人全員を熱狂的な反ユダヤ主義に転向させる試みより、さらに効果がなかった。障害者に対する安楽死の強制は、広く反対された。[7] 共産主義に対する攻撃は右派には支持されたが、共産主義の一般的な支持層である「ドイツの工場労働者のあいだでは、（…）ほとんど掛け値なしの失敗だった」[8]。それどころかドイツの労働者の大多数は、戦争の遂行に進んで協力するよう説得するナチプロパガンダに従わず、欠勤することで抵抗する道を選んだ。[9] とりわけスターリングラード攻防戦が終わり、戦局が最悪の状況に転じると、宣伝局が発するメッセージは無視されるようになった。ゲッベルスの「いつも通りの勝利のメッセージは単調になり」、政府の宣伝放送よりBBCを信用するようになった「国民に無視された」[10]。さらには、ナチプロパガンダはナチス党に対する好感度を醸成することさえできず、無能で汚職にまみれていることが多かった地方の幹部はどこでも軽蔑されていた。[11] 皮肉にもカーショーは、一部はナチ情報部（SD）の行なった調査をもとにしてそれらの結論に達している。それには、「われわれのプロパガンダは、嘘偽りと見なされているために至るところで住民の拒絶に遭っている」という、ドイツ中部の小都市シュヴァインフルトのSD支部による報告のような厳しい批判もある。[*12]

負けることがわかっていながら死闘に参加したドイツ兵についてはどうか？　彼らの存在こそ、ナチプロパガンダの有効性を示す動かぬ証拠ではないのか？　だがドイツ兵に関する研究は一貫して、「政治的価値は、戦闘に参加した兵士のモチベーションの維持には非常に小さな役割しか果たしていなかった」ことを示している。[*13] 兵士はどこでも、自分が属している小グループ、つまり長きにわたってともに戦い、苦難を分かち合うことで培ってきた特別な忠誠の絆を共有する同僚たちの支援から主たるモチベーションを得ていたのだ。[*14] また、逃亡の試みが失敗すれば処刑されるという恐れ（実際、そのために数千人のドイツ兵が処刑されている）、敵の捕虜収容所で死ぬことに対する恐れ（東部戦線でソ連の捕虜収容所に監禁され、無事に故郷に帰れたドイツ兵は少ないが、西部戦線では捕虜の扱いが比較的寛容だったため、ドイツ兵の［自軍からの］逃亡は多かった）などの恐れの感情も一役買っていた。[*15]

カーショーはこれらの発見を要約して、「（ナチ）プロパガンダの効果のほどは、（…）既存の総意《コンセンサス》をうまく取り込む能力や既存の価値観に準拠する能力、あるいは既存の先入観を強化する能力に大幅に依存していた」と述べている。[*16] プロパガンダは、世論と対立するとつねにひどく骨抜きにされた。一般に、大衆説得はほとんど、あるいはまったく起こらなかった。ナチは特にプロパガンダが下手だったのか、それとも他の体制下でも同じことが起こったのだろうか？

ソ連も、第二次世界大戦中のみならず、それに先立つ数十年間、とりわけスターリンが権力を確立しつつあった時期に、プロパガンダをさんざん駆使していた。初期の試みは民衆に訴えなかった。共産主義の理念は、より時代に合ったナラティブを優先させるために切り落とされねばならなかったのだ。国際主義は愛国主義によって、また非個人的な歴史の力は英雄崇拝によって置き換えられた。[*17] しかしこの戦略は、一九三〇年代後半に英雄たちの多くが、見せしめ裁判によって処刑されると、みごとな逆効果をもたらした。ソ連当局のプロパガンダに対する信用は、以後決して回復することがなかったのである。実を言えば、スターリン主義者のプロパガンダが絶頂を迎えていた時期でさえ、ロシアの労働者や農民は「種々の消極的な抵抗戦術を採用し、積極的に他の情報源を求めていた」。[*18] 他の国同様、当局の価値観を受け入れたのは、体制から何らかの恩恵を受けられた人びとがほとんどだった。[*19] 現在でも、ロシアのプロパガンダの試みは、たとえばウクライナなどで類似の経緯をたどっている。説教壇では相応に成功しても、敵対者に実際に適用されると逆効果になるのである。[*20]

もう一つの強大な共産主義勢力である中国のプロパガンダも、毛沢東の指導のもとでさえソ連と同程度の説得力しかなかった。政治学者のシャオ・グアン・ワンは、中国の中部に位置する大都市、武漢で文化大革命に参加したさまざまな活動家の動機を詳細に調査している。[*21] それによれば、文化大革命への市民の参加は、「毛沢東に対する無条件の信頼」に基づいていたのではなく、「彼の指導が個人的な問題の解決をもたらしてくれるという認識の産物」であった。[*22] 彼の理念に従うことで恩恵が得られる立場にあった人びとがそれを受け入れたのであり、それ以外の大勢の人びとは彼に反抗したのである。

中国政府による最近のプロパガンダに関する研究は、その一般的な無効性を明らかにしている。

一九九〇年代中盤における政府に対する中国人の態度を調査したある研究では、国家が運営するニュースメディアの消費が、政府への信頼の欠如と相関し、よってメディアが指導部に対する信頼の醸成に寄与しているとはとても考えられないことが判明している。[*23] 国営メディアに対する信用の欠如は、市民の一人が述べているように、中国市民が「つねに別の経路から異なる情報を得ようとしている」ことを意味する。[*24] 中国のツイッターとも言えるウェイボーが運用を開始した直後、ソーシャルメディアを利用している中国人の七〇パーセントが、それを主たる情報源として利用していることを認めた。[*25] 国営メディアに対する不信とその他のメディアに対する依存度の増大は、政府に対する否定的な見解を反映するうわさが迅速に取り上げられ、その阻止が困難になることを意味する。[*26] 中国市民が受動的に政府のプロパガンダを受け入れているわけではないことは、市民の抗議活動によっても示されている。ジャーナリストのエヴァン・オスノスの報告によれば、二〇一〇年には毎日中国全土で、平均してほぼ五〇〇件の「ストライキや暴動などの〈大衆による事件〉が発生した。しかもこの数は公式統計に基づく[*27]」

プロパガンダの限界を思い知った中国共産党は、大衆をコントロールするための戦略を、あからさまな説得から政治学者のマーガレット・ロバーツが言うところの「摩擦と洪水（friction and flooding）」へと切り替えた。[*28] 「摩擦」戦略は、特定のキーワードのブロック、バーチャル・プライベート・ネットワーク（VPN）の使用の強制、政府各部門の業績や国家のみが確実に集められる情報などといった慎重な取り扱いを要する情報をそもそも蓄積しないことを通じて、機密情報へのアクセスをより困難にすることから成る。「洪水」戦略は、公式プロパガンダを浴びせることで機密を要する問題から国民の目をそらすことから成る。また中国政府は、オンラインでメッセージを拡散する役割を担い、一件の投稿につき五毛の報酬をもらえるために五毛党と呼ばれる要員を二〇〇万人集めたと言われている。しかし中国政府は結局、国民の考えを変えるためにそれらの政治宣伝要員《プロパガンディスト》を使うことを基本的にあきらめたように思われる。「彼らは懐疑家との議論を避け、（…）論争になりうる問題についでは議論することさえしない」のだ。[29] その代わりに、そもそも政府を支持している市民（その数は多い）の見解を擁護するか、有名人のゴシップのような適当な話題を取り上げて、それほど政治に関心のない市民の注意をそらそうとするようになった。

政治学者のザビエル・マルケスは非民主的な体制に関する著書のなかで、プロパガンダの失敗例をいくつか取り上げている。「フランコ体制によってほぼ四〇年にわたって続けられたプロパガンダは、スペイン人を反民主主義者にしなかった。（…）チャウシェスク崇拝につねにさらされていても、ほとんどのルーマニア人は彼の支持者にはならなかった。（…）東ドイツ政府の容赦のないプロパガンダは、多くの国民を政府の言葉をまったく信用しない常習的な皮肉屋に変えた」[30]

このように、政府のプロパガンダは国民の説得にたいてい失敗してきた。逆効果になって、体制に対する国民の不信を拡大することさえある。プロパガンダはせいぜい既存の見解に便乗することができるだけであり、その支援がなければ社会的な反発を買うことが必至な意見［たとえば反ユダヤ主義］を公然と語る機会を人びとに与えるのが関の山である。[31]

では、全体主義体制下では、総統《フューラー》に向かって一斉に敬礼する、民衆が毛沢東主席のバッジを買う、金正日の葬式で泣き叫ぶなど、あたかも洗脳されたかのごとく振る舞う人びとがいるのはなぜか？

その答えは単純だ。プロパガンダに頼るいかなる全体主義体制も、体制に対する異議の兆候を見つけ出しては暴力的に抑圧するからである。ナチ式の敬礼をしなければ、「政治的な非同調主義者」のしると見なされ、死刑に処される場合もある。[*32] 北朝鮮では、少しでも体制に対する不満を示せば、家族全員が収容所に送られる。[*33] そのような脅威のもとでは、人びとが真の感情を吐露するとは考えにくい。中国のある医師は文化大革命時の生活について、「中国で生き残るためには、誰にも何も打ち明けてはならなかった」と述べている。[*34] 同様に北朝鮮のある炭鉱夫は、「私たちの苦境が、体制のせいであることはわかっています。隣人もそう思っています。でも私たちはそれについて話し合うほど愚かではありません」と述べている。[*35]

空虚な宣伝より純粋な支援ということになると、鞭より飴のほうがうまく機能するように思われる。中国市民は国営メディアを全面的には信用していないのだろうが、概して言えば中央政府と中国共産党を尊重し支持している。ちなみに政府の支持率はたいてい七〇パーセントを超え、これは欧米のいかなる国の政府と比べても高い。[*36] それはプロパガンダや政府の方針のおかげかもしれない。中国はここ数十年間高い成長率を示し、八億人を貧困生活から解放したのだから。[*37]

選挙キャンペーン

ここまで繰り返し見てきたように、全体主義体制における政治宣伝による大衆説得の強引な試みは、民衆を動かすことができなかった。しかしこの失敗は、民衆が十分な警戒心を抱いていたということではなく、政治宣伝を行なう側にスキルや洗練度が欠けていたことの表れではないのか？　たとえばゲッベルスは、影響力の行使という点では大した役割を果たしていなかったように思われる。すでに一九四〇年の時点で市民は、（ナチ情報局の報告によれば）「退屈な画一性」のために公式プロパガンダに関心を示さなくなっていた。[*38]

現代の民主社会で増えてきた選挙事務長《キャンペーンマネージャー》、スピンドクター［情報操作によって大衆の心理を操る専門家］、マーケティング責任者、世論調査員、危機管理コンサルタントなどの専門家たちは、もっと巧妙かもしれない。全体主義体制のプロパガンダは、メディアの独占的支配に依拠している。おそらく競争の欠如が、政治宣伝員たちの直観や動機を鈍らせているのではないか？　それに対して、現代の政治キャンペーンは激しい競争のもとで行なわれており、専門家はスキルを洗練させ候補者を当選に導く方法を、また候補者は選挙に勝つためにもっとも有効な支援を与えてくれる専門家を見極める方法を学ぶための多くの機会を得ることができる。

ここではアメリカ政治に焦点を絞るが、その理由は二つある。一つは、他国の政治家に比べてアメリカの政治家がはるかに巨額を費やしていることだ。たとえば二〇一六年には、六四億ドルが政治キャンペーンに使われている（その三分の一は大統領選に使われた）。[*39]　もう一つは、関連する研究の大多数がアメリカ政治に関するものだからである。

巨額が費やされていることを除けば、新聞メディアによって劇的なイベントとして取り上げられ、紆余曲折があり、誹謗中傷合戦、有権者を感動させる演説、公開討論の結果などによって各候補者が世論調査で浮き沈みするという点で、アメリカにおける選挙キャンペーン、とりわけもっとも国民の注意を引く選挙キャンペーンは他国とそれほど変わらない。事実、大勢のボランティアによる戸別訪問、テレビコマーシャル、ロボコールなどの利用可能な手段を考慮すれば、それに応じた劇的な効果が得られてもおかしくはないように思える。

しかし政治キャンペーンやメディアの活用によって選挙に勝てるかを、より一般的には世論を動かせるかを調査した研究では、驚くほどあいまいな結果が得られている。二〇世紀の最初の数十年間においてよく知られていたモデルは、「皮下注射」や「特効薬（magic bullet）」モデルであった。それによれば、人びとはメディアの言うことなら何でも受け入れる。[*40] このモデルは、第一次世界大戦時のプロパガンダの革新的な実践方法（ただし効果は薄かったと思われる）と、遭遇したいかなる刺激にも反射的に反応する人びととして一般大衆をとらえる見方に基づいている。[*41] しかしこのモデルには、基づいていないものが一つあった。それはデータだ。一九四〇年代から五〇年代にかけて、有権者の行動を追跡する世論調査や、メディアの影響に関する本格的な研究が盛んになると、「最低限の効果」の時代が到来する。[*42] 一九六〇年にジョセフ・クラッパーは、数年間の研究を要約して、「政治的コミュニケーションは、変化の媒介としてより、強化の媒介として機能することが多い」と述べている（これはプロパガンダの研究によって得られた結論を思い起こさせる）。[*43]

一九七〇年代と八〇年代には、政治学の分野で実験研究が行なわれるようになる。戸外で人びとの意見を収集するのではなく、被験者を研究室に連れてきて、選挙広告、テレビニュースなどのさまざまな刺激を与え、被験者の意見に対する刺激の効果を測定するようになったのだ。このテクニックによって、メディアは、どう考えるべきかではなく、何について考えるべきかを示し（アジェンダ設定）、問題をよりよく理解する方法（フレーミング）や、政治家を評価する基準（プライミング）を提供することで、世論に影響を及ぼせることが判明した。[*44] それらの効果は「皮下注射」モデルが示唆するところよりは直接的でないが、それでもかなり強力なものになりうる。（たとえば）妊娠中絶に関する見方ではなく経済政策によって政治家を評価する人びとは、投票パターンが多様になりやすい。

研究室に被験者を呼んで行なう実験の利点は、厳密な方法を適用できる点にある。研究者は厳密にコントロールされた環境のもとで、被験者に任意の刺激を与え、それに対する被験者の反応を注意深く追跡することができるからだ。逆に欠点は、いわゆる生態学的妥当性を欠くことにある。実験室で観察された現象が、まったくコントロールされていない日常の環境でも生じるとは確言できない。たとえばいくつかの研究では、テレビニュースにさらされることで政治的見解が変わりうることが示されているが、現実には、視聴者は受動的にテレビニュースを観ているのではなく、どのニュースを観るかを選択し、そもそもニュースを観るか観ないかを決めている。政治学者のケヴィン・アルセノーとマーティン・ジョンソンは、被験者に観るチャンネルを自由に選ばせる一連の実験を行なっている。彼らの観察によれば、多くの被験者は単に関心を示さなかった。のみならずニュースを観ることを選択した被験者は、政治に強い関心を持っていたが、ニュースに反応して意見を変えることがあまりなかった。[*45] さらに強く生態学的妥当性を考慮した研究では、選挙キャンペーンやメディアが特定の問題に関しては世論を形成する能力を持つことが明らかにされている。しかしその様態に鑑みれば、人は政治キャンペーンが提示するメッセージなら何でも無条件に受け入れるわけではないことがわかる。

政治キャンペーンやメディアが世論に影響を及ぼす際にもっとも重要になる媒介要因は、人びとがすでに抱いている見解の強さである。多くの政治問題に関しては、人びとは強い見解を抱いていないか、何の見解も持っていない。どんなトピックに関しても必要な情報を得るためには時間と労力が必要になることを考えれば、そうなっても何ら不思議ではない。一例をあげよう。二〇〇〇年の大統領選の選挙期間中、二人の候補者ジョージ・W・ブッシュとアル・ゴアが、社会保障制度に関してどんな立場を取っているのかを知る有権者は、ほとんどいなかった。[46] その結果、自分が支持する政党の候補者が、かくかくしかじかの見解を抱いていると言われると、有権者は「政党キュー」に従ってその見解を自分も採用する場合が多かった。[47] 政党キューに従うことは、信用メカニズムの（ほぼ）堅実な働きを反映するものだ。特定の政党を何年間も信用していれば、自分にはほとんど知識のないものごとに関して支持政党の指針に従うことは理にかなう。市民はまた、政治に非常に詳しい仲間を見極め、その人の意見を取り入れることに長けている。[48] 人は一般に、信頼に足るシグナルにより大きな影響を受ける。たとえば新聞は、意外な候補者、つまりその新聞が通常支持している政党に属さない候補者を支持する場合、より信頼できるシグナルを送る。そして読者は、影響を受けるとすればそのような意外な支持によってのみ影響される。[49]

政治学者は二一世紀の最初の一〇年間に、広告チラシを任意のいくつかの郡に送る、戸別訪問する、任意の有権者を対象に電話アンケートを取るなどといった調査を通じて、政治キャンペーンの効果をめぐって大規模な実験を行なうようになった。それから世論調査や選挙結果を参照して、手紙、面談、電話などを通じて自分たちが行なった干渉の効果を、類似の生活環境で暮らしているもののそのような干渉を受けなかった有権者と比較しつつ見積もるようになったのだ。この方法は、実験の厳密さと生態学的妥当性の両方を保証する。

二〇一八年に政治学者のジョシュア・カラとデイヴィッド・ブルックマンは、この厳密な方法を採用したすべての研究に彼ら独自の新しいデータを加えてメタ分析した結果を報告している。[*50] 取り上げられた選挙キャンペーンには、選挙の進展によって有権者の投票意図がわずかでも影響を受けるようになるはるか以前になされたものも含まれている。このメタ分析によって次のことがわかった。選挙サイクルの初期の頃は、有権者は誰に投票するかについて確たる考えを持っておらず、その見解はやや流動的な状況にある。しかしその状況は長くは続かず、投票日には完全に消える。つまり選挙キャンペーンは、有権者の投票行動に総体的には効果を及ぼしていなかった。[*51] 他のいくつかの研究では、有権者が争点に関してほとんど何の予備知識も持っていない選挙では、選挙キャンペーンに一定の効果があることが見出されている。というのもそのようなケースでは、有権者は候補者の帰属政党に基づいて判断することができないからである〔政党キューに頼ることができない〕。[*52]

大統領選や議会選挙などの大きな選挙になると、選挙キャンペーンの総体的な効果はゼロになるという研究結果が出されている。[*53] この結果は注目に値する。郵便、戸別訪問、電話、広告に巨額を投じても、（少なくともアメリカでは）もっとも人びとの注目を集める選挙における選挙キャンペーンによる介入は、一般に効果がないようだ。

最近の高度な技法を用いた研究でも、この結論に疑問を呈する結果は得られていない。読者の多くは、フェイスブックユーザーから（しばしば同意なしに）データを入手して、心理プロフィールを作成し、それに基づいて政治宣伝を提供した悪名高き企業、ケンブリッジ・アナリティカについて聞いたことがあるだろう。『ガーディアン』紙によれば、ケンブリッジ・アナリティカは「民主主義の乗っ取り」を可能にしたのである。[*54]

実際には、それは詐欺だった。

的《まと》を絞った広告にはある程度の効果があるように思えるが、それは利用者の履歴データに基づく製品広告でのみ実証されているにすぎない。しかも効果は小さく、数百万人が広告を見て、購買者が数十人増える程度のものでしかない。[*55] ケンブリッジ・アナリティカは、ユーザーに関する疑わしいデータを用いて大統領選に影響を及ぼそうとしていた。大統領選へのケンブリッジ・アナリティカの影響が、化粧品の宣伝の実験で得られた程度の効果があったとしても、数千人の有権者の投票を左右できたにすぎないだろう。実際には、その影響はおそらくゼロだったはずだ。共和党の政治分析家によれば、ケンブリッジ・アナリティカの従業員は「ジャーゴンを使いまくっていた」が、そこに「いかなる効果」も見出せなかったことは、それが「ポピュラー心理学のナンセンス」に基づいていたことを考えればまったく意外ではない。[*56]

政治キャンペーンの無効性を説明するためにこれまで提起された主たる理論は、両陣営とも相手の投資に応じて投資するために、効果が相殺されるというものであった。しかしそれは、カラとブルックマンの研究に見出せる結論ではない。なぜなら、広告チラシや電話などによる介入を受けた人びとはランダムに選ばれているので、相手陣営が特にそれらの人びとを対象に介入することはできなかったはずだからだ。政治キャンペーンは、少なくとも重要な選挙では、多数の有権者に影響を及ぼすことができないように思われる。では選挙キャンペーン中に観察された世論の大幅な揺れについてはどうか？　最近の分析によれば、それらは大部分が人為的なもので、ある候補者が選挙戦をうまく戦っているると見なされると、その候補者に投票しようと考えている人は、世論調査に答える可能性が高くなり、ほとんどの有権者が見解を変えていないにもかかわらず、それによって揺れが起こっているかのような錯覚が引き起こされるのである。[*57]

統計学者のアンドリュー・ゲルマンと政治学者のゲイリー・キングが二五年以上前に述べたように、ほとんどの政治キャンペーンとは対照的に、ニュースメディアは「大統領選の帰趨に大きな影響を及ぼす」とされている。しかしゲルマンとキングは、この効果が「誤解を招く宣伝やサウンドバイト［ニュースに使うために切り取られた言葉や映像］、あるいはスピンドクターによってではなく、重要な争点をめぐって候補者の立場を伝えることで」得られたものだとしている。[*58] 概して言えばメディアの主たる役割は、各候補者が所属する政党、各候補者の政治的見解など、それがなければ最低限の見識ある政治的決定さえできなくなるような情報を供給することにある。最近の研究は、ゲルマンとキングの結論を支持している。ニュースメディアによる報道が拡大すればするほど、それだけ情報に恵まれた有権者が増える。[*59] メディアを信頼する市民は、もっとも情報に恵まれている。[*60] より情報に恵まれた有権者は、説得の影響を受けにくくなる。その結果、一般大衆は、より多くの情報源を利用できるようになればなるほど、それだけ政治家が何をしようとしているのかに気づくようになり、政治家は有権者の希望を満たそうとさらに努力するようになる。[*61] 少なくとも広く報道される選挙では、メディアや政治キャンペーンは市民を啓蒙するという点でおおむねポジティブな役割を演じている。アメリカの政治キャンペーンということになると、同じ結果は数分の一の費用で達成可能であると容易に想像できるとしても。

広告

政治キャンペーンにつぎ込まれる費用は、広告に投下される額に比べれば色褪せて見える。二〇一八年には、世界中で五〇〇〇億ドル以上が広告につぎ込まれている。[*62] この投資は、(理論上は)消費者の選好に大きな影響を及ぼし、より高価な製品や、場合によっては、ブラインドテスト[銘柄を隠して意見を訊くテスト]ではペプシコーラが好まれているのにコカコーラを買うなど、評価の低い製品を消費者に選択させているはずだ。

政治キャンペーンに関して言えば、それに用いられる広告の効果を測定することは困難である。グーグル社とマイクロソフト社の研究者は、オンライン広告がポジティブな結果をもたらすかどうかを知るためには、完全にコントロールされた理想的な実験によって、一〇〇〇万人以上を対象にテストを行なう必要があると述べている。[*63] 広告の効果を測定することがかくも困難である理由は、単なる技術的な問題のゆえではなく、広告にはあってもわずかな効果しかなく、そもそも効果があったかどうかを決定することさえむずかしいからである。

広告の効果に関する初期の研究は、ほとんどの広告には識別可能な効果がないことを示唆していた。一九八二年のある研究では、すでに「あなたは大げさな広告を行なっていますか?」という問いに対して、明確に「イエス」という答えが得られている。[*64] 一九九五年以後の十年間に行なわれた研究の総括では、テレビ広告には小さいながら有意な効果が見出されている。[*65] 政治的な広告と同様、消費者対象の広告の効果を調節する主たる要因は、それを見る人が独自の見解をすでに抱いているかいないかである。広告キャンペーンは、すでに当該製品を買ったことがある消費者にはまったく効果がない。[*66] この結果は重要である。なぜなら、広告は製品をよりよく見せたり、高級品であるかのように見せかけたりすることによって機能するのではないことを示しているからだ。もしそうなら、該当製品についてよく知る消費者も、広告の影響を受けなければならないだろう。そうではなく広告は、「製品固有の特徴に関する情報を（消費者に）伝える」ことでおおむね機能する。この情報は、その製品に対する個人的経験がすでにあればそれよって置き換えられる。[*67]

広告の作用に関する残念な例は、タバコのテレビ広告である。タバコは、必ずしも押し売りではない。広告が登場するようになるはるか以前から、人びとは手に入りさえすればどこでもタバコを吸っていた。そもそもタバコの存在を指摘しさえすればそれで十分だが、脳に対するニコチンの影響や、脳の報酬センターを標的とするがゆえにすぐにやめられなくなることは、タバコの大きな問題である。予想されるとおり、タバコの広告は、一九五〇年代のアメリカの若者のように、喫煙が一つの選択肢にすぎないことに気づいていない消費者を対象にするときに、最大の効果を発揮する。[*68]

広告は、消費者の純粋な信じやすさにつけ込んで効果を発揮するのではない。たとえばセレブを起用した広告の効果は、そのセレブが該当領域の信頼に足る専門家であると見なされているか否かによって変わる。[*69] 関連する専門性の提示とは対照的に、広告におけるあからさまな性や暴力の描写は、効果を弱める結果になりやすい。[*70]

以上の研究結果は、信じがたいかもしれない。私たちの誰もが、宣伝している当の製品について何の専門知識も持っていないセレブを、まさにその製品に結びつけてとらえている。ボイドとリチャーソンは、有名人がすることなら何でもしようとする偏向《バイアス》について述べるなかで、下着の宣伝に登場したマイケル・ジョーダンに言及しているが、もっとよく知られた例としてジョージ・クルーニーとネスプレッソ［専用コーヒーメーカーを販売している企業］の宣伝をあげることができる。私の知る限り、クルーニーはコーヒーの専門家ではないはずだ。それでも彼はネスプレッソに結びつけられた。しかし彼を起用した宣伝の直接的な効果がどの程度あったのかは、はっきりしない。ネスプレッソは、二〇〇六年にクルーニーがヨーロッパで宣伝大使として起用される以前から、年率三〇パーセント以上の成長をすでに遂げており、二〇〇六年以後の年成長率も同程度のものだった。[*71] またアメリカでは、彼が二〇一五年に初めてネスプレッソの広告に登場するはるか以前からとてつもない成長を遂げていた。[*72] 皮肉にも、クルーニーが何人の消費者を取り込んだかがはっきりしないのに対し、彼が消費者によって選出されたことは明らかだ。というのもネスプレッソは、成功をもたらしてくれた報酬として、既存の顧客に宣伝大使を選ばせたところ、彼らはクルーニーを指名したのである。[*73]

広告は、ブラインドテストで好まれなかった清涼飲料（コカコーラ）を消費者に選ばせた要因ですらない。ほとんどの人は、単にコークとペプシの区別ができなかったにすぎない。[*74] 仮にこの分野で広告にばく大な効果があったとしても、ペプシより、味と価格が基本的に変わらないコークを消費者に選ばせることには大して寄与していないだろう。

マーケティングの研究者であるジェラード・テリスは広告の効果に関する総括で、「広告業者ならただちに認めるだろうが、真実を言えば消費者の説得は非常にむずかしい。新たな見解、態度、行動を受け入れるよう説得することはさらにむずかしい」と述べている。[*75]

大衆説得のパターン

広場《アゴラ》で熱弁を振るうデマゴーグからスマートフォンで消費者の関心を引き寄せようとする広告業者に至るまで、さまざまな大衆説得の事例を見ると、そこには明確なパターンがあることに気づく。大衆説得を成功させることは、途方もなくむずかしい。ナチスの支配するドイツやスターリン主義者が牛耳るソ連における、もっとも恐るべきプロパガンダの試みすら、人びとを改心させることに対して驚くほど効力がなかった。

既存の信念と矛盾するいかなるメッセージも、自分たちがしたくないことをさせようとするいかなる指示も、たいがい無視される結果になる。カトリック教会は権力の絶頂期にあったときでも、農民に断食や懺悔をさせることも、十分の一税を自発的に払わせることも、異教崇拝をやめさせることもできなかった。ナチのプロパガンダはドイツ人に障害者を嫌わせることも、ナチス党をひいきにさせることもできなかった。誰に投票するかを有権者がひとたび決めてしまえば、いくら選挙キャンペーンに資金をつぎ込んでも彼らの考えを変えることはできない。広告は、該当製品をすでに使ったことのある消費者には効果をもたらさない。

大衆説得は抵抗に遭えば失敗する。メッセージが効果を発揮するには、そのメッセージを正しいと信じるべき理由を、受け手があらかじめ持っている必要がある。もっとも効果のあるメッセージとは、聞き手の持つ先入観や目標を反映するものでなければならない。ナチプロパガンダを用いてユダヤ人に対する憎しみを擁護する反ユダヤ主義者や、千年王国論を再利用しつつ暴動を起こす群衆などはその格好の例である。だが、純粋な大衆説得は可能なのか？　大衆説得は、せいぜいあまり重要ではないことがらに関して人びとの心を変えられるにすぎない。たとえば有権者は一般に、重要な争点に関して自己の意見と一致する綱領を持つ政党を選択し、しかるのちにあまり重要でない（個人的な）トピックに関してその党の指針に従う。

明らかに大衆説得のパターンは、大衆の信じやすさを強調する見方と一致しない。むしろそれは、伝達された情報の慎重な評価を反映する。つまり人びとは、受け取ったメッセージがすでに自分が抱いている見解と一致するかどうかを、またメッセージの発信者の信用度を吟味しているのである。

ではかくも間違った考えが蔓延しているのはなぜか？

ここまでの章で私は、どの見解が妥当で十分な議論に基づいているのか、いかなる専門性が必要とされるのか、誰が信用できるのか、情動シグナルにいかに反応すべきかなどを判断する、開かれた警戒メカニズムの機能を詳しく説明してきた。あまたの心理実験によって、それらのメカニズムはおおむね理性に基づいて作用し、有害なメッセージを捨て、十分な証拠があれば自分の考えを改められるよう導くことが示されている。開かれた警戒メカニズムは、私たちの考えを変えようと試みるほぼすべての大衆説得を遮断するに十分なほど効率的なのである。

この楽観的な結論は、「恐ろしい魔女があたりをうろついている」「オバマはイスラム教徒だ」「ワクチンは安全ではない」などといった明らかに誤った信念が蔓延している現状と一致しないように思えるかもしれない。しかし誤った信念の吐露は、必ずしもその人が騙されやすいことを意味するのではない。以後の六つの章では、うわさからフェイクニュースに至る虚偽の概念を探究し、それらが拡散するあり方や、私たちの思考や行動に対するその影響は、純粋な信じやすさより開かれた警戒メカニズムの効率という概念を用いることでうまく説明できることを見ていく。

第10章　興味をそそられるうわさ

二〇一五年、アメリカ人の二〇パーセントは当時の米大統領バラク・オバマが国外で生まれたと信じていた。また対立政党、共和党の支持者の四三パーセントは、彼がイスラム教徒だと信じていた（実際には、オバマは米国ハワイ州の生まれでキリスト教徒である）。*1

二〇一七年四月、デイヴィッド・ダオはユナイテッド航空機から強制的に降ろされた。そのやり方が非常にまずかったために、彼は歯を一本失い、鼻を骨折し、脳震盪を起こした（彼の弁護士の報告による）。ダオとユナイテッド航空が和解に至ったあと、中国で広く利用されているソーシャルメディア、ウェイボーで和解額が一億四〇〇〇万ドルに達したといううわさが広まった。*2 実際の金額は公表されていないが、その一〇〇分の一程度であった可能性が高い。*3

一九六九年前半、フランスの地方都市オルレアンで、ユダヤ人が経営する小売店の着替え室から若い女性が誘拐され、売春婦として海外に送られたといううわさが広まった。*4 警察や政治家やその他の関係諸機関による公式な否定にもかかわらず、うわさは数か月続き、一夏をかけてゆっくりと収まっていった。

これらの恐ろしく不正確なうわさの事例は例外的だとしても、うわさの持つ不正確さは、より系統的な研究によって裏づけられている。

一九五〇年六月、インドのダージリンという町で壊滅的な地滑りが起こった。心理学者のデュルガナン・シンハは、その余波として起こった、地滑りの原因、死傷者数、雨量などに関するうわさについて研究している。[*5] それらのうわさは、極端な誇張や実際に起こったできごとの脚色であり、いずれも誤っていた。また同じ現象は、一九三四年にインドのビハール州を地震が襲ったときにも観察されている。[*6]

一九七五年にミシガン大学で大規模なストライキが起こった。「危機のおりにはうわさが飛び交う」ことを認識していた二人の社会学者スタンドード・ワインバーグとリッチ・アイクはうわさの拡大を防ごうとした。二人は、伝聞によるうわさの真偽について電話で問い合わせることのできる危機管理センターを開設したのである。その結果、報告されたうわさの一五パーセントのみが、正確であることがわかった。[*7]

危機のうわさ

なぜ誤ったうわさ［以後デマと訳す］が蔓延するのか？　第二次世界大戦が終わった直後に心理学者のゴードン・オールポートとレオ・ポストマンが執筆した影響力のある著書『デマの心理学』が刊行されてから、うわさの拡大に関する理論のほとんどは、うわさを信じて広げる人の心の状態に的を絞っていた。[*8] ある総括で指摘されているように、「うわさの発生と伝播は、個人の不安、全般的な不確実性、信じやすさ、結果相関的な関与の最適な組み合わせによって生じる」[9]。オールポートとポストマンの理論によれば、黒人の大統領の就任、ストライキの結果の不確実さなど、環境の変化は不安をもたらす。不安は、それを引き起こすできごとに関する情報に対してその人を信じやすくする。うわさは現在起こっている事象に関する理解を助け、未来の不確定性を低下させ、不安を緩和する。人びとを騙されやすくする、不安を喚起する状況のもとで「批判的な感覚」を失い、いかにばかげたものであろうがうわさの伝播に率先して貢献する人がいる[10]。そう主張するのだ。

以上の説明はもっともらしく思えるが、本章で取り上げる理論とは合致しない。私たちは不確実性があると確実性を、また不安を感じると安全を求めようとする。しかしそれが有効なのは、確実性や安全が現実的なものである場合に限られる。確実性や安全の誤った感覚に取り込まれると気分は晴れるが、災厄のもとになる。開かれた警戒メカニズムは、いかに気分が晴れたとしても受け入れるべき根拠のないメッセージを捨てるだろう。

人びとは不安を和らげてくれるうわさをすぐに信じると主張する理論の最たる問題は、たいていのうわさが不安を抹消するのではなく煽ることだ[11]。地元の商店主が幼い少女を誘拐していると聞いて安心するだろうか? 自然災害による被害の誇張が私たちの懸念を和らげるだろうか?

しかし標準的な理論がうわさの伝播の完全なパターンを説明できなかったとしても、デマが世に蔓延しているという事実は、「人は騙されやすいのではなく、コミュニケーションの評価に長けている」とする私の議論に疑問符をつきつけるのではないか。デマが不安を和らげようが煽ろうが、多くの人びとが、たいていは薄弱な根拠のもとにそれを受け入れているのだから。この事実は、開かれた警戒メカニズムの歴然とした欠陥を意味するように思える。しかしこの欠陥を正しく測定するためには、またその原因をよりよく理解するためには、もっと効率的なうわさの伝播の事例を探究する必要がある。

伝播するのはデマばかりではない

『ウォール・ストリート・ジャーナル』紙は数年間、「街のうわさ（Heard on the Street）」という、金融界で飛び交っているゴシップやうわさを紹介するコラムを掲載していた。経済学者のジョン・パウンドとリチャード・ゼックハウザーは、ある企業が別の企業を獲得するために名乗りを上げたという、買収のうわさに焦点を絞ってこのコラムを分析している。[*12] 彼らはそれによって、それらのうわさのほぼ半数が正確で、トレーダーが適切に考慮することのできる貴重な情報源になっていることを発見した。[*13]

心理学者のニコラス・ディフォンツォとパラシャント・ボーディアは、職場のうわさに関して一連の研究を行なっている。それらの研究では、さまざまな業界からほぼ三〇〇件の、昇進、解雇、離職などに関するうわさが収集されている。[*14] 業界によって多少の変化はあるとはいえ、うわさの信憑性は非常に高く、一般に八〇パーセント以上が、また多くのケースでは一〇〇パーセントが正確だった。彼らは次のように指摘している。「大規模な人員削減を実施している大企業で生じた誰が解雇されるかに関するうわさは、公式発表の一週間前の時点で完全に正確である」。[*15] この結論は、伝聞による職場のうわさの正確さが八〇パーセント以上に達することを示したいくつかの既存の研究の結果を再検証する。[16]

それらの研究の一つでは、第二次世界大戦中の軍隊というとりわけ興味深い環境が精査されている。[17]戦時のアメリカ市民のうわさをおもに調査したオールポートとポストマンによる古典的研究とは対照的に、心理学者のテオドール・カプロフは米陸軍内で飛び交う、誰がどこに配置されるか、誰が本国に帰還できるのかなどといったうわさに焦点を絞っている。それらのうわさは、薄気味悪いほど正確だった。[18]カプロフによれば、「大規模作戦、配置転換、指揮命令系統の重要な変更があるたびに、その情報が、正式発表がなされる前にうわさによって正確に伝えられた」[19]

これらの研究で取り上げられている正確なうわさには、兵士のあいだでの本国帰還のうわさや職場での昇進のうわさなど、不安を引き起こすようなたぐいのものではないものもある。また、前線に送られるというようなうわさや解雇のうわさなど、疑いもなく強いストレスを引き起こすものもある。うわさが不安を和らげるか煽るかは、正確さとはほとんど何の関係もない。ならば、一貫して正確なうわさを引き起こす状況には、いかなる特徴があるのか？

自発的なうわさの追跡

実のところその答えは、「うわさはそれを交換する人びとにとって重要な意義が存在する場合、正確になる傾向がある」というごく単純なものだ。

他のいかなる認知的活動とも同様、開かれた警戒にはコストがかかり、私たちがそれを発動するのは、そうすることに価値があると見なされた場合に限られる。[20] これは次のことを意味する。私たちは、自分が重要であると考えている領域のものごとに関しては、誰が何を言ったのかを、またその真偽を注意深く追跡している。この事実は、うわさに言及しようとする際には、自分の信用が傷つくのを避けるために多大な注意を払うよう話者を動機づける。[21] 私たちは誰が何を言ったかを追跡する能力を行使し、うわさの真偽を見極めることで、信頼できる情報提供者のネットワークを築いていく。

カプロフが調査した陸軍兵士のあいだで正確なうわさのみが飛び交っていた理由は、その点に求められる。[22] 誰がいつどこに配置されるかなどといった内容のうわさは、真偽がすぐに明らかになる。そして繰り返されるフィードバックによって、兵士たちは、誰のどのタイプの情報に関して信用が置けるか、あるいは誰を情報ネットワークから排除すべきかを学ぶことができる。

さらに言えば、身近な環境に関連する問題については、人びとは一般に、既存の知識に参照したり、新たな情報を収集したりすることで、うわさの内容を自分でチェックできる。そうすることで、不安な状況に置かれているか否かにかかわらず、デマの芽を摘み取ることができるのだ。

心理学者のジェームズ・ディゴリーは、一九五二年にペンシルベニア州東部で発生した狂犬病の突発をめぐるうわさを研究している。[23] 最大の影響を受けた郡の住民は、もっとも強い不安を感じたはずだ。それにもかかわらず彼らは、より遠く離れた郡の住民と比べ、この脅威をめぐる誇張されたうわさを信じていなかった。脅威との近接性は住民をより不安にさせたとしても、危険度をより正確に評価できる立場に置いたのである。

第二次世界大戦中のアメリカで飛び交ったもっとも有害なうわさの一つは、日系人に、とりわけ真珠湾攻撃を支援するために破壊活動を行なったとして反逆罪を着せたことである。その種のうわさは日系人が住む本国の地域やハワイで猖獗したが、「自分で確かめてみればわかる」「島のさまざまな人びとと話をしてみればわかる」としておおむね否定された。[*24]

ときに実践的ながら誰もが多くを知らず、信頼できる情報提供者のネットワークを築くには時間の余裕がない問題が発生することがある。ミシガン大学で発生したストライキも、その一つと見なせる。その種の例外的な状況のもとでは、講義はキャンセルされるのか、ストライキ参加者に罰則が科されるのかなどといった重要事項に関して信頼に足る情報を持つ人がほとんどいない。信頼に足る情報がなかったり、情報提供者のネットワークが確立していなかったりすると、デマが飛び交う土壌が形成される。しかし、ストライキの問題は関係者にとって非常に重要なものなので、研究者たちが開設した危機管理センターを利用したのである。その結果、「たいていのケースでは、デマは広く拡散する前に抑えられた」[*25]

なぜデマを信じるのか？

明らかに私たちの持つ開かれた警戒メカニズムは、うわさの大多数、とりわけ自分への影響が大きいうわさを評価するにあたってすぐれた能力を発揮する。ではなぜ、まったくうまく働かないケースがあるのか？　私の考えでは、デマの拡散は開かれた警戒メカニズムの欠陥であるように思われるかもしれないが、実際にはまったく逆である。

デマは、薄弱な根拠に基づいて人びとがそれを受け入れるという点で実に衝撃的である。だが人は、なぜ根拠薄弱なうわさを信じてしまうのか？　うわさであろうが何であろうが、何かを信じることは、全か無かの問題ではなく、手元の情報に基づいて自分が何をするのかに依存する。信念は、そこからいかなる推論や行動が導き出されるのかを見極めない限り、認知的、行動的な結果から遮断され、基本的に不活性の状態に置かれる場合もある。ダン・スペルベルはそのような信念を「反省的(reflective)」と呼び、自由に推論が可能で、行動の基盤として私たちが自然に用いている「直観的(intuitive)」信念と区別する。[*26] たとえば、あなたはこの行を読んでいる最中、自分の目の前に本（や端末）があると直観的に信じている。本をつかんで顔にかぶせれば日光を避けられると、あるいは友人に貸すこともできると思っている。それに対して、「夜空に輝く星々の多くは太陽より大きい」という信念はどうだろう。それが真であることを納得したとしても、それに関して自分にできることはほとんど何もない。

個人的な関与の少ない反省的信念に関しては、開かれた警戒メカニズムの出番はそれほどないと考えるべきだろう。個人的な違いを生まない信念をあえてチェックする必要がどこにあるのか？　私の考えでは、デマのほとんどは、反省的な信念としてのみ保持される。なぜなら、直観的な信念として保持されれば、個人的な影響がはるかに大きくなるからだ。

うわさに基づいていかなる重大な行動が引き起こされるかは予測しにくい場合がある。中国の市民は、アメリカにおける保険料の清算方法に文句をつけようとはしないだろう。パキスタン人の商店主は、イスラエル人が同時多発テロを仕組んだと言うかもしれないが、それがどうしたというのか？（誤った）うわさに基づいて何らかの行動に移せたとしても、人はたいてい何もしない。同時多発テロが内部犯行だと信じているアメリカの真実運動支持者は、陰謀論を直観的に信じている場合のようには振る舞わない。ジャーナリストのジョナサン・ケイは、それについて次のように指摘している。「真実運動の最大の皮肉は、活動家たちがたいてい大学の講堂などの広くて機密性が確保できない場所で会合を行なっていることである。そんな場所で、政府は世界支配の陰謀が暴露されないようあらゆる手段を講じているなどと主張しているのだ[*27]」

ユダヤ人の商店主が若い女性を誘拐しているという「オルレアンのうわさ」を考えてみよう。多数の住民がうわさの拡散に一役買っているにもかかわらず、彼らの大多数はうわさによって自分の行動を変えることは、ほとんど、あるいはまったくなかった。別の店に通うようになった若い女性もいたし、疑惑を持たれている店には友人と連れ立って行くようになった女性もいた。うわさがもっとも広まったときには、人通りの多い街路で立ち止まって店をじろじろ眺めていく人もいた。若い女性を死ぬまで性奴隷にしたと告発するにしては、凝視は妥当な振る舞いとはとても言えない。これらの行動（あるいは行動の欠如）は、うわさを拡散した人のほとんどが直観的にそれを信じていたわけではないことを示している。

それに対して真珠湾攻撃に続いて起こった日系アメリカ人をめぐるうわさの拡散は、米政府が彼らの多くを収容所に抑留したことを考えれば、相当な効果があったように思われる。しかし実のところ、収容所への抑留には、悪辣な裏切りのうわさより重要な要因が絡んでいた。これらの日系人の多くは、カリフォルニア州で成功を収め、白人の土地より肥沃な土地を所有する農民であった。その成功は「西海岸の白人農民の恨みを買い、それが日系人の集団抑留の一因になったのである」[*28]

デマを聞いても行動を起こさないという傾向は、開かれた警戒メカニズムがその種のうわさに合格点をほとんど与えないことを意味する。このメカニズムがほんとうにうわさをありうると見なすと、より強力な反応、すなわちうわさに直観的に反応する場合に人びとが示すものと同様の反応が生じると考えるべきであろう。

パキスタンでは、恐るべき諜報機関、統合情報局（ISI）をめぐる陰謀論が飛び交っている。だがパキスタン人は、ISIがいかに強力で邪悪であるかを議論する会合を催したりはしない。ISIが強力で邪悪だと直観的に感じているからこそ、彼らは公の場でその種のことを口にしないのである。

女友達が「誘拐されそうになった」と泣き叫びながらある店から飛び出してきたとしよう。その場合あなたは、店を凝視しただけで、せいぜいあとになって友人や知人にその店に行かないよう触れ回るくらいのことしかしないだろうか？　ただちに警察に通報するのではないか？

ほとんどの人はデマや陰謀論を論理的に正しいものと見なさないという事実は、そうする人がほとんどいないことからもよくわかる。エドガー・マディソン・ウェルチはその例外の一人である。彼は、ヒラリー・クリントンの取り巻きが、子どもの性的人身売買を行なうためにレストラン「コメット・ピンポン」の地階を使っているといううわさを信じていた。この信念に加え、汚職にまみれた警察を信用していなかったことを考えると、彼がこのレストランに押し入り、発砲し、オーナーに子どもを解放するよう要求したことは、ある意味で理解できる。このうわさを信じていた人（ある調査によれば数百万人に達する）のほとんどは、何もせずに満足していたか、中傷メッセージをオンラインで送ったにすぎない。[*29] 児童人身売買をしている輩がほんとうにこのレストランの地階で悪事を働いていたとして、その彼らがグーグルのレビューで、自分たちがやっている「まったく嫌悪を催す」行動を批判するコメントを読み、その店に一つ星がつけられているのを見たとしても、その嫌悪を催す行動の誤りに思い至ったりはしないだろう（グーグルのレビューは、児童人身売買を支援するピザ店向けに星無しオプションを用意したくなったのではないか）。[*30]

なぜウェルチは、ピザゲートのうわさを信じ込んだのだろうか？　率直に言って、私にはよくわからない。ここで私が指摘しておきたいのは、うわさを信じた数百万人のうち、直観的にとらえたかのようにうわさに反応し行動したのは、彼一人だったという点である。

抑えきれない好奇心

一般にデマは重大な行動を生まないにせよ、多くの人びとが支持する。この事実は、たとえ軽度であっても開かれた警戒メカニズムの欠陥を意味するのではないか？　それがなぜ重大な欠陥ではないのか、また、なぜ人はデマを信じていると表明するのかを理解するためには、そもそもなぜ人はそのようなうわさを信じるのかを検討することから始める必要がある。その情報を使ってほとんど何もしないにもかかわらず、人はなぜうわさを熱心に聞こうとしたり、広げようとしたりするのか？

認知作用にはコストがともなう。おのおのの情報の断片の処理にわずかなコストが、またそれを可能にする脳の発達に大きなコストがかかる。その結果、私たちの心はとりわけ有用な情報に調節されている。たとえば、人間の顔を識別するメカニズムは備えているが、首を識別するメカニズムは備えていない。[*31] 恋人候補のさまざまな特徴には注目するが、プログラミング言語には注目しない。また個々の岩より、個々の人間に関する情報に興味を持つ。

理想的には、私たちは実践的な重要性を持つ情報、すなわち世の中をうまく渡っていくのに必要な情報のみを取り上げ、処理し、蓄積するべきだろう。だが、どの情報が役立つかを正確に予見することは不可能だ。また、そもそもそのような推測を試みれば、認知的なコストがかかる。友人のアイシャが、新人のサルマについてこと細かく語るのを聞いて、あなたはうっとうしく感じたとしよう。しかしのちにサルマと実際に会って彼女をすっかり気に入れば、アイシャから聞いた情報は役に立つかもしれない。情報の処理や記憶にはコストがかかるが、情報を無視すればそれ以上のコストを被るかもしれない。とりわけ無視すれば大きな損失がもたらされることが予想される情報に対しては、間違ったとしても注意深く取り扱うほうが妥当であろう。

顔認識について考えてみよう。顔認識の能力は、他者とやり取りする際に役立つがゆえに進化した。顔認識の焦点、ダン・スペルベルの言葉を借りれば固有の領域《プロパードメイン》は、私たちがやり取りする生身の人間の顔から構成される。[*32] しかし固有の領域に含まれなくても、人間以外の動物の顔、火星の山、電源ソケットなど、さまざまな物体が顔認識メカニズムによって拾い上げられる（図3参照。「pareidoria」でグーグル検索すれば多数の例が得られる）。[*33] これは顔認識メカニズムの実質的な領域をなし、そのすべてがこのメカニズムの入力対象になる。

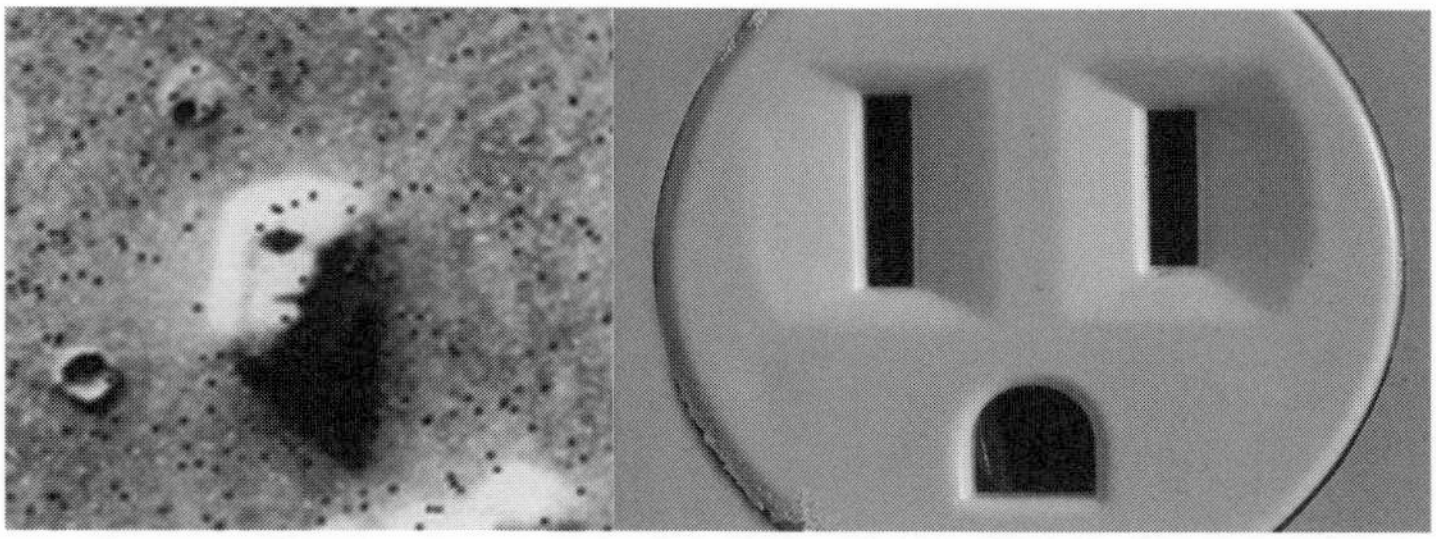

図3：顔のないところに顔を見出すパレイドリアの二つの例（NASA and grendelkhanより）

ではなぜ、顔認識メカニズムの実質的な領域は固有の領域よりはるかに広いのか？　それはコストの非対称性のゆえである。あなたが電源ソケットに顔を見出したとすると、友人はそれを滑稽だと思うだろう。だが友人の顔に電源ソケット（あるいは他の何にせよ）を見出したら、友人はおもしろくは思わないはずだ。

認知メカニズムにおける固有の領域と実質的な領域の不一致は、現実的な影響の有無にかかわらず、私たちが関連ありと見なす情報の広大な領域を生む。そしてそれが、私たちが持つ無限の好奇心の源泉をなしているのだ。

顔による表現と同様、ほとんどの文化的な産物は、人びとがそこに何らかの関連性を見出すがゆえに使われてきた。セレブをめぐるゴシップはその一例である。他者に関する情報が貴重なら、人気がある、美しい、強い、賢い、統率力があるなどといった特徴を持つ人物に関する情報はさらに貴重なはずだ。私たちは進化の過程において、個人的にやり取りしない限り、そのような人物に関する情報を耳にすることはほとんどなかった。つまり関連性のある情報のほとんどが、実践的な関連性を持っていたのだ。今日では、私たちがそのような有名人とやり取りする機会はまずないにもかかわらず、セレブに関する情報に魅力を感じる。ヘンリー王子とメーガン・マークルに関する最新のゴシップに関心がない人でも、リンカーンやアインシュタインの伝記には興味を持っているかもしれない。タブロイド紙を読んでいる人がヘンリー王子やミーガンと出会う確率はゼロではないのに対し、リンカーンやアインシュタインに出会うことなどあり得ないにもかかわらず、彼らに興味を持つのである。さらには有名人に関する情報に対する関心のゆえ、私たちは、セレブに関する最新のストーリーを知っている友人を愉快な奴と見なしたり、有名人を取り上げた本を買ったりすることで、その種の情報の提供者に報いる。

広く流布するデマの多くは、脅威に関するものだ。脅威について考えたがるというのは一見すると奇妙に思えるが、理にかなう。脅威を好む人などまずいないとしても、脅威が実際に存在すれば、それについて知りたがるのは当然だろう。脅威に関する情報には、顔に関する情報以上に明白なコストの非対称性がともなう。潜在的な脅威に関する情報の無視は、それに過剰に注意を払うことに比べ、はるかに大きなコストをもたらしうる。そのことは、脅威に関する情報がうわさによって伝達された場合でも変わらない。真珠湾攻撃のほぼ一年前、駐日米国大使は、攻撃計画が練られていることを耳にしていたが、信頼性を欠くうわさとして無視したために、壊滅的な損害を被る結果を招いたのである。[*34] このようなコストの非対称性のゆえに、脅威に関する情報は、実践的な関連性こそなかったとしても、何らかの関連性を持つものとして認識される。自然災害の被害に関するうわさや、性的虐待者がうろついているといううわさ、あるいは陰謀論は、奇怪な心のキャンディーだと言えよう。自分たちのためにならないゆがんだ快楽だが、私たちはそれにうつつを抜かさざるを得ないのだ。[*35]

陰謀論は、顕著な形態での驚異の顕現である。人間の進化における同盟の重要性に鑑みれば、とりわけ自分たちに対抗するために形成された同盟によって引き起こされた脅威に注意を払うべく、私たちが進化してきたという説は、もっともらしく思われる。[*36] 私たちには「陰謀発見器」のようなものは備わっていないとしても、陰謀論は、それを関連性のあるものにするさまざまな要素を結びつける。つまり陰謀論は、私たちに重大な脅威をもたらす（第一の要素）強大な権力を持つ人びと（第二の要素）の連帯（第三の要素）に関するうわさなのだ。

ツイッターで飛び交う一〇万件以上のうわさを調査した研究によれば、（正しいうわさと比較して）嫌悪や驚きを喚起するうわさがもっとも広く拡散している。[*37] コストの非対称性は嫌悪にも当てはまる。原則的に言えば、わずかなものにしか嫌悪を感じないより、過剰なほどさまざまなものに嫌悪を感じ（危険な病原体を避け）るほうが有利になる。驚きは、単純に関連性の一般的な尺度だと言える。他の条件がすべて等しければ、より大きな驚きを喚起する情報は、より関連性のある情報でもある。私の五歳と七歳の息子は、砂浜で見つけたゴミのなかでもっとも気に入ったものを指して「何あれ？とっても気持ち悪いね。だからおもしろいんだよ」と言い合っていたが、二人はこの知恵を表明していたのだと見なすことができる。

この論理に従えば、危機の時期にうわさが猖獗するのは、危機が人びとを騙されやすくするからではなく、雨量や別の地域で起こった狂犬病の突発など、それまでは無関心だった話題に対して人びとが関心を抱くようになるからだ。新たな関連性の源は、実践的な関連性の増大をもたらさない場合が多く、ゆえにデマが比較的容易に拡大するのである。それに対して、うわさに重大な実践的結果がともなう場合には、人びとは、危機的状況に置かれていようがいまいが、その真偽のチェックに最善の努力を払う。

うわさに報いる

私たちは関連性のある情報を提供する人に報いることが多く、そのような人を好み、より有能で役に立つ人物と見なす。[*38] そのような称賛をできるだけ多く勝ち取るためには、自分が提供しようとしている情報の社会的な価値、つまり他者にとっての重要性を見極め、何を伝達すべきかを知る必要がある。

そのために、自分が提供しようとしている情報が特定の個人にとって価値のあるものであることを認識しなければならない場合がある。あなたの友人の一人がレゴ［おもちゃの一種］の大ファンなら、その友人にとってはレゴ展示会に関する情報が有用なものであることを認識しておくと都合がよい。私たちは、特定の個人が持つ嗜好や信念に関する知識に基づいて、この限定的な社会的妥当性を計算するのである。

それに対して、自分が提供しようとしている情報が多数の人びとにとって有用であるか否かを知りたい場合もある。私たちは自分の心を指針に用いて、その種の広範な社会的関連性を計算する。自分にとって有用な情報は、（実践的な関連性の有無にかかわらず）他者にとっても有用であると見なすのだ。これは些細な処理ではない。人間以外の動物は、獲物が通った跡や捕食者の存在の兆候のような、さまざまな推論が可能な情報に接しても、「こいつはおもしろいぜ！」などと思ったりはしない。必要な動作を実行して、適切な行動を起こすだけである。それに対して人間は、遭遇した刺激の関連性を心のなかで表象することができる。私たちは衝撃的なニュースを聞くと、単に自分の信念をそれに合わせるだけでなく、その情報の社会的関連性に留意し、あとで他者と共有する。同じことは、ジョーク、物語、ヒント、そしてうわさにも当てはまる。脅威や陰謀論に関連するうわさが、一定の認知メカニズムの領域に取り込まれると、私たちはそのうわさが広範な社会的関連性を持つ可能性が高いと認識するようになる。

広範な社会的関連性を持つ情報は、関連性を持つがゆえにより貴重なものと見なされるという特殊な性質を持つ。

価値があると受け手が認める情報を提供したときに、あなたは社会的な得点を稼げる。レゴ展示会について教えてあげた友人は、その情報が彼女にとって有用であるから、あなたを思慮深い情報通と見なすようになるだろう。しかし、その情報が彼女のみならず彼女の友人たちにとっても有用だったらどうだろう？　その場合、今度は彼女がその情報を広げることで社会的な得点を稼げる。このように、広範な社会的関連性を持つ情報を伝えれば、受け手がその情報を価値あるものと見なすことで、加えて今度は受け手がその情報を誰か別の人に伝えて社会的な得点を稼ぎ、それに対してあなたに感謝することで二重に得点を稼げる。

マスメディアから得るニュースは広範な社会的関連性を備えている場合が多いが（だからメディアが伝えているわけだが）、メディアは多様な読者や視聴者を対象としているため、そこから社会的な便益を引き出すことがむずかしいこともある。それに対してうわさは、受け手の興味を引く完璧な素材だと言える。うわさは一ステップではたいてい一人かせいぜい数人にしか広がらないため、社会的な得点を稼ぐ豊富な機会を提供してくれる。受け手がそのうわさを価値あるものと見なすからだけでなく、受け手も社会的な得点を稼ぐのにそれを役立てられるからだ。

最低限のもっともらしさ

うわさはさまざまな認知メカニズムの領域に取り込まれ、高度な関連性を持つ可能性がある情報として扱われる。しかし真に価値あるものとして扱われるためには、うわさはもっともらしくなければならない。確かにジョークやおとぎ話など、真であると見なされなくても、あるいはもっともらしいとさえ思われなくても広がるコンテンツもある。だが、それはうわさには当てはまらない。「レストランで子どもが性的虐待を受けている!」というメッセージは、それ自体では滑稽でもなければ、おもしろくもない。わずかでももっともらしさがなければ、うわさは誰の関心も引かないだろう。

私たちは、社会的な得点を稼ぐ機会を与えてくれるからうわさを好むのであれば、もっともらしくないうわさを広げないよう注意しなければならない。もっと正確な言い方をすると、他者がもっともらしくないと見なすようなうわさを吹聴すべきではない。そんなことをすれば、何の利益も得られないばかりか、ある程度のコストを負う破目になるかもしれない。もっともらしくないように思える情報をばらまく人は信用されなくなるのが普通だ。

第3章から第7章にかけて論じたように、他者の発言の評価ということになると、開かれた警戒メカニズムは、そのメッセージを受け入れるべき手がかりを探そうとする。手がかりが見つからなければ、基本的にそのメッセージは捨てられる。誤った情報を受け入れれば命にかかわる場合があるという、コミュニケーションが孕むリスクを考えれば、そのやり方は安全かつ理にかなう。

それとは対照的に、他者が特定の情報を受け入れるか否かを推測する場合には、潜在的なコストは小さい。たいていの状況下では、誤った発言のリスクは、あまり賢明ではない、あるいは誠意が少し足りないと思われることだ。掛かっているものが大きく欺瞞を疑われた場合にのみ、コストは法外なものになるが、ほとんどのデマはそれに当たらない。その種の社会的コストは無視されるべきではないが、他者に惑わされることの潜在的コストに比べればはるかに小さい。そのため私たちは、自分が発したメッセージを他者がどう評価するかを考慮する際には、自分が他者のメッセージを評価する際に用いるものとは反対の戦略、つまりメッセージが受け入れられる手がかりではなく棄てられる手がかりを探すという戦略を取ることができる。相手が自分の発したメッセージを捨てそうであることを示すいかなる兆候も認められない場合、そのメッセージは受け入れられるはずだと、私たちは基本的に考える。

オルレアンのうわさの拡散パターンは、開かれた警戒メカニズムの間接的な適用という概念によってうまく説明できる。住民はうわさをあまねく広げるのに何のためらいもなかったようだ。オルレアン市民がうわさの共有を控えるようになったのは、それを否定できる立場にある人びとがいることに気づいてからにすぎない。疑いを持たれていた商店主たちを個人的に知り、うわさを否定できる立場にあった、緊密に統合されたユダヤ人コミュニティの古参メンバーとうわさについて話し合った者は誰もいなかった。また警察に通報したのは、うわさがほんとうなのか純粋に知りたがっていた住民に限られた。

直観に反するかもしれないが、開かれた警戒メカニズムは、デマを処理するときにも実際にその機能を果たしている。第一にそれは、デマを受け入れるべきか否かを評価し、「受け入れないほうがよさそうだ」という判断を下す。かくしてせいぜい反省的にそのうわさを受け入れるにとどめ、高くつく行動に至る可能性を摘み取る。第二に、このメカニズムは婉曲的な様態でも機能する。つまり他者がうわさを否定する確率を予測し、それをばかげていると見なす相手の面前で当のうわさを持ち出して不興を買うような社会的損失を被らないようにするのだ。

現実からの逃避

うわさはさまざまな形態をとり、多様な生態系で循環する。一方の極には、誰が解雇されるのか、昇進するのか、前線に送られるのか、自国に帰還できるのかなどといった、少なくとも数人の関係者に対して実践的関連性を持つうわさがある。その種の実践的関連性は、当該情報を広げるよう人びとを動機づける。そうすることで社会的な得点を稼げるからだ。しかしそれはまた、自分が伝える情報が、必要な知識を持つ個人によって検証され、根拠がないことがわかればその情報の共有者に損害を与えるであろうことにも気づかせる。このようなあり方で拡散されるうわさは、正確であることが圧倒的に多い。

他方の極には、実践的な結果がほとんどともなわないにもかかわらず、広範な社会的関連性が備わっていると見なされるうわさがある。心のキャンディーとも呼べるその種のうわさは、有名人、脅威、陰謀などに関する私たちの関心をくすぐる。それが心のキャンディーであるという事実は、いくつかの特異な結果をもたらす。そのうわさに自分が関心を持つばかりでなく、話し相手も同様に関心を持つことを期待するのだ。しかも、話し相手の普段の話し相手も、そのうわさに関心を持つことを期待する。つまり好奇心をそそるうわさを伝えることで、私たちは話し相手にそれをさらに広げる機会を与え、それによって何らかの評判を得ようとする。

いくつかの要因によって、その種のうわさは訂正がむずかしい。実践的な結果をもたらさないということは、その信念が現実世界に適切に関与せず、他者が何に関心を示すかという、現実から一歩離れた期待の世界で循環することを意味する。[39] うわさと現実が接触すると、デマを信じている人はただちに迷いから覚める。「コメット・ピンポン」をめぐるうわさに基づいて行動したとき、エドガー・マディソン・ウェルチは、ただちにさんざんな結果を甘んじて受けなければならなくなった。もっと大勢の人びとがそのような体験をしていれば、うわさは決して拡散しなかっただろう。

つけ加えておくと、その種のうわさを共有することの恩恵ばかりでなくコストも社会的な性質を持つ。それを回避するためには、私たちはうわさを、それが疑わしいものであることを暴きそうな人びとにさらさないようにし、ネガティブなフィードバックを受ける機会を減らそうとする。オルレアンのうわさがみごとに拡散した理由の一つは、住民がそのうわさを警官や、事情をよく知る人に開示することを慎重に避け、うわさが現実と接触する機会を減らしたからである。

陰謀論は、有効なフィードバックを阻止する点で、さらに一歩先を行く。というのも、陰謀の有無を知るのに最適な立場にある人びとが、陰謀論者の告発の対象になるからである。だが明らかに、陰謀が実際に企てられているのなら、それに加担している人はその事実を認めたりはしない。よっていかなる陰謀の否定もその存在をにおわせる結果になる。ここでもオルレアンのうわさは、いかに容易にうわさが陰謀の告発に至るかを、さらにはうわさを抑えようとする試みでさえ陰謀論者に有利な状況をもたらすかを示す格好の例になる。最初の頃は、うわさは標準的な陰謀論の形態をとるわけではない。なぜなら、少女を誘拐しているというわさを立てられた商店主のように、悪事を働いているとして告発される人びとは、そもそも権力を行使できる立場にないからである。しかしうわさが成長していくと、矛盾が生じ始める。かくして「そんなうわさが拡大しているのなら、なぜ警察は何もしないのか？　そうだ、警察は賄賂をもらっているに違いない」「うわさを否定しようとしている政治家も、陰謀に加担しているのかもしれない」などといった具合に、陰謀論者に都合の良い状況が生まれるのだ。うわさが自重で崩壊し始め、多数の人びとが地元の警察や政治家について知っているおかげで、うわさがそれ以上長く信じられなくなるのは、そのあとでのことにすぎない。

何をすべきか？

デマがかくもみごとに拡散するのは、人びとがそれを真剣にとらえるからではなく、十分に真剣にとらえないからだ。

デマに対する正しいうわさの比率を上げるためには、社会的関連性と実践的関連性のギャップを埋めるよう努力しなければならない。あるうわさを魅力的に感じたときには、それをゴシップとして友人に話したり、リツイートしたりする前に、「このうわさに基づいて実践的な判断を下さなければならないとしたら、私たちは何をするだろうか？」「子どもの性的虐待を止めさせるために自警団的な正義を行使すべきか？」などと一歩踏みとどまってよく考えてみる必要がある。実践的な観点からうわさを検討することは、その真偽をもっと検証するよう私たちを動機づける。

しかし実践的な意義がほとんどないうわさもある。たとえば自然災害の直後に発生する誇張されたストーリーは、ほとんど実践的な意義を持たない。そのようなケースでは、少なくとも私たちは、そのストーリーをよく知る立場にある人や、その情報によって影響を受けそうな人（両者は重なる場合が多い）と情報を交換することができる。真実運動支持者を自称する人の多くは、ファーストレスポンダー〔災害時にいち早く現場に駆けつけて救助や支援を行なう専門家〕として同時多発テロに対処した人たちに、この事件に対する自分たちの疑念を語ろうとはしないだろう。デイヴィッド・ダオが受けたひどい扱いの和解金として一億四〇〇〇万ドルが支払われたと吹聴して友人を驚かせて悦に入っている人も、経験を積んだ傷害専門弁護士の面前では、愚か者と見られるのを恐れてそんな話は持ち出さないはずだ。

うわさに基づいて行動した場合に被る個人的なコストについて想像することは、デマに踊らされないようになるための第一歩をなす[*40]。少なくとも、自分がトラブルの片棒をかつぐ可能性は減るだろう。デマの問題を解決するためには、私たちはそれを広げようとする人たちに何らかのコストを課す必要がある。最低でも恩恵を与えてはならない。また躊躇せずに疑念を表明し、彼らのストーリーの真実性やその情報源の信頼性に疑問符をつきつけるべきである（次章ではその重要性について論じる）。これは一般に社会的コストを生み出す。とどのつまり、人びとは興味をそそるうわさを好み、それを使って社会的な得点を稼ごうとするのであり、それを台無しにする懐疑家に感謝したりはしない。このコストを緩和すると同時に、疑義の効果を向上させるためには、私たちはできる限り丁寧な態度を取り、疑わしいうわさを広げる人びとには邪悪な意図があると考えたくなるのを抑え、自分の主張を大げさに吹きまくらないように注意すべきであろう。ほんとうにそのうわさはデマなのだろうか？

私たちは、それらの個人的コストを公共善に資するものとして考えるべきである。デマが減れば、わずかながらそれだけ誰もの生活がよくなるはずだ。しかしそのような均衡状態に達するには、多くの人びとが、興味をそそるうわさの拡散を拒否し、興ざめな懐疑家と見なされる小さなコストを被ることで自己の利益をある程度切り詰めなければならないだろう。

第11章　循環報告から超自然信仰へ

正確なうわさを不正確なうわさから区別する主たる要因の一つで、ここまで触れてこなかった要因として、情報源の開示の質があげられる。情報源の開示とは、自分がいかにして情報を手に入れたのかを相手に伝えることを意味する。

正確なうわさの拡散を促す環境のもとでは、人びとは、たとえば「司令部に所属するビル・スミスは、〈ジョンは本国に帰還するだろう〉と語っている」のような言い方をする。[*1] この例では、話者は関連する情報源を特定している。よって聞き手は、その情報の正確さを容易に見積もることができる。この場合、プラスの評価（情報が正しかった場合）か、マイナスの評価（正しくなかった場合）が、話者のみならずビル・スミスにも与えられる。その事実は、ネットワークのメンバーがうわさを口にする際、より慎重になるよう動機づける。デマを流せば、自分がその情報を伝えた相手ばかりでなく、それを伝え聞いたあらゆる人びとのあいだで自分の評判を傷つける結果になるからだ。

それとは対照的に、（「人びとは〜と言っている」など）不正確なうわさは情報源の開示があいまいになる。悪くすると、うわさの信頼度を増すようなタイプの不正確な情報源の開示がともなうこともある。たとえばオルレアンのうわさは、「友人の父親は警官だが、その彼が誘拐事件を担当している」

「私のいとこの妻は看護師だが、その彼女が誘拐されそうになった犠牲者の手当てをした」などといった具合に、情報源の開示によってもっともらしさが強化されていた。[*2] それらの情報源の開示の明らかな問題は、それが単純に誤っている点にある。そんな警官や看護師はいない。また、より見えにくい問題は、うわさが伝播する連鎖を通じて、情報源が一貫して同一である点だ。

理論上、信頼に足る(と見なされている)情報源に関する情報は、「友人の父親」が「友人の友人の父親」へと、さらに「友人の友人の友人の父親」へと変化するなど、うわさが広がるにつれ次第に希釈されていくはずである。だが、実際にはそうはならないことがいくつかの研究によって示されている。連鎖の長さは考慮されず、ほとんどの人は「友人の父親」(や「いとこの妻」)などによって確証されているとしてうわさを流すのだ。オルレアンのうわさに関する研究を率いた社会学者のエドガール・モランは、次のように指摘している。「(うわさの)送り手が新たに加わる際には、新たなリンクの形成が抑制され、連鎖が二つか三つのリンクによって再構築される」[*3]

情報源の開示は、開かれた警戒メカニズムの働きを大幅に促進することもあれば、ひどく阻害することもある。ではなぜうまく機能する場合としない場合があるのか？　その理由をもっとよく理解するためには、情報源の遍在性について正しく理解することから始めなければならない。

情報源の遍在性

情報源に細心の注意を払うことは、専門家の仕事であるように思えるかもしれない。トゥキディデスと、ペロポネソス戦争を扱う彼の著書『戦史』以来、歴史家たちは、どの情報源に基づいて研究を進めるかを熟慮するようになった。一次資料と二次資料を区別し、情報源の信頼性や独立性について議論しながら歴史記述を行なうようになったのだ。最近になると、ジャーナリストたちは情報源の批判を実践し始め、たった一つの情報源に依存せず、情報源の信頼性を評価するためのいくつかの独立した手段を見出し、あらゆる事項をダブルチェックするようになった。明らかに特定の分野では、情報源の発見、追跡、評価、クロスチェックに細心の注意を払わなければならない。この反省的な実践方法の習得なくしては、学者やジャーナリストの提供する情報は信頼に足るものではなくなるだろう。

けれども情報源の開示は専門家に限られた話ではなく、誰でもつねに実践している。ただし普通は反省的にではなく、直観的なあり方でそうしているのではあるが。たとえばあなたは、これから観ようとしている映画について友人のアルナに尋ねたところ、次のいずれかの答えが戻ってきたとする。

(1) とてもおもしろかった。
(2) 先週観たけど、とてもおもしろかった。
(3) とてもおもしろいと聞いている。
(4) オソゴからとてもおもしろいと聞いた。
(5) 『シカゴ・サンタイムズ』紙のレビューによれば、とてもおもしろいみたいだよ。

どの回答も見解(「その映画はとてもおもしろい」)は変わらないが、各回答に割り当てられる重要度は、その意見がいかに表明されたかに応じて変わるはずだ。もっとも説得力に欠ける回答はおそらく（3）であろう。その見解を評価するために必要な情報が付加されていないからだ。その他の回答の重要度をあなたがどう評価するかは、アルナ、オソゴ、『シカゴ・サンタイムズ』紙にレビューを寄稿した映画評論家の嗜好に対するあなたの判断に依存する。回答（1）のように情報源が明示されていなくても、何らかの推論を働かせることができる場合がある。アルナが（1）のように回答したのなら、彼女は予告編や映画レビューにのみ基づいてそう言ったのではなく、その映画を自分で観て言った可能性が高い。情報源に関する情報の提供は、開かれた警戒メカニズムに、より多くの判断材料を与えることを意味する。

情報源の明示はとても重要なので、多くの言語で文法的に強制されている。英語では、文法的に正しい文を構成するには動詞の時制を指定する必要がある。それと同じだ。ペルー南部で用いられているワンカケチュア語では、文法の一つとして当該情報をいかにして得たかを指定しなければならない。

（1）Chay-chruu-**mi** achka wamla-pis walashr-pis：「大勢の少年少女が泳いでいる」（**私は彼らを見た**）

（2）Daañu pawa-shra-si ka-ya-n-**chr**-ari：「それ（畑）は完全に破壊されたかもしれない」（**私は推測する**）

（3）Ancha-p-**shi** wa'a-chi-nki wamla-a-ta：「あなたは私の娘を泣かせすぎる」（**彼らは私に言った**）[*4]

太字の部分（エビデンシャル）は、話者の信念が直接的な知覚、推測、伝聞のいずれに基づくのかを指定するために用いられている。その点においてワンカケチュア語が唯一の例外なのではなく、世界の言語の少なくとも四分の一はその種のエビデンシャルを持っている。[*5] チェロキー語のように、たった二つのエビデンシャル（直接得た情報か間接的に得た情報かの区別）しかない比較的単純なシステムを持つ言語もあれば、[*6] パプアニューギニアで用いられているカルーリ語のように、多種のエビデンシャルから成る複雑なシステムを持つ言語もある。

エビデンシャルを用いて明示的に言及されようが（「ピーターが私に語った」）、暗黙的に示されようが（「この映画はとてもおもしろかった」は直接的な経験を示唆する）、発話における情報源の指定は、至るところで見られる。なぜだろうか？

開かれた警戒メカニズムにとって、情報源に関する情報の明らかな役割は、たとえば直接的な知覚に基づくものであることを、あるいは信用できる人物から聞いたということを明示して、自分の発言をより説得力のあるものにすることにある。だが、なぜ情報源の指定によって発言が説得力のあるものになるのか？　そもそも発言（「ポーラは妊娠している」）を受け入れるに十分なほど話者を信用していないのなら、話者が情報源に関する情報（「私はポーラを見た」）をつけ加えたからといって、その発言を信用すべき理由はどこにもないはずだ。事実、話者が不誠実だと見なされると、情報源に関する情報をつけ加えたところで何の役にも立たない。ポーカーで「たった今、俺は自分の手を確認しているところだ。ほう！　ローヤルフラッシュだ。降りたほうがいいぜ！」と言ったところで、ただ「降りたほうがいいぜ！」と言う以上に説得力が増すわけではない。

幸いにも、ほとんどのやり取りでは、私たちは相手にその種の不誠実さを疑うことはない。だがそのことは、私たちがたいてい相手を完全に信用することを意味するわけではない。そんなことは断じてない。多くの場合、相手の意見のみに基づいて自分の考えを改めるほど、私たちは相手を有能で誠実だとは考えていない。情報源の開示が発言に説得力を与えるのは、このような状況においてである。一例をあげよう。私は妻をとても信頼している。子どもとの関係でも妻を信用している。私の生活に関しても。だが妻と一緒に買い物をしているときに、自分では冷蔵庫にまだ卵が残っていると思っているのに、彼女は残っていないと言ったとする。その場合、私は彼女の言うことを信じない。その理由は、彼女がうそをついていると疑っているからではなく、冷蔵庫に残っている卵に関して、彼女が私よりよく知る立場にあると考えるべき理由がないからだ。彼女が「買い物に出る前に冷蔵庫をチェックしたけど、卵は残っていなかった」と言えば、私は卵を買う必要があると確信するだろう。

　基本的に私たちは、発信内容を話者の推論能力に結びつけてとらえ、それを評価の主たる基準にする。話者の（該当領域に関する）推論能力が秀でていると考えれば、その人をより信用するのである。情報源《ソース》を開示することで、私たちは話者の能力の判定を、知覚を始めとする他の認知メカニズムや他者に外部委託《アウトソース》する。かくしてそれらの他の情報源は話者の能力の評価の焦点になり、話者の推論能力より第三者のほうが信用できると聞き手が考えているようなら、その人を説得するために用いることができる。

　しかし人は一般に、聞き手を説得するために自分の信念の源に関する情報をつねに開示するわけではない。ときに情報源の開示は、逆効果を生むことがある。「ポーラは妊娠していると誰かから聞いた」とビルが口にしたとすると、あなたは、ビルが単に「ポーラは妊娠している」と言った場合より彼の言うことを信じようとしなくなるだろう。なぜビルは、自分の言うことを信じるべきではないと示唆するに等しい根拠をわざわざ提示しようとするのか？
私たちは、対話の相手の有能さや誠実さなどに関する知識を用いて、その人のメッセージを評価しようとするが、逆に伝えられたメッセージを用いて、その人を評価することもある。ポーラが妊娠していないことを確かに知っている、もしくはあとから知ると、有能で誠実な情報提供者としてのビルという当初の評価は下落する。しかし「ポーラは妊娠していると誰かから聞いた」のように彼が自分の発言にぼかしを入れた場合、「ポーラは妊娠している」のように発言の真偽に関して自分が全責任を負う場合に比べ、評価の下落を小さく済ませられる。[*7]
それとは逆に、ビルは情報源をあいまいにすることで、本来受けるに値する以上の評判を獲得することもできる。[*8] 彼があなたに「ポーラは妊娠していると僕は思う」と言ったとすると、彼が些細な手がかりをもとに早くから妊娠を見極める能力を持っていると、さらにはより一般的な社会的スキルにも恵まれていると、あなたは考えるかもしれない。しかし「ポーラ自身から彼女が妊娠していることを聞いた」と言ったなら、彼はたいした評判を得られない。ポーラの言葉に耳を傾けさえすればよかったのだから。[*9]

二次の隔たり

情報源に関する情報の開示は、相手の説得と、自分の評判の管理（つまり受けるに値する以上の評判を獲得し、評判を落とすようなできごとに関わらないようにすること）という二つの大きな機能を果たす。

これら二つの機能の相互作用を考慮することで、情報源の不正確な開示やその効果について説明することができる。

オルレアンのうわさでよく見られた情報源の開示（「友人の父親が警官で……」など）について考えてみよう。なぜ話者はその種の情報源を持ち出したのか？　なぜ聞き手はそれを受け入れたのだろうか？

その種の情報源は、持ち出す人にとって二つの役割を果たす。つまり信頼度を上げることと、相手がうわさの妥当性に疑問を呈した場合に暴露の度合い［自分が責任を問われる可能性］を緩和することの二つである。しかし後者の目的は、前章で私が擁護した、「人びとは、おもに社会的な得点を稼ぐためにうわさを広げる」という主張と矛盾するように思われるかもしれない。自分に都合が悪くなれば（うわさが否定されれば）暴露の度合いを下げ、都合が良くなれば（うわさが受け入れられれば）評判を獲得するなどということが、どうして可能なのか？　うわさを広げる人が見かけは不可能に思えることの難行を達成できるのは、その手の粗雑なうわさの価値が、内容の実践的な意義にあるのではなく、人びとが聞きたがる心のキャンディーたることにあるからだ。だからうわさを伝える人は、（自分自身で確認したとは言わないことで）内容から距離を取りつつ、聞き手もそれを使って社会的な得点を稼げる心のキャンディーを贈ることで、うまく評判を獲得できるのである。

このように、話者の観点から見ると、信用できそうな外部の情報源の開示は、もっともらしさを高め、暴露の度合いを減らし、うわさを広げることで得られる評判を高める方法としてもってこいなのである。

別の種類の誤った情報の拡散にも同じパターンが見られる。一九八〇年代のアメリカで、スナッフビデオ（実際の殺人、拷問、レイプを映したビデオ）が頻繁に撮影され、広く配布されていると恐れられるようになった。そのような告発を拡散した人びとのほとんどは、実際の目撃者から少なくとも一ステップは隔たっていた。つまり自分の目でスナッフビデオを観たのではなく、誰かが観たということを聞いていただけだった。*[10]

同様にたいていの陰謀論者は、自分自身の経験に基づいて発言していない。スタンリー・キューブリックがニセのセットで月着陸シーンを撮影しているところを目撃した、あるいはケネディを殺害した真犯人を知っているなどと主張する人はほとんどいない。デイヴィッド・アイク［イギリスの陰謀論者］でさえ、地球を支配している爬虫類人を自分の目で見たとは言わず、「人間が非人間的な形態に変化するところを見たと（自分に）告げる人たちに出くわすようになった」と主張している。*[11]

隠れた依存性

二〇〇三年に第二次イラク戦争が始まる前、ジョージ・W・ブッシュ政権は大規模な正当化プログラムを実施していた。ブッシュ本人、そしてコンドリーザ・ライスやコリン・パウエルらの政府高官が用いた主たる論点は、「イラクはアフリカから相当量のウランを買おうとした」というものだった。*[12]アメリカとイギリスという、少なくとも二か国の諜報機関が、サダム・フセインがニジェールから、核兵器の製造に使える数百トンの酸化ウランを買おうとしたことを証明する書類を保持していると述べた。いくつかの信頼に足る情報源（CIA、アメリカ国防情報局、イギリス秘密情報部）からの情報が合わせられることで、この告発がイラク戦争を正当化するにあたって中心的な役割を果たしたのである。

だが実のところ、あらゆる証拠が、イタリア人の元スパイがいくつかの情報機関に売り渡した書類に基づいていた。各情報機関の評価が一致したのは、どの機関もその書類に依存していたためである。しかも書類は、完全なる偽造であった。フセインは誰からもウランを買おうとしていなかったばかりか、すでに一〇年前の一九九一年に核兵器開発プログラムを放棄していたのだ。

それらの偽造書類が恐るべき破壊をもたらしたのは、一部にはホワイトハウスがイラク戦争を正当化したがっていたからでもあるが、各情報機関が情報源を開示しなかったからでもある。イギリスの情報機関は、いくつかのアメリカの機関より独立した証拠を出せる立場にあると見なされていたため、とりわけ重要な役割を果たした。ところが彼らは、アメリカの同僚たちに告発の根拠を明かさず、そのためあらゆる証拠が同じ一連の書類に由来するという事実を見出す機会が失われてしまったのである。『ロサンゼルス・タイムズ』紙は、アメリカのある情報局員の次のような言葉を引用している。「この件は循環報告の典型例になった。われわれは、その情報が多数の経路で伝えられたと考えていた。だが、それらが別々のドアから入ってきた同じニセ情報だとは誰も思っていなかった」[*13]

書類が偽造であった点はひとまず忘れることにしよう。この件で私が言いたいことは、そこではないからだ。書類が本物であれば、各情報機関にとって、情報源の開示は彼らの主張をより説得力のあるものにしただろう。しかしすべての情報機関が同一の情報源に依拠していた点に鑑みれば、彼らの主張は、情報源が開示されず、各情報機関が独立して同じ見解に至ったと見なされたほうが、説得力を増す。第5章で説明したように、見解の一致は、さまざまな見解が独立して形成された場合に限って、信頼に足る妥当性の指標になる。すべての見解が同一の情報源に依拠しているのなら、それらの見解の妥当性は唯一の情報源の妥当性に等しい。*14 ならば情報源を開示していれば、たとえ個々の主張は説得力を増したように見えても、すべての情報機関を合わせた主張は、実のところ説得力が低下していたはずだ。

各情報機関が情報源を開示しなかった場合、個々の情報機関が形成した見解のあいだに隠れた依存性が存在する可能性が残る。そのような隠れた依存性は、開かれた警戒メカニズムにとってはとりわけ厄介な問題になる。情報源が開示されなければ、各情報提供者（この事例では情報機関だが、同じことは他のあらゆる種類の情報提供者にも当てはまる）の主張は説得力が低下する。その結果、開かれた警戒メカニズムは警戒する理由を失う。このメカニズムは、自分の考えを変えさせようとする試みを警戒するのであって、保たせようとする試みを警戒するのではないからだ。話者が自分の主張の説得力を高めるはずの情報源に言及しなかった場合、私たちは特に警戒態勢に入ろうとはしなくなる。多くの人びとが警戒を解けば、私たちはその主張が同一の情報源に基づいていることを認識できずにすべてを受け入れ、必要以上に納得してしまうかもしれない。隠れた依存性に関する認識の欠如は、メッセージの過剰な棄却ではなく、過剰な受け入れをもたらすという、開かれた警戒メカニズムの数少ない欠陥の一つをなす。

情報機関でなくとも、ごく普通の状況のもとで、多くの話者が互いに独立して同じ見解に達したかのように見えながら、実はおおむね同一の情報源に依存しているという隠れた依存性が生じることがよくある。

信者はなぜ信じていると言うのか？

私たちはすばらしい時代に生きている。何しろダライ・ラマ一四世のツイートを読めるのだから。彼のメッセージは、他宗教に対するものも含めた平和と寛容について述べている。「思考様式の大きな違いのゆえに、私たちが異なる宗教や信仰を持つようになるのは必然的である」[*15]。これは魅力的な見方だとしても、私たち各人が、自己のニーズや心の枠組みにもっとも合った宗教を見出すということの発言は、いかに啓発的だったとしても、明白な誤りである。今日生きている人びとの大多数、ならびに私たちの祖先のほぼすべては、自分の考えに基づいてではなく、生まれた場所に応じて宗教を選択している。周囲と隔絶したアマゾン地方で暮らす部族が、化体〔聖餐に関するカトリック教会の考え〕に関する信念を自然に発達させることはまずないだろう。ペンシルベニア州の農村で生まれた人のほとんどは、生まれ変わりを信じるようにはならないだろう。

化体のような各宗教に独自の信念は、明らかに社会的に受け継がれる。実のところ、これまでの歴史のほとんどの時期を通じて、ほぼ誰もが年長者が信じてきたものとほとんど変わらない宗教を信じてきた（ここで言う宗教的信念の範囲は非常に広範であり、そこには超自然信仰や創造神話に対する信念なども含まれる）。

なぜ人びとはそのような信念を受け入れてきたのか？　そして現在でも受け入れ続けているのか？　人はさまざまな理由で宗教的信念を受け入れる。その一つは、ひとたび共同体の誰もが特定の信念を受け入れると、それに異議を唱えれば、恩恵よりトラブルがもたらされることのほうが多いという単純なものだ。しかしもっとポジティブな理由もある。つまり誰もが特定の宗教的実体を信じるようになるだけでなく、互いに独立してその信念を受け入れるようになったかのごとく見え、それによって相互の依存性が隠蔽されるために、その信念がはるかに説得力に満ちたものになるからでもある。

数千人で構成されるパプアニューギニアのドゥナ族は、周囲の熱帯雨林を徘徊する霊や魂などといった、伝統的な社会によく見出される実体を信じている。また多くの伝統的な社会と同様、氏族の起源に関するストーリーを持っている。

ドゥナ族の信念が、世界中の類似の社会に見出される信念の典型と言えるのなら、彼らの言語は、エビデンシャルに基づく豊かなシステムを含んでいる点で特に興味深い。霊や魂に言及したり、起源神話について語ったり、超自然的な説明をしたりするとき、彼らは自分たちの信念が依拠している情報源を特定しなければならないのである。そして彼らが開示する情報源は、言語学者のリラ・サン・ロックが指摘するように実に啓発的なものだ。[*16]

霊や魂に言及する際、ドゥナ族は知覚を示すエビデンシャルを用いることが多い。つまり実際に霊を見たり、その声を聞いたりしたと明言するのである。ドゥナ族は、自分が参加したできごとを報告するために用いられる、視覚より強い確信を示すエビデンシャル形態を持っている。「私は今朝、朝食をとった」と言えば、そこに疑いを入れる余地はあまりない。ドゥナ族は日常生活で、過去の行動を記述するためにこの形態のエビデンシャルを用いることが多い。その点では私たちとあまり変わらない。だが彼らは、氏族の起源に関する突飛なストーリーを語る際にも同じ形態を用いる。たとえば「私は今朝、朝食をとった」と言う場合と、「私たちの氏族の祖先は鬼《オーガ》が生んだ」と語る場合で、同じ標識が使われるのだ。

その種のケースにおける強い形態のエビデンシャルの使用は、ドゥナ族が「人びとが言うには」に相当するエビデンシャル形態を持つことを考えればますます意外に思えてくる。ちなみにドゥナ族は、ストーリーをフィクションとして語る際（娯楽として叙事詩的物語を詠唱するときなど）や、疑惑を招くようなうわさを語る際に、このエビデンシャルを用いる。*17 正確性という意味では、霊や魂に関する彼らの信念を表現するためには、こちらのエビデンシャル形態のほうが、彼らが実際に用いているエビデンシャル形態よりふさわしいはずだ。

なぜ人びとは、宗教的信念の形成を導いた社会的情報源の開示を省略しようとするのか？　宗教的信念の獲得にともなわれる複雑さが一役買っているのかもしれない。アマドゥが語ったことが、あなたが持つある信念の形成を導いた唯一の情報源だったとする。その場合、同じ価値観や信念を共有する一群の人びとと繰り返し出会うことで自分の信念が形成された場合と比べて、正確な情報源の開示ははるかに容易である。もう一つの要因として、宗教的信念は挑戦される可能性が低いことがあげられる。ある信念がひとたび共同体内で広範に受け入れられると、自分の確信としてそれを述べるに際してリスクがともなわなくなる。さらに重要なことに、社会的に獲得された宗教的信念には、（限定的ではあれ）何らかの認知的、実践的、社会的意義がともなう。

ドゥナ族が詠唱する叙事詩的物語と、それに用いられる「人びとが言うには」に相当するエビデンシャル形態の使用は興味深く啓発的ですらあるが、それ以上でも以下でもない。それに比べて氏族の起源神話は、どの土地をその氏族の所有とするかなどといった重要な決定事項の正当化に一役買っている。同様に霊は不運や死の説明、あるいは報復の正当化に用いられる。[*18] ひとたびある信念が認知的、社会的な役割を果たすと、その社会的起源は忘れられやすい。類似の現象は、微生物やWi-Fiシグナルについて語るときにも見られる。私たちはそれらのどちらも実際に見たことはなく、他者から学んだのである。だがそれらは、よく手を洗う、Wi-Fi環境の整った喫茶店を選ぶなど、私たちの行動やその正当化に深く関与しているので、それらの信念が社会的な情報源（究極的には科学的なものではあるが）に基づいていることをすぐに忘れてしまう。たとえば私たちは子どもに、「人びとを病気にする微生物を発見したのは科学者だよ。だからお父さんは微生物の存在を信じているんだ」などとは言わず、単に「手を洗いなさい。バイ菌だらけだから」と言う。

人びとは宗教的信念を受け入れ、それをあたかも自分で見たり実践したりしたかのごとく語るようになるが、忘れてならないのは、あらゆる信念が認知的に同様なあり方で作用しているわけではないという点だ。宗教的信念は直観的であるより反省的である場合が多い。[*19] ここで思い出してほしいのだが、反省的な信念は推論メカニズムや行動を志向するメカニズムの一部と相互作用するにすぎない。ほとんど特定の心の部位に包摂され、直観的信念のように心の中を自由に徘徊することができない。さもなければ反省的信念は無数の災厄をもたらすだろう。たとえばドゥナ族の氏族の起源に関する突飛な物語は、どの土地が誰の所有かに関する要求を理解するために用いられるメカニズムに作用するが、他の認知メカニズムには作用しない。ドゥナ族は自分たちの先祖がオーガであると信じてはいても、オーガの息子が生まれる可能性を考慮に入れたりはしない。

宗教的信念を自力で獲得したと主張する理由は何であれ、信念の伝達はその提示のされ方によって影響を受けるはずだ。何をしても有能で、善意があり、自力で宗教的信念を形成したと自信を持って語る人びとに囲まれて成長すれば、やがてその信念を受け入れるようになるだろう。個々の証言それ自体は説得力を欠いていても（自分が話をしたあらゆる宗教信者が信仰するさまざまな神のすべてを信じる人はいない）、それらを合わせれば総体としてかなり説得力のあるものになるだろう。

何をすべきか？

カルーリ語も、複雑なエビデンシャルシステムを備えたパプアニューギニアの言語である。一ダースを超えるエビデンシャルの標識を持ち、それによってたとえば直接的な情報、二次的な情報、三次的な情報、四次的な情報を区別することができる。まさにこのシステムの精密さが、学校教育などの宣教師がもたらした新たなタイプの情報源に対処することをむずかしくしたのだ。言語学者のバンビ・シーフェリンは、間に合わせのエビデンシャル（その一つはおおまかに言えば「本から学んだ」に相当する）を作ることでこの新たな情報源を取り入れようとするカルーリ族の努力について述べている。[*20]

このカルーリ族の問題は、現代における情報源の追跡の複雑さを典型的に示している。百科事典の各項目の情報源は何だろうか？　当該項目の書き手はいるが、編集者もいる。さらに重要なことに、書き手は多数の学者の研究成果に依拠してその項目を書いている。そしてそれらの学者の研究も別の多数の学者の研究成果に依拠している。今日、問題はさらに悪化するばかりである。カルーリ族には、ウィキペディアやフェイスブックで拾った情報に対しては、それ専用のエビデンシャルを使っていてほしいと、私は思わずにいられない。[*21]

そのような複雑さにどう対処すればよいのだろうか？　哲学者のグロリア・オリギによれば、私たちは「デジタル時代の成熟した市民」として、「情報を拡散した人びとの意図を探り、それに信頼性を付与した権威者たちの狙いを見極めることで、手にした情報の評判の伝達経路を再確認する能力を磨く」よう努力しなければならない。つまり、専門家のように情報源に対して反省的な態度を取り、新たな情報を手にするたびに次のように自らに問いかけるべきだ。[*22]「その情報はどこからやって来たのか？」「それを広げた人の評判は？」「それを信じている権威者は誰か？」「その権威者に自分が従うべき理由は何か？」。これらの問いかけは、隠れた依存性を発見する際に役立つ。さまざまな見解の起源を追跡するうちに、それらすべてが同一の情報源に由来する場合、その事実を発見しやすくなるからである。

この探偵作業の他に、私たちは自分の意見を述べるときに正確な情報源を開示することで他者の役に立つことができる。私たちは、自分の意見を開帳することでできる限り多くの評判を稼ぎたくなる。政治的なニュース、科学的な事実、適切な統計データなどの有益な情報を持っているときには、あるいは複雑な問題について意見を述べるときでさえ、できる限り正確に情報源を開示するよう努めるべきである。これはしばしば、情報伝達過程における自分の役割を最小限に留めることを意味する。[*23]

情報の送り手が自分の信念がいかに形作られたのかを進んで開示することは、受け手が送り手を信用すべきか否かを判断するのに役立つばかりでなく、どの情報源が当てになるのかをよりよく理解するのにも役立つ。私の考えでは、情報源についてもっと正確に報告するようになれば、各人の評判の分け前が多少減ったとしても、ときにさげすまれることもあるウィキペディアや「主流メディア」などの情報媒体は、現在よりはるかに高い評判が得られるはずだ。また私たちは、（提示された考えが本人のものではないことが明らかになるために）情報源の開示者には高い評価が与えられなかったとしても、あえてそうすることで情報環境を改善しようと努める人びとに感謝すべきである。

第12章　魔女の自白と他の有用な愚行について

一九八九年一一月一七日、一五歳の少女アンジェラ・コリアの遺体がニューヨーク州北部の町ピークスキルの公園で発見された。彼女はレイプされ殴られ首を絞められていた。一七歳の生徒ジェフリー・デスコヴィッチは彼女の死に対して非常に感情的に反応し、捜査官の注意を引いた。尋問を受けると彼は自白した。

それから一年以上が経過したのち、デスコヴィッチの裁判は終わろうとしていた。物的証拠は彼の無実を語っていた。とりわけ彼のDNAは、被害者の身体に付着していた精液のそれと一致しなかった。しかし彼は自白していた。その事実が陪審員を動かし、彼は有罪判決を受け、一五年の懲役刑を言い渡された。[*1]

デスコヴィッチは自白を撤回したにもかかわらず、地方検事（現在はフォックスニュースのホストを務めているジェニーン判事）は、別の犯人を示唆し、デスコヴィッチの潔白を証明する可能性のある、さらなるDNA検査の承認を拒否した。それが実際に行なわれ、アンジェラ・コリアが、すでに殺人罪で収監されていたスティーヴン・カニンガムによってレイプされ殺害されたことが判明したのは、二〇〇六年に新たな地方検事が就任してからにすぎない。かくしてカニンガムは有罪判決を受け、デスコヴィッチの無罪が証明された。だが、デスコヴィッチはすでに一六年間収監されていたのだ。

虚偽の自白がどの程度あるのかを見積もることはむずかしい。訴訟が覆されない限り、自白の真偽の識別は困難である。[*2] 軽犯罪では、その割合は低い（数パーセント）ことを示す見積もりがある。[*3] より重い犯罪については、囚人の一〇パーセント以上というかなり高い割合を示す報告がある。[*4] いずれにせよ確実に言えることは、のちに潔白が証明された人びとのあいだで、一五パーセントから二五パーセントというかなり高い割合で虚偽の告白が見受けられることだ。しかもこの割合は、殺人などの重罪ではさらに高くなる。[*5]

虚偽であろうがなかろうが、自白には驚くほど説得力があり、目撃者の証言などの他の強い影響力を持つ証拠に比べても人を納得させる力がある。[*6] 自白はかくも決定的なものなので、容疑者は、たとえそれを撤回しても有罪判決を受けることが圧倒的に多い。[*7] 法学者のチャールズ・マコーミックが『証拠法に関するハンドブック（*Handbook of the Law of Evidence*）』で指摘しているように、「自白は法廷における他の側面を無用なものにする」のだ。[*8]

とどのつまりここでの問いは、「開かれた警戒メカニズムは虚偽の自白の可能性を見通せないように思えるが、それはなぜか？」というものになる。しかしこの問いについて考える前に、「ときに人は、犯してもいない罪を自白しようとするのはなぜか？」というさらに謎めいた問いについて検討する。

虚偽の自白は、さまざまな理由でなされる。自発的な虚偽の自白の多くは、他者をかばうためになされる。[*9] 自分のパートナーにいいところを見せる、不倫を隠すなどといった風変わりな動機に基づく場合もある。[10] しかし、虚偽の自白のほとんどはまったく自発的なものではなく、古色蒼然とした虐待や寛大な処置への期待を煽ることから、「寝る、食べる、電話連絡する、帰宅する許可」などの、すぐに得られる些細な報酬を約束することに至るさまざまな手段によって強制されたものである。[11] アメリカのいくつかの州のような特定の司法管轄区域では、尋問者は容疑者に対して、警察が圧倒的に不利な証拠を握っているなどといったうそをつくことが許されている。また巧みに短期的な利点を強調し、長期的なコストを過小評価することで、たとえ何も悪いことをしていなくても、自白が容疑者の最善のオプションであるかのごとく見せかける。ジェフリー・デスコヴィッチが自白したとき、本人の説明によれば、数時間怒鳴られ、死刑になると脅され、自白すればそれ以上は虐待されずに精神病院に送られると言われたらしい。[12] そのやり口は、心の脆弱なティーンエイジャーが折れるに十分であった(事実、虚偽の自白は若者や精神的苦痛を受けた人に圧倒的に多く見られる)。[13]

理由は何であれ、虚偽の自白は恒常的になされ、一般に信じられてきた。開かれた警戒メカニズムからすれば、自白は、それが信頼に足るメッセージであることの条件をすべて満たす。第一に、話者は本人がやったことを報告しているにすぎないととられ、情報提供者として適任であると見なされる。実際に自分がしたことを思い出せない場合があることは理解できても、自分がしてもいない(おぞましい)行為を思い出すというのは、私たちの想像を超える。第二に、話者は誠実であると見なされる。話者の動機に対する私たちの感受性のせいで、悪事の否定などの利己的な陳述は確実に割り引いて受け取られるのに対し、自己を有罪に至らしめる陳述は受け入れられやすい。

事態をさらに悪くすることに、私たちは、より一般的なレベルで(第6章で説明した理由によって)

真実とうそを見分けられないのと同程度に、容疑者の態度に基づいて虚偽の自白と真の自白を区別することができない。その点において、警官は一般人と何ら変わりがない。尋問のプロは、たとえ何の根拠もなくても自分の能力を確信している点のみが唯一の違いである。[*14]

基本的に自白は信じられるべきなのだろう。しかし、圧力を受けてなされた自白を割り引いてとらえないのはなぜか？　実を言えば、圧力が強くあからさまであれば自白は割り引いてとらえられる。心理学者のソール・カッシンとローレンス・ライツマンは被験者に裁判のシナリオを読ませる実験を行なっている。裁判のほとんどは、容疑者の自白に基づいて告発されたものであった。[*15]自白しなければひどい扱いを受け、最高刑を言い渡されるだろうという脅しによって被告が自白したシナリオについては、被験者はそれを基本的に無視した。

残念ながら、自白の確かさを実際に判断しなければならない立場にある人は、関連するあらゆる情報に目を通すことなどできないのが普通である。[*16]尋問者が判事や陪審員に知られることなく容疑者に圧力をかけることは、かつては比較的容易であったし、現在でも依然として多くの司法管轄区域で行なわれている。また、何時間にもわたって行なわれた密室での尋問による精神的緊張やわずかでも判決を軽くしたいという願望などの、容疑者の心の状態を、判事や陪審員が十全に把握することは困難である。容疑者にかかる圧力に関する情報の乏しさは、判事や陪審員が、自分を有罪に至らしめようとする被告の供述を受け入れるという基本的な立場に簡単に戻ってしまうことを意味する。

だが、この無罪を示唆する要素の、すべてではないとしてもほとんどについて、自白を引き出した尋問官も認識しているにもかかわらず、彼らは自白を受け入れる。一般に、尋問官が自白を引き出そうとするときには、先立つ審問を通じて、容疑者の有罪を信じるようになっている。その段階になると、尋問官の目的は有罪か無罪かを確定することより、有罪の証拠固めをすることに置かれている。その結果彼らは、自白を批判的に吟味するより、それが判事や陪審員に受け入れられる可能性を見積もるために、開かれた警戒メカニズムを働かせ始める。判事や陪審員が、自白の説得力を弱める要素の多くに気づかない可能性が高いことを考えれば、同様に尋問官も自白を受け入れられるものと見なすのは当然であろう。さらに言えば、寛大な処置に対する被告の期待を煽るなどのそれほどあからさまでない圧力は、その事実が知られていても陪審員の考慮の対象にならない。その種の圧力は、それだけでは極悪な行為を認め、長期間収監されるリスクを冒す理由を説明するには十分でないように思われるからだ。[17] 被告に対する最悪の人権侵害が生じない限りにおいて、尋問官が説得力のある自白を引き出すことは比較的容易だと言えよう。

（虚偽であろうとなかろうと）自白がすでにアメリカで有罪を確定するのに重要な役割を果たしているのなら、尋問の基準がアメリカより緩い国々や、より強い社会的圧力が存在する国々では、自白は刑事罰システム全体のてこ入れとして用いられる可能性がある。日本では九九パーセント以上の訴訟で有罪判決が下され、そのうちの九〇パーセント前後が自白に基づく。[18] それらの自白のどの程度が虚偽なのかは定かでないが、いくつかのとりわけひどい事例がよく知られている。一九七〇年代後半に、暴走族を率いたとして告発された三六人の未成年者が尋問を受けたことがある。尋問が終わったとき、三一人が三人いたリーダーの一人だと自白した。[19] それでも日本において容疑者が、実際には破っていないのに法を侵犯したと自白することがあったとしても、少なくとも人間に関する法を破ったと自白しているのであって、物理法則を破ったと告白しているのではない。だが魔女裁判の被告は、物理法則を破ったと自白することがよくあった。

魔女の驚くべき告白と狂気

アーサー・ミラーの有名な戯曲『るつぼ』に描かれているセイラム魔女裁判は、ティテュバという名の女性の告発から始まった。彼女は、一六八〇年にバルバドスからセイラムに連れてこられた奴隷で、二人の少女に魔術を施したとして告発されたのだ。彼女はその告発をあえて否定しようとはしなかった。すぐに彼女の口からは、「ほうきにまたがっていた」[20]「(共犯の一人) サラ・オズボーンは、翼と二本の脚と人間の女性のものに似た顔を持つ生き物と、(顔全体を含め全身に毛が生え、長い鼻を持ち、人間のように直立歩行する) 狼人間を飼っていた」[21]など、自白の言葉が滔々とあふれ出てきた。かくしてティテュバは、最終的に数百人の名前をあげ、アメリカ史上もっともよく知られた魔女裁判の火をつけた。

現代人の目からすればティテュバの自白が虚偽であることは明白なので、この件に関して前述の問いを繰り返すことができる。なぜ彼女は自白したのか？　なぜ彼女の自白は当時の人びとに信じられたのか？　とはいえ魔女裁判の異常な性格に鑑みて、なぜ彼女はそもそも告発されたのかをまず考えてみよう。

魔術信仰の内容は文化によって異なるが、超自然的な手段によって誰かが他の誰かを傷つけることができるという核心的な考えは、さまざまな社会のあいだでかなり共通して見られる。人類学者のE・E・エヴァンズ＝プリチャードが、（中央アフリカの）アザンデ族の魔術に関する記念碑的研究で指摘しているように、魔術信仰は、より常識的な因果関係の理解を置き換えるものではない。彼が取り上げる古典的な事例によれば、アザンデの人びとは時間の経過や、支柱が白アリにかじられることで小屋が倒壊するという事実を知っている。それと同時に、魔女のせいで、ある時点で小屋が倒壊し、そのときたまたま中にいた人たちがけがをするとも考えている（以後「魔女」とは、人類学の通常の扱いに従って男女両性を含むものとする）。[*22]

その種の意図性を、他の直観によってうまくとらえられている偶発的なできごとの説明に加えるのはなぜか？ 私たちの心が、意図という用語で不運を過剰に解釈することはそれほど不思議ではない。何も疑わずに誰かに傷つけられるよりは、誰も悪いことをしていなくても犯罪者を捜したほうがマシだろう。つまるところ自分に悪意を抱く人の一人や二人はいるもので、私たちはその事実を知っている場合が多い。ゆえに、何か悪いことが起こると、とりわけ不運が連続して生じると、それを引き起こした主体を捜そうとし、自分の敵を第一容疑者と見なすのは妥当であるように思われる。

職場で働いているあなたは、同僚の一人アレクサンダーに激しい恨みを抱いていたとしよう。あなたとアレクサンダーは、たちの悪いいたずらを仕掛け合い、すでに何度かいさかいを起こしている。ある日、自分がいつも使っているホッチキスがどうしても見つからず、冷蔵庫に入れておいた飲み物がおかしな味がするように感じられ、コンピューターが落ちまくったとする。そのときあなたの頭のなかには、職場の仇敵アレクサンダーのせいでそうなったという考えが浮かんでこないだろうか？

とはいえ、このやや偏執病的ともいえるよくある疑念と、狼人間を引き連れたほうきに乗る魔女に毒を盛られたという信念のあいだには大きな隔たりがある。自白は、この隔たりを埋めるための手段になりうる。

ここであなたは、職場で起こったトラブルがアレクサンダーのせいだと確信していたとしよう。アレクサンダーは、あなたが彼をどう思っていようがまったく気にしていなければ、トラブルへのいかなる関与も（心から）否定するだろう。しかしあなたといずれ和解したいと彼が考えていたら、彼のとれる最善の選択は、あなたに新しいホッチキスを一台プレゼントする、一杯おごる、コンピューターの問題を解決することであるかもしれない。そして実際にそうすれば、悪事をはっきりと認めようが認めまいが、彼は罪を自白したものと見なされるだろう。[*23] そうすることで初めて、あなたは彼を許し、以後仲良くやっていけるのだ。

さてあなたに医学の基礎知識があれば、他の不運に加えてインフルエンザにかかったとしても、あなたはそれをアレクサンダーのせいにはしないはずだ。しかし医学の基礎知識を持っていなければ、このさらなる不運をその他の不運と一緒にするだろう。そのときアレクサンダーが、あなたを病気にしたのは自分だと告白すれば、あなたは、意図して他者を病気にする能力を持つ人びとがいるという信念を形成しようとするだろう。

このちょっとしたたとえは、魔術信仰のような信念が、いかに一連の疑いや仲直りの必要性や虚偽の自白から生じうるのかを示している。[*24] それでも、職場の同僚のホッチキスを盗んだことを白状するのと、魔女であることを自白するのとでは大きな違いがある。魔女は、はるかに重大な犯罪、場合によっては殺人の罪を問われるのが普通である。刑罰が火刑のような極刑であるにもかかわらず自白する理由は何だろうか？　近代初期のヨーロッパでは、その種の身の毛のよだつ刑罰がありふれていたとしても、多くの社会では自白した魔女にはむしろ寛大な判決が下されている。

アザンデ族のあいだでは、魔女の告発は当人の家の正面に家禽の羽を置くことで行なわれる。魔女はその羽を持って犠牲者の家を訪問し、それに水を吹きかけ、魔術を行使したことを自白し、謝罪することが求められる。[25]ガーナのアシャンティ族では、魔女は公の場で自白し罰金を払うことが求められる。[26]カメルーンのバニャングの場合、魔女の嫌疑がかけられた人は、特定のリズムで踊らされる。[27]ニューギニアのタング族では、魔女は犠牲者に補償をしなければならない。[28]

魔女に課せられる刑罰を軽いものに留めるべき理由はいくつかある。厳罰は適用がむずかしく、告発された魔女やその仲間の報復を受けるかもしれない。自白はコストが低い場合が多いだけでなく、利点さえもたらしうる。自白することで、魔女は「慈悲と許しを勝ち取る」ことができる。[29]告発された魔女の多くが脅迫されずに自白していることを考えれば、人類学者のロイ・ウィリスが指摘するように、魔術信仰の隆盛に「自白がきわめて重要な役割を果たした」ということは、十分に考えられる。[30]

ひとたび魔術信仰が文化に浸透すると、魔女の嫌疑をかけられた人の懲罰を自白なしに正当化することが可能になる。すると自白は余計に意義あるものになる。そもそも自白の狙いは、自分の罪を他者に説得することを前提に、よりよい扱いを受けようとする点にある。[31]

アメリカ先住民のズニ族のある少年は、一人の少女に魔法をかけたとして告発された。この少女は、彼に手を触られて痙攣を起こしたのである。彼は魔術が死刑に値することを知っていた。[32]無実を主張するだけでは説得力がなかったので、彼は誰かに教えられた魔術を使って少女を治癒しようとしたというストーリーを紡ぎ出した。さらには裁判が続くうちに、動物に姿を変え、サボテンの針を吐くことで人びとを殺したなどといった奇怪な話をでっち上げるようになる。そして、そのような能力を最近になってすべて失ってしまったと嘆くことで自白を終えた。判事たちは、おもしろがってか、怖気づいてか、それとも彼の率直さに感銘を受けたのかはわからないが、彼を無罪放免にした。

ティテュバの話に戻ると、彼女は数か月間監禁されたが、やがて起訴されることさえなく解放されている。事実、セイラムで絞首刑になった一九人には、自白した女性は一人も含まれていない。イングランドにおける魔女裁判の最盛期においてさえ魔女がとれる選択肢は、「教会裁判所で罪を告白して改心を約束するか、巡回裁判による収監もしくは死によって共同体から排除されるか」のいずれかである場合が多かった。[*33]

告発対象の犯罪を考えれば、魔女に対する刑罰のもっとも注目すべき側面は、本人が自白し改心した場合のその寛大さである。魔女は自白し、風変わりな儀式を行ない、ときに少額の罰金を払えば、たとえ誰かを病気にする、人を殺す、作物や家畜を台無しにする、悪魔と結託する、さらには自分の子どもを貪り食うなどといった犯罪を認めた場合でも、釈放されることが多かった。[*34] それどころかアザンデを始めとする特定の文化のもとでは、魔女は自白すれば、あたかも何事もなかったかのごとく社会に復帰できる。[*35] 思うに、食べ物に毒を盛ったり、子どもを貪り食ったりした輩をそのように扱う人は、普通はほとんどいないはずだ。

その点で魔術信仰は、第10章で取り上げた根拠のないうわさのように作用する。人びとは、知覚に基づいて直観的に魔術を信じた場合のように、魔女の告発からそのような結論を引き出すのではない。魔術信仰は反省的なものであり、それ以外の認知機能と十分に統合されていない。魔女を処刑する場合、魔術は唯一の、それどころか異論はあるとしても主たる告発要因でさえなく、むしろ後づけの正当化としての役割を与えられているにすぎない。そしてその代わり、ありふれた利己的な動機が醜い頭をもたげてくる。たとえばタンザニアでは、魔女の殺害は干ばつや洪水が起こったときに増加する。しかも家族の重荷と見なされるようになった高齢の女性がおもな標的にされる。[*36]

信頼されるおべっか使いになる方法

自白はもっとも極端なものでさえ、自己の有罪を認めるがゆえに説得力を増す。自己を有罪に至らしめようとする陳述にともなう信憑性は、金正日に対する過剰で愚かしい礼賛から（現代における）「地球は平らである」という主張に至るまで、人びとがこれ以上ないほど愚かしい意見を発する理由を間接的に説明する。

北朝鮮の現在のリーダー金正恩の父親であった金正日は、早くも生後六か月の頃に歩き、話したと言われている。[*37]大学在学中には、千以上の本や論文を書いたとされている。また完璧な記憶力を持ち、「世界中の国のあらゆる時代の偉人によって達成されたすべての偉業、規模を問わずあらゆる政治的事件、人間の作り出した重要な建造物とその詳細な形、自分が会った人すべての名前や年齢や誕生日」を思い出すことができ、あらゆる複雑な問題に関して「専門家以上に」精通していたとされる。[*38]

おまけに瞬間移動《テレポート》や天候コントロールを行なうことができ、世界のファッショントレンドを作り出せると信じられていた。[*39]

過剰な礼賛という点では、金正日は例外的な存在ではまったくない。各国の想像力豊かなおべっか使いによれば、ハーフィズ・アル＝アサド（バッシャールの父親）はシリアの「最高の薬剤師」、ニコラエ・チャウシェスクは「カルパティアの巨人」「私たちの光の源」「天体」であり、毛沢東は簡単に水泳の世界記録を塗り替えることができ、サダム・フセインは現代に蘇るネブカドネザルであった。[*40]

人びとはほんとうに、かくも稚拙なナンセンスを信じるほど洗脳されてしまうことがあるのか？そうでないことは明らかだ。北朝鮮においてすら、「そのようなプロパガンダを信じ込んでいた人はほとんどいなかった。というのも金正日が権力を握って以来、経済状況はもともと悪かったのがさらに悪くなったからだ」。[*41] チャウシェスクに対して賛辞を連ねたルーマニア人も、好機が生じると彼らの「光の源」をリンチにかけることをまったくためらわなかった。リビア市民は壁や集会所や小屋にカダフィ大佐の顔を描いたが、政権が崩壊すると彼を野獣のように狩り立てた。これらの親愛なるリーダーに対する追従《ついしょう》は、「心の底からの感情表現」ではなく、冷酷な支配体制のもとで生き残りたければ「マスターしなければならない掟」だったのだ。[*42]

これらのリーダーは、民衆がおおげさな称賛を心底信じていることを期待してその種のへつらいを煽っているのではない。それどころか彼ら自身、民衆の称賛を信じていない。毛沢東がホーチミンに助言したように、「彼らがあなたを称えれば称えるほど、あなたはますます彼らを信用できなくなるだろう」[*43]。しかしいくつか例外がある。支持や大げさな追従が、献身を示す信頼に足るシグナルになる場合があるのだ。他グループとの関わりを一切絶つほどそれが過激になると、その行為を通じて自グループに対する自分の献身度の高さを確実に示すことができるのである。

自らの退路を断つ

アマチュアのサッカーチームから職場の仲間集団に至るまで、特定のグループに参加することには、他のメンバーの支援や保護を受けられる、一人ではできない活動を行なえるなどの利点がある。だがそれらの利点には、他のメンバーを支援する義務を負う、共同作業への参加が求められるなどといったコストがともなう。サッカーチームのメンバーは練習への参加が求められ、試合では全力を尽くさねばならない。[*44]

グループの一員であることには数多くの利点があるので、既存メンバーは新規メンバーの募集には細心の注意を払わなければならない。単に恩恵を受けるだけでなく進んでコストを負う覚悟が、新規参入者にあることを確かめる必要があるのだ。[*45] たとえばサッカーチームは、自分が出たいときしか試合に出ようとしない選手など望んでいない。

グループに参加しようとしている人が、自分には参加にともなうコストを進んで支払う覚悟があることを示すのは簡単ではない。「ぼくはよきチームプレイヤーになれる」と宣言することは可能だが、それでは説得力を欠く。そのような宣言は、新規参入者の献身が真剣にとらえられた場合にのみ信用される。一方、新規参入者の献身に対するグループの関心は、その人がグループのよきメンバーになるであろうと既存のメンバーが考えているかどうかに依存する。言い換えると、新規参入者がよきメンバーになると既存メンバーが考えていれば、後者は前者の「ぼくはよきチームプレイヤーになれる」という宣言を信じるが、そう考えていなければ、そんな宣言は信用しない。よってそのような宣言は、実際には役に立たない。

自分がよきグループメンバーになる覚悟を持っていることを新規参入者が証明する方法はいくつかある。一つの方法として、たとえば練習には参加しながら試合ではベンチに座っているなど、利点よりコストのほうが大きい参入初期の段階を耐え忍ぶことがあげられる。あるいは他の選択肢をすべて放棄して自らの退路を断つことで、献身の度合いを示すことができる。あなたが自分でチームを選べるほど才能あるアマチュアサッカー選手なら、現在所属しているチームの他のメンバーはあなたの忠誠度を疑うかもしれない。簡単に翻意して、他のチームに移れるのだから。しかし特定のチームにどうしても所属したいと思っているのなら、あなたは公然と他のチームを批判して自分の忠誠心の強さを証明すればよい。

「きみのグループにはほんとうに加わりたくないんだ」と当のグループに属するメンバーの面前で宣言することは、あってもおかしくはない。これは、自己を有罪に至らしめようとする自白の一種と言えよう。その告白が虚偽なら、なぜ人はそんなことを口にするのか？　その種の宣言は、侮辱の色合いを増すことでさらに確かなものになる。「ぼくはきみのグループと、それに関係することのすべてが大嫌いなんだ」という宣言は、当のグループのメンバーには受け入れられないのが普通であろう。かくして対抗グループとの関わりを可能な限り絶つことで、つまり認知科学者パスカル・ボイヤーの言葉を借りれば自分を「他のクラブのメンバーになれないよう（unclubbable）」にすることで、あなたは自グループの他のメンバーに対して、「他の選択肢はないのだから、ぼくはきみたちを裏切ったりしない」というメッセージを確実に伝えることができるのだ。[*46]

極端なへつらいには、その種の自らの退路を断つ戦略に基づくものもある。金正日は瞬間移動の能力を持つと述べる書き手は、読者（とりわけ金正日）が文字通りそれを信じるとは考えていない。そこでの狙いはむしろ、北朝鮮の他の人民でさえ過剰に思えるほどへつらいを卑劣なものにすることにある。この書き手は、愚かな称賛に期待される以上の媚を嬉々として売るところを北朝鮮人民に見せつけることで、「金正日は天候を変える能力を持っている」とは言っても、「瞬間移動の能力も持っている」とまでは言わない、より分別のある大衆からの広い支持より、金正日ただ一人の承認を望んでいることを読者に示し、それによって金正日に対する自分の忠誠心の強さを確実に伝えようとしているのである。

過剰なへつらいは、自分を「他のクラブのメンバーになれないよう」にする唯一の手段ではない。選抜されたグループメンバー以外には愚かに思える宣言を行なうという手段もある。カーディフ大学に所属するある哲学者が最近、進化生物学と遺伝学は創造論と同程度に（非）科学的だと主張した。[*47]また、アメリカのスクリプス大学に所属するある学者は、「生命という生物学的概念（…）の基盤をなす人間と非人間という二項分類」に反対する議論を展開し、感染爆発は通常考えられているような（不衛生などの）要因によって引き起こされるのではなく、「世界規模での産業資源の抽出」の結果だと論じた。[*48]

これらの見解は、該当分野の専門家に完全に否定された。というより、ほとんどの学者に否定されている。したがってそのような言明を発すれば、ほとんどの学問分野で不興を買うことになる。しかしこれら二人の知識人は、学会で受け入れられている規範の埒外に自分の立ち位置を据えることで、真実に関して相対主義的な見方をとり、他の科学界と対立することが多いポストモダン支持者のネットワークで自分の地位を固めようとしたのかもしれない。それとは文脈が異なるが、地球は平坦であると誇らしく主張する現代人は、世間に嘲笑されることをよく心得ている。だが同時に、小さな（とはいえ拡大しつつある！）地球平面説コミュニティの忠実なメンバーとして仲間には見なされると確信しているのだ。

大多数の人びとが道徳的な嫌悪を感じる宣言をすることは、自らの退路を断つ格好の手段になる。多くの人が、「課税は奴隷制だ」、あるいは経済学者のマレー・ロスバードが主張する「法は子どもを餓死させた親を罰するべきではない」などといった過激なリバタリアンの主張に怒りを感じる。[*49] また、ホロコースト否定論者の発言にショックを受ける。[*50] あるいは多くの視聴者が、ＩＳＩＳ参加者の脅迫に脅威を感じる。たとえばイギリス人のある転向者は、「われわれがロンドンやパリやワシントンに降臨すれば、人びとはおぞましい辛苦をなめることになるだろう。なぜなら、われわれは人びとに血を流させるだけでなく、像を破壊し、歴史を抹消し、そしてもっとも大きな辛苦としておまえたちの子どもを転向させて、われわれの名のもとに戦わせ、おまえたちの先祖を呪わせるからだ」と脅迫している。[*51]

地球平面説やホロコースト否認などの極端な姿勢が、自らの退路を断つ手段であるとどうしてわかるのか？　そうではなく個人的な推論プロセス（地平線や水平線が平坦に見える、ホロコーストのようなことが起こりうるとは想像できない）や、説得（地球平面説を擁護する動画を観た、ホロコースト否定論者の著書を読んだ）に基づくものではないのか？

それらが自らの退路を断つ戦略であるとする説明を裏づける第一の証拠は、擁護されている見方の純然たる極端さである。それらの見方は、大多数の人びとがまったく愚かだと、あるいは救いようのないほど邪悪だと見なしているものだ。確かにそれと大して変わらないように思える科学的な立場もある。たとえば人類が魚類の子孫であるとする見方は、直観的にばかげているように思える。だが退路を断つ戦略は、退路を断つために用いられる信念を否定する人びとの知性や道徳的態度を非難することで、さらに追い打ちをかける。極端なポストモダンの思想家は、ほとんどの人にとって少しばかり頭がおかしく見えるばかりでなく、自分たちの主張に同意できない人は教養のない愚か者であるかのように主張する。ホロコースト否定論者は道徳的な嫌悪を催す主張をするが、自分たちの見解に同意しない人を逆上したシオニストか、彼らに利用されている愚か者と見なす。そのような立場を取ることは、自分を、類似の見方を持つ少数の仲間集団以外のグループのメンバーになれないようにする確実な手段になる。

しかし自らの退路を断つ戦略という説明によっても、そもそものような見方を選好するグループが存在する理由は明らかにならない。自らの退路を断つという戦略がうまく機能するためには、信念は極端なものでなければならない。その事実は新規加入メンバーや、場合によってはグループ内で地位を高めたいと思っている既存のメンバーに、当のグループが認める範囲を超えて極端な姿勢を取ろうとする動機を与える。つまりこの姿勢の極端化は、やればやるほど奇怪な見方を支持しなければならなくなる暴走プロセスの結果として現れるのだ。金正日が権力を掌握したばかりの頃に、「彼は瞬間移動することができる」と誰かが主張したなら、その人は変人だと思われただろう。金正日に対する、数段階から成るへつらいのインフレーション(「へつらいのインフレーション」という用語はザビエル・マルケスから拝借した)[*52]が続いたあとで、彼が天候を変える能力を持っているという考えに同意する一群の人びとが、瞬間移動の能力も持っていると主張するようになったと考えるほうが理にかなう。同じことは、他の極端な見解にも当てはまる。「私たちはいくつかの法的制約の妥当性を再考するべきだ」から「なぜ法は子どもを餓死させた親を罰するのか?」へと、あるいは「科学の発展は、典型的なホイッグ史観[「進歩に貢献した人びと」と「進歩に頑迷に抵抗した人びと」を区別し、これら両陣営の戦いで前者が勝利したとして歴史を記述する歴史観]が前提とするところより複雑である」から「すべては相対的であり、真実など存在しない」へと論理を飛躍させる人はまずいない。どちらのケースでも、多くのステップを経ることで、着実により極端な見方が受け入れやすくなり、最終的に究極のばかげた主張へと至るのである。[*53]

人びとが自信満々に愚かな見解や、嫌悪を催す意見を公然と開帳するというのは信じがたい。しかし自分の見解を自信満々に公然と語ることこそ、「自分を他のクラブのメンバーになれないよう」にするのに必要な要件なのである。自分が関係を絶ちたいと思っているグループは、自分が人気のない見解や不快な見解を抱いていることを知っていなければならない。また自分が加わりたいと思っているグループは、他のグループがそれについて知っていることを知っていなければならない。それに対し、たとえば密かに活動する地球平面論者は、地球平面論者の秘密クラブのカギを誰にも手渡さないだろう。また別の何らかの手段（個人的な推論や説得）を通じて極端な見方をとるようになった人は、その事実を公然と口にすれば自分に都合の悪い状況が生まれると悟って、より慎重になるはずだ。

最後につけ加えておくと、前二章で論じた信念のほとんどと同様、退路を断つ手段の行使をともなう信念は反省的に維持される。金正日は瞬間移動の能力を持っていると宣言する人も、自分の面前で彼が『スタートレック』ばりに瞬間移動すれば、驚きを隠せないだろう。すべての真実は相対的であると主張するポストモダン思想家も、駅に行く前に時刻表を確認するのではないだろうか。その手の信念を持つ人びとが声が大きく自信満々に見えるのは、それらが自分の推論や決定を自在に導く直観的な信念だからではなく、自らの退路を断つ戦略の現れだからである。

自らの退路を断つ手段としての極端な信念の擁護は、説得されて直観的に受け入れるようになった場合のように、開かれた警戒メカニズムの機能不全によって引き起こされるのではなく、その歪曲的な適用を反映する。私たちは開かれた警戒メカニズムを用いて、他者がどのようなメッセージを受け入れそうかを予測することができる。人は一般に、相手に拒否されると予想すれば、一言発する前にもう一度考える。だが自らの退路を断つときには、それとは逆のことをする。自分が加わりたいと思っているグループ以外のあらゆるグループのメンバーに拒否されることが確実に予想されればされるほど、それだけ極端な見解を声高に発するのだ。

この開かれた警戒メカニズムの歪曲された適用は、必ずしも意識されているとは限らない。というより私の考えでは、むしろ意識されていないケースのほうがはるかに多いだろう。それでも効果は抜群であるように思われる。

何をすべきか?

自己を有罪に至らしめる証言は、本質的にまことしやかに思える。自分の信念や行動に言及しているため、自分が何を言っているかを本人がよくわきまえていると見なされるからである。また自分を悪く見せる陳述をうそと見なすべき根拠はない。

自己を有罪に至らしめる陳述を信じることは、一般にはよき指針になるとはいえ、さまざまな問題を引き起こしうる。もっとも明白な問題は、法廷を悩ませる虚偽の自白である。それに対する解決策はおもに制度的なもので、法は容疑者に課される圧力をできる限り軽減し、それでも課された圧力については判事や陪審員の考慮の対象として明確化しておく必要がある。たとえばイギリスでは、警官が容疑者にうそをつくことは違法であり、尋問はすべて録音されねばならず、疑わしい自白は陪審にかける前に抑制されることが多い。[*54]

より一般的な観点から言えば、人は何も悪いことをしていなくても、他人の承認を得るために自白する場合があることを念頭に置く必要がある。そのようなケースでは、自白の内容より社会的な目的に着目すべきだ。つまり自白した行為を実際に行なったと考えるより、和解しようとしていると考えたほうがよい。最終的に重要になるのは、社会的な目的なのである。

同じ論理は、自らの退路を断つ戦略として自己を有罪に至らしめる証言が用いられる場合にも当てはまる。どう見てもおかしな見解や邪悪な見解を口にする人びとが、それらを直観的に抱いていると想定すべきではない。私たちは、彼らの社会的な目的、すなわち非主流派を選好して社会の大多数のメンバーから成る主流のグループを拒絶する戦略を真剣にとらえる必要がある。そしてその手の愚かで不快な見方を捨てさせたいのなら、論理的、実証的、道徳的な誤りを指摘するだけではうまくいかないだろう。その代わり私たちは、社会の大多数のメンバーから拒絶されているグループに参加することが、自分が成功するための最善の手段だと感じている人びとにどう対処すべきかを考えねばならない。

人びとは愚かではない。何の理由もなしに自己を有罪に至らしめる証言を行なう人はまずいない。そのような証言には、自己の名誉を回復する、できるだけ多くの人びとと対立するなどといった目的がある。自己を有罪に至らしめる証言の機能を理解すれば、私たちはより適確にそれに対応できるようになるだろう。

第13章　フェイクニュースには効果がない

負傷した剣闘士を治療する外科医からローマ皇帝の侍医になったガレノスは、疑いもなく高度な技術を持つ輝かしい医師であった。彼の解剖（と生体解剖）は人体に関する理解を深め、彼の考えは、千年以上にわたりアラビアや西洋の医学に影響を及ぼした。しかし彼は四体液説の忠実な支持者でもあった。[*1] 四体液説は、心の病や身体の病気が、血液、黄胆汁、黒胆汁、粘液という、身体が宿す四つの体液の不均衡が原因で生じると考える。他の三つの体液の成分を含むと考えられていた血液は、それらの均衡を取り戻し、健康を回復するための最善の治療対象だと見なされていた。[*2] 当時、輸血は選択肢になかったので、過剰な体液を除去するために静脈を切り開いて血液を排出する瀉血が普通に行なわれていた。ガレノスは四体液説に従って気前よく瀉血を行ない、痛風、関節炎、胸膜炎（肺を取り巻く組織の炎症）、てんかん、卒中、呼吸困難、失語、脳炎、倦怠、震え、うつ、喀血《かっけつ》、頭痛の治療に推薦した。それどころか出血の治療にさえ瀉血を推薦したのだ。[*3] ガレノスによる四体液説の擁護は広く知られるところとなり、誕生したばかりのヨーロッパの大学で彼の教科書が採用された一一世紀から、四体液説の誤りがついに暴かれる一九世紀に至るまで、西洋医学を支配していた。

一九六九年の春にオルレアンで猖獗したユダヤ人店主に対する告発について振り返ってみると、私たちはそのようなほら話を信じた人びとをからかって、「地元の店主が娘たちを売春婦に仕立てて遠国に売り飛ばしているんだって？　やめてくれよ」と言いたくなる。とはいえ、このうわさは実際には誰も傷つけなかった。一九〇三年、キシナウ（現在のモルドバの首都）で復活祭に先立って、ユダヤ人たちが一人の子どもを殺し、宗教的な儀式で血を抜き取ったといううわさが地元のユダヤ人のあいだで飛び交った。[*4]この血の中傷のうわさはオルレアンのうわさと同じくらいばかげているが、その影響は大きかったようだ。キシナウの住民は単にゴシップを流し容疑者をにらんだだけでなく、どう猛に襲い掛かってきわめて残虐な方法で数十人を殺害し、多数の女性をレイプし、数百軒の店舗や住宅を略奪したのだ。世界のどこでも、血の中傷のような残虐行為のうわさは、民族攻撃の前奏曲と化す。[*5]

二〇一七年、『コリンズ英語辞典』は、いかなる事実にも基づいていないにもかかわらず事実として扱われる情報として定義される「フェイクニュース」を、その年の言葉として選んでいる。[*6]この決定は、二〇一六年に起こった二つのできごとにおけるフェイクニュースの猖獗を反映している。二つのできごととは、ドナルド・トランプが米大統領に当選したことと、イギリスが国民投票によってEU離脱を決定したこと（ブレグジット）である。両国において、エリートと既存のメディアの大多数が、国民の選択に驚き、説明を求めた。もっともありふれた答えがフェイクニュースだった。イギリスの『インデペンデント』紙には、「フェイクニュースが国民投票で離脱主義者に手を貸した」という見出しが躍った。大西洋の対岸では、『ワシントン・ポスト』紙が「フェイクニュースが二〇一六年の大統領選でドナルド・トランプを勝たせたのかもしれない」と題する記事を掲載した。[*7]政治に関するものでなくてもフェイクニュースはおどろおどろしい。世界でもっとも権威のある科学雑誌の一つ『ネイチャー』に掲載されたある論文は、「もっとも大きな感染リスクは誤報の拡散によるものだ」と主張している。[*8]

古色蒼然たる方法で拡散されるフェイクニュースもある。たとえば「ブレグジットバス」の車体に「イギリスはブリュッセル［EU］に、健康保険に回せるはずの資金を週に三億五〇〇〇万ポンド送っている」と描くなどである（事実を言えば、その金額ははるかに小さく、また送った金のほとんどはどのみちイギリスに戻ってくる）。[*9] いずれにせよ何らかの形態でつねに存在しているフェイクニュースは、ソーシャルメディアが広範に触手を伸ばしてきたがゆえに、今回はとりわけ大きな脅威と見なされるようになった。[*10] ドナルド・トランプが当選するに至るまでの三か月間、大統領選をめぐってもっとも広範に流布した二〇件のフェイクニュースをめぐって、フェイスブックで八〇〇万以上の投稿、コメント、「いいね」が集まった。[*11] もっとも広く拡散したフェイクニュースには、トランプの対立候補ヒラリー・クリントンがＩＳＩＳのテロリストに武器を売った、トランプがローマ教皇のお墨付きをもらったなどというものがあった。かくしてソーシャルメディアは、フェイクニュースを、あるいはより一般的には党派的なニュースを発信する手段を提供することで人びとの先入観を増幅し、世論を真二つにして極端な政治的見解の蔓延を助長するエコーチェンバーを作り出したとして批判されてきた。[*12]

四体液説、血の中傷、ローマ教皇によるトランプの擁護という言説に共通するものとはいったい何か？　明らかにどれも不正確な情報である。また明らかに悲惨なもの（民族攻撃、患者の系統的な虐待）から、見る人の取る立場によっては不適切なもの（トランプの当選、ブレグジット）まで、何らかの結果をもたらした。誤った信念が以上のような結果を直接招いたと考えるのは自然であろう。医師が瀉血を実践するのは、四体液説を受け入れているからだ。少数民族が虐殺されたのは、彼らが犯したとされる残虐行為のせいである。有権者が「間違った」投票をしたのは、フェイクニュースに誘導されたからだ。そう考える。

その考えが正しいのなら、私たちは、影響力のある医師、デマ屋、フェイクニュース発信者の誘導にまんまと引っかかるという、開かれた警戒メカニズムの重大な欠陥に対処しなければならなくなるだろう。前章までに取り上げてきたいくつかの信念とは異なり、人を誤った方向に誘導する見解は、他者のみならず、たとえば自分の瀉血を依頼した医師、民族的暴力を振るい自分自身が負傷した人、自分の利害に反する投票をした人など、その考えを抱く当人にも劇的な効果を及ぼしうる。

本章では、この説明が因果関係を逆にとらえていることを示す。つまり誤った信念を抱いているから誤った判断や邪悪な判断を下すのではなく、そのような判断を正当化しようとして誤った信念を抱くのである。「愚かな考えを信じさせることのできる人は、人びとを残虐行為に走らせることができる」とヴォルテールが言ったとされるが、実際にはそれが当てはまるケースはまれにしかない。[*13] 一般には、愚かなことを信じるようになるのは、残虐行為を犯そうとしているからなのだ。

誰もが血を流す

デイヴィッド・ウートンの著書『有害な医学（*Bad Medicine*）』は啓発的だ。[*14] この本では、一世紀前頃までは医師が役に立たなかったばかりでなく明らかに有害であったことが論じられており、この本を読んだ私は、瀉血に関心を持つようになった。瀉血がかくも長きにわたって実践されていたのはなぜか？　私の最初の反応は、一九世紀アメリカのベンジャミン・ラッシュから古代ギリシャのヒポクラテス派へと、瀉血を擁護してきた偉大な医師たちの系譜を遡行することだった。この連鎖には、興味深い連関を見出すことができる。四体液説に関するガレノスの二つの文書が、何世紀もの時を経てヨーロッパで最初に設立された医学校へと伝えられることで、一一世紀以後も無数の人びとが瀉血を受けていたのである。

しかし人類学の文献を調査し始めるとただちに、私は自分が西洋中心的な観点から見ていることに気づいた。瀉血は歴史的な例外事象などではまったくなく、ラッシュやガレノスやヒポクラテス派の見解など聞いたことさえない人びとによって世界中で実践されていたのだ。グナ族（パナマ、コロンビア）は、頭痛に苦しむ人のこめかみに向けてミニチュアの弓で矢を射る。バギス族（ウガンダ）は、頭痛や腫物や胸痛に苦しむ人の患部から空洞の角を用いて血を吸い出す。イバン族（マレーシア）は、痛む背中に小さな切れ目を入れる。ダヤク族（ボルネオ）は、熱した竹を用いて身体の痛む箇所から血を抽出する。また瀉血は、非西欧世界の主要な文明のもとで実践されており、古代のインドや中国の医学で一定の役割を果たしていた。[*15]

世界の文化の少なくとも四分の一は、その歴史のいずれかの時点で何らかの形態の瀉血を実践していたと見てよいだろう。そのなかには、古代のギリシャや中国など、複雑な理論的説明をともなう文化もあるが、ほとんどの文化においては、人びとは「悪いものを外に出さなければならない」と言う程度で満足していた。[*16]四体液など聞いたことのない九九パーセントの文化で瀉血が広まった理由を四体液説で説明できなければ、この説は、それを擁護する文化で瀉血が広がった理由を説明することもできない。ガレノスは、どのみち人びとが実践したいと思っていること、すなわち病気になったり痛みを感じたりしたときには、体内に蓄積していると思しき汚染物質を排出するために少しばかり血を流せばよいという考えを正当化するために高度な理論をあみ出したのだ。

瀉血が四体液説という西洋流の説とは無関係に世界中で見出される［つまり四体液説は瀉血の流布に因果的役割を果たしていない］のとは対照的に、残虐行為のうわさは民族暴動の標準的な構成要素であり、したがって重要な因果的役割を果たしているかのように思える。[*17] しかし実際には、因果の矢はうわさから暴動という向きでは作用していない。というのも、うわさと暴力のあいだにはほとんど整合性がないからである。われわれは暴力をともなわないうわさの例を無数に見出しており、暴力が生じている場合でも、たいていその性格は、形態や程度の面でうわさの内容とは無関係である。

キシナウのユダヤ人が少年の殺害で告発されたとき、この結びつきは、血を抜く儀式が「ユダヤ人の宗教的実践の一部をなす」と広く信じられていたがゆえに確立された。[*18] 実のところ、毎年復活祭が近づくと、ユダヤ人の虐殺こそ起こらなかったが、人を不安にさせるうわさが飛び交った。[*19] これは奇妙に思えないだろうか？ 定期的に子どもをさらい出血死させていた容疑者をいったい誰がかくまっていたというのか？ 同一の信念がたいていは暴力をもたらさなかったという事実は、その信念によっては暴力が爆発した理由を説明できないことを示唆する。

キシナウのキリスト教徒がほんとうに血の中傷を信じていたのなら、ユダヤ人の子どもや、有罪と見なされたおとなの殺害など、おぞましい報復が起こっていたことだろう。おぞましい報復があったのは事実だが、それは告発と何の関係もなかった。略奪された酒屋の主人が、どうやって死んだ子どもの復讐をしたのだろうか？　他の時代や場所で、ユダヤ人は殺害され、女性が性的虐待を受け、主人を冒瀆したなどといった根拠薄弱な理由で富が奪われてきた。キシナウでも、子どもの殺害から商売のやり方の不誠実さに至るまで、あらゆるレベルの犯罪が次々と告発された。「やつらはおぞましいユダヤ人だ。私たちの子どもを出血死させている。しかもお釣りをごまかす！」などといった具合に。うわさの専門家や民族暴動の専門家は、一般に次のような見解に同意している。「群衆の参加者は、すでに行なっている活動を正当化しようとする。うわさは概して、彼らがどのみちしようとしていることを正当化する〈事実〉を提供してくれる」[20]

ならばフェイクニュースについてはどうか？　それは重大な政治的決定を左右しうるのか？　ここではもっともデータが揃っている、ドナルド・トランプが当選した大統領選に焦点を絞ろう。個人のレベルでは、圧倒的にトランプ支持が多かったフェイクニュースウェブサイトを閲覧することと、トランプ支持者であることのあいだに相関関係が見出された。[21]　州のレベルでは、フェイクニュースウェブサイトを閲覧した人が多い州ほど、トランプに投票する州民が多いという傾向が見られた。[22]　ではこの事実は、フェイクニュースがトランプに投票するよう仕向けたことを意味するのか？　必ずしもそうは言えない。フェイクニュースウェブサイトを閲覧した人たちの大多数は、気軽な共和党主義者ではなく、「熱烈な共和党支持者」「もっとも保守的な情報をオンラインで漁っていた、国民の一〇パーセントを占める人びと」であった。[23]　つまり、それらの人びとのなかに、ヒラリー支持からトランプ支持に転じた人はほとんどいなかったはずだ。そうではなく彼らは、トランプへの投票を正当化する手段や、自分のトランプ支持を表明する手段を求めてウェブ（フェイクニュースウェブサイトのみならずオールドメディアの記事）を漁っていたのだ。[*24]

ブレンダン・ナイハンらによる研究は、この解釈を裏づける。[*25] この研究でトランプ支持者は、彼の間違った言明（フェイクニュースではないが原理的には同じである）を訂正する正確な情報を与えられた。すると被験者のほとんどはその訂正を受け入れたが、それでもトランプ支持の姿勢を変えなかった。この結果は、当初の間違った言明の受け入れが、トランプ支持の原因ではなく、そもそもトランプを支持していたからこそそれを受け入れたのだということを示している。

政治学者のジン・ウー・キムとウンジ・キムは、バラク・オバマとジョン・マケインが争った二〇〇八年の大統領選に先立って飛び交った、オバマがイスラム教徒であるといううわさの研究で、同じパターンを見出している。[*26] この研究で二人は、被験者の回答を二つの政治世論調査の結果と比べている。一方の世論調査はそのうわさが広がり始めたときに、他方はうわさがもっとも広まったときに実施されたものである。彼らの発見によれば、うわさには効果があり、オバマがイスラム教徒であると言う人の数は増えた。しかしながら、それはもともとオバマを嫌っていた人びとにのみ当てはまった。この結果から、うわさは人びとのオバマに対する一般的な態度や彼に投票するか否かには影響を及ぼしていないことがわかる。うわさを受け入れたからオバマを嫌うようになったのではなく、オバマを嫌っていたからうわさを受け入れたということだ。

正当化の手段

人びとは瀉血から隣人に対する攻撃に至るまで、どうせ自分のしたいことをしようとするのであれば、なぜ数々の愚かな信念や無益な信念にこだわるのか？　人類は超社会的な動物であり、常時互いを評価し合い、誰が最善のパートナーになるか、有能か、信頼を置けるかを見極めようとしている。その結果、私たちは最善の相手を、あるいは少なくとも価値があると自分が見なす意見を持つ人を熱心に探そうとする。残念ながら私たちは、愚かに見えることや、道徳的に疑わしく思えることをしようとする傾向を持っている。また実際にそのような行為に走った際には、自己の行動を正当化し、それが愚かでも道徳的に疑わしくもない理由を説明しようとする。それによって相手に否定的な判断を訂正させ、自分の動機をよく理解し正確に判断できるよう相手を導くのである。

私たちは自分の行動に疑義が呈されたときに自発的に自己の正当化を行なうだけでなく、いついかなる場合に正当化が必要になるのかを、実際にそうなる前に予期するよう学ぶ。[*27] そして、それによって正当化の市場が生まれる。だがそのような市場が生まれるのは、何らかの決定に疑義が呈される可能性があることが予期される場合に限られる。

すでに述べたように、瀉血を実践している小規模社会は通常、それを正当化するための複雑な理論を作り出したりはしない。何らかの病気で苦しんでいる人を治療するための、明々白々たる選択肢の一つとして見られるだけである。それに対して、大規模な、あるいはより多様な社会では、間違いなくさまざまな治療が利用でき、医師も患者も、どの治療を選ぶかに関して自己の判断を正当化しようとする。その種の競争やそれにともなう議論は、ヒポクラテス派の医師によって四体液説が提唱された古代ギリシヤでも重要な役割を果たしていた。[*28] ガレノスが医療を行なっていた頃のローマでも、その種の競争はあった。ガレノスがヒポクラテス派の先人の業績に依拠しつつ瀉血を擁護する文書を著したのは、彼の治療法が地元の医師に疑義を呈されたあとでのことだった。[*29] 小規模社会では、疑義を呈されることなく瀉血を実践することができたとしても、より高度な文化のもとでは、病人の血を抜き取ろうとするなら、そのために理論武装しなければならないのだ。

フェイクニュースも、必要とされたときに正当化の手段として猖獗する。[*30] 大統領選が行なわれた二〇一六年、フェイスブック上でもっとも広範に蔓延した一〇のフェイクニュースのうちの六つは、教皇によるトランプの支持やISISのリーダーによるヒラリーの支持などの、政治的なものであった。[*31] それに対して二〇一七年には、フェイクニュース上位一〇件のうちの二件のみが政治的なものであった(一つは「女性議員が精子の無駄な廃棄を禁じる〈射精法案〉を発表する」という滑稽なものだった)。[*32] さらに言えば、二〇一六年の大統領選に関するフェイクニュースの八〇パーセント以上はトランプ支持で、保守派のほうがソーシャルメディアでフェイクニュースを発信する割合が高かった。[*33] トランプ支持のフェイクニュースが多かったのは、オールドメディアではトランプ支持の記事が少なかったことによって説明される。彼を支持する大手紙は一つもなかった(ただしヒラリーを批判する記事はたくさんあった)。とはいえ、ここでフェイクニュースが発信される度合いは一般に誇張である点を強調しておこう。二〇一六年に大統領選が行なわれているあいだ、フェイスブックユーザーの一〇人に一人未満がフェイクニュースを発信したにすぎない。また、ツイッターユーザーのたった〇・一パーセントが、このメディアで投稿されたフェイクニュースの八〇パーセントを発信していた。[*34]

「ウィキリークス：ヒラリーが〈トランプを倒す〉ために六人の共和党議員を買収した」などの政治的なフェイクニュースは、政治に関する知識が乏しい人、つまり多くの有権者にはいかにももっともらしく聞こえるかもしれない。だが、たとえば「(福音派のリーダー) グラハムは、〈キリスト教徒はトランプを支持しなければならない。さもなければ死の収容所に送られる〉と言った」など、ほぼ誰が見てもばかげているように思えるフェイクニュースも多い。その点で、政治的なフェイクニュースは他のタイプのフェイクニュースとよく似ている。二〇一七年のナンバーワンヒットは「自分の膣に乳児を挿入したベビーシッターが病院に運ばれた」で、二〇一六年のナンバーツーは「宝くじに当たったあと上司の机の上で脱糞した女性が逮捕された」だった。[*35] 文化的進化の研究者アルバート・アチェルビが指摘するように、政治的か否かを問わずまったくあり得そうにないフェイクニュースが拡散する主たる理由は、何かの正当化に役立つからというより、ただ単におもしろいからだ。[*36] また、突拍子もない政治的なフェイクニュースは、自らの退路を断つための格好の手段になり (第12章参照)、まさにそれが過激であるがゆえに人びとの興味を引く。

どこから分断が生じるのか？

正当化を目的に発せられたと見なされる情報は、表面的にしか評価されなくなる。正当化は後づけのものであるがゆえに、私たちはそれを自分の信念や行動にほとんど、あるいは何の影響ももたらさないと見なすからである。そうであれば、そのような情報を知ったとしても、私たちは自分の見解を変えたり、あるいは強化したりすらしないはずだ。そもそも自分がすでに抱いている見解の強化は、それが弱まる場合と同様、変化である点に変わりはなく、そのためには同等の強力な証拠が必要とされる。にもかかわらず、正当化の積み重ねによって人びとの見解が強化され、世論の分断が進むという事態はよく見られる。ある実験では、被験者はある人の演説を二分間聞かされ、その人をどのくらい気に入ったかを尋ねられた。[*37] 実のところ演説者は実験協力者でもあり、実験者の要請で快く聞こえる、もしくは不快に聞こえる演説をした。その結果、演説を聞いたあと二分間待たされてから評価した被験者は、ただちに評価した被験者に比べより極端な回答をした。前者の被験者は待たされていた二分間、自分の直接的な考えに対する正当化を紡ぎ出し、そのため回答がより極端なものになったのである。[*38]

分断への同様な傾向は、討論でも見出される。アメリカの学生を対象に行なわれた次のような研究がある。被験者はまず、外交政策に対する自分の考えを尋ねられた。[*39] それから、一般に軍事介入に反対するハト派の被験者が小さなグループに集められ、外交政策について討論するよう求められた。討論が終わり彼らの姿勢を評価したところ、軍事介入に対する反対はより極端なものになっていた。似た見解を持つメンバーから構成されるグループでの議論の内容を調査した研究では、人びとを分断する主たる要因が、同じ側に立つメンバー間での議論の蓄積であることが判明している。[*40]

以上の結果からわかるように、私たちがすでに抱いている信念の正当化がつねに無力であるとは限らない。自分が持ち出したものであれ、自分に同意する他者が持ち出したものであれ、正当化は、当の信念を極端化する方向に作用するのだ。なぜか？

自分の見解や自分が同意する見解の正当化を評価する際、基準は甘くなる。そもそもその結論に同意しているからだ。しかしそのことは、正当化が必ずしも貧弱であることを意味するわけではない。自己の見解の正当化を評価するとき、あるいは自分と同意見の人びとが意見を正当化するのを聞いたとき、私たちはそこにすぐれた理由を見出す。そして少しでも見つかると、それをそのようなものとしてしかと認識する。たとえこの評価のプロセスが偏向したものであっても（私たちはたいてい、すでに抱いている自分の信念を裏づける何らかの証拠を見つけようとする）、すぐれた理由はすぐれた理由であり、それに従って自分の考えを調整することは理にかなう。たとえば、ある推論が正しいと確信している一人の数学者が何年もその証拠を求めていたとする。証拠が見つかれば、発見の過程が偏向していたとしても、この数学者はその推論に対する確信を深めるだろう（そもそも自分の推測を否定する証拠ではなく、裏づける証拠を探していたのだから）。

この数学者の事例では、分断は関係なく、確信度の高まりがあるだけだ。またその証拠は、推論の強化をもたらすのではなく、推論そのものを裏づける。そのような数学的推論とは異なり、日常の議論ははるかに正確性を欠く。つまり正確な結論を導くのではなく、一般的な方向を決めるのだ。たとえば死刑に反対する議論のほとんどは、「死刑はこのケースでは合法とは見なし得ない」などの個別の事例に関するものではなく、「死刑は国家によって承認された殺人なのだから、全面的に廃止するべきだ」などといった死刑一般に関するものになる。その種の議論を積み重ねることは、（この例では死刑に反対する）確信度の高まりのみならず世論の分断ももたらす。

分断は、自分がすでに抱いている見解の粗雑な正当化を受け入れる傾向が人間にあることによってではなく、人びとが自分の見解をめぐって（十分に）妥当な正当化に何度も接し、より強力で自信に満ちた見解を固めていくことで生じる。もちろん人びとが偏向した情報にアクセスし続ければ、結果は悲惨なものになりうる。

多くの批評家が、（少なくともアメリカにおいて）政治的な分断が激化しているという認識とソーシャルメディアの隆盛を結びつけてきた。この広く流布した見方によれば、ソーシャルメディアは個人の見解にあつらえられたニュースや見解を垂れ流している。というのも、私たちには政治的姿勢を共有する人びとに追随する傾向があり、どのユーザーにいかなるニュースを提供するかを個々のユーザーの嗜好に合わせて決定するアルゴリズムによって、いわゆるエコーチェンバーが形成されるからである。[*41] 法学者のキャス・サンスティーンは、『#リパブリック——インターネットは民主主義になにをもたすのか』と題する、この問題に関する一冊の本を書いているほどである。[*42]

ならば、自分の見解を熱心に正当化しようとする態度、ならびに正当化を強化するための情報を無限に提供するソーシャルメディアは、現代のアメリカ政治における最悪の問題の一つの原因をなしているのだろうか？[*43] 『ワイアード』誌のある記事のタイトルが示すように、「フィルターバブル［インターネットの検索アルゴリズムに組み込まれた、個々のユーザーの嗜好に合わない情報を遮断する機能］が民主主義を破壊しつつある」のだろうか？[*44] そのような状況に照らしてみると、フェイクニュースや、より一般的には党派的ニュースは、ここまで述べてきた後づけの正当化の無害な提供者どころか、私たちの政治システムに対する重大な脅威なのではないか？

私たち（というよりアメリカ人は）どの程度分断されているのか？

ソーシャルメディアに焚きつけられた分断という言説には、確かに一抹の真理が含まれているのかもしれない。だがそれは、不正確さとどんぶり勘定的な概算の層で覆われている。

第一に、分断の程度はたいがい誇張されている（本節は、もっともよく研究されているアメリカをおもな対象にしている）。政治学者のモリス・フィオリーナらが指摘するように、共和党支持者でも民主党支持者でもない無党派層は数十年間減少していない。それどころか二〇一七年には全人口の四二パーセントに達するなど、最近では増加している。[*45] 同様に、ほとんどのアメリカ人は自分自身を、保守でもリベラルでもなく中道と見なしており、その割合は過去四〇年間、ほとんど変わっていない。[*46] さらに言えば、共和党と民主党の政治家たちは妥協すべきだと大多数のアメリカ人は考えており、一貫してリベラルな、もしくは保守的な考えを持つ人びとの多くに関してもそのことは当てはまる。[*47] もう一点つけ加えておくと、ほとんどの争点に関しては、極端な見解を抱いている人は少数にすぎない。たとえば、世論調査では一〇パーセント強のみが、銃の所有は無制限であるべきだと、あるいは銃の所有は警官のみに認められるべきだ（これはアメリカでは極端な見方である）と両極端の返答をしているにすぎない。[*48]

「極端な偏り」のなさは、大多数のソーシャルメディアユーザーの振る舞いにも観察される。[*49] ツイッターでは、一パーセントのきわめて活動的なユーザーが、自分の政治的立場を支持するツイートばかりを発信し、分断説どおりの振る舞いを見せているにすぎない。その他の九九パーセントは、自分の情報環境がなるべく偏らないよう心掛けている。つまり彼らが発信するツイートの内容は、平均して受け取るツイートより政治的に穏当である。

分断が進んでいる印象があるのは、人びとが実際により極端な見解を抱くようになったからというより、いくつかの政治的争点をめぐって、自分を民主党支持か共和党支持かに一貫して位置づけるようになったことに由来する。[*50] そのような一貫した自己の位置づけは、部分的には、民主党支持者と共和党支持者が、主たる政治的争点に関していかなる姿勢を取っているのかを示す情報が手に入りやすくなったことの結果として生じたのである。[*51] 二〇〇〇年の時点では、アメリカ人のかろうじて半分が、政府の支出はどの程度であるべきかなどの一連の重要な政治的争点に関して、大統領候補のアル・ゴアが対立候補のジョージ・W・ブッシュより左寄りであることを理解していたにすぎない。しかし二〇一六年になると、アメリカ人の四分の三が、同じ争点に関してヒラリー・クリントンがドナルド・トランプより左寄りであることを理解していた。[*52] 分断が高じたと確実に言えるのは、感情面においてである。というのも、アメリカ人が自分を一貫して民主党支持か共和党支持かに位置づけるようになった結果、両者ともより激しく相手陣営を嫌うようになったからだ。[*53]

しかしソーシャルメディアが人びとをエコーチェンバーに閉じ込めているのなら、なぜイデオロギー的な分断がもっと見られないのか？　なぜなら、私たちはエコーチェンバーに閉じ込められているという見方は、分断の激化の反映であるよりも、神話に近いからだ。[*54] むしろソーシャルメディアは、多様な見方に接する機会を増やしてきたとも言える。そもそもフェイスブックユーザーは、オフラインでの活動と比べ、より多くの「友人」と恒常的に接しており、通常は話す機会のない人びとの見解をいつも目にしている。経済学者のマシュー・ゲンツコウとジェシー・シャピロの初期の研究によれば、「オンラインニュースの消費によるイデオロギー的分断の度合いはそれ自体でも低く、対面状況における分断に比べるとはるかに低い」[*55]。別の研究でも、「オフラインよりオンラインにおけるほうが、断片化が激しいという見方を支持する結果はまったく得られていない」という類似の結果が得られている。[*56] またさらに別の研究によれば、「政治的な姿勢に関係なくほとんどの人びとは、中道的な情報を(オンライン)メディアから引き出している」[*57]

アメリカ以外の国で行なわれた研究も、同じ結論に達している。ドイツとスペインでは、「ソーシャルメディアユーザーの多くは、イデオロギー的に多様なネットワークに組み込まれている」。イギリスでは、「成人のオンラインユーザーの八パーセントのみが、(…)エコーチェンバーに閉じ込められる危険性がある」[*58]。ソーシャルメディアユーザーは概して、従来的で中道的なニュースメディアを参照しており、極端な見解にさらされる場合には、左右双方の極端な政治的見解を受け取る傾向が見られる。

経済学者のハント・アルコットらは最近、大規模な実験を行なって政治的分断に対するフェイスブックの影響を検証している。[*59] 彼らはこの実験で、数千人のフェイスブックユーザーに一定の金額を支払って、一か月間アカウントの使用を中断させ、彼らとフェイスブックを使い続けた対照群のユーザーとの比較を行なった。その結果次のことがわかった。フェイスブックを使い続けた被験者は、より偏った態度を取るようにはならず、自分の好みの政党に所属する候補者を支持する度合いも高まらなかった。とはいえ、いくつかのイデオロギー的な尺度では、より一貫して共和党支持、もしくは民主党支持の立場を取るようになった。その一方で、フェイスブックの使用を中断した被験者は、「対立政党の見解に対する理解を高めてくれる」ニュースを知る機会が減り、政治に関する情報に疎くなった。別の研究では、フェイスブックの利用は脱分断化と相関することがわかった。つまり自分の見解とは異なる見方に接する機会が増えることで、従来の自分の姿勢を弱めるのだ。[*60] これらの実験結果は、いかなるものであれアメリカで起こっている分断が、若年層の成人に比べて、ソーシャルメディアのユーザーが少ない高齢者のあいだでより明瞭に見受けられるという観察事実とも一致する。[*61]

では、なぜもっとたくさんのエコーチェンバーや分断が生じないのか？ とどのつまり、疑いもなくインターネットは、いかに奇怪なものであれ自分が抱く見解を正当化する情報を好きなだけ見つけられる手頃な手段を私たちに提供してくれるのだから（地球平面説を擁護する議論をネット上でどれだけ見つけられるか、自分で検索してみればよい）。しかし自分の見解を正当化しようとする欲求は、私たちが持つたくさんの動機のうちの一つにすぎず、通常はそれが第一の目的になるわけでもない。私たちは周囲の世界に関する情報、つまり自分の話し相手のほとんどが関心を持ち信用できると考えるはずの情報をかき集めることに関心を持つ。自分の見解を正当化する情報を探しているときでも、たいていの人は「単純な正当化は、自分と考えを共有しない人には通用しない」ということを経験から知っているはずだ。[*62]

何をすべきか？

本章の提示する主たる提言は、読者にとってよい知らせになるのではないか。四体液説からフェイクニュースに至る数多くの誤った信念や邪悪な信念は、私たちが考えているほどには効果がないことを明らかにしてきたからだ。一般にその手の信念は行動を導く指針にはならず、どのみち実行しようとしている行動を正当化するものとして機能する。確かにこれはよい知らせだ。人びとはそう簡単には、愚かな行為やおぞましい行為に走るよう説得されないことを示しているのだから。しかし他方では悪い知らせにもなる。愚かな行為やおぞましい行為に走らないよう人びとを説得するのは容易ではないことも意味するからである。そもそも信念が行動に対し因果的な役割をほとんど担っていないのなら、信念を矯正したところで、その人の行動は大きくは変わらない。

体液という言葉など聞いたことさえない世界中の人びとが瀉血を実践していたという事実は、四体液説が西洋で早くから否定されていたとしても、瀉血の実践が放棄されることはなかったことを示している。医師がそれを擁護しなくなったのは、証拠によって瀉血には効果がないことが明らかになってからにすぎない。懐疑家が地元のユダヤ人をめぐるゴシップに疑義を抱いていたとしても、ユダヤ人が隣人を犠牲に供しているという醜いストーリーをでっち上げて略奪を働こうとする輩がいる限り、うわさは次々に出現するはずだ。権威による否定が効いたとすれば、その理由はそれが人びとを納得させたからではなく、あえて暴力を見逃すつもりはないことを示すシグナルとして機能したからであろう。群衆は十分に計算高い。たとえばキシナウでは、群衆は警官が発する、大量虐殺に介入しないことを示す微妙な兆候に注意を払っていた。[63]

同様にフェイクニュースや他の政治的欺瞞の否定は、私たちが望むほどには役に立たないだろう。本章の前半で紹介した研究が示すところによれば、自分の抱く見解のいくつかが間違っていると認識している人でさえ（その研究ではドナルド・トランプの虚偽の発言）、自分の嗜好（トランプへの投票）を変えなかった。正当化が求められるところでは、誰かがその需要を満たしてくれる。インターネットによって、誰もが嬉々としてフェイクニュースをむさぼることができるようになる以前は、フェイクニュースは一八世紀フランスのデマのように、現在とまったく同じパターンで特殊な新聞に見出すことができた。これまでのほとんどの時代を通じて、ニュースは純粋に煽情的なものであった。その種のカナール［フランスで発行されていた、新聞の先駆形態をなす定期刊行物］の記事を一つ紹介しよう。それによれば、「復讐の女神の頭、コウモリの翼、鱗に覆われた胴体、竜のような尾」を持つ怪物がチリで発見された。[64] しかし人びとが自分たちの偏見を表明したがっているときには、カナールは、復讐の女神の頭の代わりに、マリー・アントワネットの頭を持ち出すことで、革命を支持する群衆を喜ばせた。新聞がその役割を果たせなければ、口コミのうわさがその代わりになった。その場合個々のフェイクニュースが流布する範囲は限られたとしても、その量は増大した。たとえば、フランス革命のさなかに無数の農村で独立して出現した、貴族が穀物の供給を制限したというううわさが例としてあげられる。[65]

後づけの正当化として広がった信念の正体を暴くことは、果てしなく無益な仕事になりそうに思われるが、その努力は完全に無駄になるわけではない。人びとは自分の見解を正当化する情報を、その質に注意を払うことなく求める。しかし自分の見解や判断を正当化することが次第に困難になっていくと考えを改める人もいる。そのような状況でも筋金入りの信者は考えを改めないだろうが、少なくともそれほど強い信念を抱いていない人は改めることがある。そしてそこに希望の光を見出せる。

第14章　あさはかなグールー

キリスト教の神は全知全能の偏在する存在であり、欠陥の有無に関係なくあらゆるものごとを愛する。その他のキリスト教の信念は、教派によって変わる。三位一体説の信奉者の信じるところでは、神は唯一だが、父、子、聖霊の名において一つである。カトリック教徒は、聖餐のパンとワインがキリストの身体と血に変わる（聖変化する）と信じている。それに対してルター派によれば、聖餐のパンとワインは二重の本質を持ち、その物質的実体を保ったままキリストの身体と血に変わる（実体化する）。カルヴァン主義やメソジストなどのキリスト教の他の教派は、それをめぐってさらに別の見方を取っている。

科学者は、それらの見解と変わらないほど奇妙に思える概念を擁護することが多々ある。科学者は次のように教えてくれる。たった今自分はじっとしていると（あるいはノロノロ電車で移動していると）思っていても、実のところ私たちは、時速六〇〇マイル（地球の自転速度）＋六万七〇〇〇マイル（地球の公転速度）＋五一万四〇〇〇マイル（銀河系の中心を太陽系が周回する速度）＋一三〇万マイル（宇宙空間を銀河系が移動する速度）で動いている［一マイルはおよそ一・六キロメートル］。地球上の全生命は単細胞生物から進化した。構造プレート（私たちがその上に立っている重さ10^{21}キログラムの巨大な岩盤）は、つねに移動している。飛行機に乗っているときには、時間の経過はその速度のゆえに遅れるが、高度のゆえに速まる。量子重ね合わせからビッグバンに至るまで、他にも例はいくらでもあげられるが、ここで言いたいのは、「科学理論の多く、あるいはもしかするとそのほとんどは、それが確立されるまでは、提唱者以外の誰にとっても奇妙なものに思えたはずだ」という点である。*1

二〇世紀においてもっとも大きな影響力を持っていた知識人の何人かは、わかりにくい文章を書くことで知られている。一九九八年まで、もっとも難解な文章を書いた学者を選ぶ悪文家コンテストが毎年開かれていた。*2 最後に一等の栄誉に輝いたのは哲学者のジュディス・バトラーだったが、彼女はデリダ、クリステヴァ、ボードリヤールら、難解な文章で知られる、(かつて)流行の最先端を走っていた知識人の一人にすぎない。私のお気に入りはフランスの精神分析家ジャック・ラカンで、彼の文章に比べればポストモダン思想家の超難解な文章が明晰性の模範であるように思えてくる。彼の晩年の著作から任意の箇所を拾って、その難解さを紹介しよう。

端的に言えば、自然の特異性は一つでなく、ゆえに論理的プロセスが持ち出せるようなものではない。自分が何か、つまり名づけられることからそれ自身を識別する何かに興味を持っているという単なる事実から自分が除外するものと自然を呼ぶプロセスによって、自然はそれ自体が非自然の混合であると認める以外のいかなるリスクも冒さない。*3

非直観的な度合い

三位一体説からプレートテクトニクス、さらにはラカンの思想に至る、これらの多様なものの見方には、いかなる共通点があるのだろうか？　それらは、少なくともある程度の影響力を持っていたし、場合によっては文化的に広く受け入れられた。たとえば世界中で、およそ二四億人がキリスト教信仰を共有している。聖書の神への信仰は、（二〇一八年の時点で）アメリカ人の五六パーセントが受け入れている。[*4] 豊かな国に住む人びとのほとんどは、科学を大幅に信頼し、（懸念すべき例外はあるが）科学者が同意する理論の大多数を受け入れている。[*5] 明らかにラカンの業績は、それほど広く受け入れられてはいないだろうが、彼の権威は根深く、ラカン派には多くの著名な知識人がいた。彼の教えは、死後二〇年が経過しても、少なくともフランスでは依然として影響力を維持していた。私は心理学を専攻することに決めたとき、それについて知っておくべきだった。その後、ラカンの教えに苦心させられることになったからだ。もっと一般的に言えば、ポストモダン思想家は、二〇世紀のかなり長い期間にわたって欧米の知的世界の主役を演じ、今日でもその影響が残っている。かつてポストモダン思想家の一人であったブルーノ・ラトゥールは、今では次のように嘆いている。「博士課程全体が、〈事実は作り上げられたものである〉〈真実に至る自然で直接的で偏りのない経路などというものはない〉〈私たちはつねに言語に囚われている〉などといったことを、アメリカの優秀な学生に苦労して学ばせるよう運営されている[*6]」

それらの考えには人気があることのほかにも共通の特徴がある。直観に反する、もしくは無視するという特徴が。

概念には、程度はともかく直観的なものもあれば、非直観的なものもある。*7「人間」という概念について考えてみよう。ある存在を人間として分類すれば、「この存在は知覚能力を持つ」「信念を抱く」「欲求を持ち、それを満たすために障害を克服しようとする」「あるタイプの人びとを好み別のタイプの人びとを嫌う」「食べたり飲んだりする必要がある」「身体を持つ」「同じ人間である祖先を持つ」「やがて死ぬ」など、さまざまな推論が可能になる。このような推論は自然になされるので、「人間」という概念は直観的である。

直観にまったく訴えない概念もある。そのような概念は基本的に不可解なものになる。「名づけられることからそれ自身を識別する何か」というラカンの言い回しは、私がこれまで習得してきたいかなる概念とも呼応しない。だから、そこから何かを引き出すことは私には不可能だ。

他のタイプの直観に反する概念もある。*8 一例をあげよう。超自然的実体に関する洗練された概念など存在しないため、たとえそれが定義からして私たちの直観に反するものであったとしても、私たちは人間の概念に依拠してそれを説明しなければならない。たとえば幽霊は、壁を通り抜けることができる一種の人間であり、ゼウスは不死で稲妻を放つ能力を持つ一種の人間だ。あるいはキリスト教の神は、全知全能で遍在し、すべてを愛する一種の人間である。これらの概念はすべて、何らかのあり方で直観に反する。

宗教的な概念は直観に反するものが多いが、その程度は概念ごとに異なる。パスカル・ボイヤーによれば、世界中で見出される超自然的主体に関する概念の大多数は、直観に反する度合いが非常に低い。[*9]たとえばゼウスは、不死であるなど「人間」の概念の持つ前提のいくつかに反するのは確かだが、「感覚を介してものごとを知覚する」「信念を抱く」「欲求を持ち、それを満たすために障害を克服しようとする」「あるタイプの人びと（神々）を好み別のタイプの人びと（神々）を嫌う」など、ほとんどの想定に反しない。また幽霊は非物質的だが、それでも感覚を介してものごとを知覚する。

それとは対照的に、神学的理論に身を包んだキリスト教の神は、人間的な主体に関して私たちが持つあらゆる前提に反する。キリスト教の神は不死で非物質的であるのみならず、感覚を介してものごとを知覚することも、信念を形成することもない（すでにすべてを知っている）。さらには障害を克服する必要などなく（したいことは何でもできる）、人を選ぶこともない（すべての人間を愛する）。

神学的に厳密に定義されたキリスト教の神と同様、多くの科学的概念は直観にまったく反している。自分たちがものすごいスピードで宇宙空間を動いているという概念は、私たちが持つ、通常の動きの概念や動いているという感覚に反する。生物に対する単純な見方からすれば、子は親に似るのであり、微生物から人間が生じることは絶対にない。物理に対する素朴な感覚からすれば、明確な理由なくして巨大な岩があちこち動いたりはしない。

広く受け入れられるためには、直観に訴えない、もしくは反する概念は開かれた警戒メカニズムの厳しいチェックに直面しなければならない。自分に理解できない概念を受け入れる理由はないし、直観に反する概念を拒否する理由はある。私たちが妥当性チェックを行なうとき、単に既存の見方と直接的に対立する考えのみならず、もっと一般的に自分の直観に反する考えも否定しようとする。たとえば、あなたは木星にペンギンが生息しているかどうかなどと考えたことはないはずだが、数頭のペンギンが木星で発見されたと私が言えば、疑問に思うのではないか。というのも、木星には動物、とりわけ陸生動物は存在しないという直観を抱いているからだ。開かれた警戒メカニズムは、妥当性チェックを抑制し、既存の見方や直観に反する信念を受容する機能、すなわち論証と信用の機能も備えている。

不可解な考えや直観に反する概念の拡散において論証が重要な役割を担うとはまず考えられない。論証が成功するのは、その議論が直観に訴えるからである。これは、「ジョーはみんなに無礼を働く。だから彼は嫌な奴だ」などといった具合に、何らかの直観的な推論プロセスによって前提と結論が結びつけられねばならないことを意味する。繰り返し無礼を働く輩が嫌な奴であることは、誰もが理解できる。だが前提が不可解なものであれば、そこからまともな議論を展開することはできない。おそらくラカンが「端的に言えば、自然の特異性は一つでない」と、議論することなしに断定した理由はそこにあるのだろう。[*10]

論証は直観に反する宗教的概念や科学的概念を拡大するのに必須の役割を果たしているが、そのことは、それらの概念を十分に理解している神学者や科学者の小グループの内部に限って当てはまる。その範囲を超えると、キリスト教の神の全能性をめぐる神学的弁護や、相対性理論の科学的証明を適切に評価できるほど有能かつ熱心な人はほとんどいない。たとえば自然選択による進化という理論を受け入れているアメリカの学生も、ほとんどがその原理を正確に理解していない。[*11]

貴重なあさはかさ

論証によっては不可解な信念や直観に反する信念が広く受け入れられている事実を説明できないのなら、それを説明できるのは信用ではないだろうか。信用は二つの主要な形態をとる。誰かがものごとをよりよく知っているという信用（第5章参照）と、誰かが私たちの利害を念頭に置いているという信用（第6章参照）の二つである。一つの問題をめぐって私たちが自分の考えを真に改めるにあたっては前者の信用が必須になる。つまりその問題に関して他者のほうが自分よりよく知っていることを認め、その人のすぐれた見解に従う必要があるということだ。

ここまであげたいくつかの事例からすると、人は一個人の見解（ラカン）や本（聖書）や専門的な集団（牧師、科学者）を過剰に尊重することで、不可解な見方や直観に反する見方を受け入れることが多い。開かれた警戒という観点から言えば、直観に反する見方の受容は、とりわけ大きな問題を孕む。思うに、私たちの認知システムを阻害する、直観に反する見方を受け入れることは、非常に危険である。というのも、他者が自分の思考様式を操作することを可能にするからだ。たとえば、キリスト教の神の本質を備えた主体が存在しうると信じることは、より一般的なレベルで人間に関する推論を行なう能力を損なう可能性がある。人間とは何かに関する私たちの想定はきわめて堅実なものだが、その基盤が損なわれれば不都合な事態が生じないはずはない。

いくつかの実験が示すところでは、実のところ直観に反する概念は、私たちが持つ直観的な思考様式にそれほど大きな影響を与えない。心理学者のジャスティン・バレットが示すところによれば、宗教の領域では、多くのキリスト教徒は特定の形態の「神学的な正しさ」を遵守しているものの、その神学的に正しい信念は、神に対する彼らの考えにはほとんど影響を及ぼしていない。[*12] バレットがインタビューしたキリスト教徒は、神の教義的な特徴を記述することができた（「神は全能で遍在する」など）。[*13] しかし神に祈りを捧げるときには、神を「白髪の男性老人のような存在」だと、「それは正しくない」と知りつつ見なした。[*14] さらには、おぼれる子どもを救うべく神が手を差し伸べたというストーリーを自分なりに語るよう求められると、多くのキリスト教徒は神の行動を順番に描写した。つまり祈りに応答し終えてから子どもに注意を向け、その力を行使したと語ったのである。[*15] だが、全知全能の存在が、他のことに手を取られたり、気を散らされたりするはずはない。[*16]

この結果は、キリスト教徒が神学的な教義をもとに推論していないということを意味するのではない。その証拠に、神は遍在するか、あるいは神はこの部屋にも隣の部屋にも存在するかと尋ねられると、彼らは「イエス」と答える。それでもバレットの研究の結果は、直観に反する見方の受容が浅いことを示している。そのような見方に同意し、求められればそれをもとに推論することはできても、直観的な思考様式はその影響を受けないのだ。それどころか、バレットの被験者が神の注意力が限定されていると暗黙のうちに見なしたように、直観的な思考様式は直観に反する概念をどう扱うかに反映される。

同じ論理は科学的概念にも当てはまる。心理学者のマイケル・マックロスキーらは、系統的に学生の「直観物理学」を調査した最初の研究グループの一つである。彼の研究は、学生たちが教室で学んだ知識に頼らずに、いかに単純な物理の問題に直観的に答えるかを調査している。[*17] アメリカのエリート大学の学生（彼らのほとんどは物理に関連する何らかの講座を取っていた）を対象に行なわれたある実験でマックロスキーらは、**図4**に示されているような問題をいくつか学生に与えた。

多くの学生は「ボールは曲線を描き続ける」と答え、「ボールはまっすぐ転がる」という正解を出したのは半分未満の学生にすぎなかった。この結果は、学校で学んだ慣性の概念を学生の半数以上が実地に適用できなかったことを意味する。ちなみに慣性の法則によれば、物体は外的な力が加わらない限り、一定の速度で直線移動する。この慣性の概念は直観に反する。たとえば経験に従えば、外的な力を加えなければ、物体は勝手に動きを止めるように見える（壁に当たらずともボールはやがて停止する）。慣性の概念の非直観的な性質は、学生が抱いている物体に関する直観によってそれがいとも簡単に取って代わられることを意味する。これは残念な事実であるように思えるかもしれないが、大局的な観点からすれば、直観に反する科学的概念が認知に対して限定的な影響しか及ぼさないことに感謝すべきであろう。「私たちは複雑なカーブを描きながら猛然と宇宙空間を移動している」という考えを脳がまともに処理したら、

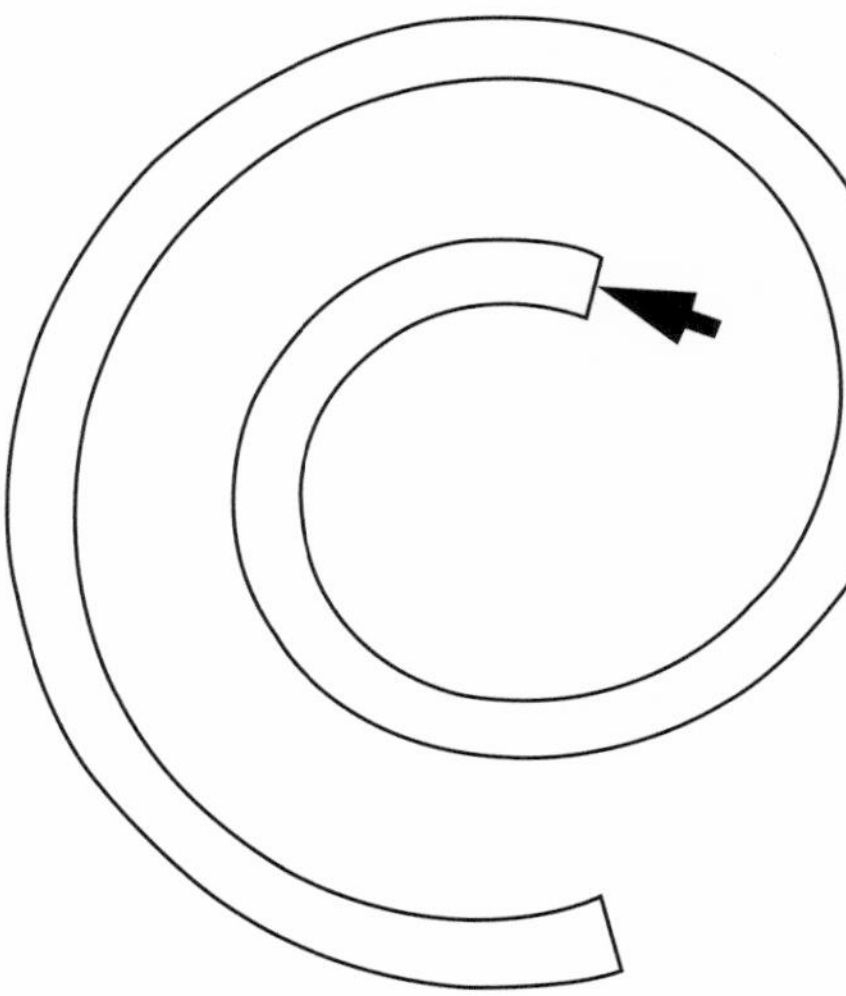

図4：矢印の位置で発射されたボールは、チューブから飛び出したあとどのような軌跡を描くだろうか？（McCloskey, Caramazza, & Green, 1980, p. 1139より）

私たちはつねに乗り物酔いに苦しまなくてはならないだろう。[18]

そう考えると、直観に反する見方は、たとえ確信されていたとしても、対立する直観システムの機能に影響をまったく及ぼさないか、及ぼしても非常に限定的なものにならざるを得ない。直観に反する見方は、不可解な見方と同様のあり方で処理される。それはつねに直観と対立するように理論的には思えるが、実際には単純に無視される。前章までに検討した誤った概念の多くと同様、直観に反する見方は反省的なものに留まり、他の認知機能からは切り離されているのだ。

カリスマ的な権威?

直観に反する見方が認知的に浅くしかとらえられないという事実は、開かれた警戒メカニズムが受ける影響が限定されることを意味する。つまりそのような見方を受け入れても、直観的な認知メカニズムに影響が及ぶ場合と比べて、はるかに危険度が低い。しかしこの認知的な浅さは、直観と衝突することもある種々の奇妙な信念を人びとが受け入れてしまう理由を説明しない。人びとは、権威者を実際以上に有能と見なし過剰に尊重する傾向がある(持てる知識を過小評価されがちな科学者は除く)。

この過剰な尊重に関してよくある説明は、尊重される人物のカリスマ性である。カリスマ的な人物の態度、声、所作は、並外れて人の心を魅了し、「この人は信頼できる」という印象すら与える。人類学者のクロード・レヴィ＝ストロースはラカン派ではないが、「ラカンの身体的所作、言葉、動きから聴衆に対する権威や影響力が発露していた」と述べている。[19] ラカンにへつらうフランス語版のウィキペディア記事には、「彼の議論のスタイルは、フランス語に消しようのない影響を与えた」とさえ書かれている。[*20]

宗教的概念や科学的概念の流布という点になると、カリスマ性は主たる要因たり得ない。現代のキリスト教徒で実際にイエス・キリストに会ったことがある人などいない。また私は、当然ながらガリレオに会ったことなどないが、慣性という概念を受け入れている。私の考えでは、特定の人物がより信頼される理由を個人のカリスマ性によって説明することはできない。ここで私は、特定の個人が実際より有能であると見なされ、聴衆に過剰に敬われるようになる三つのメカニズムを検討する。これら三つのメカニズムが結びつくことで、不可解な信念や直観に反する信念が流布すると私は考えている。

評判の信用貸し

私たちが特定の人物を実際より有能であると、ときに認識する理由を理解するにあたっては、「人びとが他者を評価するときに用いる手がかりは何か？」という問いに立ち戻る必要がある。私たちが依拠している主たる手がかりの一つは、その人の実績である。つねにコンピューターの故障を修理することができる人は、ＩＴに通じていると見なされ、私たちはコンピューターの故障の修理をめぐってその人の助言を信用する。過去の実績には、行動ばかりでなく言葉によるものも含まれる。貴重な情報を提供してくれる人は有能と見なされるのだ。では、私たちは何が貴重な情報かをどうやって判断しているのか？

多くの場合、私たちはある情報が貴重か否かを事後に判断する。「友人の助言はコンピューターの修理に役立っただろうか？」などといった具合に。また、特定の情報と情報源を、それが実際に貴重であることが判明する前に潜在的に貴重と見なすこともある。評判の信用貸しとも言えよう。ある情報が貴重と見なされるためには、その情報はもっともらしくかつ有用でなければならない[*21]。たとえば脅威に関する情報は、潜在的に非常に有用なものでなければならない。そうであればコストの大幅な削減に役立つはずだからだ。パスカル・ボイヤーと心理学者のノラ・パレンは一連の実験を行なって、脅威に関する情報を伝えると、他のタイプの情報を伝えた場合と比べ、伝えた人がより有能であると見なされることを示した[*22]。

メッセージが実際に有用であるか否かが定かになる前にそれを発した人を信用貸しで有能と見なすことは、おおむねうまくいくが、そうでない場合もある。たとえば脅威に関する情報の有用性を過剰に見積もり、実際に自分がその脅威にさらされる機会がほとんどなかったとしても自分に関連のある重大事と見なしてしまうことがある。ボイヤーとパレンの実験では、被験者はいくつかのストーリーを聞かされた。その一つに、アマゾン地方をハイキングしているときにヒルに遭遇する危険について語るものがあった。被験者のほとんどは、そのような状況には直面したことがなかったはずだ。つまりこの情報は被験者にとってそれほど有用でなく、そもそもそれが正確な情報なのかどうかさえ被験者には判断がつかなかった。実際そのような状況は、脅威に関する情報にともなう一般的なアポリアだと言える。というのも、その脅威を真剣にとらえれば、私たちはその状況を回避すべきことになり、よってそれがほんとうに脅威なのかを知る機会が決して得られないからである。たとえば「危険、高電圧」という標識が正確かどうかは、私には決してわからない。脅威に関する情報を拡散する人を有能と見なすことは、第10章で論じたように、デマ（それには脅威に関するものが多い）が広がる主たる理由の一つである。

真剣に検討されずに有用と見なされうる情報は、脅威に関する情報だけではない。正当化に関するものもその一つである。誰もがどのみちしたいと思っている行動の正当化を提供してくれる人は、より有能だと見なされることがある。この評判の信用貸しは、その行動に真剣に疑義が呈されることがなく、内容が検証される機会がなければ、無限に続きうる。

他者に能力を帰属させることにおけるこれらの問題は、ほとんどのケースでは些細なものにすぎない。私たちは、ある外国料理の危険について警告する友人を、実際より少しばかり有能と見なすかもしれないが、その友人の能力をもっと正確に評価するための他のさまざまな手段を持っている。真の問題は、専門家、すなわち個人的な面識はないものの特定の領域で自分に訴えかけてくる人が関わると生じる。

今日では、脅威に関する情報ばかりを扱うニュースソースがいくつかある。典型例として、陰謀論者アレックス・ジョーンズが運営する、インフォウォーズ［ニュースウェブサイト］、ラジオ番組、ユーチューブチャンネルなどから成るメディアネットワークがあげられる。インフォウォーズのトップページに掲載されているストーリーのほとんどは脅威に関するものである。そのなかには「人類に襲いかかる中国の致命的な豚ウイルス」「自殺的な殺人任務を遂行するパイロット」などといった非常にばく然とした脅威に関するストーリーもあるが[*23]、「イスラム諸国からの移民がフィンランドにおけるほとんどの性犯罪を引き起こしている」「トルコが世界規模の聖戦を宣言した」「ヨーロッパがイスラム諸国からの移民を受け入れることは自殺行為である」などといった的を絞ったストーリーも多い[*24]。ジョージ・ソロスとハンガリー政府の争いなどの直接脅威に関係しない記事にも、バラク・オバマ（!）、リチャード・ブランソン（?!）、ジェフ・ベゾス（??!!）らの強力な共産主義者の危険に対する警告を発する動画が加えられている[*25]。

おそらくジョーンズの読者や視聴者でフィンランドに住む人や、病気の中国産のブタを飼っている人はほとんどいないだろう。したがって、それらの脅威が現実に生じているのかどうかを知る読者はほとんどおらず、ジョーンズは、一連の警告によって獲得してきた評判の信用貸しを維持し続けることができるのだ。さらに彼は、読者や視聴者に有能であると見なされていることを利用して、たとえば高価ながら効き目のない栄養サプリメント（「生存用シールドX－2：新しいヨウ素」のような、読者に脅威を感じさせるような名称がつけられている）や、緊急時の非常食（一年分!）から放射フィルターに至るさまざまな「非常時のための」製品を売りつけることができる[*26]。

次に正当化について考えてみよう。ガレノスの事例にも、それと同様な傾向を見て取ることができる。この古代ローマの医師は、瀉血という比較的直観に訴える実践を正当化するために複雑な理論体系を構築した。そうすることで彼は、有能と見なされるようになった（ガレノスを有能と見なすもっと妥当な理由があることをつけ加えておく）。その結果、医師たちは瀉血というもっとも直観的な形態の医療を離れてもガレノスの助言に耳を傾けるようになった。たとえば彼は、通常考えられているよりはるかに広い範囲の疾病に対して瀉血を奨励した。[27] また脾臓疾患の治療のために左手の親指の静脈を切り開くなど、静脈の切開をめぐって非常に特異な見方を持っていた。ちなみにほとんどの文化のもとでは、瀉血は、たとえば頭痛の場合にはこめかみなど、患部に近い箇所に実施された。[28] とりわけ抽出する血液の量という点でガレノスの影響は大きかった。私が読んだ人類学や歴史の本によれば、たいていの時代と場所で、瀉血によって抜かれる血液の量はごくわずかにすぎなかった。ところがガレノスは、患者が気絶するまで二リットルの血を抜いたと誇らしげに語っている。[29] ガレノスの推奨は、直接的か間接的かを問わず、膨大な数の死者をもたらした可能性がある。それには、死ぬ前に二・五リットルの血を抜いたジョージ・ワシントンも含まれる。[30]

より包括的なレベルで、宗教的な信条に影響を及ぼす類似のメカニズム、すなわち正当化を求めることで種々の奇妙な信念を生み出すメカニズムがある。認知科学者のニコラス・ボーマードらによれば、世界の偉大な宗教の教えの多くは、少なくとも妥当な環境のもとに置かれた人びとにとって直観的に受け入れやすい。[31] 彼らのモデルに従えば、物質環境がもたらす直接的な脅威が弱まってくると、人びとは「中庸と自制を強調し、過剰な貪欲や野心を抑える」[、] それまでとは異なる道徳的規範を求め始める。[32] そして、人間の道徳性に注意を払う神（々）と宇宙的な正義を吹き込まれた世界を持ち出し、それらの新たな道徳的規範を宗教的に正当化するリーダーが出現する。この変化は、ゼウスのような神的な存在がいかなる超越的な道徳性も示さない、それまでの宗教的な世界観からの目覚ましい飛躍だと言える。変化しつつある道徳的な直観に見合った宗教的信条をはっきりと表現するリーダーは、人びとから尊敬される。人びとから尊敬されることの効果の一つは、異論はあろうが、それ以外の考え、つまりより知的に一貫したシステムを構築しようとする宗教の専門家の営為を通して生まれた考えを広げやすくすることだ。そうした考えは必ずしも直観的である必要はないし、多くの人びとにとって正当化としての利用価値がなければならないということもない。一例をあげよう。ほとんどのキリスト教徒は、イエスが誕生する前に生きていたために洗礼や聖餐などのサクラメントによって救われなかった人びとの魂に何が起こったのかについて、深く考えたりはしない。しかし神学者はそれについて考察し、公式な教義にしなければならない。たとえばカトリックでは、そのような人びとはキリストの再臨まで「父祖の辺獄」に留置される。[*33] より重要な点を指摘すると、キリスト教の全知全能の神に関する神学的に正しい概念は、さまざまな教義を調整しようとする、神学者たちの長年の努力の末に築き上げられたものである。[*34]

この説明に従えば、世界の宗教が持つ信条をおおむね二種類の信念に分類することができる。一つは多くの人びとが直観的に納得できるタイプの信念である。その一例として、生前によいことをすれば死後報われ、悪いことをすれば罰せられるという信念があげられる。もう一つは、教義に一貫性を持たせようとする神学者の試みにのみ関係する信念である。キリスト教以外の世界の宗教にも、両方の要素を見出すことができる。興味深いことに、前者のタイプの信念が世界のいかなる宗教でも似通っているのに対し、後者のタイプの信念は実に多様だ。一例をあげよう。仏教では、功徳という概念が重要な役割を果たしている。それによれば、よい行ないをする人は次の人生で幸運が訪れる。しかしそれと同時に、人間や神々に対する仏陀の正確な地位、あるいは輪廻などといった、有用な正当化の役割をほとんど果たさず、キリスト教には見られないタイプの直観に反する考えもある。

科学の受容

自分がまず直面することのない脅威について警告する人や、決して検証し得ない正当化を紡ぎ出す人を信頼して評判を信用貸しようとすることは、直観に反する科学的理論の広範な受け入れを説明できない。そもそも科学的理論のほぼすべては、直観に反する。だから科学者は、大衆受けする理論に乗じて、人びとにそれ以外の理論をも鵜呑みにさせることなどできない。

率直に言えば、かくも多くの人びとが、直観に反する科学的理論を受け入れる理由は、私にはよくわからない。直観に反する科学的理論は受け入れられるべきではないと言いたいのではなく、正否にかかわらずその種の直観に反する考えが広く受け入れられていることが、表面上不思議に思えるという点を指摘したいのである。人びとが科学的信念を受け入れるのは反省的なあり方によってのみであり、他の認知的なメカニズムが関与することはほとんどないとしても、それにもかかわらずなぜ私たちはそのような信念を受け入れるのか？　とりわけ新発見ということになると、科学者の主張を正しく理解できる人は非常に少ない。一握りの専門家のみが新発見の内容を理解し、それまでの理論に照らして解釈することができる。また成果を出した研究チームを知っているのは専門家に限られる。それ以外の人びとは、不正確な手がかりに頼らねばならない。当該分野の専門家グループと縁遠ければ縁遠いほど、得られる手がかりもそれだけ粗くなるのだ。

あるものごとがどの程度科学的であるかを知るために、人びとはさまざまな手がかりを用いる。一つは数学化の度合いである。つまり数学が使われていれば、その業績はすぐれた科学と見なされやすい。心理学者のキムモ・エリクソンが行なった実験では、大学院の学位を持つ被験者に社会科学の業績を評価させた。その際、被験者の半分は数学記号を含む論文概要を読まされた。[*35] 実のところ概要の内容はまったくのナンセンスだったのだが、数学記号が含まれているだけで被験者の下す評価は大幅に上がった。もう一つの大まかな手がかりとして、自然科学との親和性があげられる。心理学者のディーナ・ワイスバーグらは、よく知られた心理的現象に関する説明の評価を被験者に求めた。[*36] 説明のなかには故意に循環論法を取るものもあったが、その貧弱な説明に、関与している脳領域に関する無意味な情報が加えられていた。この無意味な神経科学のデータの追加によって、被験者は貧弱な説明をあまり批判しなくなった。ただし真の専門家は、数学による偽装や無意味な神経科学データに騙されたりはしないので安心されたい。

もっと大雑把な手がかりとしてあげられるのは、大学の名声である。ハーバード大学で行なわれた研究と、ビズマーク州立大学［ノースダコタ州にある公立大学］で行なわれた研究について報告するジャーナリストは、後者より前者の成果を強調する可能性が高い。[*37] 大学の名声の効果は、科学に対する敬意のもっとも劇的な例証になったミルグラムの服従実験にも見て取れる。

ミルグラムの一連の実験を説明する標準的なストーリーは、アメリカ人の被験者の三分の二が、命令を与えられればほとんど死に至るまで他者に電気ショックを加えようとすることを示したというものだ。[*38] 彼が行なった一連の実験の結果は、ハンナ・アーレントが第二次世界大戦中に多数のドイツ人が示した行動の調査から引き出した結論を支持するものとしてとらえられてきた。この「特定の状況下では、ごく普通の品行方正な人びとが犯罪者になることがある」という結論は、「人は権威者が発したいかなる命令にも従う」ことを示唆する。[39] しかしこのストーリーは、二つの点で大幅に修正されねばならない。

第一に、三分の二という数値は誇張である。その数値は、特定のバージョンの実験から得られたものにすぎない。多少の変更を施した他のバージョンの実験では、命令に従う被験者の割合は低下している。[40] より重要なことに、被験者のほぼ半数が、実験それ自体の現実性に疑義を呈している。[41] そのような疑義を表明しなかった、すなわち自分が生徒に電気ショックを加えているとほんとうに考えていたと見られる被験者は、命令に従わないケースがはるかに多く、最高電圧を加えた被験者は四分の一にすぎなかった。[42]

第二に、ミルグラムの実験は、怒鳴り散らしながら命令を発する人物ではなく科学に対して被験者が敬意を表すことを示したにすぎない。彼の実験では、ほとんどが中流階級出身の被験者が、名高いイェール大学に招待されて白衣を着た科学者に歓迎され、実験の科学的根拠について得々と説明されたのだ。被験者が実験者の要求に従ったのは、研究には科学的な目的があると信じていた場合に限られる。[43] それに対して「他に選択肢はありません。実験を続けなさい」のような直截な命令は逆効果になり、被験者が反抗し実験の続行を拒否する事態を生む場合が多かった。[44] イェール大学ではなく市中の普通のオフィスで行なうなど、科学的な威光を際立たせるいくつかの手がかりを実験から取り除くと、被験者が命令に従う割合は低下した。[45]

ミルグラムの実験は、大雑把な手がかりに過度に依存して科学的な価値を評価するのは危険であることを示している。他にも例はたくさんある。創造論からホメオパシーに至るエセ科学は、博士号や、別のことで大学から授与された称号を振りかざすことで、さまざまな資格を自分に都合よく利用する。[*46] それでも大雑把な手がかりは、通常はポジティブな役割を果たす。とどのつまり、それらは理にかなった傾向を反映している。数学は大幅な科学の改善をもたらし、自然科学は社会科学よりはるかに大きな進歩を見てきた。博士号などの大学から授与される資格を持つ人は、専門分野に関してはたいてい一般人より多くの知識を持っている。

グールー効果

ジャック・ラカンはその種の大雑把な手がかりを用いて自分の地位を築き上げた。彼は適切な資格や経歴を持ち、数学記号を盛んに用いた。[*47] それでも彼の講義録《セミナール》をまともに読み通せる人がどれだけいるのか、はなはだ疑問である。また読み通した人は、彼の考えの深さに感銘を受けるより、難解さに仰天するのではないか。かくも不明瞭な文章に、なぜそれほど敬意が払われているのだろうか？

文章がわかりにくくなればなるほど、それだけ理解しようとする読み手の努力が必要になる。その結果、他のあらゆる条件が等しければ、不明瞭さはその文章を読み手にとって自己関連性の薄いものにする。[*48] 一例をあげよう。「エアバッグが膨張するような衝撃が生じたとき、エアバッグの膨張装置は、過度の内的圧力が生じるような様態で作動する。その結果、膨張装置の金属製のケーシングが破裂して、金属片がエアバッグを突き抜け車内に飛び出してくる可能性がある」という文章は、「エアバッグが爆発して、その破片で乗っている人が死ぬかもしれない」と書けばよい（そう、これは実例であゆえではなく、あいまいであるにもかかわらず拡散する。そのコンテンツを広げる簡単な方法がない場合、あいまいさのる)。[*49] 一般に、難解なコンテンツは、

だがラカンや彼と同類項の知識人が成功を収めたという事実は、人びとが無意味な言説を解読するために多量のエネルギーを費やすようになるほどまで、あいまいさが役に立つ場合があることを示唆する。ダン・スペルベルの主張によれば、例外的な状況のもとでは、あいまいさは「導師効果《グールー》」によって力になりうる。[*50]

一九三二年のラカンについて考えてみよう。彼は最高の学校に通い、著名な精神分析医の指導を受け、彼の有名な博士論文は精神医学、精神分析学、哲学の学識に満ちていた。そして精神病は必ずしも障害ではなく、独自のあり方で理解されるべき通常とは異なる思考様式にすぎないという考えを提起した。[*51] 彼のこの提言は、真偽は別としても理解や議論が可能で、しかも興味深い。ラカンはパリの知識人サークルで名をなし、おおむね正当と認められる理由によって心の問題に関する専門家と見なされるようになった。

ラカンはかくして得た地位を維持するために、心に関する斬新な理論を提案し続けなければならなくなる。しかし、(私の経験から言っても) それは簡単なことではない。だが幸いにも、それには抜け道がある。ますます彼は、すでに時代精神の一部になりつつあったあいまいな概念を用いるようになった。一九三八年に彼が行なった提言を抜粋すると、「最初の症例 (患者) は、忘れていたもののほぼ純粋な喚起を通じてオイディプス的なエピソードが説明されるや否や、症状が解消することを示している」。[*52] この提言を理解するためには、少しばかりの努力と精神分析学の専門用語に関するある

程度の知識が必要だが、まったく理解不可能なものではない。この提言は大雑把に言えば、「自分の母親に対して性的欲望を持っていたことを思い出すことができれば、患者の症状は解消する」となる（この結論は間違っているのかもしれないが、それはまた別の話である）。

ラカンの業績は、彼が精神分析学の複雑な理論をマスターしていることを示し、その難解な文章を解読することには価値があることを示唆する。ラカンの信奉者は彼を専門家としてとらえているので、師匠の発言を理解することに、ますますエネルギーと想像力を注ぎ込むようになっていった。この段階に至ると、彼が提起する概念のあいまいさは力と化し、ラカン派の学者たちに無数の方法で師匠の考えを解釈して元来意図されていた以上の概念をそこに読み込む余地を与えるようになった。彼の批判者が指摘するように、「ラカンの文章は、年が経つにつれますます不可解になっていった。（…）壊れた構文で単語をつなぎ合わせるようになったのだ。そしてそれは師匠の文章の弟子たちによる解釈の基盤になった[*53]」

努力が報われることを示す兆候がまったくなく、一部の熱烈な信奉者によってラカンが擁護されていたにすぎないのなら、ラカンの名声が絶頂を極めるようになる以前に、多くの学者たちが彼を理解しようとする努力をあきらめていたはずだ。しかしラカン派は、その名の通り派閥を形成していたのであり、他のメンバーの成果に自分の解釈の正しさの承認を見出そうとしていた。レヴィ＝ストロースがラカンの講義を聴講したときに述べたように、「私は、話を理解しているらしき聴衆の真只中にいた[*54]」

ひとたび師匠の言葉が、必ずや隠された深遠なる真理を開示すると広く見なされるようになると、いかなる形態であれそれを認めないことは、知的欠陥と見なされるか（「師匠の文章は明確な意味を求めるあなたには深遠すぎるのだ」）、悪くすると裏切りと見なされ追放の憂き目に会う。グールーは自分の言説の明晰性を主張することで掛け金を上げる。たとえば、「単純な言葉で言えば、これは言説の宇宙では無がすべてを含むことを意味するにすぎない」などと述べるのだ。[*55] この手の言い回しがそれほど単純なら、それを理解できない人はまさに愚か者だということになろう。だからラカン信奉者は、「ラカンは彼自身が述べているように明晰な書き手なのだ」と主張する。[*56] かくして内輪のメンバーは、王様が裸であることを認められず、ラカンのあいまいな言説には深遠なる真理が秘められているという幻想を保ち続けるのだ。

事態をさらに悪くすることに、弟子たちに資格が与えられ、次世代の識者と大学教授が生み出される。それによって師匠の影響力がはなはだしく拡大し、外部者は「かくも賢い人たちの集まりが、どうして決定的に道を誤るのだろう」と思うようになる。繰り返すと、あいまいさはラカンに有利に働いている。彼の理論が簡単に理解できるものだったら、外部者はそれに対して独自の見解を築くことができる。ところが、あいまいさが彼の業績を批評家の辛辣な目から守り、批評家たちは、彼の理論を理解できると思しきラカン派の学者に解釈を委ねるか、ラカン理論をまるごと否定して、自分には高度な理論を正しく評価できるだけの知性が備わっていないかのように見えてしまう危険を冒すかのいずれかをとらざるを得なくなる。

何をすべきか？

一般に人びとは、誰がもっとものごとをよく知っているかを見極めることに長けている。しかしそれには例外がある。本章では、人が不当に誰かを尊重して不可解な信念を刷り込まれ、直観に反する見方を擁護し、場合によっては無抵抗な人に激しい電気ショック（と自分が思っているもの）を加えさえするようになる三つのメカニズムを取り上げた。ここで私は、これら三つのメカニズムがもたらす効果を緩和するのに役立つ方法を提起したい。

最初に取り上げたメカニズムは、（アレックス・ジョーンズの陰惨な警告のような）有用に思えるが、適切にチェックされることが決してない言説を吐く人を有能と見なすこと、すなわち評判の信用貸しに依拠する。少なくとも理論的には、それに対する解決方法は、評判の信用貸しをしなければよいという比較的単純なものになる。例として脅威を取り上げよう。もちろん私たちは、さまざまな警告を発する人びとに注意を向け、彼らの言うことを念頭に置いても構わないが、脅威の現実性に関してより多くの情報が集まるまでは彼らの発言を過剰に尊重すべきではない。正当化に関しても同じことが言える。自分の見解を正当化する言説をつねに高らかに唱えてくれる、わけ知り顔の輩はたいてい見つかるだろう。この正当化が適切に評価されるのなら（自分の見解に反対する友人と議論するときに持ち出すなど）、何の問題もない。だが何の検証もなされなければ、私たちは疑わしい情報を鵜呑みにするばかりでなく、わけ知り顔の輩が提起する誇張された見解を取り込む結果になるだろう。

誰かを不当に尊重するようになる第二のあり方は、受け取った情報がどの程度科学的なのかを評価するために大雑把な手がかりを用い、実際以上に科学的な根拠に基づいていると見なしてしまうことである。すでに述べたように、ここに魔法は存在しない。新たな科学的な発見を徹底的に評価できるだけの能力を持っているのは、たいてい一握りの専門家のみであり、それ以外の大多数の人びとは、多かれ少なかれ大雑把な手がかりに依拠するしかない。それでも私たちは、なるべくより洗練された手がかりを用いるよう努力することができる。哲学者のアルヴィン・ゴールドマンは、科学的な主張を評価するために一般の人びとが利用できるいくつかの手がかりを紹介している。それには、その主張が専門家のあいだでどの程度合意を得ているのか、あるいはその主張を擁護している科学者がそれをめぐって何らかの利害を有していないかなどが含まれる。*57 とりわけ、はなばなしい最新の発見には警戒し、多くの独立した研究に支えられている見解に基づいて考えるようにすべきだろう。医学の分野では、非営利団体コクランが系統的なレビューを行なっており、この機関が提起する結論は、「コーヒー、ワイン、ブルーベリー、昆布茶ががんから私たちを守ってくれる（あるいはがんを引き起こす）」などといった最新ニュースよりはるかに信用できる。とはいえ私たちは、大雑把な手がかりを無視するべきではない。そのせいで怪しげな情報が拡散することがあるのは確かだが、それでも他に手段が思いつかずに科学を全面的に否定するよりはマシであろう。

最後に残った問題は、「あいまいな主張を繰り返すことで自分の考えの空虚さを隠そうとするグルーにどう対処すればよいのか？」である。二〇世紀中盤以後に怒涛の如く登場しある種の聖域を形成していた、ラカンを始めとするポストモダン思想家たちは、すでにこの世にはいないとしても、グルーは依然として繁栄を謳歌している。たとえばジョーダン・ピーターソンは、一つは保守的な考えの直観的な擁護のゆえに大きな人気を博するようになった心理学者だが、彼の業績にはそれとは別の奇怪な側面を見て取れる。次の文章は、彼の著書『意味の地図（*Maps of Meaning*）』から抜粋したものである。

未来の恒常的な超越は、歴史的に確立されてきたあらゆる既存のシステムの絶対的な充足性を破壊し、進化のヒーローによって定義された道が救いに至る一つの恒常的な経路になることを保証する。[*58]

末期的なラカン信者のレベルには達していないのかもしれないが、私にはこの文章が（文脈に照らしてさえ）何を意味しているのかがまるでわからない。ピーターソンと同程度に人気のあるディーパック・チョプラは、「顕現のメカニクス：展開する処々の可能性の等置を可能にすることに焦点を絞った意図や分離」「光の存在としての私たちは、局所的時間と非局所的時間に制約される、無時間的な現実性であり可能性である」などといった、さっぱりわけのわからないツイートで知られている。[*59]幸いにもグルーを見つけ出すのは比較的簡単だ。少なくともグルーの地位を得るために彼らが利用している業績は、科学界では相手にされていない。数学に大幅に依存する科学を除けば（あるいはそうであってもと言う人もいるだろう）、どんな考えも、教養があり注意深い読者なら十分に理解しうる程度に明晰に語ることができるはずだ。少し努力して読んだあとでも、文脈に照らしてさえ難解な言葉のつぎはぎ細工のようにしか見えなかったとしたら、その文章は事実その手の代物にすぎないのである。

　明晰に語ることはますます重要になりつつある。大勢の人びとがグールーを崇めたがる理由の一つは、フランスにおけるラカン派のメンバーの態度が示すように、グールーの存在が自分をより知識が豊富で有能であるかのように見せてくれるからであろう。このプロセスは必ずしも意識的なものではないが、グールーの持つ知的能力や知恵の深さを信奉者たちが声高に喧伝することが多いという事実は、そのプロセスが純粋に個人の啓蒙に基づくものではないことを示唆する。そのような知的能力や知恵に挑戦することで、私たちは信奉者からグールーを崇めることの、またグールーから信奉者を獲得することの恩恵をはく奪することができる。

第15章　憤懣やるかたないわけ知り顔の輩と巧妙な詐欺師

経済学者のポール・シーブライトは二〇〇四年に刊行された著書『殺人ザルはいかにして経済に目覚めたか？――ヒトの進化からみた経済学』［邦訳は二〇一四年］で、血縁関係のない、あるいは現代では一度も会ったことのない見知らぬ人びとを信用するという点で人間がいかに奇妙な存在かを指摘している。比較的最近になるまで、協力関係を結ぶ人びとのほとんどは、自分がよく知る人でもあった。そして、その人と行なってきた一連のやり取りの記録に基づいて、パートナーとしての価値を値踏みすることができた。[*1] そのような状況は現代では変わってしまった。現代では、ニュースはジャーナリストが、物理的な世界に関する知識は科学者が、道徳的指針は宗教指導者や哲学者が提供する。しかも、私たちがそれらの専門家たちと直接会う機会は少ない。また初めて会う外科医に手術をまかせ、個人的にほとんど知らない教師に子どもの教育を委ね、会ったこともないパイロットが操縦する飛行機に乗って大洋を横切る。その種の目新しい状況のもとで、私たちはいかにして誰を信用すべきかを判断しているのか？

本章では、見当違いの人物を信用するに至る二つの状況について考察する。一つは、誰かが本人にはコストがかからない争いで、あなたやあなたが属するグループに忠誠を表明し味方になる場合に生じる。もう一つは、たとえば職業や人種などの大雑把な手がかりを用いて誰が信用できるかを判断するときに生じる。どちらのメカニズムも過剰な信用を生む。私は、二〇ユーロを騙し取ったくだんのニセ医師を信用すべきではなかった。とはいえ私たちは、信用すべきでないものを信じて間違うより、信用すべきものを信じずに間違うことのほうが多い。

特定の陣営に肩入れする

今日私たちが日常直面している問題は進化的な観点からすれば新奇なものであり、私たち人類は、現在とはまったく異なった環境のもとで協力関係の形成を導くよう進化した認知メカニズムにいまだに依存している。このメカニズムで重要になるのは、パートナーが自分の味方になることだ。自分と他者のあいだで争いが生じたときには、「第三者たるあの人はどちらの側につくのだろうか？」という疑問が浮かぶ。私たちはそのような瞬間を人間関係における決定的なできごとと見なす。従業員は、顧客と言い争いになったときに初めて、上司がほんとうに自分を支援してくれるかどうかがわかる。自分と友人のあいだでいさかいが起こったときにどう振る舞うかを観察することで、自分の恋人の献身度を測ることができる。同僚がどの程度自分に味方してくれるのかは、職場であつれきが生じたときにわかる。

それらの瞬間が内実をあらわにするのは、誰かの味方をすることにはコストがかかるからだ。あなたがある人の味方をしなければ、その人はあなたにはねつけられた見なし、あなたをパートナーとしてふさわしくない人物と考えるようになるだろう。この論理は、できるだけ大勢の人びとを挑発しようとするのではなく、特定の個人やグループに敵対するという点を除けば、自らの退路を断つ戦略とよく似ている。どちらのケースでも、特定の個人やグループと提携しようとする意図を示すシグナルの信頼性が、それ以外の個人やグループとの提携の機会を失うというコストを甘受することで高められる。

誰もが互いを知っている小さな共同体では、事実このシグナルは信頼度を高める。あなたは敵に回した人びとと協力し合うこともできたはずだから、コストは掛け値なしのものだ。実のところ、被るコストが高ければ高いほど、そのシグナルはそれだけ信用される。たとえば学校では、あなたが目立たない泣き虫の生徒とけんかをしたとすると、他の生徒はあなたに加担するのに大きなコストを支払う必要がない。それに対し、いじめっ子とけんかしているあなたに加担する生徒は、相応のコストを支払わねばならない。だからその生徒の献身は、がぜん意味を帯びてくるのだ。

現代の環境下では、コストを支払わずに誰かに加担することは簡単である。バーで仲間と一杯やっていたとき、友人が隣のテーブルで飲んでいた人たちと口論になったとしよう。そのとき友人の肩を持つことには基本的にコストがかからない。彼らといつの日かもう一度口論する可能性は低いからだ。したがって友人の肩を持つその行為は、二人の友情の度合いを測る基準としては弱い。最低限のコストしか払わずに誰かの肩を持っているように見せかける戦略は、ソーシャルメディアの利用者やわけ知り顔の輩によって、あるいはニュースチャンネルによってさえ広く用いられている。

アメリカにおける好例として、ケーブルニュースネットワークがあげられる。長年、アメリカのニュースネットワークは党派的でなく、一部の視聴者に敵視されるようになることを恐れてか、特定の政党の肩を持つことはめったになかった。創設時のフォックスニュースチャンネルとMSNBCは（それぞれ右と左に）わずかに偏ってはいたものの、たいていの論点では同じ見通しに基づいていた。しかし時の経過とともに、世論の分断に乗じて視聴率を稼ぐようになるにつれ、両者とも次第に戦略を変えていった。[*2] 誰をも喜ばせる代わりに、フォックスニュースチャンネルは保守的な共和党支持者を、MSNBCはリベラルの民主党支持者を対象にするようになったのだ。両局とも偏向の度合いを強め、おのおのの視聴者がどちらの陣営に肩入れしているかがはっきりとわかるようになった。しかし両局、ならびにその番組司会者たちは特定の陣営への肩入れによってコストを払うことにはなったが、それによって得られる恩恵に比べればそのコストは小さかった。つまり一方の陣営に肩入れすることで他方の陣営を支持する視聴者を失うというコストは、それによって得られる利益によって十二分に埋め合わされたのである。その意味において、両局（および同じ戦略を採用する他の多くの局）は視聴者の認知メカニズムを乗っ取ったと言える。つまりケーブルニュースネットワークは、視聴者が自分の考えとは反対の見解をとる政党を支持する人びとと文化的闘争を行なっていると見なす状況のもとで、一方の陣営に肩入れしたということだ。しかし彼らは視聴者の喪失という点において小さなコストしか払っておらず、よって彼らのスタンスは真の献身を反映していない。

事態をさらに悪くすることに、視聴者を獲得するために特定の陣営に肩入れする戦術は、自分たちの（想定する）敵の力や、敵の存在そのものに関する誤解を広げる結果につながる。すでに述べたように、特定の陣営に肩入れする行為を通じて示される献身の度合いは、それにかかるコスト、そして特に相手陣営の力に依存する。したがって特定の陣営に肩入れして、その陣営に属するメンバーの信頼を得ようとする人は、相手陣営を途轍もなく強力な存在として描くことで恩恵を得ることができる。フォックスニュースは、リベラルがメディア、政治的議論、大学を支配していると、またMSNBCは、保守派がほとんどの政治的ポスト、大企業、資金協力者をコントロールしていると主張する。それらの主張には比較的正しいものとそうでないものがあるが、いずれの主張も、両陣営のもっとも強力なグループの目論見をも挫く、拮抗し互いに相殺し合うさまざまな力があることを過小に見積もっている。それでも相手陣営に対するその種の描写は、確かに熱心な視聴者を引きつけることができる。というのも相手陣営の力に関する情報は、自分に強く関連すると見なされるからだ。それと同時に、現代における政治経済的環境の複雑さは、はるかに単純な協力関係を処理するために進化した認知メカニズムによっていとも簡単に無視される。

特定の陣営に肩入れする戦略には、そもそも肩入れすべき陣営が存在していなければならないという大前提がある。家族のメンバーや隣人や同僚と些細なけんかをしても、ケーブルニュースチャンネルで取り上げられたりはしない。取り上げられるためには、できるだけ多くの人びとが、すなわち自陣営にはより多くの視聴者を引きつけられるだけの、また相手陣営には強力に見えるだけの人数が争いに関与している必要がある。ケーブルニュースネットワークの番組司会者のような、特定の陣営に肩入れして視聴者を獲得しようとする人びとは、世界の様相を分断し二極化したものとして描くことで恩恵が得られる。

第13章で見たように、アメリカの市民は言われているほどイデオロギー的に二極化しているわけではない。とはいえ、そう見られていることは確かだ。いくつかの研究によれば、「人びとは、大衆が実際よりも党派的に大きく分断していると誤認しやすい」。[*3] たとえば自由貿易に対する民主党支持者と共和党支持者の見方は、後者のほうがわずかに肯定的だとはいえ、どちらも中道にきわめて近く、驚くほど似通っている。それにもかかわらず、民主党支持者は反自由貿易主義者と（平均するとそうではない）、共和党支持者は強い自由貿易推進者と（平均するとそうではない）見なされている。この間違った認識は、ニュースメディアによって駆り立てられている。[*4] ニュースメディアとは国によってはテレビに相当するが、分断をめぐる過剰な認識を駆り立てている最大の要因は、オンラインメディアの過度の消費である。これはよく理解できる。テレビ番組は相手陣営を頭のおかしい過激論者として描くことができるが、ソーシャルメディアでは、誰もがそのような過激論者の言動を目の当たりにし、しかもそのような人びとが実のところ少数者にすぎないことを忘れがちになる。ソーシャルメディアは分断を激化させるのではなく、世の中が分断しているという印象を植えつけるのである。より正確に言えば、ソーシャルメディアは自己の見解を強化するようユーザーを駆り立てるのではなく、世の中が分断しているという認識を強化することで互いに相手陣営を嫌悪するよう仕向け、感情的な対立を煽っているのだ。[*5]

広範な影響力を持つメディアが特定の陣営に肩入れすると、相手陣営を実際以上に強力な存在であると見なして、もともとなかった対立を勝手に生み出し、歪んだ政治的見解を育むよう視聴者や読者を動機づける。この戦略が成功すると、さらなる認識の歪みが生み出される。

強力な敵との闘争で自陣営に肩入れしていると見なされたメディアは、自分たちの利害を念頭に置いてくれていると見なされ、その陣営から信用を勝ち取ることができる。さらに言えば、自陣営が抱く見解を支持する情報を提供してくれるメディアは、（前章で論じたように）有能と見なされるようになる。少なくともいくつかのケースでは、この戦略はうまく機能する。一例をあげると、共和党支持者はフォックスニュースを、（トランプ政権になってから事態は変わってきたが）元来おおむね中立的な立場をとるネットワークであったCNNより信用できると考えている。[*6]

この信用の肥大は、少なくとも周縁領域においてデマの伝播を可能にする。政治的に偏ったケーブルニュースネットワークは、より中立的なネットワークより虚偽のニュースを報道することが多い。[*7] もちろん、虚偽のニュースのすべてが信じられているわけではない。しかしその試みは、それらのネットワークが、自局が疑義を差しはさまれることはないと仮定していることを示している。より重要なことに、自陣営に属すると見なす人びとを相手陣営に属すると見なす人びとより信用するという非対称性は、正確な情報の伝播を阻害する。私たちは自分が信用する人びとによっては疑われず、自分を疑う人びとを信用しない。そしてそれによって、自分の知識が歪曲する可能性がある。

一連の巧妙な研究によって、政治的な見解や知識に対するフォックスニュースチャンネルの影響が調査されている。これらの研究は、フォックスニュースチャンネルが、アメリカの町ごとに、地元のケーブル放送企業との契約の関係でいくぶん異なったあり方で導入されていることに依拠している。そのため研究者たちは、さまざまな側面へのフォックスニュースの効果を調査し、その結果を大規模なランダム化比較試験が行なわれたかのごとく扱うことができたのだ。それによって、フォックスニュースチャンネルは住民の政治的見解に対して影響力を持っており、フォックスニュースを視聴できる町では、住民が共和党支持にやや傾いていることがわかった。[*8] 政治的知識についてはどうか？フォックスニュースは住民の政治的知識を選択的に強化していた。[*9] つまりフォックスニュースを視聴できる町では、（特に意外ではないが）住民はフォックスが扱う事項に関してはより豊富な知識を持ち、フォックスが詳しく扱わない事項に関してはよく知らないという傾向が見られた。フォックスは、共和党がおおむね同意している事項をおもに扱っている。その結果、フォックスニュースの視聴は、共和党の政策が視聴者の見解に沿うという印象を与え、共和党支持を強化するよう導くのだ。[*10] この事例は、たとえ用いた情報が完全には公正でバランスのとれたものでなかったとしても、「メディアは政治的なできごとの結果に影響を及ぼすことができるが、それはおもに重要な政治的事項に関する候補者（政党）の姿勢を伝えることによってである」とする、アンドリュー・ゲルマンとゲイリー・キングの主張を裏づける。[*11]

メディアには、有権者の党派的思考様式を乗っ取ることで政治的党派争いの場に転じる危険がある一方、それを相殺する力が存在する点も忘れてはならない。自陣営に肩入れしているように見えるメディア番組の司会者は、往々にして自分の役には立たないことを認識しておくべきだ。彼らはせいぜい、自分の見解を正当化する情報を与えてくれるにすぎない。しかし自分にとって真に有用なものであるためには、与えられた情報は堅実でなければならないが、その是非は論争でその情報を使ってみなければわからない。簡単に論破されるような議論を用いて自分の見解を正当化しようとすれば、社会的なコストを払わされる破目になるだろう。政治的に極端な見方をとる人びとを対象とするメディアを除けば、たいていのメディアは、いくつかの側面で多少の偏向はあったとしても、おおむね正しい情報を提供しようとする動機を持っている。[12] さらに言えば、自分が挑戦されたときの反応はつねに反発であるとは限らない。あなたがパートナーとけんかしているときに、友人がパートナーに味方したとすると、あなたはその友人に腹を立てるだろう。しかしその友人が、あなたが間違っていることを正しく指摘してくれた場合、（少し時間がかかったとしても）そのような認識が得られたことに対して、それまで以上にその友人を尊重するようになるだろう。私たちの脳は党派的に思考するよう配線されている。しかしそれと同時に、正しい信念を形成したり重視したりし、愚か者と見なされることを回避するべく配線されてもいるのである。

見知らぬ人びと同士の信用

ソーシャルメディアやニュースチャンネルに関して言えば、ネットやテレビを毎日見ている私たちは、少なくとも情報提供者としてのそれらの価値を推し量る機会を持てる。では、たった今出会ったばかりの見知らぬ人についてはどうか？　彼らがあなたの利害を念頭に置いているか否かをどうやって知ることができるのか？　初めて出会った人びとに関しては、過去の振る舞いがまったくわからないため、私たちは彼らの性格や所属するグループや置かれている状況を知るにあたって大雑把な手がかりに頼らざるを得ない。これらの手がかりには、ごく一般的な特徴（「彼は信用できそうか？」）から非常に特定的な特徴（「彼女はたった今私に好意的に振る舞っているだろうか？」）に至るまで、広い範囲にわたる。

一般的な特徴の例としては、信仰心があげられる。特定の文化のもとでは、信仰心の厚い人は特に信用できると見なされる。[*13] その結果、特定の宗教団体に所属していることを示すバッジを身に着けている人は、宗教的信仰を持たない人にさえ、より信用できると見なされる。[*14] それに対し、特定の関係性のもとでのみ、その人が信用できることを示す手がかりがある。それに関して、自分の所属する大学の学生と他大学の学生のどちらが自分に対し寛大で信用が置けると思うかを尋ねる、一連の実験が行なわれている。被験者は自分の大学の学生を信用すると答える場合が多かったが、その学生が被験者も同じ大学の学生であると知っていることが被験者にわかっている場合に限られた。つまり被験者は、自分の大学の学生がより寛大であると原則的に考えていたのではなく、大学への帰属意識を共有する学生に対してのみ、そう考える傾向が見られたのだ。[*15]

このように人びとは、信仰心から大学への帰属意識に至るまで、さまざまな手がかりに基づいて誰が信用できるかを判断する。しかし、それらの手がかりが信用度の高さを示すのはいかにしてか？信心深く見えることや地元の大学に通っていることがその人の信用度を高めるのなら、誰もが都合のよいときにその種の手がかりをちらつかせないのはなぜか？　それらの手がかりが信用度を大まかに示すものとしてとらえられているのは、実際に送り手の献身の度合いを示すシグナルとしてそれが機能しているからであり、また、私たちには誰が何に献身しているのかを追跡する傾向があるからだ。宗教信者の服装をしていながら信者のように振る舞わない人は、同じように振る舞っても信者であることを示すいかなるしるしも身につけていない人より厳しく評価されるだろう。宗教的なしるしの極端な使用の例として、現代のブラジルにおけるギャング組織の慣行があげられる。ギャングメンバーだった者が教会に入り、その証拠を示す動画をソーシャルメディアに投稿すれば組織から抜けられるのだ。しかしこのシグナルは安価ではない。というのも転向者は、他のギャング団のメンバーに、襲われることこそないものの行動を監視されるからだ。つまり転向の証拠を投稿して何とか殺されずに済んだ若者も、ライバルのギャング団のメンバーによって「何か月も監視され、きちんと教会に通っているか、また、かつて属していたギャング団のリーダーに会っていないかをチェックされる」のである。[*16]

一般には、私たちは実際の自分とは異なる人物を装う人を嫌うことが多い。たとえば私は、白衣に身を包み「ドクター・メルシエ」という名札をつけて病院内を歩き回っていたとしよう。そのニセ医師《ドクター》の私が、「私が持っている博士号《ドクター》は認知科学に関するものだ」と患者に明かせば、その患者は苛立つはずだ。裕福な実業家のような身なりをし、それらしく振る舞う建設作業員は、他の作業員とも裕福な実業家ともうまくやっていけないだろう。

しかし、実際の自分とは異なる人物を装ってうまく立ち回れる人もいる。ペテン師《コンマン》はその好例だ。[*17] 映画『スティング』(米・一九七三年)では、ロバート・レッドフォードとポール・ニューマンが演じる主人公たちは、自分が住む世界を、自分が属したくない、あるいは属することのできない一般市民の世界と対立するペテン師《グリフター》の世界と呼ぶ。(映画で二人のペテン師がするように)大きなイカサマを仕掛けるためには、まず標的の信頼を勝ち取らねばならない。[*18] そのために二人のペテン師は、標的と仲良くし、少しばかり儲けさせ、そのあいだにイカサマであることが簡単にはわからないようにして巧妙な仕掛けをお膳立てする。この映画では、とある一室を借り、場外馬券売場に似せて改装し、大勢の俳優を雇って馬券を買うギャンブラーのふりをさせた。その手のイカサマに引っ掛かる人がいても不思議はなかろう。

それに対して、小さなペテンではペテン師と標的の接触は最低限に抑えられる。コンマンと最初に呼ばれた人物は、一八五〇年頃にニューヨークとフィラデルフィアで活動していたサミュエル・トンプソンという名の男であった。[*19] 彼は標的のそばににじり寄ってきて、昔の知人であるふりをし、昨今の人びとは互いを信用しなくなってしまったと嘆いてみせた。そして標的に、「その証拠に、あなたも私を信用していないはずだから、その腕時計を貸してはくれないだろう」と言った。そう言われた標的のなかには、彼のその考えが間違っていることを示そうとして、あるいは自分では忘れているものかつて知人であったと思しき人を怒らせたくなくて、腕時計をトンプソンに渡す人がいたのだ。もちろん彼らは、トンプソンも腕時計も二度と目にすることがなかった。

トンプソンは自分の「上品な態度」（大雑把な手がかり）に基づいて、被害者に圧力をかけていた。被害者は彼を全面的に信用したわけではなかったとしても、自分と同じような社会的立場にある人をあからさまに疑ってかかることで面倒な状況が起こるのを恐れたのである。[*20] 私から二〇ユーロを巻き上げたくだんのニセ医師もこの手口を使っていた。そのような状況においてペテン師の自己紹介を鵜呑みにすると、起こるべきことが起こる。その人物がペテン師ではなくほんとうの医師だったら、彼を信用して二〇ユーロを貸すことは妥当だったはずだ。その可能性を無視して、誰かの面前で「あなたはペテン師だ！」といきなり叫べば、社会的に具合の悪い立場に置かれうる。

ソーシャル・エンジニアリング［相手を騙してパスワードを教えさせるなど、悪質な方法で個人の秘密情報を入手すること」でも同様の手口が用いられる。というのも、コンピューターシステムそれ自体をハッキングするより、普通はユーザーから情報を盗み出すほうが簡単だからである。ハッカーでソーシャルエンジニアのケヴィン・ミトニックは著書『欺術《ぎじゅつ》――史上最強のハッカーが明かす禁断の技法』で、従業員から貴重な情報を盗み出す方法について述べている。一例をあげよう。ソーシャルエンジニアは従業員を電話で呼び出し、旅行代理店のセールスマンを装う。そして旅行プランを適当にでっち上げて、そのプランを予約したはずだと言う。[*21] それからソーシャルエンジニアは、どこで間違いが生じたのかを突き止めるために従業員番号を教えるよう求める。そして、その情報を用いてこの従業員になりすます。ここでも、騙された従業員は大雑把な手がかりに基づいて判断している。電話をかけてきた人物は、ほんとうの旅行代理店のセールスマンのように聞こえるのだ。

コンマンとソーシャルエンジニアの事例は、大雑把な手がかりに基づいて見知らぬ人を信用することが、相手に簡単につけ込まれる愚かな判断であることを示している。だが実のところ、人を騙すのは見かけほど簡単ではない。そもそも、うまくいった詐欺の手口はたいてい広く知られている。合計すると六人が、盗みの罪状でトンプソンを正式に訴えている。これは大きな数字ではないし、彼が何度詐欺を試みて失敗したのかはわからない。[*22] いずれにせよ彼は、「首尾の悪い盗人で洗練されていない詐欺師であった」らしい。[*23]

皮肉にも、もっとも悪質な部類に入る詐欺、ナイジェリア詐欺（ナイジェリアの手紙）は実際には詐欺がいかにむずかしいかを示唆している。[*24] 数年前私たちは、すばらしいチャンスがあると記されたEメールを受け取ることがよくあった。巨額の資産を持つ誰か（たいていはナイジェリア出身者）が、巨額にアクセスするために必要な少額を送金してくれれば、その一部を提供するという内容だった。少額の投資が一〇〇倍になって戻ってくるというのだ。そのばかげた文面を読めば、人はどれだけ騙されやすいのかと思わざるを得ない。そんなホラ話を信じて、ときに数千ドルを失う人がいるのはいったいどういうことか？[*25] コンピューター科学者のコーマック・ハーレイは、鋭い分析を行なってこの考えを逆転させた。内容のばからしさそのものが、大多数の人びとが実のところ騙されにくいことを示していると論じたのである。[*26]

ハーレイの分析は、ほとんどのメッセージがナイジェリアに言及している理由を考えることから始める。この詐欺はすぐにナイジェリアと結びつけてとらえられるようになり、「Nigeria」と検索エンジンにタイプするだけで「scam」が入力補完の上位に躍り出るようになった。ならばなぜ、同じ国ナイジェリアを使い続けたのか？ また国名は置くとしても、内容の信頼性を保証しようとする試みは明らかにほとんど見られなかった。Eメールの送り手が、巨額の資産のかなりの部分を分けてくれる王子だなどというのは、普通はあり得ない。なぜ送り手は、わざわざどう見ても疑わしい文面にしたのか？ ハーレイによれば、何百万ものメッセージを一斉に送っても実質的にコストがかからないのに対し、受け取った何百万ものレスポンスに対応するには時間と労力がかかる。そもそも、詐欺メールを見てすぐに送金してくる人などまずいないはずだ。だから標的はゆっくりと釣り上げる必要がある。そのような努力が報いられるのは、十分な数の標的を釣り上げることができたときに限られる。グーグルで検索して、真偽を確かめようとする人やナイジェリア中央銀行の警告を目にする人は、詐欺師にとっては一本釣りの対象にふさわしくない。そのような人びとを最初から除外するために、詐欺師たちはわざとばかげた内容の詐欺メールを送るという戦略を取り、労力を削減するためにもっとも情報に疎い人びとに的を絞って一本釣りを仕掛けているのである。皮肉にも、この詐欺がばかげているように思えたとすると、そうであるのは人びとが騙されやすいからではなく、おおむね騙されやすくはないからだ。もし人びとが騙されやすいのなら、詐欺師たちは、もっとまことしやかなメッセージを用いて、獲物を一網打尽にしようするだろう。

非合理な信用の効果

ときに騙されることはあっても、大雑把な手がかりに基づいて見知らぬ人を信用することには利点がある。そもそも、さもないと見知らぬ人は誰も信用できなくなるだろう。経済学者や政治学者はさまざまな経済ゲームを考案して、単純で定型化されたやり取りのなかで被験者が合理的に振る舞うかどうかを検証してきた。その一つに信用ゲームがある。このゲームでは、一人のプレイヤー（投資家）が最初に所定の資金を受け取り、もう一人のプレイヤー（受託者）にいくら投資するかを決める。投資額は数倍（通常は三倍）にされ、受託者は投資家にいくら返済するかを決める。公正な方法で二人の利益を最大化するためには、投資者は全額を投資し、受託者は数倍にされた額の半分を返済すればよい。しかし、ひとたび投資家が受託者に投資してしまうと、受託者による利益の独占を妨げる手段は何もない。普通に考えれば、それを知る受託者は何も返済しないはずだ。要するに、合理的な選択は何も返済しないことである。さらに言えば、受託者から投資家へのメッセージは、何の効果もないおしゃべりだと見なすべきだろう。というのも、あとで利益の半分を戻してもらう約束を投資家が取りつけたとしても、その約束を守るよう受託者を強制する外的圧力は存在しないからだ。

ところが多くの実験が示すところでは、投資家は最初に与えられた資金のかなりの部分を受託者に渡し、受託者は得られた利益の一部を返済することが多い。[*27] また約束は機能する。投資家に何かを言う機会が与えられた受託者は、しばしば返済の約束をする。すると投資家は受託者に資金を渡す可能性が、また受託者は投資家に利益の一部を返済する可能性が高まる。[*28] 約束をしたという単純な事実があるだけで互いの信用度が高まり、よって（ある意味で非合理的とは言え）よりよい結果が得られるのだ。信用ゲームの場合、ある程度の信頼を生み、約束を信用に足るものにするには、「受託者と投資家はおおむね似たような人物である」という大雑把な手がかりが与えられれば十分である。だからと言って、人は無条件に他者を信用するのではない。その手の安価な約束は、掛け金が上がれば効果が減退する。[*29]

社会科学者の山岸俊男は、短期的な合理性に照らせば信用すべきでないときでさえ、信用すればある種の恩恵が得られることを論じ、情報の取得という観点から見た場合の、信用することとしないことのあいだにある根本的な非対称性を指摘している。[*30] 誰かを信用することにした場合には、たいていはその信用が妥当だったのかどうかをあとで知ることができる。たとえば新たなクラスメートが「あした返すからきみのノートを借りたい」と言ってきたとすると、彼が約束を守るかどうかはノートを貸しさえすればわかる。それに対し、誰かを最初から信用していない場合には、その人が信用できるかどうかは決してわからない。友人があなたの知らない異性を紹介し、その人とデートしてみるようアドバイスしたとしよう。あなたは、そのアドバイスに従わない限り、それが堅実かどうかを知ることができない。

もちろん、最初から信用していなくても他者の言葉の信用度を推し量れるような状況はある。たとえば、株式投資に関するアドバイスの正否は、それに従わなくても単に株価の変動を追っていればそのうちわかる。とはいえ一般的に言えば、信用しないより信用したほうが多くのことを学べる。信用は他のスキルと変わらない。実践すればするほどそれだけ上達するのだ。

信用することとしないことのあいだにはこのような非対称性があるゆえに、私たちは信用すればするほど、それだけ多くの情報を手にすることができる。誰が信用できるのかがよくわかるようになるだけでなく、その経験に基づいて、どのような状況のもとでいかなるタイプの人が信用できるのかを見極められるようになる。山岸らは一連の実験を行なって、もっとも他者を信用しようとする被験者が、同時に（信用ゲームに似たゲームで）誰を信用すべきかを見極めるのにもっとも長けていることを見出した。[*31] 同様に、他者を信用しようとしない人は、本物とフィッシング詐欺をうまく見分けられないことが多い。[*32]

私の母方の祖父母は、山岸の考えを裏づける格好の例になるだろう。二人は、いかにも騙されやすそうに見える。もはや若くもなく（何しろこれを書いている現在、九〇代前半に差し掛かっている）、恐ろしく寛大で、友人や隣人（あるいは私の妻や私）が何かを必要としていると、つねにそこにいる。子どもたちに次から次へとお菓子を出し心のこもったハグをする私の祖母ほど、祖母らしい祖母はあまりいないだろう。だが、私の祖父母はとても鋭い判断力を持ち、誰を信用すべきかを巧妙に判断している。二人が騙されてとんでもない代物をつかまされるところなど見たことがない。また二人の友人たちは皆、全面的に信用が置ける。初めて出会った人は、大きなリスクを負わないようにしつつとりあえず信用することで、誰が信用できるのかに関する豊富な知識を蓄積していき、友人としてもっとも信用できる人を選べるようになったのである。

疑念があっても誰かを信用することで必要な情報が得られるという利点があるにもかかわらず、開かれた警戒メカニズムの一般的な論理によれば、承認の誤り（信用すべきでないときに信用する）より不作為の誤り（信用すべきときに信用しない）を犯すことのほうが多い。これは直観に反するように思えるかもしれないが、サンプリングバイアス［標本のサンプリングにあたって一部のメンバーが不当に高い、もしくは低い確率で収集されるバイアス］には注意しなければならない。つまり私たちは、自分が誰かを信用せずにあとで信用すべきだったと悟る（たとえば友人のアドバイスを無視して良きパートナーと出会う機会を失う）より、誰かを信用し、あとで信用すべきではなかったと認識する（友人のアドバイスに従ってとんでもないデートをする破目になる）ほうがはるかに多い。だが、大雑把な手がかりを用いることの主たる問題は、信用すべきでない人を信用する（上品なビジネスマンの格好をしているコンマンを信用する）ことではなく、信用すべき人を信用しない（肌の色、衣服、アクセントを理由に実際には信用できる人を信用しない）ことにある。

経済ゲームを用いた実験はこの予測を裏づける。経済学者のチャイム・ファーシュトマンとウリ・ニーズィーは、イスラエルに住むユダヤ人の被験者に信用ゲームをさせている。[*33] 被験者にはアシュケナージ系のユダヤ人（多くは欧米の出身者）と東方ユダヤ人（多くはアフリカかアジアの出身者）がおり、概して言えば前者の被験者は社会的地位が高く、したがって後者の被験者より信用できると見なされることが予測された。そして実際に、二人はそのような結果を見出した。信用ゲームでは、男性の投資家は後者より前者に多額を投資したのである。ただしアシュケナージ系ユダヤ人の受託者と東方ユダヤ人の受託者は類似の額を投資家に返済しており、前者と比べて後者のほうが他者を信用しないという見方は成り立たない。同様のパターンは、経済学者のジャスティン・バーンズが南アフリカで行なった実験でも見出されている。[*34] 彼女の実験では、投資家は黒人の受託者より非黒人の受託者に、より多額を投資したが、黒人の受託者は非黒人の受託者と類似の額を投資家に返済した。[*35] 少なくともこれらの実験では、被験者は大雑把な手がかりに頼るのをやめて、東方ユダヤ人や黒人をもっと信用したほうがより大きな利益が得られたことになる。

何をすべきか？

いかにして他者への信用の置き方を調節すればよいのだろうか？　本章で探究してきた二つの信用調節メカニズムは互いに非常に異なり、個別に調節する必要がある。特定の陣営に肩入れする戦略に関して言えば、私たちは、あなたの味方だと主張しておきながら実際にはいかなるコストも払おうとしない人によって悪用されうるという点を認識しておくべきだ。現実には存在していない敵とのでっち上げられた争いには警戒を要する。ニュースや、さらに悪いことにソーシャルメディアの描写に基づいて相手陣営をとらえるなら、そのような理解は大きく的をはずしている可能性が高い。普通の共和党支持者を頭のおかしい陰謀論者と見なしたり、典型的な民主党支持者を怒れる社会正義の戦士と見なしたりするのである。私たちは、「相手陣営」のメンバーは自分たちとそれほど変わらず、彼らと交流することには価値があることを心得ておくべきだ。

大雑把な手がかりについてはどうか？　思うに、初めて誰かに会ったときなど大雑把な手がかりに頼らねばならない場合、信用に関する自分の判断を他人がどう見なすかについて過剰に気にしないようにするべきであろう。コンマンやソーシャルエンジニアは、対話の相手に異議を唱えることを躊躇する傾向、すなわち相手を疑うことで無作法に見えるのを恐れる傾向につけ込もうとする。それまで長く会っていなかった旧友に、いきなり「きみはうそをついている」と言えば、その人がいら立つのは当然だろう。また、人に悪く思われたくないという思いは、他者を不当に信用しなくなる傾向をもたらしうる。なぜなら、実際に騙されたときに自分が愚か者に見えてしまうのを恐れるようになるからである。

いずれにせよ、私たちはその種の社会的圧力に屈しないよう努力すべきだ。長く会っていない旧友は、何か重要なことがら（たとえば高価な腕時計を貸すこと）をめぐって、ただちにその旧友を信用しなければならないような状況にあなたを追い込んだりはしないだろう。もしそうなら、社会的規範を破っているのはその人であって、信用の強要に直面してそれを拒むあなたではない。いとも簡単に騙されたかのように見られることに対する恐れに関して言えば、たとえ他者を信用することがよい結果につながらなかったとしても、それを通じて情報が得られるという点を思い出すようにしよう。広く人を信用することは、長期的にはそれに見合った結果を生むはずだ。ときに損をすることもあろうが、それは単なる必要経費と考えるべきだろう。信用しすぎることを心配するのなら、信用しなかった場合のコストも考えるべきだ。もっと人を信用すれば、相互に利益が得られる関係をそれだけ多く結べるのだから。

第16章　人は簡単には騙されない

本書を通じて私は、「人は騙されやすい」「人間の脳は真実を探究するようには配線されていない」「人は権威に嬉々として従う」などといった見方に対する反証をあげてきた。[*1] 騙されやすさには、年長者や同僚から楽に知識が得られるようになるなどの利点があるように思えたとしても、それにともなうコストは非常に高い。コミュニケーションの進化の理論が示すところでは、コミュニケーションが成立するためには、メッセージの送り手と受け手の両者が、そこから恩恵を得られなければならない。過度に騙されやすい受け手は、もはや言われたことにいかなる注意も払わなくなるまで、送り手に無慈悲につけ込まれるだろう。

私たちは騙されやすいどころか、聞いたことや読んだことを評価する一連の認知メカニズムを備えている。このメカニズムは、開放性を保たせる（貴重であると考えられる情報に私たちの耳を傾けさせる）とともに、警戒心も保たせる（有害なメッセージを捨てさせる）。この開かれた警戒メカニズムが複雑化するにつれ、他者が正しく自分が間違っていることを示す手がかりにより強い注意を払うようになる。人類の祖先が備えていた限定的なコミュニケーション能力を脱して、言語を用いて無限に複雑で堅実な考えを形成する能力を獲得した私たちは、他者の言うことにますます耳を傾けるようになってきた。

この進化は、私たちの心の様式に反映されている。洗脳やサブリミナル効果、あるいは単なる集中力のなさのせいで、情報を評価するための高度な手段を欠く人は、既存の考えに挑戦する革新的なメッセージを受け入れるよう促す手がかりを処理することができず、既存の考えにこだわり、すでに自分が同意している考えに合わない見方はすべて拒絶する。そのような人の考えを改めさせるのは、非常に困難である。

開かれた警戒メカニズムは人間が持つ通常の認知能力の一つであり、その発端は幼児、さらには乳児にさえ見出される。生後一二か月の乳児でさえ、言われたことを既存の見方と統合する能力を持つ。だから自分の見方が脆弱である場合には簡単に影響される一方で、ときに著しく頑固にもなるのだ。そのことは一歳児とやり取りしたことがある人なら、身に染みて知っているのではないだろうか。[*2] また、この年齢の乳児はおとなの行動を追跡し、堂々と振る舞うおとなにより大きな影響を受ける。[*3] 二歳半になると、循環した論理より堅実な論理を持つ語りによく耳を傾けるようになり、[*4] 三歳になると単なる推測より観察に基づく報告をする人を信用して、食べ物やおもちゃなどの自分が馴染んでいる領域の専門家が誰なのかを見極めるようになる。[*5] 四歳を過ぎた就学前の子どもは、大多数の意見に従うための最善の方法をわきまえ、単なるうわさに基づく意見を軽視する。[*6]

開かれた警戒メカニズムは学習するためのものであり、何を信じるべきか、あるいは誰を信用すべきかに関する認知の発達は、四歳では終わらず生涯続く。つまり私たちは、知識や経験を蓄積していくにつれ、つねに開かれた警戒メカニズムを研ぎ澄ませていくのである。おとなになったあなたが、ごくありふれたコミュニケーションを評価する際に、どれくらい多くの要因をごく自然に比較しているかを考えてみればよい。あなたの同僚のバオが、「新しいOSに切り替えたほうがよい。セキュリティーが大幅に改善されているからね」と言ったとしよう。それに対するあなたの反応は、新たなOSに関する自分の知識（動作がひどく重くなると聞いたことはないか?）、自分が使っているコンピューターがどの程度攻撃に弱いと考えているか（セキュリティーの穴はそんなに大きいのか?）、コンピューターに関するバオの能力が自分より高いか（彼女はITの専門家なのか?）、バオには別の目的があると考えられないか（新OSの性能を知るために私に試させようとしているのではないか?）によって変わるだろう。その種の計算は意識的である必要がなく、何かを聞いたり読んだりするときにはつねに実行される。

日常生活で知り合いと話すときには、自分の考えを改めるべきことを示す手がかりが豊富に得られる。相手が善意で言っていることを、また、当該の話題に関する専門家であることを認識するだけの余裕があるからだ。それに対して大衆説得においては、その種の手がかりをたいてい欠いている。政府機関は、いかにして国民の信用を得られるのか？　いかにして政治家は、政治にそれほど関心がない人びとに対して、自分の能力を印象づけられるのか？　どうすれば、広告によって特定の商品を買いたくなるよう消費者を説得できるのか？　大衆説得は、はなはだしく困難であるはずだ。実際、プロパガンダから政治的キャンペーンに至るまで、また、宗教的な改宗の試みから広告に至るまで、大衆説得のほとんどは惨憺たる失敗に終わる。そもそも大衆説得の（そこそこの）成功は、開かれた警戒メカニズムの機能によってうまく説明できる。ナチプロパガンダをめぐってイアン・カーショーが引き出した次のような結論は、より広範に適用できる。「大衆説得の効果は、既存の一致した見解に基づき、既存の価値観を裏づけ、既存の偏見を擁護する能力の有無に大幅に依存する」[*7]。これは、つねに作動している妥当性チェックの働きを反映するもので、もっとも巧妙な大衆説得であっても、そのせいである程度効果が減殺される。つまりメッセージが受け入れられたとしても、それによって既存の見解や信念が大きく影響されることはない。ある程度信用が確立されている状況のもとでは、大衆説得によって人びとの考えが変わることもあるが、それは、たとえばほとんど関心も知識もない論点に関して政治的リーダーの見解に従うなど、個人的な意義のない問題に限られる。

騙されやすくないのになぜ間違うことがあるのか？

大衆説得の成功を示すストーリーのほとんどが一種の都市伝説にすぎないとしても、実証的な根拠のない信念の蔓延は偽りではない。私たちは誰でも、政治家に関する根も葉もないうわさからワクチン接種の危険や陰謀論、あるいは地球平面説に至るまで、一回や二回は何らかの誤った考えを擁護したことがあるはずだ。だが誤った考えの流通は、必ずしも人間の騙されやすさに由来する一症状なのではない。

たいていの誤った考えの拡散は、発信する人の技能より直観に訴える内容によってうまく説明できる。ワクチン忌避はワクチン接種が直観に反するという点に基づく。陰謀論は強力な敵に対するもっともな恐れに依拠する。地球平面説支持者でさえ、水平線や地平線を眺めて湾曲を見損なったときには直観に従いさえすればよいとのたまう［つまり地球が球体で湾曲しているという直観に反する考えに執着するより、直観に従って地球が平らだと考えるべきだということだろう」。

誤った考えの多くは直観に訴えるものであったとしても、そのほとんどは他の認知から切り離された反省的な信念であり、他の思考に対する影響はほとんどなく、行動に対する影響もきわめて限定的である。同時多発テロ事件の真実究明支持者たちは、CIAが世界貿易センタービルを崩壊させるほど強力だと信じているにもかかわらず、あることないこと書きまくるブロガーをいとも簡単に弾圧できるはずだとは考えない。ヒラリー・クリントンの側近に児童虐待の罪をなすりつけた人びとの多くは、児童虐待の本拠地であるはずのレストランの評価に一つ星をつけることで満足していた。神の全能性から相対性理論に至る、強固な宗教的信念や科学的信念でさえ、私たちの考え方を大きく左右するわけではない。キリスト教徒は、神が一度には一つのことにしか注意を向けられないかのように考えて行動するし、物理学者は、アインシュタインの理論が規定する時間と速度の関係を直観的に受け入れているわけではいない。

それらの反省的な信念には、万能の神や時間に対する速度の影響などの直観に反するものもあるとしても、ワクチン忌避や陰謀論や地球平面説など直観に訴える要素を含むものも多々あることをここまで論じてきた。ある信念が、反省的である（他の多くの認知から切り離されている）と同時に（いくつかの認知メカニズムを動員して）直観的でもありうるのはいかにしてか？ ここで地球平面説について考えてみよう。あなたには天文学の知識がまったくなかったとする。そして誰かがあなたに、「私たちがその上に立ち、目にしているのは地球と呼ばれる物体である」と言ったとしよう。ここまでは何の問題もない。さて次に、その人が「地球は見ての通り平坦であるか、見かけとは違って球状かのいずれかである」と言ったとする。その場合、最初の説のほうが直観に訴える。だからそう言われたあなたが地球は平坦であると思い込むようになったとしても、「地球」という概念をどう扱えばよいのかに確信が持てず、その信念は主に反省的なものに留まる。遠国に出かけたり、天文学的な計算をしたりしない限り、地球の形状に関するあなたの考えはいかなる認知的な影響も、実践的な影響も生み出さないのだ。

信念は行動、しかもコストがかかる行動と連携する場合がある。その例として、地元の少数者《マイノリティー》が残虐行為に走ったといううわさとそれによって引き起こされたそのマイノリティーに対する攻撃、でたらめな医学理論とそれによる有害な医療実践、支配者に対する過剰な賛辞とそれに基づく完全な服従などがあげられる。だがたいていは、行動のあとで信念が生じるのであって、その逆ではない。残虐行為に走ろうとしている輩は、自分が道徳的な高みに立っていると信じようとする。医師は、自分の医療実践が理論に裏づけられることを望む。独裁者に服従することが賢明な行動になるような政治的状況は、独裁者の賛美を助長する。

誤っていながら文化的に成功を収めた見方の多くは、その見方の支持者に何らかの利益をもたらす。誇張された脅威をめぐるうわさを広げる人は有能であるように見える。正当化によって、自分の行動がそれほど非合理的であるようにも、不道徳であるようにも見えなくなる。また、特定のグループに属したいという願望を、そのグループに属さないあらゆる人びとを敵に回すような愚かでおぞましい見解を開陳することで確実に伝えようとする。虚偽の信念の表明は、長期的に見れば必ずしも非合理的であるとは限らない。

騙されやすさをめぐる騙されやすさ

人はそれほど騙されやすくないのであれば、なぜプラトンからマルクスに至る歴代の学者や一般の人びとが、「人は騙されやすい」と主張してきたのか？　「人は騙されやすくない」という主張と、「人は他者が騙されやすいと誤って信じている」という主張は矛盾すると指摘されることがよくある。「人は騙されやすい」という誤った概念の流布そのものが、騙されやすさのしるしではないのか？実のところ、「人は騙されやすい」という考えが流布した理由は、他のよく知られた誤った見解の流布と同じ根拠に基づいて説明することができる。

広範に流布したうわさと同様、人びとの騙されやすさに関するストーリーは誤ってはいるが、説得力にあふれている。「銀幕に一瞬映し出された言葉は、観衆の行動を変えることができる」「カリスマ的なリーダーは、従順な人びとを血に飢えた群衆に変えることができる」などといった、脅威に関するストーリーを広げる人は、自己の評判を高めることができる。

一九世紀後半のフランスにおける激しい群衆について考えてみよう。彼らが数百件のデモを実行するあいだ、犠牲者は一人しか出ていない。それにもかかわらず、エミール・ゾラが『ジェルミナール』でそのたった一件を取り上げて、怒った女性の群衆が犠牲者の睾丸を切り取る残虐なシーンに変えたのである。ゾラが労働者の側に立っていたことを考えれば、この描写は余計に何かを物語っているように思えてくる。彼は労働者に共感を抱いていたにもかかわらず、もっとも煽情的な方法で群衆が暴走する様子を描いたのだ。そうするほうが平和なデモ隊を描くより、読者に受けるストーリーが書けたということだろう。とはいえ皮肉にもゾラのストーリーは、『ジェルミナール』を群衆の行動の忠実な描写として受け取り、労働者によるストライキを非難することに用いた、のちの群衆心理学者たちに影響を与えた。[*8]

何に注意を向けるかには直観的なバイアスがかかるため、人間の騙されやすさに関する報告は、たとえそれが非常に限定的なものであったとしても文化的な成功を収める可能性が高い。だからEメールで送られてきたナイジェリア詐欺の文面を見て笑った数百万人より、そのために貯金をまるごと失った個人のほうが、はるかに新聞のネタになりやすいのだ。世界中に拡散する政治家やセレブや大きなイベントに関するうわさは虚偽の可能性が高いのに対し、職場などの狭い範囲で流布するうわさは正確であることが多い。報道機関が（うわさを否定する場合も含めて）前者に焦点を絞っているのは論理的によく理解できる。

誤った考えによくあるように、「人は騙されやすい」という信念は、主として反省的なものである。騙されやすい市民が自らの利益に反して投票していると、あるいは騙されやすい消費者が欲しくもない製品を買っていると批判する冷笑的な人びとでさえ、その考えに基づいて行動したりはしない。たとえば、街路を歩く赤の他人を適当につかまえて金を渡すよう騙そうとしたりはしない。同じことは、人間の騙されやすさをネタにした脅しにも当てはまる。一九五〇年代にサブリミナル効果をめぐってパニックが起こったときにも、人びとは映画を観に行くことをやめはしなかった。新宗教団体が洗脳テクニックを用いているといううわさは、相応の法的規制や批判をもたらしはしなかった。

繰り返すと、他の誤った考えと同様に人は騙されやすいという信念は、真の動機が別のところにある行動や考えに、後づけの正当化を与えてくれる。啓蒙時代が到来するまで、「人は騙されやすい」という非難は、恒常的に不正がはびこる現状を正当化するために、たいていはそのような現状から利益を得られる人びとや、それらの人びとに寄生して利益を吸い取ろうとする輩によって使われてきた。つまり次のように考えられてきたのだ。大衆に政治的権力を委ねてはならない。なぜなら、大衆は社会秩序を破壊する狡猾なデマゴーグにいとも簡単に操られてしまうからだ。すでに述べたように、デマゴーグの危険に対する認識は、「民主主義に対する疑念を正当化する政治哲学の核心的な根拠」を提供していた。[*9]「人は騙されやすい」という広く流布している見方は、たとえばジェイソン・ブレナンの『反民主主義論（*Against Democracy*）』など、今日でも民主主義の正当性を否定する議論に取り入れられている。[*10]

皮肉なことに、人びとによる政治的発言の権利を擁護する、それとは正反対の立場を取る知識人でさえ、人間の騙されやすさの遍在性を強調する。大衆の反乱を恐れているからではなく、まさに反乱が起こらなかったこと（あるいはより一般的には、大衆が「間違った」政治的選択をする理由）を説明しなければならないからである。カトリック教会を軽蔑する啓蒙時代の著者たちは、何世紀にもわたって民衆がそのくびきに従順につながれ続けてきた（そう彼らは考えていた）理由を説明する必要があった。ルソーは民衆の汚れを免除しようとして、彼らを邪悪ではなく騙されやすい存在と見なすことを好んだ。彼によれば「民衆は、決して堕落してはいない。騙されることが頻繁にあったとしても。そしてそのときに、彼らが邪悪な行為をなそうとしているように見えるのだ」[*11]

人は騙されやすいという信念がなぜかくも広範に流布しているのかを説明する一つの理由として、

その信念に特異な理由、すなわち私たちの社会で大衆説得に費やされてきた膨大な労力を逆行分析しようとする衝動があげられる。つまりこういうことだ。私たちは日夜、何を飲み、食べ、買うべきか、あるいはどう感じ、考えるべきかを諭す広告、政治メッセージ、記事、ソーシャルメディアの投稿を浴びせられている。かくも大規模な試みによって、人びとが相応に大きな影響を受けないとは考えにくい。大衆説得の試みは、たとえ受け手が懐疑的であった場合でも、その努力に見合った価値があるはずではないか。

たとえばプロパガンダは、多くの人びとにその内容を納得させることこそできなかったとしても、「この政権はその声を人びとに押しつけられるほど強力である」という明確なメッセージを伝えられる場合がある。一例をあげよう。トラヤヌスの記念柱は、ヨーロッパ東部の戦いにおけるトラヤヌス帝の勝利を描いたレリーフが先端に至るまで螺旋状に描かれている。それは、トラヤヌス帝が達成したあまたの勝利の詳細を、すべてのローマ市民に確実に知らしめることを狙ったプロパガンダであるようにも思われる。ところが歴史家のポール・ヴェーヌが指摘するように、柱のレリーフのほとんどは非常に高い箇所に描かれているために、はっきりとは見えない。[*12] 実のところ、柱が伝えようとしているメッセージは、そこに描かれている内容ではなく、「トラヤヌス政権は、このような建築物を建立できるほど豊かで強力なのだ」と朗々と語るその存在自体に見出せる。

もう一つ現代における例をあげよう。ロシア連邦大統領ウラジーミル・プーチンは、アイスホッケーチームのSKAサンクトペテルブルクを支援していることで知られる。[*13] このチームはほぼつねに勝つので、彼の支援は、チームの成功に乗じたプロパガンダの試みであるように見える。しかし、S

KAサンクトペテルブルクが勝てるのはあらゆる決まりを侵犯できるがゆえであることは、ファンの目には明らかである。サラリーキャップ［所属選手に支払う年俸総額の上限を規定する制度］を遵守せず、最高のプレイヤーを集め、あからさまにレフェリーの有利な判定を受けているのだ。ここでのメッセージは、「プーチンは最高のチームを選ぶことに長けている」ではなく、「あらゆる人びとを脅かして自分のチームを勝たせることができるほど強い権力を持っている」というものになる。*14

大衆説得は、メッセージの内容に依拠する場合でも、聞き手の騙されやすさを前提とすることなくその目的を達成しうる。私たちが普段買っている製品は、清涼飲料、歯磨き、洗剤、タバコ、牛乳など、ほとんど区別がつかないさまざまなブランド商品として売られている。そのような状況のもとでは、私たちの心は、通常軽く押されただけで反応してしまい、商品が置かれている棚の位置、わずかな値引き、魅力的な広告などによって影響を受けざるを得ない。それらの基本的に同じ製品の違いは、消費者にとっては大して重要でなかったとしても、メーカーにとっては絶大な意義がある。また、真の説得力がなくても費用効果が得られる広告もある。

私の間違いはあなたの問題

ここまでの議論に基づいて言えば、広く流布している誤った考えは、たいていそれを抱く人にとってほとんどコストにならず、場合によっては社会的な目的に役立つことさえある。ならば、開かれた警戒メカニズムを出し抜いて拡散した誤った信念を否定しようとしても無駄なのか？　誤った考えを抱いても、その人にとってはコストがほとんど、あるいはまったくかからないのが普通であるということは、他者にとってもそうであることを意味するのではない。

大躍進運動を始めるにあたって、毛沢東はほとんど農業の知識を持っていなかった。作物に関する知識をもとに家族を養う農民ではなかったのだ。だから彼の開かれた警戒メカニズムは誤作動し、自分の政治的信念と一致するというだけの理由で、誤った農業政策の提言を受け入れたのである。ロシアの生物学者トロフィム・ルイセンコに感化された彼は、作物が理想的な共産主義国家で生きる人びとに似ていると主張した。同じ階級に属する人びとは互いに争ったりはせず、「仲間といるとすくすくと成長し、ともに成長するとより快適に感じる」のだ。[*15] そして彼はこの考えをもとに、中国全土の農民が数千年間実践してきた方法より、作物の種をはるかに近接して蒔くよう奨励した。

農業に対する毛沢東のこの見方は、彼にとってではなく、そのやり方を強制された農民にとって惨憺たる結果をもたらした。近接して種を蒔くやり方や、彼が推奨したその他の非生産的な農法は、作物の収穫を激減させた。そのため史上最悪の飢饉が生じ、四〇〇〇万人以上の中国の農民が餓死した。このように毛沢東の愚かな考えがとんでもない破壊をもたらしたにもかかわらず、彼は死ぬまで権力の座に居座り続けたのだ。

その手の災厄に対処する最善の解決法は、無慈悲な独裁者の批判的思考力を改善することではなく、独裁者を完全に排除することであるのは明らかだ。より一般的に言えば、意思決定者と決定がもたらす影響のあいだに適切なフィードバックループを設けるべきである。毛沢東が発したプロパガンダや彼に対する見かけのへつらいがいくらあったとしても、もし選挙が実施されていれば、農民のほとんどは自分たちに無益な農法を押しつけた彼に投票したりはしなかっただろう。ある農民が述べているように、「私たちは自分たちが置かれている状況をよく知っていたが、声をあげるものは誰もいなかった。不平を言えば殴られた。そんな状況で私たちに何ができたというのか？」[*16]

もっと改善できる

話題を民主主義社会に変えよう。世論に対する政治エリートの発言の影響は、そもそものほとんどが、人びとが強い関心を抱いていない問題や、一般市民にとってほとんど意義のない問題に関するものなのでおおむね無害であると、私はここまで述べてきた。たとえばアメリカでは、冷戦時以来、政治的リーダーは左右両陣営とも、ロシアに対して強い批判的立場を取ってきた。ドナルド・トランプ政権が誕生した頃、彼はその伝統を部分的に破って、自国の情報機関の発言より、ウラジーミル・プーチンの発言を信用しようとした。[*17]トランプの行動によって、共和党支持者にはプーチンに対する見方をより肯定的なものに変えた人もいた（ただし民主党支持者にはいなかった）。これは、市民が自分の支持する政治的リーダーの見解に合わせる典型的な事例だと言えよう。[*18]

プーチンを肯定的に評価するようになった人びとにとって、この見方の転換に個人的な意義は特になかった。しかしそれは、やがて政策に影響を及ぼした。政治学者ジェームズ・スティムソンらの研究によれば、政治家は世論に反応し、それに沿った政策を支持することが多い。[*19]しかしそもそも世論を形成しているのが政治家なら、彼らは自分たちが望む政策を制定する自由裁量《カルトブランシュ》を握っているということにならないのか？　最初に大衆の支持を作り出し、その支持に基づいて行動すればよいのだから。
幸いにも政治家の仕事は、それほど単純ではない。それには二つの理由がある。第一に競争的な民主主義社会では、市民は多様な見解を持ち、世論を異なる方向に導く複数のリーダーの発言に注意を向ける。第二にたいていの争点では、一定数の有権者は情報に基づく見解を持てるだけの手段と動機を待っている。彼らは、自分が支持する政党のリーダーが言うことなら何でも受け入れるわけではなく、個人的な経験や、ニュース番組や新聞で知った情報に基づいて自分の見解を築く。そして彼らの抱く見解は、世論のさまざまなノイズのなかでシグナルを形成し、彼らが主体となって世論の動きを誘導していくのである。[20]
トランプは移民に厳しいことで知られているが、共和党のメンバーは彼の指針に従わず、それに関してより寛容な態度を取ってきた。二〇一八年になると、共和党メンバーは二〇一五年の時点と比べ、合法的な移民が減少することを望まなくなった。[21]　その種の変化は、政治学者が「世論のサーモスタットモデル」と呼ぶ理論によって説明できる。政治家が特定の方向に傾きすぎると、それに気づいた人びとは、自分の意見をそれとは逆の方向にシフトさせることで見解の相違を表明するのである。[22]
政策に影響を及ぼす世論の動きが、自分が支持する政党の指針を追うだけではない情報通の個人によっておもに形作られるということは十分に考えられる。ならば他の市民による努力の欠如は破滅的とは言えないが、それでもいくつかの興味深い可能性が考えられる。より多くの有権者が少数の情報通と同様のあり方で政治的なできごとに反応するようになれば、世論の変化がより迅速かつ確固としてもたらされ、より強い影響を政策に及ぼせるようになるだろう。しかし大衆説得は良くも悪くもむずかしい。政策について知識も関心もほとんどない人に、支持政党の指針に従う安易なやり方を捨てさせるのは、簡単なことではない。

脆弱な信用の連鎖

本書の主旨は、人に影響を及ぼすことは簡単どころか非常にむずかしいという点にある。ここまで検討してきた誤った概念のほとんどは、ものごとを自分よりよく知る人を信用しないためにはびこり続ける。デマや陰謀論は、否定されたあとでも長く存続する。ニセ医師や地球平面論者は、反証となる科学的証拠をすべて無視する。

ワクチン反対派を取り上げよう。反対派がワクチンに直観的に反対するのなら、彼らの問題は警戒心の欠如ではなく開放性の欠如にある。必要な医学情報にアクセスできるにもかかわらずワクチンを拒絶する人は、医師の意見や科学的な総意に基づく情報を信用しておらず、堅実な議論に納得していない。[*23] だから私たちは、そのような状態を改善する必要がある。製薬会社は、失敗した臨床試験について報告しない、医師を買収するなど、不信を招く数々の実践を行なっている。[*24] そのような行為を一掃することは、不信の軽減に役立つだろう。また、ワクチン反対派に的確に対応することも重要である。残念ながら、彼らときちんと議論できるほどの知識を持つ人は少ない。[*25] だが反対派と話し合う時間を取れる専門家など、必要な知識を持つ人の議論は、反対派に対してより強い説得力を持つはずだ。[*26]

同じ論理は他の領域にも当てはまる。多くの人びとの直観に訴える陰謀論は、その伝達経路を遮断しようとしても根絶することができない。中国政府による厳重なメディアコントロールをもってしても、陰謀論の流布は止められない。[*27] 陰謀論の拡散を緩和する最善の方法は、汚職、利害の対立、規制の虜［規制側が被規制側に実質的に支配されること］に対処するための強力な法を基盤とする信頼に足る政府を確立することであるのは確かだ。[*28] パキスタンよりノルウェーのほうが、それほど陰謀論が流布していないのは、おそらくそのためだろう。[*29]

科学の例は、いかに制度的な基盤が一般市民の認識に影響を及ぼすかを示している。科学的理論は、そのほとんどが深く直観に反するにもかかわらず、社会のほとんどの階層に浸透している。しかも科学者を個人的に知っている人はほとんどおらず、相対性理論や自然選択による進化の理論などの科学的理論を真に理解している人となるとさらに少ない。直観に反する科学的な見方の広範な浸透は、科学的な営為が依拠している、欠陥はあるにせよ堅実な信用の基盤に支えられているのだ。

この信用の基盤は、保護され強化されねばならない。私が専攻している心理学という分野は、次のようにして根強い問題に対処している。統計的方法を改善する、より多様な被験者を集める、利害の対立を減らす、結果を確実なものにするために繰り返し実験を行なう、後づけの正当化を回避するために研究に着手する前に仮説を立てるなどである。医学から経済学に至る他の分野でも、同様の問題に取り組んでおり、この「信用革命」を経ることで強化が図られている。このような信用の改善は、社会における先進的な科学の浸透を促進するだろう。

私たちは騙されやすくない。人間は基本的に、新たな考えに抵抗しようとする。妥当な手がかりがなければ、既存の見方や展望に反するメッセージの受け入れを拒否しようとするのだ。人を説得するためには、すでに確立され長年維持されてきた信用、専門知識に裏づけられた見解の明確な表明、そして堅実な議論が必要とされる。正確ではありながら直観に反するメッセージを発する科学者やメディアなどの機関は、苦戦を強いられざるを得ない。信用と議論で構成される長い連鎖に沿ってメッセージを発し続け、その信頼性を保っていかねばならないからだ。奇跡的にもこの長い連鎖は、私たちを最新の科学的発見や地球の反対側で起こったできごとに結びつけてくれる。私は、この脆弱な連鎖を強化し拡張していく新たな手段が見つかることを切に望んでいる。

訳者あとがき

本書は、*Not Born Yesterday: The Science of Who We Trust and What We Belive*（Princeton University Press, 2020）の全訳である。原題の意味は「昨日《きのう》、今日《きょう》生まれたわけではない」といったところで、言い換えれば邦題にあるとおり「人は簡単には騙されない」となる。著者のヒューゴ・メルシエは、パリにある学際的な研究機関ジャン・ニコ研究所に所属する認知科学者で、既存の著書には、同研究所に所属する著名な認知科学者ダン・スペルベルとの共著『*The Enigma of Reason*』（Harvard University Press, 2017）がある。本書はこの共著で提示されている理性の働きに関する考えをもとに、「人はほんとうに騙されやすいのか？」という具体的な問いに焦点を絞り、まず進化生物学と認知科学の成果を参照しつつ理論的に検討したあと、さまざまな事例を取り上げてその答えが「ノー」であることを見ていく。本書も前著（ハーバード大学出版局）と同様、大学出版局（プリンストン大学出版局）から刊行されているが、個人的な印象では内容的に本書のほうがより一般向けで読みやすい。

次に本書の構成を簡単に紹介しておこう。本書は、はじめに＋一六章で構成されている。「はじめに」は全体を概観し、本書の最重要概念である「開かれた警戒メカニズム（open vigilance mechanism）」を提起する（それについては後述）。第1章では、広く世に流布している「人はすぐに騙される」という見方を、歴史的事例や有名なミルグラムの服従実験を始めとする心理学の実験結果を参照しつつ紹介する。第2章から第7章までは、進化生物学と認知科学の知見をもとに、「開かれた警戒メカニズム」がいかに機能するのか、また、それによって人は何を信じるべきか、誰を信用すべきかをいかに判断しているのかを見ていく。第8章と第9章は、人を騙して説得することに至極長けていると考えられている人びとや組織（デマゴーグ、預言者、伝道師、政治宣伝、選挙キャンペーン、広告）が、実際には大衆説得にみごとに失敗してきた、もしくは成功したかに見えたとしても真の要因は別のところにあることを、歴史的事例に即して明らかにしていく。第10章から第15章までは、著者の言葉を借りると「うわさからフェイクニュースに至る虚偽の概念を探究し、それらが拡散するあり方や、私たちの思考や行動に対するその影響は、純粋な信じやすさより開かれた警戒メカニズムの効率という概念を用いることでうまく説明できることを見ていく（一九三頁）」。最終章の第16章では、本書のまとめと、「人は騙されやすい」という信念が流布した理由の考察がなされる。

先日アマゾンプライムで『ジャッジ　裁かれる判事』（米・二〇一四年）という映画を観ていたところ、ロバート・ダウニー・ジュニア扮する弁護士が次のように同僚に諭すシーンがあった。「きみはこの国の九〇パーセントの人びとが幽霊を信じ、進化論を信じている人など三分の一にも満たないことを知っているか？（…）だが一二人のアメリカ人を陪審員に指名し、正義について皆で協議させると、けっこうすごいことが起こるんだ。しばしば正しい判断を下すんだよ」。それはなぜか？『人は簡単には騙されない』は、その理由の一端を教えてくれる。この問いに対するもっともありふれた答えは「集合知」であろうが、本書ではそれには一か所(一〇二～三頁)しか言及されていない(しかも「集合知」という用語は使われておらず、コンドルセのその名も陪審定理や、集合知を扱ったスロウィッキーのよく知られた著書に言及されているのみ)。

その代わりに本書が依拠しているのは、進化生物学と認知科学におけるさまざまな成果である。次にそれについて、なるべく著者の言葉を引用しながら説明していこう。進化的な観点から見ると、「進化は騙されやすさを不適応なものとして扱う(一五五頁)」。つまり「進化の論理は、騙されやすさが安定した特徴になることを実質的に不可能にしている。騙されやすい人は、受け取ったメッセージを無視するようにならない限り、つけ込まれ続けるだろう(七三頁)」。要するに、騙されやすい個体はすぐに淘汰されるため、騙されやすさが一つの特徴として進化によって選択されることはないということだ。ではその代わりとして、進化は人間に何を与えたのか? その答えは、人間独自の認知機能の一つ「開かれた警戒メカニズム」である。

ここで、本書の最重要概念である「開かれた警戒メカニズム」についてやや詳しく説明しておこう。このメカニズムの機能は「非常に有益なメッセージは進んで受け入れ(開放性)、きわめて有害なメッセージは捨てる(警戒)(一六頁)」こと、つまり「伝達された情報に対して警戒するのと少なくとも同程度にオープンに外界に接する(五六頁)」ことにある。著者はそれを、食物に対してオープンに接し何でも食べようとするが、そうであるだけに毒物を口にしないようにするなど警戒心も強い雑食動物の進化にたとえる。雑食動物の進化のたとえによれば、「人類は、極端な保守主義、すなわち一連の限られたシグナルのみに影響を受ける状態から、警戒心はより強いが、コミュニケーションのさまざまな形態や内容に対してオープンに接する姿勢へと態度が進化してきた（六八頁）」「新たに進化したメカニズムが損なわれれば、私たちはより古いメカニズムに依存するようになり、警戒心のみならず開かれた姿勢も弱まる。また新たに進化した認知機能が損なわれれば、もとの保守的な姿勢に回帰し、騙されやすくなるのではなくより頑固になる（六九頁）」。さらに著者は「開かれた警戒メカニズム」を二つの機能に分ける。一つは自らが持つ既存の信念のもとでメッセージを評価する「妥当性チェック」で、もう一つは議論の内容を評価するための「推論」である。とりわけ「推論」は警戒心に基づき、「議論が既存の推論メカニズムと符合する場合にのみ、困難な結論を受け入れるよう促す（八三頁）」が、それと同時に「心を開かせもする。議論せずには決して認めなかったはずの結論を受け入れるよう導いてくれるからだ（八三頁）」

では、人間はかくも強力な認知能力を備えているにもかかわらず、なぜときにデマに踊らされるのか？　この問いに対する著者の答えは次のとおりである。「個人的な関与の少ない反省的信念に関しては、開かれた警戒メカニズムの出番はそれほどないと考えるべきだろう。（…）私の考えでは、デマのほとんどは、反省的な信念としてのみ保持される。なぜなら、直観的な信念として保持されれば、個人的な影響がはるかに大きくなるからだ（二〇二頁）」。また「反省的な信念は推論メカニズムや行動を志向するメカニズムの一部と相互作用するにすぎない。ほとんど特定の心の部位に包摂され、直観的信念のように心の中を自由に徘徊することができない。さもなければ反省的信念は無数の災厄をもたらすだろう（二三三頁）」。だからたとえば、「［デマのとおりに］金正日がスタートレックばりにテレポートするところを目にすれば、彼にへつらう腰巾着でさえ、混乱して目を回すだろう（一九頁）」。

なぜなら、そのような誤った信念は反省的なものであって、直観的ではないからだ。それに関連して理論物理学者ブライアン・グリーンの最新刊『*Until the End of Time: Mind, Matter, and Our Search for Meaning in an Evolving Universe*』(Knopf, 2020)に興味深いエピソードがあったので紹介しよう。彼は、ラムサの啓蒙学校と呼ばれるニューエイジ宗教団体からの招待を、それと知らずに受諾して基調講演をしたことがあるらしい。この講演で彼は、そこで行なわれているテレパシーなどの見せ物がいんちきであるという主旨のことを説いたところ満場の拍手喝采を浴びたので訝しく思い、あとで一人の参加者になぜ拍手したのかと尋ねると次のような答えが返ってきたという。「私たちの多くはここで行なわれていることを信じてはいません。誰かがその点を指摘してくれることは重要です。(…)私たちがここに来ているのは、深遠な真実を探求したいという衝動に駆られた仲間と一緒にいたいからです」。つまり多くの参加者は、このカルト的な団体の考えを反省的にとらえているだけで直観的には信じていない。だが、「人は騙されやすい」という見方に拘泥していると、この話が意外に思えてくるはずだ。ただし彼らのように現状を意識化し相対化することができない頑固な熱狂的信者も少数ながらいることには間違いがなかろう。

以上説明してきたように、本書は進化生物学や認知科学の知見、ならびに具体的な事例に基づいて「人は簡単には騙されない」ことを明らかにしていく。本書で提示されている議論は、昨今盛んに論じられるようになったポスト真実論やメディア論にも新たな視点をもたらしてくれるだろう。というのも、それらの議論はえてして、「人は騙されやすい」という考えを前提にしているように思われるからだ。たとえば昨今よく「ネットはフェイクニュースの温床である」という指摘を耳にする。だから「ネット情報を熱心に追う人は簡単にデマに踊らされる」というわけだ。確かにネットにフェイクニュースがあふれていることは否定しがたく、それが一面の真実である点に疑いはない。だが本書が指摘するように、人は簡単には騙されないとしたらどうか。たとえば、訳者も何度か受け取ったことがあるが、「ナイジェリアの手紙」と呼ばれるネットの詐欺メールが、実態とは正反対の意味を持つものとして一般にはとらえられているのも、「人は騙されやすい」という前提に目をくらまされているからだ（三二一～三頁参照）。またネットには別の面があることも忘れてはならない。つまり既存大手メディアの報道の誤りをすぐに正せるのもネットだという点だ。「人は簡単に騙される」という見方にとらわれていると、ネットをめぐって前者の否定的な面のみがクローズアップされ、後者の肯定的な面が見逃されやすくなる。それればかりか、日本のネット広告費がテレビ広告費を追い抜いたことがつい最近話題になったように、昨今とかくネットに押され気味の既存メディアが、不利な状況に置かれているにもかかわらず、ネットの持つ否定的な面のみを強調して、このますます強大化しつつある競争相手を一方的に叩くという、一種の藁人形《ストローマン》論法（一部の現象をあげつらって全体を否定する詭弁）に陥ってしまう危険がともなう。大手メディアが、この一種の現実逃避に頼って自身の問題に目をつぶり有効な改善策を取ろうとしないのなら、自分たちのみならず視聴者や読者にも大きなツケが回るだろう。

それは考えすぎではないかと訝る人もいるかもしれないので、次に最近起こった三つの事例を取り上げることで以上の論点について具体的に考えてみよう。一件目の事例は、コロナが日本でも広がり始めた頃に、いくつかのテレビの情報番組が意図的か編集上のミスかは別として、ある地区の現状などをめぐって誤報を流し、その誤りをネットユーザーに指摘され謝罪に至るというできごとが相次いで起こったことだ。ネットのない時代に同じできごとが起こっていたなら、直接的な関係者が間違いに気づいたとしても、間違いを正す情報が広く拡散することはまずなかったはずだ。だが今やネットによってそれが可能になった。

二件目の事例は、閣僚の発言を、都合よく切り取るなどして新聞が読者の誤解を招く報道をし、それを訂正するコメントを本人がSNSで発信するというできごとが散見されるようになってきたことである。ちなみに閣僚がした発言の内容の是非は、ここでは関係がない。言いたいのは、内容が何であれ新聞が本人の発言を正しく伝えていない、もしくは誤解を招く伝え方をしていることが問題なのであり、SNSを介してその手の欺瞞がすぐに発覚するようになったという点である。要するに、今や政治家などの著名人が大手メディアの媒介なしに、SNS等を通じて一般庶民に直接語りかけることができるようになったということだ。そしてそれをもっとも巧妙に利用していた一人が、次に説明するように大手メディア上では四面楚歌に近い状況に置かれていた米前大統領ドナルド・トランプであったと言えよう。なおそのことは政治家などの著名人に限った話ではなく、高校球児の美談に創作が含まれていることがSNSによる関係者の証言によって暴露されるなどといった例が示すように、一般人をめぐってさえ見られるようになってきている。

三件目の事例は海外に目を向け、これを書いている時点でもっともホットな話題を取り上げよう。それは二〇二〇年度の米大統領選である。ただしここで取り上げたいのは、大統領選の政治的側面ではなく、それに対するメディアの姿勢についてである。誰もが気づいていたはずだが、今回の大統領選では日米のほぼすべての大手メディアがバイデン支持（あるいは反トランプと言うべきか）であった。ちなみにこの状況は今回の大統領選のみならず二〇一六年の際も同様であったらしいことが、本書に記されている（二六八頁参照）。しかし事実を言えば、前回はトランプが勝ち、今回も彼は半数近くに相当する、およそ七四〇〇万票を獲得している。それにもかかわらず大手メディアのほぼすべてがバイデン（ヒラリー）支持というのでは、有権者の半数を無視した一方的な見解で公共空間を満たすことの問題はここではあえて問わないとしても、当の大手メディアにとってさえ凋落を加速する大きな要因になりかねない。というのも、こうなってしまうと、トランプを支持していた半分近くの国民（有権者）が大手メディアを捨ててネットに走ってしまうのはむしろ当然だからで、さらにはかくして世に言われる分断が、大手メディアやネットの内部のみならず、それら二つの分割線に沿ってよりいっそう激化する結果にもつながりうる。いずれにせよ、そもそも大手メディアに叩かれ続けたトランプが前回は勝ち、今回も半数近くの票を獲得したという事実それ自体が、大手メディアの影響力の低下を物語っているのかもしれない。

では著者自身は、ネットのソーシャルメディアについてどう考えているのだろうか？　著者は次のように指摘する。「ソーシャルメディアは分断を激化させるのではなく、世の中が分断しているという印象を植えつけるのである。より正確に言えば、ソーシャルメディアは自己の見解を強化するようユーザーを駆り立てるのではなく、世の中が分断しているという認識を強化することで互いに相手陣営を嫌悪するように仕向け、感情的な対立を煽っているのだ（三一四頁）」。ソーシャルメディアによる感情的対立の扇動については、拙訳『反共感論――社会はいかに判断を誤るか』(白揚社、二〇一八年)の訳者あとがきで著者ポール・ブルームの考えに沿って指摘した論点でもある。さらにメルシエ氏は次のように述べる。「ニュースや、さらに悪いことにソーシャルメディアの描写に基づいて相手陣営をとらえるなら、そのような理解は大きく的をはずしている可能性が高い。普通の共和党支持者を頭のおかしい陰謀論者と見なしたり、典型的な民主党支持者を怒れる社会正義の戦士と見なしたりするのである。私たちは〈相手陣営〉のメンバーは自分たちとそれほど変わらず、彼らと交流することには価値があることを心得ておくべきだ(三二七〜八頁)」。それに関して今回の大統領選から具体例をあげると、トランプ支持者がカルト集団であるかのごとく主張する言説が流れていた。確かに訳者も、本書にも登場するアレックス・ジョーンズばりの陰謀論を吹聴するトランプ支持者がいるのをネットで何度か目にしたことがあり、その言説がまったくの誤りだと言うつもりはない。だがそのような支持者はごく一部にすぎず、それをもってしてトランプに投票したおよそ七四〇〇万人をカルト集団と見なすのなら、あるいはそう思わせる印象操作をするのなら、それはそれで究極の藁人形論法、あるいはそれこそが一種の陰謀論だと言わざるを得ない。そんなことをするよりも、バイデン(トランプ)支持者なら、なぜトランプ(バイデン)支持者がトランプ(バイデン)に投票したのかを、相手陣営の立場から眺めるという認知的共感力を働かせるほうが、世論の分断を緩和するためにもはるかに有益なはずだ。先の引用で著者のメルシエ氏が指摘しているのもその点である。

長くなってきたのでそろそろまとめに入ろう。本書のタイトルにあるように「人は簡単には騙されない」。ところが第1章で述べられているように、それとは正反対の「人は騙されやすい」という見方が古代ギリシヤから現代に至るまで連綿と流布してきた。しかもそれを理由に民主主義には限界があると主張する識者も現れている（三三八〜九頁参照）。同語反復気味になるが、その手の大衆蔑視の考えはエリート意識が強い人ほど抱きやすい。だがエリート意識は直観的であるより反省的であり、それによって保たれる信念は現実から乖離しやすくなるのが普通であろう。著者の主張によれば、反省的信念に関しては、開かれた警戒メカニズムの出番はそれほどない。そもそも左右を問わずエリート意識を持つ人が抱きがちな政治的イデオロギーは、おもに近代に入ってからの産物であり、よって進化的な選択の洗礼を浴びていないとも言えよう。この見解は訳者個人の勝手な憶測ではなく、エリートという言葉こそ用いていないものの著者も次のように指摘している。「進化や学習を通じて対応する能力が築かれていない領域で推論を行なおうとすると系統的に誤りやすい（八九頁）」「一見あり得そうにない新たな考えをいの一番で受け入れるのは、知識人であることが多い（七二頁）」。要するにエリートが抱きやすい「〈人は騙されやすい〉という信念は、主として反省的なもの（三三八頁）」であり、よってより高度な開かれた警戒メカニズムのチェックを受けていないことが多いのである。

最後にネットに関して個人的な見解を述べることで締めくくろう。今後大手メディアがネットに一層押されていくことは不可避であるように思われる。しかし前述のとおり、ネットが真実を宿す宝の山であると同時にフェイクニュースの温床でもある点は否定すべくもない。したがってネットに対するメディアリテラシーが、今後なお一層重要になることに間違いはない。その意味において、簡単にデマを鵜呑みにしないための数々の具体的なヒントを与えてくれ、「メディアリテラシー入門」としても読める本書は、今こそ読むべき本だと断言できる。訳者が本書を邦訳したいと思った理由は、まさにその点にある。そのような本の刊行を引き受けてくれた青土社と、担当編集者の加藤峻氏にお礼の言葉を述べたい。

二〇二一年一月

高橋　洋

巻末注

はじめに

＊1　Mark Sargant, prominent flat-earther, in the documentary *Behind the Curve.*

＊2　「認識的警戒（epistemic vigilance）」と呼ばれることもある。次の文献を参照されたい。Sperber et al., 2010.

第1章　人は簡単に騙される

＊1　Dickson, 2007, p. 10.

＊2　Thucydides, *The history of the Peloponnesian War*, http://classics. mit.edu/Thucydides/pelopwar.mb.txt (accessed July 19, 2018).

＊3　Plato, *Republic*, Book VIII, 565a, trans. Jowett; see also 488d. http://classics.mit.edu/Plato/republic.9.viii.html (accessed July 19, 2018).

＊4　研究者のなかには（たとえばGreenspan, 2008）、信じやすさ（一見したところ愚かな見方や妥当な証拠を欠く見方を信じる傾向を指す）と騙されやすさ（警告が出されているにもかかわらずさまざまな状況下で繰り返し同じように騙される傾向を指す）を区別する人もいる。本書ではそれら二つの用語を互換的に用いており、妥当な理由なく他者の言うことに過剰に影響される人びとの傾向を指すものとして両者を用いている［邦訳では原文との対応がわかるように、前者の「credulity」を「信じやすさ」、後者の「gullibility」を「騙されやすさ」と訳している］。

＊5　Holbach, 1835, p. 119.

＊6　"La crédulité des premières dupes" (Condorcet, 1797, p. 22); "charlatans et leurs sorciers" (p. 21). Singh, 2018も参照されたい。

＊7　Peires, 1989, location 2060–2062.

＊8　Eric Killelea, "Alex Jones' mis-infowars: 7 Bat-Sh*t Conspiracy Theories," *Rolling Stone*, February 21, 2017, http://www.rollingstone.com/culture/lists/alex-jones-mis-infowars-7-bat-sht-conspiracy-theories-w467509/the-government-is-complicit-in-countless-terrorist-and-lone-gunman-attacks-w467737.

＊9　Callum Borchers, "A harsh truth about fake news: Some people are super gullible," *Washington Post*, December 5, 2016, https://www.washingtonpost.com/news/the-fix/wp/2016/11/22/a-harsh-truth-about-fake-news-some-people-are-super-gullible/.

＊10　Heckewelder, 1876, p. 297.

＊11　Dawkins, 2010, p. 141.

＊12　Truther monkey (@Thedyer1971), "The mind controlled sheeple. Welcome to the new world order," Twitter, September 26, 2017, 12:53 a.m., https://twitter.com/Thedyer1971/status/912585964978966528.

＊13　Borchers, "A Harsh truth about fake news". 一般論としては、騙されやすさに対する告発が、両陣営から投げかけられることもある点を示したDonovan, 2004を参照されたい。

＊14　Marcuse, 1966, pp. 46, 15.Abercrombie, Hill, & Turner, 1980も参照されたい。支配的なイデオロギーの役割をより細かくとらえた文献としてアントニオ・グラムシの業績を参照されたい（入門書としてはHoare & Sperber, 2015を参照されたい）。

＊15　Stanley, 2015, p. 27.

＊16　Paul Waldman, "Trump and republicans treat their voters like morons," *Washington Post*, July 26, 2017, https://www.washingtonpost.com/blogs/plum-line/wp/2017/07/26/trump-and-republicans-treat-their-voters-like-morons/.

＊17　Asch, 1956. Source for figure 1: https://en.wikipedia.org/wiki/Asch_conformity_experiments#/media/File:Asch_experiment.svg (accessed November 21, 2018), CCBY-SA 4.0.

＊18　Moscovici, 1985, p. 349, cited by Friend, Rafferty, & Bramel, 1990.

＊19　Milgram, Bickman, & Berkowitz, 1969.

＊20　Milgram, 1974.

＊21　Perry, 2013, location 145.

＊22　Brennan, 2012, p. 8.

＊23　Gilbert, Krull, & Malone, 1990, p. 612.

＊24　Heraclitus, 2001, fragment 111.

＊25　David Robson, "Why are people so incredibly gullible?," BBC, March 24, 2016, http://www.bbc.com/future/story/20160323-why-are-people-so-incredibly-gullible.

＊26　これはアッシュには当てはまらない。Friend et al., 1990を参照されたい。

＊27　Hirschfeld, 2002. これは子どもに注意をほとんど払わない大多数の人類学者に当てはまるとはいえ、人類学や社会心理学には文化変容の研究の長く堅実な伝統がある。

＊28　Boyer, 1994, p. 22.

＊29　Strauss & Quinn, 1997, p. 23.

＊30　Dawkins, 2010, p. 134.

＊31　Henrich, 2015.

＊32　Boyd & Richerson, 1985; Richerson & Boyd, 2005. 彼らの業績はおもに、コミュニケーションの場合と比べ騙されやすさの問題がさほど顕著ではない物質的文化に着目している。

＊33　たとえば次の文献を参照されたい。Barkow, Cosmides, & Tooby, 1992; Pinker, 1997.

＊34　Henrich, 2015.

＊35　レイランドの社会的学習戦略に関しては、たとえば Laland, 2004を参照されたい。
＊36　同調伝達とも呼ばれ、「頻度に基づくバイアス」の一つをなす。Boyd & Richerson, 1985; Henrich & Boyd, 1998を参照されたい。これらの戦略の有用性に関する最近の批判は、Grove, 2018を参照されたい。
＊37　Henrich & Gil-White, 2001; Jiménez & Mesoudi, 2019.
＊38　K. Hill & Kintigh, 2009.
＊39　Richerson & Boyd, 2005, pp. 162–167, 187.
＊40　Boyd & Richerson, 1985, pp. 204ff; Nunn & Sanchez de la Sierra, 2017（後者に対する批判として次の文献を参照されたい。Lou Keep, "The use and abuse of witchdoctors for life," *Samzdat*, June 19, 2017, https://samzdat.com/2017/06/19/the-use-and-abuse-of-witchdoctors-for-life/）.
＊41　Henrich, 2015, p. 49.
＊42　Richerson & Boyd, 2005, p. 124.
＊43　Boyd & Richerson, 2005.
＊44　Boyd & Richerson, 2005, p. 18.
＊45　Marx & Engels, 1970, p. 64.

第2章　コミュニケーションにおける警戒

＊1　Caro, 1986a.
＊2　Ostreiher & Heifetz, 2017; Sommer, 2011.
＊3　Haig, 1993.
＊4　Wray, Klein, Mattila, & Seeley, 2008. この研究は、それに反する以前の結果（Gould & Gould, 1982）が人為的なものだとしている。Dunlap, Nielsen, Dornhaus, & Papaj, 2016も参照されたい。
＊5　Scott-Phillips, 2008, 2014; Scott-Phillips, Blythe, Gardner, & West, 2012.
＊6　Seyfarth, Cheney, & Marler, 1980.
＊7　Nishida et al., 2006.
＊8　Dawkins & Krebs, 1978; Krebs & Dawkins, 1984; Maynard Smith & Harper, 2003.
＊9　Haig, 1993, 1996.
＊10　Haig, 1993, p. 511.
＊11　Blumstein, Steinmetz, Armitage, & Daniel, 1997. ベルベットモンキーにおいて警戒声を安定的なものにしている理由の一つは、このサルが信頼性を欠く個体が発したシグナルを無視するよう学習する能力を持つことにある。これは誠実なシグナルを発するよう送り手を動機づける (Cheney & Seyfarth, 1988)。
＊12　J. Wright, 1997; J. Wright, Parker, & Lundy, 1999.
＊13　C. T. Bergstrom & Lachmann, 2001.
＊14　O. Hasson, 1991.
＊15　Caro, 1986b.
＊16　ガゼルに関する以下のすべての記述の証拠は、Caro, 1986a, 1986b; FitzGibbon & Fanshawe, 1988を参照されたい。
＊17　Nelissen & Meijers, 2011.

＊18　Henrich, 2009; Iannaccone, 1992.
＊19　E. A. Smith & Bird, 2000.
＊20　Higham, 2013.
＊21　Borgia, 1985; Madden, 2002.
＊22　Zahavi & Zahavi, 1997.
＊23　Borgia, 1993.
＊24　Madden, 2002.

第3章　開かれた心の進化

＊1　Dubreuil, 2010; Sterelny, 2012.
＊2　Dediu & Levinson, 2018; Hoffmann et al., 2018. 次の文献も参照されたい。Andrew Lawler, "Neandertals, Stone Age people may have voyaged the Mediterranean," *Science*, April 24, 2018, http://www.sciencemag.org/news/2018/04/neandertals-stone-age-people-may-have-voyaged-mediterranean.
＊3　ダン・スペルベルらは、二〇一〇年に発表した論文（Sperber et al., 2010）でこの点を指摘している。次の論文も参照されたい。Clément, 2006; Harris, 2012; O. Morin, 2016.
＊4　Carruthers, 2009, p. 175で引用されている。
＊5　Anthony, 1999.
＊6　Carruthers, 2009, p. 192で引用されている。
＊7　*Life* magazine. Carruthers, 2009, p. 192で引用されている。
＊8　Pratkanis & Aronson, 1992, chap. 34.
＊9　Pratkanis & Aronson, 1992, chap. 34.
＊10　Reicher, 1996.
＊11　Barrows, 1981, p. 48で引用されている。
＊12　Barrows, 1981, p. 47で引用されている。
＊13　Taine, 1876, p. 226.
＊14　F. G. Robinson, 1988, p. 387.
＊15　Paul Waldman, "Trump and Republicans treat their voters like morons," *Washington Post*, July 26, 2017, https://www.washingtonpost.com/blogs/plum-line/wp/2017/07/26/trump-and-republicans-treat-their-voters-like-morons/; Jason Brennan, "Trump won because voters are ignorant, literally," *Foreign Policy*, November 10, 2016, http://foreignpolicy.com/2016/11/10/the-dance-of-the-dunces-trump-clinton-election-republican-democrat/.
＊16　Peter Kate Piercy, "Classist innuendo about educated Remain voters and the
'white man van' of Leave has revealed something very distasteful about Britain," *Independent*, June 20, 2016, http://www.independent.co.uk/voices/classist-innuendo-about-educated-remain-voters-and-the-white-van-men-of-leave-has-revealed-something-a7091206.html.
＊17　Zimbardo, Johnson, & McCann, 2012, p. 286.
＊18　Myers, 2009, p. 263.
＊19　Bonnefon, Hopfensitz, & De Neys, 2017; Todorov, Funk, & Olivola, 2015.

＊20 それらの二重化システムモデルには多くの問題がある。ダン・スペルベルと私は以前にそれらを批判したことがある。Mercier & Sperber, 2017を参照されたい。
＊21 Frederick, 2005.
＊22 ほとんどの人は、他者から正解に関する説明を受けたときにそうする。自力で正解を出した人のほとんどは、直観的に答えを導き出している。Bago & De Neys, 2019.
＊23 Gilbert et al., 1990; Gilbert, Tafarodi, & Malone, 1993.
＊24 Gilbert et al., 1993.
＊25 Kahneman, 2011, p. 81.
＊26 Gervais & Norenzayan, 2012.
＊27 Aarnio & Lindeman, 2005; Pennycook, Cheyne, Seli, Koehler, & Fugelsang, 2012.
＊28 Tyndale-Biscoe, 2005, p. 234.
＊29 Ratcliffe, Fenton, & Galef, 2003.
＊30 Rozin, 1976, p. 28.
＊31 Rozin, 1976.
＊32 Garcia, Kimeldorf, & Koelling, 1955.
＊33 Rozin, 1976, p. 26.
＊34 Rozin, 1976.
＊35 Cheney & Seyfarth, 1990.
＊36 de Waal, 1982.
＊37 Cheney, Seyfarth, & Silk, 1995.
＊38 Desrochers, Morissette, & Ricard, 1995.
＊39 Tomasello, Call, & Gluckman, 1997.
＊40 J. Wood, Glynn, Phillips, & Hauser, 2007.
＊41 この議論は以前Mercier, 2013で提起したことがある。
＊42 Carruthers, 2009.
＊43 Alexander & Bruning, 2008; Meissner, Surmon-Böhr, Oleszkiewicz, & Alison, 2017.
＊44 Pratkanis & Aronson, 1992.
＊45 Pratkanis & Aronson, 1992; Trappey, 1996.
＊46 Strahan, Spencer, & Zanna, 2002. サブリミナル効果に関する実験は、その多くに再現性の問題が指摘されており、完全に信用できるとは言えない。一度得られた結果が再度得られるかははっきりせず、当初得られた結果が統計的な偶然である可能性もある（たとえばOpen Science Collaboration, 2015を参照されたい）。
＊47 Richter, Schroeder, & Wöhrmann, 2009.
＊48 U. Hasson, Simmons, & Todorov, 2005.
＊49 Kahneman, 2011, p. 81.
＊50 B. Bergstrom & Boyer, submitted. これに関しては次の論文も参照されたい。Isberner & Richter, 2013, 2014; Sklar et al., 2012; Wiswede, Koranyi, Müller, Langner, & Rothermund, 2012.
＊51 Gervais et al., 2018.

＊52　Majima, 2015.
＊53　Mascaro & Morin, 2014.
＊54　Couillard & Woodward, 1999.
＊55　Mascaro & Morin, 2014.

第４章　信念

＊１　Nyhan & Reifler, 2010.
＊２　Nyhan & Reifler, 2015.
＊３　Bonaccio & Dalal, 2006; Yaniv, 2004. 三分の一という数値はたとえばYaniv & Kleinberger, 2000に見出せる。これはやや誤解を招く。事実被験者の三分の二は考えを改めることがなく、三分の一は（最初は）他者の意見をまるごと受け入れている。自分と相手の二つの意見を、平均するのではなくどちらか一方を選好することは最適な戦略ではない（Larrick & Soll, 2006）。
＊４　Wood & Porter, 2016.
＊５　Aird, Ecker, Swire, Berinsky, & Lewandowsky, 2018; Chan, Jones, Hall Jamieson, & Albarracin, 2017; De Vries, Hobolt, & Tilley, 2018; Dixon, Hmielowski, & Ma, 2017; Dockendorff & Mercier, in preparation; Ecker, O'Reilly, Reid, & Chang, 2019; Facchini, Margalit, & Nakata, 2016; Grigorieff, Roth, & Ubfal, 2018; Guess & Coppock, 2015, 2018; S. J. Hill, 2017; Hopkins, Sides, & Citrin, 2019; J. W. Kim, 2018; Leeper & Slothuus, 2015; Nair, 2018; Nyhan, Porter, Reifler, & Wood, 2017; Tappin & Gadsby, 2019; van der Linden, Maibach, & Leiserowitz, 2019; Walter & Murphy, 2018.
＊６　課題が明確であった場合には、人はうまくそうすることができない点については、Dewitt, Lagnado, & Fenton, submittedを参照されたい。
＊７　Thagard, 2005.
＊８　この設問を私に紹介してくれたジェニファー・ネーゲルに感謝する。
＊９　Trouche, Sander, & Mercier, 2014.
＊10　Claidière, Trouche, & Mercier, 2017.
＊11　Mercier, 2012; Mercier, Bonnier, & Trouche, 2016; Mercier & Sperber, 2011, 2017.
＊12　Sperber & Mercier, 2018.
＊13　Plato, *Meno*, Jowett translation, https://en.wikisource.org/wiki/Meno (accessed on July 28 2019).
＊14　それには例外がある。人は自分の見解を正当化したり、自分の見解が間違っていることが判明した場合に備えて暴露の可能性を低減しようとしたりする。Mercier & Sperber, 2017.
＊15　Liberman, Minson, Bryan, & Ross, 2012; Minson, Liberman, & Ross, 2011.
＊16　Mercier, 2016a.
＊17　Trouche, Shao, & Mercier, 2019. 子どもを対象にした実験については次の文献を参照されたい。Castelain, Bernard, Van der Henst, & Mercier, 2016.

＊18　Hahn & Oaksford, 2007; Petty & Wegener, 1998; Priniski & Horne, 2018. 他の実験には、自分の信念に挑戦する議論を評価する際、人は偏向しがちであることが示されていると考えられるものもある（たとえばEdwards & Smith, 1996; Greenwald, 1968; Taber & Lodge, 2006）。しかしそれらの実験における見かけのバイアスは、議論の評価ではなく議論の提示に由来するものであり、したがって議論の評価は実のところ偏向していない可能性も考えられる（Mercier, 2016b; Trouche et al., 2019）。

＊19　“Incompleteness theorems,” Wikipedia, https://en.wikipedia.org/wiki/G%C3%B6del%27s_incompleteness_theorems (accessed April 24, 2019).

＊20　Mancosu, 1999.

＊21　Planck, 1968, pp. 33–34.

＊22　Nitecki, Lemke, Pullman, & Johnson, 1978; Oreskes, 1988. 他の例は次の文献を参照されたい。Cohen, 1985; Kitcher, 1993; Wootton, 2015.

＊23　Mercier & Sperber, 2017, chap. 17.

＊24　Mansbridge, 1999.

＊25　Galler, 2007で引用、翻訳、議論されている。

＊26　Shtulman, 2006; Shtulman & Valcarcel, 2012.

＊27　Miton & Mercier, 2015.

＊28　Durbach, 2000, p. 52.

＊29　Elena Conis, “Vaccination Resistance in Historical Perspective,” The American Historian, http://tah.oah.org/issue-5/vaccination-resistance/ (accessed July 17, 2018).

＊30　M. J. Smith, Ellenberg, Bell, & Rubin, 2008.

＊31　Boyer & Petersen, 2012, 2018; van Prooijen & Van Vugt, 2018.

第5章　知識

＊1　“‘Je devais aller à Bruxelles, je me suis retrouvée à Zagreb’: l’incroyable périple en auto de Sabine, d’Erquelinnes,” Sudinfo, January 11, 2013, https://www.sudinfo.be/art/640639/article/regions/charleroi/actualite/2013-01-11/%C2%ABje-devai-aller-a-bruxelles-je-me-suis-retrouvee-a-zagreb%C2%BB-l-incroyable-p.

＊2　E. J. Robinson, Champion, & Mitchell, 1999. 子どもが証言をいかに評価するかに関する膨大な量の研究の概観は次の文献を参照されたい。Clément, 2010; Harris, 2012; Harris, Koenig, Corriveau, & Jaswal, 2018.

＊3　Castelain, Girotto, Jamet, & Mercier, 2016; Mercier, Bernard, & Clément, 2014; Mercier, Sudo, Castelain, Bernard, & Matsui, 2018.

＊4　自分が同意する意見を語る人を信用できると見なす傾向については、Collins, Hahn, von Gerber, & Olsson, 2018を参照されたい。

＊5　Choleris, Guo, Liu, Mainardi, & Valsecchi, 1997.

＊6　Analytis, Barkoczi, & Herzog, 2018.

＊7　Malkiel & McCue, 1985; Taleb, 2005.

＊8　K. Hill & Kintigh, 2009.
＊9　小規模社会における漁獲に関しては次の文献を参照されたい。Henrich & Broesch, 2011.
＊10　Howard, 1983; Sternberg, 1985. どちらの研究も、十分なデータによって裏づけられているわけではない。
＊11　この立場は、たとえば学習における転移効果の弱さによって強化される。ソーンダイクは、二〇世紀前半にすでにこの現象について確認しており、「心は独立した複数の能力に特殊化しているために、人間の本性はわずかずつしか変えられない」（1917, p. 246）と述べている。最新の研究はSala et al., 2018; Sala & Gobet, 2017, 2018を参照されたい。
＊12　Kushnir, Vredenburgh, & Schneider, 2013; VanderBorght & Jaswal, 2009.
＊13　Keil, Stein, Webb, Billings, & Rozenblit, 2008; Lutz & Keil, 2002.
＊14　Stibbard-Hawkes, Attenborough, & Marlowe, 2018.
＊15　Brand & Mesoudi, 2018.
＊16　Huckfeldt, 2001, see also Katz & Lazarsfeld, 1955; Lazarsfeld, Berelson, &
Gaudet, 1948.
＊17　Kierkegaard, 1961, p. 106.
＊18　Mark Twain, *The complete works of Mark Twain*, p. 392, Archive.org, https://archive.org/stream/completeworksofm22twai/completeworksofm22twai_djvu.txt (accessed July 19, 2018).
＊19　Mercier, Dockendorff, & Schwartzberg, submitted.
＊20　Condorcet, 1785.
＊21　Galton, 1907. Larrick & Soll, 2006も参照されたい。ゴルトンは実際には、平均ではなく中央値を用いている。なぜなら平均の計算は、手では行なえないからである（その点を指摘してくれたエミール・セルヴァン＝シュライバーに感謝する）。
＊22　Surowiecki, 2005.
＊23　図2の参照元：https://xkcd.com/1170/ (accessed June 24, 2019).
＊24　Conradt & List, 2009; Conradt & Roper, 2003.
＊25　Strandburg-Peshkin, Farine, Couzin, & Crofoot, 2015.
＊26　Hastie & Kameda, 2005.
＊27　T.J.H. Morgan, Rendell, Ehn, Hoppitt, & Laland, 2012.
＊28　Mercier & Morin, 2019.
＊29　Mercier & Morin, 2019.
＊30　Dehaene, 1999.
＊31　Mercier & Morin, 2019.
＊32　たとえばMaines, 1990を参照されたい。
＊33　Mercier & Miton, 2019.
＊34　J. Hu, Whalen, Buchsbaum, Griffiths, & Xu, 2015. とはいえEinav, 2017も参照されたい。
＊35　Mercier & Morin, 2019.
＊36　Friend et al., 1990; Griggs, 2015.

＊37　情報的同調と規範的同調の区別に関しては Deutsch & Gerardを、その困難さに関してはHodges & Geyer, 2006を、子どもを対象に類似の結果が得られた研究に関してはCorriveau & Harris, 2010; Haun & Tomasello, 2011を参照されたい。

＊38　Allen, 1965, p. 143. またアレンは、被験者があとになって単独で同じことを尋ねられると正解に転じることを示したいくつかの実験に言及している。

＊39　Asch, 1956, p. 56.

＊40　Asch, 1956, p. 47.

＊41　Gallup, Chong, & Couzin, 2012; Gallup, Hale, et al., 2012.

＊42　Clément, Koenig, & Harris, 2004.

＊43　有能さに関してはBernard, Proust, & Clément, 2015を参照されたい。

＊44　愚者の使いに関するすぐれた記述としてUmbres, 2018を参照されたい。

第6章　信用

＊1　DePaulo et al., 2003.

＊2　Freud, 1905, p. 94. Bond, Howard, Hutchison, & Masip, 2013で引用されている。

＊3　清朝：Conner, 2000, p. 142; 古代インド：Rocher, 1964, p. 346; ヨーロッパ中世：Ullmann, 1946; Robisheaux, 2009, p. 206; 二〇世紀アメリカ：Underwood, 1995, pp. 622ff.

＊4　Kassin & Gudjonsson, 2004. Inbau, Reid, Buckley, & Jayne, 2001による教科書を引用。

＊5　たとえばEkman, 2001, 2009を参照されたい。

＊6　Weinberger, 2010. 微表情を検知する訓練が機能しないことを示す直接的な根拠はJordan et al., in pressを参照されたい。

＊7　Porter & ten Brinke, 2008.

＊8　ten Brinke, MacDonald, Porter, & O'Connor, 2012.

＊9　DePaulo, 1992.

＊10　DePaulo et al., 2003; Hartwig & Bond, 2011; Vrij, 2000.

＊11　Hartwig & Bond, 2011.

＊12　Honts & Hartwig, 2014, p. 40. 次の文献も参照されたい。Foerster, Wirth, Herbort, Kunde, & Pfister, 2017; Luke, in press; Raskin, Honts, & Kircher, 2013; Roulin & Ternes, 2019. 最近では、人はほんとうの悲鳴と演じられた悲鳴の区別をつけられないことが示されている。Engelberg & Gouzoules, 2019.

＊13　Bond & DePaulo, 2006; Bond, 2008.

＊14　Levine, 2014; Gilbert, 1991.

＊15　たとえばDePaulo, Kashy, Kirkendol, Wyer, & Epstein, 1996を参照されたい。他の文化のもとでは、うそははるかに頻繁に見られ、その結果うそをつかれることに慣れている（Gilsenan, 1976など）。

＊16　Reid, 1970, chap. 24.

＊17　たとえば次の文献を参照されたい。Helen Klein Murillo, "The law of lying: Perjury, false statements, and obstruction," Lawfare, March 22, 2017, https://www.lawfareblog.com/law-lying -perjury-false-statements-and-obstruction.

＊18　これは人びとを自己欺瞞に陥らせるような強い圧力がないことを、ある程度前提とする（反論はSimler & Hanson, 2017; von Hippel & Trivers, 2011を参照されたい）。誤った情報の発信が意図されたものか否かに関係なく罰せられるのなら、自己欺瞞の必要はない。Mercier, 2011.

＊19　たとえばBirch & Bloom, 2007を参照されたい。

＊20　開かれた警戒の観点から言えば、あなたが誰かをいかに誠意ある人物であると見なしていようが、それはせいぜい、その人物の意見に自分の見解と同程度の価値があると見なしているからにすぎない。相手の見解に五〇パーセント以上近づくのは、自分より有能である、相手に理があるなど、その人を信じるべき別の理由がある場合に限られる。

＊21　Sniezek, Schrah, & Dalal, 2004.

＊22　Gino, 2008.

＊23　Gendelman, 2013.

＊24　実のところ、動機の一致が重要な役割を果たすのは最初だけで、その後は私がこれから取り上げるメカニズムが協力と友情の継続を可能にするのかもしれない。

＊25　Reyes-Jaquez & Echols, 2015.

＊26　チンパンジーが指差しを無視する理由はそれによって説明できるかもしれない。つまり個々の指差しを、協力的なものではなく競争的なものと見なすのである。

＊27　Mills & Keil, 2005; Mills & Keil, 2008.

＊28　Meissner & Kassin, 2002; Street & Richardson, 2015.

＊29　この問いは、他者の動機を知ることが困難であるために複雑になる。反証がない限り相手の動機が自分の動機と一致しないと想定し、警戒して誤ったほうがよい結果が得られやすい。この姿勢はコミュニケーションをさらに起こりにくくする。

＊30　Frank, 1988.

＊31　自分に関する意見はいかなる話者も持っている。それは話者に対する一般的な見解である名声とは異なる。Sperber & Baumard, 2012.

＊32　Boehm, 1999.

＊33　Baumard, André, & Sperber, 2013.

＊34　Shea et al., 2014.

＊35　Van Zant & Andrade, submitted.

＊36　Brosseau-Liard & Poulin-Dubois, 2014; Matsui, Rakoczy, Miura, & Tomasello, 2009. おとなを対象とした研究は次の文献を参照されたい。Bahrami et al., 2010; Fusaroli et al., 2012; Pulford, Colman, Buabang, & Krockow, 2018.

＊37　Tenney, MacCoun, Spellman, & Hastie, 2007; Tenney et al., 2008, 2011. 人は他者に対する信用を、過去の自信過剰な態度に応じては十分に変えないことを示した研究

がある（Anderson, Brion, Moore, & Kennedy, 2012; J. A. Kennedy, Anderson, & Moore, 2013）。しかしそれらの研究でも、自信に満ちた話者に対する信用は落ち、話者がそのような態度を続けるようならさらに落ちる可能性が高いことが示されている（Vullioud, Clément, Scott-Phillips, & Mercier, 2017）。

＊38 Vullioud et al., 2017. われわれは、自信の発露以外の理由で話者を信用していた場合には、のちに話者が間違っていたことが判明しても、話者に対する信用がそれほど落ちないことも示した。

＊39 Boehm, 1999; Chagnon, 1992; Safra, Baumard, & Chevallier, submitted.

＊40 たとえばKam & Zechmeister, 2013; Keller & Lehmann, 2006を参照されたい。

＊41 Amos, Holmes, & Strutton, 2008.

＊42 Laustsen & Bor, 2017.

＊43 Amos et al., 2008.

＊44 Knittel & Stango, 2009.

＊45 公約に関してはArtés, 2013; Pomper & Lederman, 1980; Royed, 1996を、腐敗に関してはCostas-Pérez, Solé-Ollé, & Sorribas-Navarro, 2012を参照されたい。

第7章　情動

＊1 Rankin & Philip, 1963, p. 167. タンガニーカに関する記述はおもにEbrahim, 1968に基づいている。

＊2 たとえばEvans & Bartholomew, 2009を参照されたい。

＊3 Susan Dominus, "What happened to the girls in Le Roy," *New York Times Magazine*, March 7, 2012, https://www.nytimes.com/2012/03/11/magazine/teenage-girls-twitching-le-roy.html.

＊4 Rankin & Philip, 1963, p. 167.

＊5 Le Bon, 1897.

＊6 Tarde, 1892, p. 373 (my translation).

＊7 Sighele, 1901, p. 48 (my translation).

＊8 Warren & Power, 2015.

＊9 A. Brad Schwartz, "Orson Welles and history's first viral-media event," *Vanity Fair*, April 27, 2015, https://www.vanityfair.com/culture/2015/04/broadcast-hysteria-orson-welles-war-of-the-worlds.

＊10 Moorehead, 1965, p. 226.

＊11 Coviello et al., 2014; Kramer, Guillory, & Hancock, 2014.

＊12 Canetti, 1981, p. 77.

＊13 Sighele, 1901, p. 190 (my translation).

＊14 Le Bon, 1900, p. 21 (my translation).

＊15 Lanzetta & Englis, 1989.

＊16 Dimberg, Thunberg, & Elmehed, 2000.

＊17 Dezecache et al., submitted.

＊18 Hatfield, Cacioppo, & Rapson, 1994, p. 5.

＊19 Sighele, 1901, p. 59 (my translation)で引用されてい

る。より最近の文献としてMoscovici, 1981があげられる。
＊20　Frank, 1988; Sell, Tooby, & Cosmides, 2009.
＊21　Burgess, 1839, p. 49.
＊22　Frank, 1988.
＊23　この戦略は実際に機能するように思われる。Reed, DeScioli, & Pinker, 2014.
＊24　Frank, 1988, p. 121. Owren & Bachorowski, 2001も参照されたい。
＊25　Fodor, 1983.
＊26　私たちが通常考えている以上に多くの事象が意識のコントロール下に置かれている。すぐれた役者は、自在に自分の表情を操れる。立毛を意識的にコントロールできる人さえいる（Heathers, Fayn, Silvia, Tiliopoulos, & Goodwin, 2018）。
＊27　Dezecache, Mercier, & Scott-Phillips, 2013.
＊28　Tamis-LeMonda et al., 2008; G. Kim & Kwak, 2011.
＊29　Chiarella & Poulin-Dubois, 2013; Chiarella & Poulin-Dubois 2015.
＊30　Hepach, Vaish, & Tomasello, 2013.
＊31　Lanzetta & Englis, 1989.
＊32　Zeifman & Brown, 2011.
＊33　Hofman, Bos, Schutter, & van Honk, 2012.
＊34　Weisbuch & Ambady, 2008; Han, 2018.
＊35　Dezecache et al., 2013; Norscia & Palagi, 2011.
＊36　Campagna, Mislin, Kong, & Bottom, 2016.
＊37　Warren & Power, 2015.
＊38　Crivelli & Fridlund, 2018.
＊39　McPhail, 1991; O. Morin, 2016.
＊40　類似の主張は次の文献でなされている。"Beyond contagion: Social identity processes in involuntary social influence," *Crowds and Identities: John Drury's Research Group*, University of Sussex, http://www.sussex.ac.uk/psychology/crowdsidentities/projects/beyondcontagion (accessed July 20, 2018).
＊41　Boss, 1997.
＊42　Dominus, "What happened to the girls in Le Roy."
＊43　Evans & Bartholomew, 2009; Ong, 1987; Boss, 1997, p. 237.
＊44　Lopez-Ibor, Soria, Canas, & Rodriguez-Gamazo, 1985, p. 358.
＊45　Couch, 1968; Drury, Novelli, & Stott, 2013; McPhail, 1991; Schweingruber & Wohlstein, 2005.
＊46　Taine, 1885 book 1, chap. V.
＊47　Rudé, 1959.
＊48　Barrows, 1981.
＊49　Barrows, 1981.
＊50　J. Barker, 2014; Hernon, 2006.
＊51　White, 2016で引用されている。
＊52　Klarman, 2016.
＊53　Wang, 1995, p. 72.

＊54　Taine, 1876, p. 241.

＊55　McPhail, 1991, pp. 44ff.; Tilly & Tilly, 1975.

＊56　さらに言えば、すでに何人が悪行に走っていれば他の誰かが悪行に走るかに関して段階があるのなら、この現象は、実際には（直接的な）影響がまったくない場合でも、影響の連鎖が生じているかのように見えるだろう。Granovetter, 1978.

＊57　Dezecache, 2015, and Mawson, 2012, pp. 234ff.

＊58　Jefferson Pooley and Michael J. Sokolow, "The myth of the War of the Worlds panic," October 28, 2013, *Slate*, http://www.slate.com/articles/arts/history/2013/10/orson_welles_war_of_the_worlds_panic_myth_the_infamous_radio_broadcast_did.html; Lagrange, 2005.

＊59　Janis, 1951.

＊60　Schultz, 1964.

＊61　Proulx, Fahy, & Walker, 2004.

＊62　Dezecache et al., submitted.

＊63　Dezecache et al., submitted; Johnson, 1988.

＊64　R. H. Turner & Killian, 1972.

＊65　McPhail, 2007.

＊66　Aveni, 1977; Johnson, Feinberg, & Johnston, 1994; McPhail & Wohlstein, 1983.

＊67　Mawson, 2012, pp. 143ff.

第8章　デマゴーグ、預言者、伝道師

＊1　本章と次章はMercier, 2017に基づく。「最悪の敵」という言い回しはSigner, 2009による。

＊2　Signer, 2009, pp. 40–41.

＊3　Thucydides, *The History of the Peloponnesian War*, http://classics.mit.edu/Thucydides/pelopwar.mb.txt (accessed November 23, 2018).

＊4　"Mytilenean revolt," Wikipedia, https://en.wikipedia.org/wiki/Mytilenean_revolt (accessed November 23, 2018).

＊5　Thucydides, *The History of the Peloponnesian War*, 3.37, http://classics.mit.edu/Thucydides/pelopwar.mb.txt (accessed November 23, 2018).

＊6　*Republic*, Book VIII, 565a, trans. Jowett; see also 488d, http://classics.mit.edu/Plato/republic.9.viii.html (accessed November 23, 2018).

＊7　"Cleon," in William Smith (Ed.), *A dictionary of Greek and Roman biography and mythology*, http://www.perseus.tufts.edu/hopper/text?doc=Perseus:text:1999.04.0104:entry=cleon-bio-1 (accessed November 23, 2018).

＊8　"Cleon."

＊9　Whedbee, 2004.

＊10　とりわけKershaw, 1983bを参照されたい。

＊11　Kershaw, 1987; Kershaw, 1983b, 1991.

＊12　Kershaw, 1987, p. 46.

＊13　Kershaw, 1987, p. 46.

＊14　Selb & Munzert, 2018, p. 1050
＊15　Kershaw, 1987, pp. 61, 123; Voigtländer & Voth, 2014.
＊16　Kershaw, 1987, p. 146.
＊17　Kershaw, 1987, pp. 187–188.
＊18　Kershaw, 1987, pp. 194ff.
＊19　Kershaw, 1987, p. 147.
＊20　Kershaw, 1987, pp. 233ff.
＊21　毛沢東の事例に関してはWang, 1995を参照されたい。
＊22　このたとえはWatts, 2011, pp. 96–97から引用した。
＊23　この事例はPeires, 1989による。
＊24　Peires, 1989, location 2060–2062.
＊25　Peires, 1989, location 363–365.
＊26　Peires, 1989, locations 1965–1966, 1921–1923.
＊27　Peires, 1989, location 1923–1927.
＊28　Peires, 1989, location 4257–4262.
＊29　Peires, 1989, location 4262–4264.
＊30　Peires, 1989, locations 2550–2552, 2078–2081.
＊31　Peires, 1989, location 3653–3657.
＊32　Peires, 1989, locations 2524–2526, 3672–3676.
＊33　Peires, 1989, locations 3699–3700, 4369–4370.
＊34　Peires, 1989, location 46–49.
＊35　Stapleton, 1991.
＊36　Peires, 1989, location 4483–4486.
＊37　Stapleton, 1991, p. 385.
＊38　Peires, 1989, location 4577–4582.
＊39　Cohn, 1970, p. 66.「子どもの十字軍」に関してはDickson, 2007を参照されたい。
＊40　Weber, 2000. Barkun, 1986; Hall, 2013も参照されたい。
＊41　Lanternari, 1963; Hall, 2013, p. 3; Barkun, 1986.
＊42　Hall, 2009.
＊43　コーサ族に関してはPeires, 1989, location 1106–1108を、またより一般的な記述はHall, 2009を参照されたい。
＊44　Hall, 2009. Scott, 1990, p. 101も参照されたい。そこには、「ヨーロッパと東南アジアでは（…）、文化と宗教の系譜が大きく異なるにもかかわらず、正義の王や宗教的な救済者が戻ってくると見なす長い伝統が共通して見られる」とある。
＊45　Acts 2:41 English Standard Version.
＊46　Lawlor & Oulton, 1928, 3.37.3.
＊47　MacMullen, 1984, p. 29. Stone, 2016で引用されている。
＊48　たとえばAbgrall, 1999を参照されたい。Anthony, 1999で引用されている。
＊49　Stark, 1996.
＊50　Stark, 1984.
＊51　E. Barker, 1984.
＊52　Iannaccone, 2006（当節は多くをこの論文に負って

いる）；E. Barker, 1984.

＊53 E. Barker, 1984.

＊54 E. Barker, 1984, p. 8

＊55 Stark & Bainbridge, 1980; David A. Snow & Phillips, 1980; Le Roy Ladurie, 2016, location 847–849; Robbins, 1988; Stark & Bainbridge, 1980.

＊56 Anthony, 1999, p. 435.

＊57 Stark, 1996, p. 178; Power, 2017.

＊58 Stark, 1996, chap. 8.

＊59 Iannaccone, 2006, p. 7.

＊60 Murray, 1974, p. 307.

＊61 この見方についてはAbercrombie et al., 1980を参照されたい。

＊62 Marx & Engels, 1970.

＊63 この見方に対する一般的な批判はAbercrombie et al., 1980; Delumeau, 1977; Le Bras, 1955; Stark, 1999; K. Thomas, 1971を参照されたい。

＊64 Murray, 1974, p. 299.

＊65 Murray, 1974, p. 304

＊66 Murray, 1974, p. 305

＊67 Murray, 1974, p. 318

＊68 Murray, 1974, pp. 305, 320. キリスト教の教義に従わない民衆を嘆いた伝道師はフンベルトに限られない。それに関するさらなる事例は、Pettegree, 2014, pp. 27, 128, 135, 137を参照されたい。

＊69 Le Roy Ladurie, 2016, location 666–673; Ekelund, Tollison, Anderson, Hébert, & Davidson, 1996も参照されたい。

＊70 Cohn, 1970; Dickson, 2007.

＊71 Cohn, 1970, p. 80.

＊72 Cohn, 1970, p. 80.

＊73 Delumeau, 1977, p. 225; MacMullen, 1999; K. Thomas, 1971.

＊74 Le Roy Ladurie, 2016, locations 947–952, 985–987.

＊75 Murray, 1974, p. 318. 公式な宗教的教義が決して受け入れられず、より直観に訴える伝統的な実践に凌駕されていたという見方は、宗教人類学では自明と見なされている。中世のキリスト教に関するさらなる事例は、たとえばGinzburg, 2013を参照されたい。

＊76 Murray, 1974, pp. 307, 320.

＊77 ヒンドゥー教とカースト制度については次の文献を参照されたい。Berreman, 1971; Harper, 1968; Juergensmeyer, 1980; Khare, 1984; Mencher, 1974.

＊78 Scott, 1990, 2008.

＊79 Scott, 2008, p. 29; 南北戦争前の南部における奴隷に関してはGenovese, 1974を参照されたい。

第9章　政治宣伝、選挙キャンペーン、広告

＊1 Hitler (1339); Project Gutenberg, http://gutenberg.net.au/ebooks02/0200601.txt. Quotes found in "Propaganda in Nazi

Germany," Wikipedia, https://en.wikipedia.org/wiki/Propaganda_in_Nazi_Germany (both accessed November 23, 2018).

＊2　Kershaw, 1983a, p. 191.

＊3　Voigtländer & Voth, 2015.

＊4　Bursztyn, Egorov, & Fiorin, 2019.

＊5　Adena, Enikolopov, Petrova, Santarosa, & Zhuravskaya, 2015, p. 1885.

＊6　Kershaw, 1983a, p. 191.

＊7　Kershaw, 1983a; Kuller, 2015.

＊8　Kershaw, 1983a, p. 188.

＊9　Salter, 1983.

＊10　Stout, 2011, pp. 4, 31; Kallis, 2008; Kershaw, 1983a.

＊11　Kershaw, 1983a, 1987.

＊12　Kershaw, 1983a, p. 199.

＊13　Mawson, 2012, p. 141.

＊14　Mawson, 2012, p. 141.

＊15　Stout, 2011.

＊16　Kershaw, 1983a, p. 200.

＊17　Brandenberger, 2012.

＊18　Davies, 1997, pp. 6–7. ロシア人は政権を揶揄する数々のおもしろいジョークを生んだ。たとえば次を参照されたい。"Russian political jokes," Wikipedia, https://en.wikipedia.org/wiki/Russian_political_jokes#Communism (accessed March 28, 2019).

＊19　Rose, Mishler, & Munro, 2011; B. Silver, 1987.

＊20　Peisakhin & Rozenas, 2018.

＊21　Wang, 1995.

＊22　Wang, 1995, p. 277.

＊23　X. Chen & Shi, 2001; Gang & Bandurski, 2011.

＊24　Osnos, 2014, location 2330–2333.

＊25　Osnos, 2014, location 3965–3966.

＊26　Huang, 2017.

＊27　Osnos, 2014, location 4657–4663.

＊28　Roberts, 2018, p. 218.

＊29　King, Pan, & Roberts, 2017.

＊30　Márquez, 2016, pp. 137–138; Aguilar, 2009; Pfaff, 2001; Tismaneanu, 1989.

＊31　それに関する事例はBlakeslee, 2014; Petrova & Yanagizawa-Drott, 2016を参照されたい。

＊32　Kershaw, 1987, p. 80.

＊33　Demick, 2010.

＊34　Osnos, 2014, location 606–609.

＊35　Ezra Klein, "Trump has given North Korea 'the greatest gift ever,'" *Vox*, January 2, 2018, https://www.vox.com/2017/12/21/16803216/north-korea-trump-war.

＊36　J. J. Kennedy, 2009.

＊37　"China lifting 800 million people out of poverty is historic: World Bank," *Business Standard*, October 13, 2017, https://www.business-standard.com/article/international/china-lifting-800-million-people-out-of-poverty-is-historic-world-bank-117101300027_1.html. ナチによる飴戦略についてはAly, 2007を参照されたい。

＊38 Kershaw, 1983a, p. 196.

＊39 "Cost of Election," OpenSecrets.org, https://www.opensecrets.org/overview/cost.php (accessed July 6, 2018).

＊40 たとえばO'Donnell & Jowett, 1992を参照されたい。

＊41 たとえばLasswell, 1927を参照されたい。

＊42 Klapper, 1960による命名。Hovland, 1954; Lazarsfeld et al., 1948に基づいている。

＊43 Klapper, 1960, p. 15. Arceneaux & Johnson, 2013で引用されている。

＊44 たとえばIyengar & Kinder, 1987; Gamson, 1992を参照されたい。

＊45 Arceneaux & Johnson, 2013.

＊46 Lenz, 2009.

＊47 Lenz, 2013; Broockman & Butler, 2017; Carlsson, Dahl, & Rooth, 2015.

＊48 Berelson, Lazarsfeld, McPhee, & McPhee, 1954; Huckfeldt, Pietryka, & Reilly, 2014; Katz, 1957.

＊49 Chiang & Knight, 2011; Ladd & Lenz, 2009.

＊50 Kalla & Broockman, 2018. この研究には堅実な識別戦略を用いた研究によって得られたデータが含まれており、ランダム化比較試験に近い効果が得られている。

＊51 Broockman & Green, 2014; Durante & Gutierrez, 2014; S. J. Hill, Lo, Vavreck, & Zaller, 2013.

＊52 Kalla & Broockman, 2018; Bekkouche & Cagé, 2018.

＊53 Kalla and Broockmanは、（統計的な偶然の可能性もあるが）このパターンにはいくつかの例外があると述べている。選挙キャンペーンによって特定の有権者にとりわけ関連のある、意外な情報が提供されると、それによって小さな効果がもたらされる場合がある。たとえばある選挙キャンペーン研究では、妊娠中絶の規制に反対するプロチョイス派の有権者に向けて、プロチョイスと見られているある候補者が実際にはそうでないことを知らせるメールが送られた（Rogers & Nickerson, 2013）。この情報は、メールを送られた有権者にわずかながら有意な効果をもたらした。このキャンペーンは基本的にメディアの役割を肩代わりしたと見なせる。

＊54 Carole Cadwalladr, "The great British Brexit robbery: How our democracy was hijacked," *Guardian*, May 7, 2017, https://www.theguardian.com/technology/2017/may/07/the-great-british-brexit-robbery-hijacked-democracy.

＊55 Matz, Kosinski, Nave, & Stillwell, 2017.

＊56 Evan Halper, "Was Cambridge Analytica a digital Svengali or snake-oil salesman?," *Los Angeles Times*, March 21, 2018, https://www.latimes.com/politics/la-na-pol-cambridge-analytica-20180321-story.html. 数値の見積もりは次を参照した。

Stafseng Einarsen (@matseinarsen), thread starting with "The Facebook + Cambridge Analytica thing is a trainwreck on multiple levels . . . ," Twitter, March 20, 2018, 9:44 a.m., https://twitter.com/matseinarsen/status/976137451025698821; see also Allan Smith, "There's an open secret about Cambridge Analytica in the political world: It doesn't have the 'secret sauce' it claims," *Business Insider Australia*, March 22, 2018, https://www.businessinsider.com.au/cambridge-analytica-facebook-scandal-trump-cruz-operatives-2018-3; David Graham, "Not even Cambridge Analytica believed its hype," *Atlantic*, March 20, 2018, https://www.theatlantic.com/politics/archive/2018/03/cambridge-analyticas-self-own/556016/; Stephen Armstrong, "Cambridge Analytica's 'mindfuck tool' could be totally useless," *Wired*, March 22, 2018, https://www.wired.co.uk/article/cambridge-analytica-facebook-psychographics; Brian Resnick, "Cambridge Analytica's 'psychographicmicrotargeting': What's bullshit and what's legit," *Vox*, March 26, 2018, https://www.vox.com/science -and-health/2018/3/23/17152564/cambridge-analytica-psychographic-microtargeting-what.

＊57　Gelman, Goel, Rivers, & Rothschild, 2016.

＊58　Gelman & King, 1993, p. 409.

＊59　Barabas & Jerit, 2009. ただし誰が何を知っているかに関して格差を生む可能性がある。Nevitte, Gidengil, & Blais, 2008. これが中国でいかに利用されているかについては、Roberts, 2018を参照されたい。

＊60　Ladd, 2011.

＊61　Besley, Burgess, & others, 2002; Snyder & Strömberg, 2010; Strömberg, 2004.

＊62　Peter Kafka and Rani Molla, "2017 was the year digital ad spending finally beat TV," *Vox*, December 4, 2017, https://www.recode.net/2017/12/4/16733460/2017-digital-ad-spend-advertising-beat-tv. 本節はおもに次の文献によってレビューされている業績に基づく。

DellaVigna & Gentzkow, 2010; Tellis, 2003.

＊63　Lewis & Rao, 2013.

＊64　Aaker & Carman, 1982; Lodish et al., 1995.

＊65　Y. Hu, Lodish, & Krieger, 2007.

＊66　Ackerberg, 2001; Tellis, 1988; Tellis, Chandy, & Thaivanich, 2000.

＊67　Ackerberg, 2001, p. 318.

＊68　M. Thomas, in press.

＊69　Amos et al., 2008.

＊70　Lull & Bushman, 2015; Wirtz, Sparks, & Zimbres, 2018.

＊71　Nestlé, "Management Report 2005," https://www.nestle.com/asset-library/documents/library/documents/annual_reports/2005-management-report-en.pdf; Nestlé, "Management Report 2006," https://www.nestle.com/asset-library/documents/library/documents/annual_reports/2006-management-report-en.pdf; Nestlé, "Management Report 2007," https://www.nestle.com/asset-library/documents/library/documents/annual_

reports/2007-management-report-en.pdf(all accessed May 25, 2019).

＊72 Christophe Cornu, "A new coffee for the USA from Nestlé Nespresso," Nestlé Investor Seminar 2014, https://www.slideshare.net/Nestle_IR/nespresso-35442357 (accessed May 25, 2019).

＊73 Nespresso, "Brand related," https://www.nestle-nespresso.com/about-us/faqs/brand-related (accessed May 25, 2019).

＊74 Van Doorn & Miloyan, 2017.

＊75 Tellis, 2003, p. 32; Blake, Nosko, & Tadelis, 2015. 協調問題に対するソリューションとして説明されている例外についてはChwe, 2001を参照されたい。

第10章　興味をそそられるうわさ

＊1 Peter Schroeder, "Poll: 43 percent of Republicans believe Obama is a Muslim," The Hill, September 13, 2017, http://thehill.com/blogs/blog-briefing-room/news/253515-poll-43-percent-of-republicans-believe-obama-is-a-muslim.

＊2 Haifeng Huang, "In China, rumors are flying about David Dao's alleged $140 million settlement from United Airlines," *Washington Post*, May 10, 2017, https://www.washingtonpost.com/news/monkey-cage/wp/2017/05/10/in-china-rumors-are-flying-about-david-daos-140-million-settlement-from-united-airlines/.

＊3 Danny Cevallos, "United Airlines must have paid big bucks for Dr. Dao's silence," CNN, May 1, 2017, https://edition.cnn.com/2017/04/28/opinions/united-airlines-settlement-cevallos/index.html.

＊4 E. Morin, 1969.

＊5 Sinha, 1952.

＊6 Prasad, 1935.

＊7 Weinberg & Eich, 1978.

＊8 Allport & Postman, 1947.

＊9 Rosnow, 1991, p. 484.

＊10 Chorus, 1953, p. 314.

＊11 たとえばNaughton, 1996; P. A. Turner, 1992を参照されたい。

＊12 Pound & Zeckhauser, 1990.

＊13 （うわさの半分は虚偽であるという）的中率の低さにもかかわらず、その情報は、企業買収がまれであるがゆえに非常に貴重なものになる。ある企業が任意の時点で買収される確率は実質的にゼロと考えれば、うわさを聞けばその確率が五〇パーセントに上がることからすると、その変化は巨大だと言わざるを得ない。

＊14 DiFonzo & Bordia, 2007.

＊15 DiFonzo, 2010.

＊16 DiFonzo, 2010, table 6.2, p. 146.

＊17 Caplow, 1947.

＊18 Knapp, 1944も参照されたい。

＊19 Caplow, 1947, p. 301.

＊20　開かれた警戒メカニズムは、その他の方法では拒絶されるメッセージの受け入れをおもに担うため、それが発動されなくても、有害なメッセージの受け入れという重大なリスクが引き起こされるわけではない。それについては第5章を参照されたい。

＊21　たわごとの拡散に関してはPetrocelli, 2018を参照されたい。

＊22　Caplow, 1947.

＊23　Diggory, 1956.

＊24　Shibutani, 1966, p. 76.

＊25　Weinberg & Eich, 1978, p. 30.

＊26　Sperber, 1997.

＊27　Kay, 2011, p. 185.

＊28　Gwynn Guilford, "The dangerous economics of racial resentment during World War II," *Quartz*, February 13, 2018, https://qz.com/1201502/japanese-internment-camps-during-world-war-ii-are-a-lesson-in-the-scary-economics-of-racial-resentment/.

＊29　"Trump remains unpopular; Voters prefer Obama on SCOTUS pick," *Public Policy Polling*, December 9, 2016 https://www.publicpolicypolling.com/wp-content/uploads/2017/09/PPP_Release_National_120916.pdf.

＊30　Nation Pride comment on Google Review, https://www.google.com/search?q=comet+ping+pong&oq=comet+ping+pong&aqs=chrome..69i57j35i39j69i60j69i61j0l2.183j0j7&sourceid=chrome&ie=UTF-8#lrd=0x89b7c9b98f61ad27:0x81a8bf734dd1c58f,1,,, (accessed March 10, 2018).

＊31　Kanwisher, 2000.

＊32　Sperber, 1994.

＊33　NASA, public domain, https://commons.wikimedia.org/wiki/File:Cydonia_medianrp.jpg; and grendelkhan, https://www.flickr.com/photos/grendelkhan/119929591 (accessed June 18, 2019), CC BY-SA.

＊34　Wohlstetter, 1962, p. 368.

＊35　Boyer & Parren, 2015.

＊36　van Prooijen & Van Vugt, 2018.

＊37　Vosoughi, Roy, & Aral, 2018.

＊38　Boyer & Parren, 2015; Dessalles, 2007.

＊39　Donovan, 2004, p. 6.

＊40　同じことは「メタうわさ」、すなわちうわさに関するうわさの拡散にも当てはまる。たとえば「ユダヤ人の商店主が若い女性を誘拐しているといううわさがあるのを知っている？」と言われたとき、人びとがそのうわさを直観的に信じていると信じた場合に自分はいったい何をするだろうか、あるいはそれを広げている人に何と言うだろうかと自問してみることができる。

第11章　循環報告から超自然信仰へ

＊1　Buckner, 1965, p. 56に啓発された。

＊2　E. Morin, 1969, p. 113に啓発された。

＊3　E. Morin, 1969, p. 113 (my translation); 実験によるこの現象の再現についてはAltay, Claidière, & Mercier, submittedを参照されたい。
＊4　Aikhenvald, 2004, p. 43. 他の資料（the World Atlas of Language Structures sample）では五七パーセントとされている。
＊5　Aikhenvald, 2004, p. 43.
＊6　Aikhenvald, 2004, p. 26
＊7　Altay & Mercier, submitted; Vullioud et al., 2017.
＊8　情報の伝達によって信用を獲得することの重要性についてはDessalles, 2007を参照されたい。
＊9　四歳児はその種の推論を行なうことができるらしい。Einav & Robinson, 2011を参照されたい。概して言えば、人は情報源に関する適切な情報の付与に非常に敏感であるように思われる。情報が正しい、もしくは間違っていることが判明して、話者に功績を付与したり、責任を問うたりする際に重要だと考えているからである。I. Silver & Shaw, 2018を参照されたい。
＊10　Donovan, 2004, pp. 33ff.
＊11　"The royal family are bloodsucking alien lizards—David Icke," *Scotsman*, January 30, 2006, https://www.scotsman.com/news/uk-news/the-royal-family-are-bloodsucking-alien-lizards-david-icke-1-1103954.
＊12　Bod Drogin and Tom Hamburger, "Niger uranium rumors wouldn't die," *LosAngeles Times*, February 17, 2006, http://articles.latimes.com/2006/feb/17/nation/na-niger17.
＊13　Drogin and Hamburger, "Niger uranium rumors wouldn't die."
＊14　概して言えばものごとはもっと複雑であり、実際には情報源の精査は独立性を担保する。ある情報源が信頼できると多くの人びとが同意すれば、それはその情報源が実際に信頼できることを示す一つのすぐれた指標になる（Estlund, 1994）。
＊15　Dalai Lama (@DalaiLama),「思考様式の大きな違いのゆえに、私たちが異なる宗教や信仰を持つようになるのは必然的である。そのそれぞれには独自の美がある。相互の敬意と称賛を基盤に皆で一緒に暮らしていくほうがはるかによい」Twitter, February 26, 2018, 2:30 a.m., https://twitter.com/DalaiLama/status/968070699708379143?s=03).
＊16　ドゥナ族に関する情報はすべて彼女との私信に基づいている。またSan Roque & Loughnane, 2012を参照されたい。
＊17　Rumsey & Niles, 2011.
＊18　Boyer, 2001.
＊19　Baumard & Boyer, 2013b; Sperber, 1997.
＊20　Schieffelin, 1995.
＊21　事実、問題は最初から存在している。宗教的信念の事例が示すように、比較的単純な文化でさえ、追跡が困難な連鎖を含んでいる。

＊22　Gloria Origgi, “Say goodbye to the information age: It’s all about reputation now,” *Aeon*, March 14, 2018, https://aeon.co/ideas/say-goodbye-to-the-information-age-its-all-about-reputation-now. See also Origgi, 2017.
＊23　たとえば次の文献を参照されたい。Altay & Mercier, submitted; Mercier, Majima, Claidière, & Léone, submitted.

第12章　魔女の自白と他の有用な愚行について

＊1　Paul Wright “An innocent man speaks: PLN interviews Jeff Deskovic,” *Prison Legal News*, August 15, 2013, https://www.prisonlegalnews.org/news/2013/aug/15/an-innocent-man-speaks-pln-interviews-jeff-deskovic/.
＊2　本節はKassin & Gudjonsson, 2004に基づいている。
＊3　Gudjonsson, Fridrik Sigurdsson, & Einarsson, 2004; Gudjonsson, Sigurdsson, Bragason, Einarsson, & Valdimarsdottir, 2004.
＊4　Gudjonsson & Sigurdsson, 1994; Sigurdsson & Gudjonsson, 1996.
＊5　“False confessions and recording of custodial interrogations,” The InnocenceProject, https://www.innocenceproject.org/causes/false-confessions-admissions/ (accessed April 4, 2018).
＊6　Kassin & Neumann, 1997.
＊7　Drizin & Leo, 2003.
＊8　Kassin & Gudjonsson, 2004, p. 36で引用されている。
＊9　Gudjonsson, Sigurdsson, et al., 2004.
＊10　Radelet, Bedau, & Putnam, 1994.
＊11　Kassin & Gudjonsson, 2004, p. 50.
＊12　Jonathan Bandler, “Deskovic was ‘in fear for my life’ when he confessed,” *Lohud*, October 21, 2014, https://www.lohud.com/story/news/local/2014/10/21/jeffrey-deskovic-wrongful-conviction-putnam-county-daniel-stephens/17680707/.
＊13　Kassin & Gudjonsson, 2004.
＊14　Kassin, Meissner, & Norwick, 2005. 尋問官は、視線をそらすなどといったまったく役に立たないことが知られている手がかりに依存して尋問を行なうよう恒常的に教えられている。第9章を参照されたい。
＊15　Kassin & Wrightsman, 1980.
＊16　実際、当事者主義［事案の解明や証拠の提出に関する主導権を当事者に委ねる原則］の法システムのもとでは、検察側はそのような圧力の存在を強調する義務を負っていない。
＊17　Kassin & Wrightsman, 1980.
＊18　Futaba & McCormack, 1984.
＊19　Parker & Jaudel, 1989. 中国では状況はさらに悪いと言われている。たとえば次を参照されたい。“‘My hair turned white’: Report lifts lid on China’s forced confessions,” *Guardian*, April 12, 2018, https://www.theguardian.com/world/2018/apr/12/china-forced-confessions-report.
＊20　Gross, 2018, p. 21.

＊21　Gross, 2018, p. 22.

＊22　Evans-Pritchard, 1937, pp. 22–23.

＊23　別のシナリオとして、アレクサンダーは、十分な数の同僚が彼のせいであると考えていた場合には恥じ入るかもしれない。この恥の感覚は、自白が魅力的で、合理的であるようにさえ思わせる可能性がある。というのも、恥の感覚のポイントは自分が何をしたかにあるのではなく、自分が何をしたと他者が考えているかにあるからだ（T. E. Robertson, Sznycer, Delton, Tooby, & Cosmides, 2018; Sznycer, Schniter, Tooby, & Cosmides, 2015; Sznycer et al., 2018）。有罪であろうがなかろうが、自白は自分を有罪と見なしている人びとの面前で名誉を回復するのに役立つ。

＊24　超自然的な悪行が、当初は（生きた）人間の主体より罪を着せやすい（祖先などの）想像的な主体のせいであると見なされ、やがて人間の主体が告白すべきものと見なされるようになるということは十分に考えられる。

＊25　Hutton, 2017, p. 59.

＊26　Ward, 1956.

＊27　Ardener, 1970.

＊28　Burridge, 1972.

＊29　Hutton, 2017, p. 37.

＊30　Willis, 1970, p. 130; R. Brain, 1970.

＊31　T. E. Robertson et al., 2018; Sznycer et al., 2015.

＊32　Lévi-Strauss, 1967.

＊33　Macfarlane, 1970, p. 91.

＊34　Morton-Williams, 1956, p. 322.

＊35　Evans-Pritchard, 1937, p. 48.

＊36　Miguel, 2005.

＊37　Julian Ryall, "The incredible Kim Jong-il and his amazing achievements," *Telegraph*, January 31 2011, https://www.telegraph.co.uk/news/worldnews/asia/northkorea/8292848/The-Incredible-Kim-Jong-il-and-his-Amazing-Achievements.html.

＊38　Hassig & Oh, 2009, p. 57で引用されている。

＊39　次の記事も参照されたい。AFP, "N. Korea leader sets world fashion trend: Pyongyang," *France* 24, April 7, 2010, https://web.archive.org/web/20111219011527/http://www.france24.com/en/20100407-nkorea-leader-sets-world-fashion-trend-pyongyang.

＊40　Wedeen, 2015; Sebestyen, 2009; Harding, 1993; Karsh & Rautsi, 2007; Márquez, 2018; and Svolik, 2012, p. 80. 金正日の息子で後継者の金正恩は、愚かな称賛という点で父を超えようとしているように思われる。Fifield, 2019を参照されたい。

＊41　Hassig & Oh, 2009.

＊42　Márquez, 2018.

＊43　Leese, 2011, p. 168; Márquez, 2018.

＊44　専門的にはそれらのグループは連合と呼ばれる。Tooby, Cosmides, & Price, 2006.

＊45　たとえばDelton & Cimino, 2010を参照されたい。

＊46　Personal communication, July 4, 2016; Kurzban & Christner, 2011.

＊47　Jerry Coyne, "The University of Edinburgh and the John Templeton Foundation royally screw up evolution and science (and tell arrant lies) in an online course," Why Evolution is True, https://whyevolutionistrue.wordpress.com/2018/03/25/the-university-of-edinburgh-and-the-john-templeton-foundation-royally-screw-up-evolution-and-science-and-tell-arrant-lies-in-an-online-course/ (accessed April 12, 2018).

＊48　Jerry Coyne, "A postmodern holiday: Recent nonsense from the humanities," Why Evolution is True, https://whyevolutionistrue.wordpress.com/2017/01/10/a-postmodern-holiday-recent-nonsense-from-the-humanities/ (accessed April 12,2018). 次も参照されたい。Alice Dreger, "Why I escaped the 'Intellectual Dark Web,'" *Chronicle of Higher Education*, May 11, 2018, https://www.chronicle.com/article/Why-I-Escaped-the/243399.

＊49　Tibor Machan, "Tax slavery," Mises Institute, March 13, 2000, https://mises.org/library/tax-slavery; and Rothbard, 2003, p. 100.

＊50　Fresco, 1980.

＊51　Cahal Milmo, "Isis video: 'New Jihadi John' suspect Siddhartha Dhar is a 'former bouncy castle salesman from east London,'" *Independent*, January 4, 2016, https://www.independent.co.uk/news/uk/home-news/isis-video-new-jihadi-john-suspect-is-a-former-bouncy-castle-salesman-from-east-london-a6796591.html (found in Roy, 2016).

＊52　Márquez, 2018. Winterling, 2011に啓発されている。

＊53　自らの退路を断つ戦略の段階的な性質に関しては、たとえば次の記事を参照されたい。Josiah Hesse, "Flat Earthers keep the faith at Denver conference," *Guardian*, November 18, 2018, https://www.theguardian.com/us-news/2018/nov/18/flat-earthers-keep-the-faith-at-denver-conference（地球平面説について）. Ben Sixsmith, "The curious case of Ron Unz," *Spectator USA*, September 15, 2018, https://spectator.us/ron-unz/（否認主義について）

＊54　Gudjonsson, 2003.

第13章　フェイクニュースには効果がない

＊1　四体液説の歴史についてはArika, 2007を参照されたい。

＊2　Wootton, 2006, p. 37.

＊3　P. Brain, 1986, pp. 26–27, 33.

＊4　血の中傷の初期の事例は次の文献を参照されたい。Hugo Mercier, "Blatant bias and blood libel," *International Cognition and Culture Institute*, January 28, 2019, http://cognitionandculture.net/blog/hugo-merciers-blog/blatant-bias-and-blood-libel/.

＊5　たとえばHorowitz, 2001, pp. 75ffを参照されたい。

＊6　Alison Flood, "Fake news is 'very real' word of the year for

2017," *Guardian*, November 2, 2017, https://www.theguardian.com/books/2017/nov/02/fake-news-is-very-real-word-of-the-year-for-2017.

＊7　Andrew Grice, "Fake news handed Brexiteers the referendum—and now theyhave no idea what they're doing," *Independent*, January 18, 2017, https://www.independent.co.uk/voices/michael-gove-boris-johnson-brexit-eurosceptic-press-theresa-may-a7533806.html; Aaron Blake, "A new study suggests fake news might have won Donald Trump the 2016 election," *Washington Post*, April 3, 2018 https://www.washingtonpost.com/news/the-fix/wp/2018/04/03/a-new-study-suggests-fake-news-might-have-won-donald-trump-the-2016-election/.

＊8　Larson, 2018.

＊9　たとえば次の記事を参照されたい。John Lichfield, "Boris Johnson's £350m claim is devious and bogus. Here's why," *Guardian*, September 18, 2017, https://www.theguardian.com/commentisfree/2017/sep/18/boris-johnson-350-million-claim-bogus-foreign-secretary.

＊10　たとえば次の記事を参照されたい。Robert Darnton, "The true history of fake news," *New York Review of Books*, February 13, 2017, http://www.nybooks.com/daily/2017/02/13/the-true-history-of-fake-news/.

＊11　Craig Silverman, "This analysis shows how viral fake election news stories outperformed real news on Facebook," BuzzFeed, November 16, 2016, https://www.buzzfeed.com/craigsilverman/viral-fake-election-news-outperformed-real-news-on-facebook.

＊12　Del Vicario, Scala, Caldarelli, Stanley, & Quattrociocchi, 2017; Zollo et al.,
2017.

＊13　翻訳はNormal Lewis Torrey (1961, p. 278)、フランス語原文は"Certainement qui est en droit de vous rendre absurde est en droit de vous rendre injuste."である。Voltaire, Œuvres complètes, available at https://fr.wikisource.org/wiki/Page:Voltaire_-_%C5%92uvres_compl%C3%A8tes_Garnier_tome25.djvu/422 (accessed May 22, 2019).

＊14　Wootton, 2006.

＊15　Human Relations Area Files (HRAF); Epler, 1980; Miton, Claidière, & Mercier, 2015; Murdock, Wilson, & Frederick, 1978.

＊16　Miton et al., 2015.

＊17　Horowitz, 2001.

＊18　Zipperstein, 2018, p. 89.

＊19　Zipperstein, 2018, p. 94.

＊20　Shibutani, 1966, p. 113, approving of; R. H. Turner, 1964; Horowitz, 2001, p. 86.

＊21　Guess, Nyhan, & Reifler, 2018.

＊22　Fourney, Racz, Ranade, Mobius, & Horvitz, 2017.

＊23　Benedict Carey, "'Fake news': Wide reach but little impact, study suggests," *New York Times*, January 2, 2018, https://www.

nytimes.com/2018/01/02/health/fake-news-conservative-liberal.html, and Guess et al., 2018.

＊24　たとえばDruckman, Levendusky, & McLain, 2018を参照されたい。インターネットの使用によっては共和党支持者の投票行動を説明できないことに関してはBoxell, Gentzkow, & Shapiro, 2018を参照されたい。

＊25　Nyhan et al., 2017. 他の領域における類似の効果についてはHopkins et al., 2019を参照されたい。

＊26　J. W. Kim & Kim, in press; Benkler, Faris, & Roberts, 2018.

＊27　Malle, Knobe, & Nelson, 2007, study 3.

＊28　Lloyd & Sivin, 2002.

＊29　P. Brain, 1986.

＊30　Vargo, Guo, & Amazeen, 2018.

＊31　Craig Silverman, "Here are 50 of the biggest fake news hits on Facebook from 2016," BuzzFeed, December 16, 2016, https://www.buzzfeed.com/craigsilverman/top-fake-news-of-2016, data available at: https://docs.google.com/spreadsheets/d/1sTkRkHLvZp9XlJOynYMXGslKY9fuB_e-2mrxqgLwvZY/edit#gid=652144590 (accessed April 24, 2018).

＊32　Craig Silverman, Jane Lytvynenko, & Scott Pham, "These are 50 of the biggest fake news hits on facebook in 2017," BuzzFeed, December 28, 2017, https://www.buzzfeed.com/craigsilverman/these-are-50-of-the-biggest-fake-news-hits-on-facebook-in.

＊33　Allcott & Gentzkow, 2017; Guess, Nagler, & Tucker, 2019.

＊34　Grinberg, Joseph, Friedland, Swire-Thompson, & Lazer, 2019; Guess et al., 2019.

＊35　注31、32のバズフィードの記事を参照されたい。

＊36　Acerbi, 2019. 党派的な効果の欠如についてはPennycook & Rand, 2018を参照されたい。フェイクニュース発信の別のありうる説明は、「カオスの必要性」である。既存のシステムのより一般的な論争を反映して、左右に関係なくフェイクニュースを発信する人びとがいるように思われる（Petersen, Osmundsen, & Arceneaux, 2018）。

＊37　Sadler & Tesser, 1973.

＊38　Tesser, 1978.

＊39　Myers & Bach, 1974.

＊40　Isenberg, 1986; Vinokur, 1971.

＊41　エコーチェンバーに関しては本章の前半を参照されたい。また次の記事を参照されたい。Mostafa El-Bermawy, "Your filter bubble is destroying democracy," *Wired*, November 18, 2016, https://www.wired.com/2016/11/filter-bubble-destroying-democracy/; Christopher Hooton, "Social media echo chambers gifted DonaldTrump the presidency," *Independent*, November 10, 2016, https://www.independent.co.uk /voices /donald -trump -president -social -media -echo-chamber-hypernormalisation-adam-curtis-protestsblame-a7409481.html.

＊42　Sunstein, 2018.

＊43　たとえば次の記事を参照されたい。Jonathan Haidt, & Sam Abrams, "The top 10 reasons American politics are so broken," *Washington Post*, January 7, 2015, https://www.washingtonpost.com/news/wonk/wp/2015/01/07/the-top-10-reasons-american-politics-are-worse-than-ever.

＊44　El-Bermawy, "Your filter bubble is destroying democracy."

＊45　Fiorina, Abrams, & Pope, 2005; Desmet & Wacziarg, 2018; Jeffrey Jones, "Americans' identification as independents back up in 2017," Gallup, January 8, 2018, http://news.gallup.com/poll/225056/americans-identification-independents-back-2017.aspx.

＊46　GSS Data Explorer available at https://gssdataexplorer.norc.org/trends/Politics?measure=polviews_r (accessed April 25, 2018).

＊47　"Political polarization in the American public," Pew Research Center, June 12, 2014, http://www.people-press.org/2014/06/12/political-polarization-in-the
-american-public/.

＊48　"Political polarization in the American public."

＊49　Shore, Baek, & Dellarocas, 2018.

＊50　"Political polarization in the American public."

＊51　あるいは部分的にはサンプリングバイアスの結果である可能性も考えられる。Cavari & Freedman, 2018.

＊52　Jason Jordan, "Americans are getting smarter about politics in at least one important way," *Washington Post*, February 7, 2018, https://www.washingtonpost.com/news/monkey-cage/wp/2018/02/07/americans-are-getting-smarter-about-politics-in-at-least-one-important-way/?utm_term=.89ff43081c86.

＊53　Iyengar, Lelkes, Levendusky, Malhotra, & Westwood, 2019; Webster & Abramowitz, 2017. それでも感情的な分断は、恐れられているほどには深刻ではないのかもしれない。Klar, Krupnikov, & Ryan, 2018; Tappin & McKay, 2019; Westwood, Peterson, & Lelkes, 2018.

＊54　Elizabeth Dubois & Grant Blank, "The myth of the echo chamber," *The Conversation*, March 8, 2018, https://theconversation.com/the-myth-of-the-echo-chamber-92544.

＊55　Gentzkow & Shapiro, 2011.

＊56　Fletcher & Nielsen, 2017.

＊57　Guess, 2016; Flaxman, Goel, & Rao, 2016; R. E. Robertson et al., 2018.

＊58　Dubois & Blank, "The myth of the echo chamber"; Puschmann, 2018も参照されたい。

＊59　Allcott, Braghieri, Eichmeyer, & Gentzkow, 2019.

＊60　Beam, Hutchens, & Hmielowski, 2018; Jo, 2017.

＊61　Boxell, Gentzkow, & Shapiro, 2017; Andrew Guess, Benjamin Lyons, Brendan Nyhan, & Jason Reifler, "Why selective exposure to like-minded congenial political news is less prevalent than you think," *Medium*, February 13, 2018, https://

medium.com/trust-media-and-democracy/avoiding-the-echo-chamber-about-echo-chambers-6e1f1a1a0f39 (accessed April 26, 2018).

＊62　たとえばCrowell & Kuhn, 2014を参照されたい。

＊63　Zipperstein, 2018, p. 29.

＊64　Darnton, “The True History of Fake News.”

＊65　Kaplan, 1982.

第14章　あさはかなグールー

＊1　たとえばShtulman, 2017を参照されたい。

＊2　Denis Dutton, “The Bad Writing Contest,” denisdutton.com, http://www.denisdutton.com/bad_writing.htm (accessed June 8, 2018).

＊3　フランス語原文は次のとおりである。“Pour couper court, je dirai que la nature se spécifie de n’être pas une, d’où le procédé logique pour l’aborder. Par le procédé d’appeler nature ce que vous excluez du fait même de porter intérêt à quelque chose, ce quelque chose se distinguant d’être nommé, la nature ne se risqué à rien qu’à s’affirmer d’être un pot-pourri de hors-nature” (Lacan, 2005, p. 12).

＊4　“When Americans say they believe in God, what do they mean?,” Pew Research Center, April 25, 2018, http://www.pewforum.org/2018/04/25/when-americans-say-they-believe-in-god-what-do-they-mean/.

＊5　たとえば次を参照されたい。“Mixed messages about public trust in science,” Pew Research Center, December 8, 2017, http://www.pewinternet.org/2017/12/08/mixed-messages-about-public-trust-in-science/.

＊6　McIntyre, 2018, p. 142で引用されている。

＊7　Sperber, 1997.

＊8　Boyer, 2001; Sperber, 1975.

＊9　Boyer, 2001.

＊10　Boyer, 2001.

＊11　Greene, 1990.

＊12　Barrett, 1999.

＊13　Barrett & Keil, 1996.

＊14　Barrett, 1999, p. 327.

＊15　Barrett & Keil, 1996.

＊16　Barlev, Mermelstein, & German, 2017, 2018も参照されたい。

＊17　McCloskey, Washburn, & Felch, 1983.

＊18　Dennett, 1995.

＊19　Lévi-Strauss, 1986. “Jacques Lacan,” Wikipedia, https://fr.wikipedia.org/wiki/Jacques_Lacan (accessed May 15. 2018)で引用されている。

＊20　“Jacques Lacan,” Wikipedia.

＊21　もっともらしさについてはCollins et al., 2018を参照されたい。

＊22　Boyer & Parren, 2015.

＊23　Thomas Mackie, “Lethal pig virus similar to SARS could

"strike humans," InfoWars, May 15, 2018, https://www.infowars.com/lethal-pig-virus-similar-to-sars-could-strike-humans/; "Experts: MH370 pilot was on murder suicide mission," InfoWars, May 15, 2018, https://www.infowars.com/experts-mh370-pilot-was-on-murder-suicide-mission/.

*24 Paul Joseph Watson, "Finland: 93% of migrant sex crimes commited by migrants from Islamic countries," InfoWars, May 15, 2018, https://www.infowars.com/finland-93-of-migrant-sex-crimes-committed-by-migrants-from-islamic-countries/; "Watch live: Turkey announces launch of worldwide Jihad, withdraws ambassadors from US/Israel," InfoWars, May 15, 2018, https://www.infowars.com/watch-live-soros-shuts-down-offices-in-repressive-hungary/; "Video exposes the suicide of Europe," InfoWars, May 15, 2018, https://www.infowars.com/video-exposes-the-suicide-of-europe/.

*25 CNBC, "The George Soros foundation says it is being forced to close its offices in Hungary," InfoWars, May 15, 2018, https://www.infowars.com/the-george-soros-foundation-says-it-is-being-forced-to-close-its-offices-in-hungary/. 動画はユーチューブがインフォウォーズのアカウントを取り消すまで観ることができた。https://www.youtube.com/watch?v=t41lx_ur4Y8 (accessed May 16, 2018).

*26 製品はインフォウォーズストアで見つけることができる。https://www.infowarsstore.com/survival-shield-x-2-nascent-iodine.html, https://www.infowarsstore.com/preparedness/emergency-survival-foods.html, https://www.infowarsstore.com/preparedness/nuclear-and-biological/radiological-rad-replacement-filter.html (accessed May 16, 2018).

*27 P. Brain, 1986, p. 33.

*28 P. Brain, 1986, p. 90; Miton et al., 2015.

*29 P. Brain, 1986, pp. 85, 89.

*30 Cheatham, 2008.

*31 Baumard & Boyer, 2013a; Baumard & Chevallier, 2015; Baumard, Hyafil, Morris, & Boyer, 2015.

*32 Boyer & Baumard, 2018; Baumard et al., 2015.

*33 Kenneth Doyle, "What happened to the people who died before Jesus was born?," Crux, August 24, 2015, https://cruxnow.com/church/2015/08/24/what-happened-to-the-people-who-died-before-jesus-was-born/.

*34 R. Wright, 2009. それには次のようにある。「アダムとイブが禁断の果実を食べたあと、聖書によれば〈夕べのそよ風が吹く頃に主である神が歩く音を聞いた。そして男と妻は、神に見られないよう庭の木々のあいだに身を隠した〉。隠れることは、私たちが今日知る全能の神に対する戦略としてはまったくのナンセンスであるように思われる。しかし、どうやら当時の神は全知ではなかったらしい。というのも神は男に〈おまえはどこにい

る？〉と問いかけているからだ」（p. 103）

＊35　Eriksson, 2012, p. 748.
＊36　Weisberg, Keil, Goodstein, Rawson, & Gray, 2008.
＊37　名声の重要性については次の論文を参照されたい。Clauset, Arbesman, & Larremore, 2015; Goues et al., 2017; A. C. Morgan, Economou, Way, & Clauset, 2018.
＊38　L. T. Benjamin & Simpson, 2009; Griggs & Whitehead, 2015.
＊39　Arendt, 1963; Brown, 1965.
＊40　Perry, 2013, pp. 304ff. ミルグラムの服従実験のメタ分析はHaslam, Loughnan, & Perry, 2014を参照されたい。
＊41　さらに多くの被験者が自分は生徒を傷つけていなかったと主張している。Hollander & Turowetz, 2017. その点に関する新たなデータはPerry, Brannigan, Wanner, & Stam, in pressを参照されたい。
＊42　Milgram, 1974, p. 172.
＊43　Reicher, Haslam, & Smith, 2012.
＊44　Burger, Girgis, & Manning, 2011.
＊45　Perry, 2013, p. 310.
＊46　Blancke, Boudry, & Pigliucci, 2017.
＊47　Sokal & Bricmont, 1998.
＊48　Sperber & Wilson, 1995.
＊49　Honda, "Airbag inflator recall," https://www.honda.co.uk/cars/owners/airbag-recall.html.
＊50　Sperber, 2010.
＊51　Lacan, 1980.
＊52　Lacan, 1939.
＊53　Sokal & Bricmont, 1998, p. 34.
＊54　Lévi-Strauss, 1986. "Jacques Lacan," Wikipediaで引用されている。
＊55　Lacan, 1970, p. 193.
＊56　Milner, 1995. Sokal & Bricmont, 1998で引用されている。
＊57　Goldman, 2001.
＊58　Peterson, 2002, p. 286.
＊59　Deepak Chopra (@DeepakChopra), "Mechanics of Manifestation: Intention,
detachment, centered in being allowing juxtaposition of possibilities to unfold #CosmicConsciousness," Twitter, May 28, 2014, 2:24 a.m., https://twitter.com/deepakchopra/status/471582895622991872; Deepak Chopra (@DeepakChopra), "As beings of light we are local and nonlocal, time bound and timeless actuality and possibility #CosmicConsciousness," Twitter, May 5, 2014, 5:20 a.m., https://twitter.com/deepakchopra/status/463292121794224128. これらのツイートは相応にも、たわごとの受容に関する研究から抽出したものである。Pennycook, Cheyne, Barr, Koehler, & Fugelsang, 2015.

第15章　憤懣やるかたないわけ知り顔の輩と巧妙な詐欺師

＊1　Baumard et al., 2013.
＊2　Martin & Yurukoglu, 2017.
＊3　Ahler & Sood, 2018; Levendusky & Malhotra, 2015; Westfall, Van Boven, Chambers, & Judd, 2015.
＊4　Yang et al., 2016.
＊5　Enders & Armaly, 2018.
＊6　Stroud & Lee, 2013.
＊7　Aaron Sharockman, "Fact-checking Fox, MSNBC, and CNN: PunditFact's network scorecards," Punditfact, September 16, 2014, http://www.politifact.com/punditfact/article/2014/sep/16/fact-checking-fox-msnbc-and-cnn-punditfacts-networ/.
＊8　DellaVigna & Kaplan, 2007; Martin & Yurukoglu, 2017.
＊9　Schroeder & Stone, 2015.
＊10　Hopkins & Ladd, 2014. この論文では、「フォックスニュースの全般的な偏りに同意する傾向のある有権者は、このチャンネルによって影響を受けやすい」（p. 129）と結論づけられている。
＊11　Gelman & King, 1993, p. 409.
＊12　Martin & Yurukoglu, 2017.
＊13　Moon, Krems, & Cohen, 2018.
＊14　McCullough, Swartwout, Shaver, Carter, & Sosis, 2016.
＊15　Foddy, Platow, & Yamagishi, 2009; Platow, Foddy, Yamagishi, Lim, & Chow, 2012.
＊16　Marina Lopes, "One way out: Pastors in Brazil converting gang members on YouTube," *Washington Post*, May 17, 2019, https://www.washingtonpost.com/world/the_americas/one-way-out-pastors-in-brazil-converting-gang-members-on-youtube/2019/05/17/be560746-614c-11e9-bf24-db4b9fb62aa2_story.html.
＊17　Maurer, 1999.
＊18　Maurer, 1999, p. 4.
19. Braucher & Orbach, 2015.
＊20　同時代の新聞記事に基づく。Braucher & Orbach, 2015, p. 256で引用されている。
＊21　Mitnick & Simon, 2002, p. 26.
＊22　Braucher & Orbach, 2015, p. 263.
＊23　Braucher & Orbach, 2015, p. 249.
＊24　実際、非常に古臭い手口である。Pierre Ropert, "Histoires d'arnaques : Du mail du prince nigérian aux 'lettres de Jérusalem,'" France Culture, June 21, 2018, https://www.franceculture.fr/histoire/avant-les-mails-de-princes-nigerians-au-xviiieme-siecle-larnaque-aux-lettres-de-jerusalem.
＊25　"Crackdown on £8.4m African sting," *Scotsman*, March 2, 2003, https://www.scotsman.com/news/uk/crackdown-on-163-8-4m-african-sting-1-1382507 (accessed May 31, 2018).
＊26　Herley, 2012.
＊27　Berg, Dickhaut, & McCabe, 1995.
＊28　Charness & Dufwenberg, 2006; Schniter, Sheremeta, & Sznycer, 2013. 経済ゲームや社会的ジレンマにおけるコ

ミュニケーションの効率に関してはBalliet, 2010; Sally, 1995を参照されたい。
＊29 Ostrom, Walker, & Gardner, 1992, Mercier, submitted.
＊30 Yamagishi, 2001.
＊31 Yamagishi, 2001.
＊32 Y. Chen, YeckehZaare, & Zhang, 2018.
＊33 Fershtman & Gneezy, 2001.
＊34 Burns, 2012.
＊35 Gupta, Mahmud, Maitra, Mitra, & Neelim, 2013. とはいえGlaeser, Laibson, Scheinkman, & Soutter, 2000も参照されたい。

第16章　人は簡単には騙されない

＊1 Brennan, 2012, p. 8.
＊2 G. Kim & Kwak, 2011.
＊3 Stenberg, 2013.
＊4 Castelain, Bernard, & Mercier, 2018.
＊5 Sodian, Thoermer, & Dietrich, 2006; Terrier, Bernard, Mercier, & Clément, 2016; VanderBorght & Jaswal, 2009.
＊6 J. Hu et al., 2015; T.J.H. Morgan, Laland, & Harris, 2015.
＊7 Kershaw, 1983a, p. 200.
＊8 Barrows, 1981.
＊9 Stanley, 2015, p. 27.
＊10 Brennan, 2016.
＊11 Rousseau, 2002.
＊12 Veyne, 2002.
＊13 Slava Malamud (@SlavaMalamud), "1/ So, here is what's happening in the KHL, for those who still can't quite grasp the banality of evil, Russian style . . ." Twitter, March 7, 2018, 7:57 p.m., https://twitter.com/slavamalamud/status/971595788315918336?lang=en.
＊14 このタイプのプロパガンダのモデルはMárquez, 2018を参照されたい。
＊15 Dikötter, 2010.
＊16 Dikötter, 2010, locations 996–997.
＊17 たとえば次の記事を参照されたい。Jeremy Diamond, "Trump sides with Putin over US intelligence," CNN, July 16, 2018, https://edition.cnn.com/2018/07/16/politics/donald-trump-putin-helsinki-summit/index.html.
＊18 Art Swift, "Putin's image rises in U.S., mostly among Republicans," Gallup, February 21, 2017, https://news.gallup.com/poll/204191/putin-image-rises-mostly-among-republicans.aspx（この調査はヘルシンキサミットに先立つもので、トランプのそれ以前の行動を反映するにすぎない）. より一般的にはLenz, 2013を参照されたい。
＊19 Stimson, 2004.
＊20 P. Benjamin & Shapiro, 1992; Stimson, 2004.
＊21 "Shifting public views on legal immigration into the U.S.," Pew Research Center, June 28, 2018, http://www.people-press.

org/2018/06/28/shifting-public-views-on-legal-immigration-into-the-u-s/.

＊22　Wlezien, 1995; Stimson, 2004.

＊23　Horne, Powell, Hummel, & Holyoak, 2015; Nyhan & Reifler, 2015.

＊24　Goldacre, 2014.

＊25　Faasse, Chatman, & Martin, 2016; Fadda, Allam, & Schulz, 2015.

＊26　Chanel, et al., 2011.

＊27　Charlotte Gao, "HNA Group chairman's sudden death stokes conspiracy theories," *Diplomat*, July 5, 2018, https://thediplomat.com/2018/07/hna-group-chairmans-sudden-death-stokes-conspiracy-theories/; Rachel Lu, "Chinese conspiracy theorists of the world, unite!," *Foreign Policy*, May 11, 2015, https://foreignpolicy.com/2015/05/11/chinese-conspiracy-theorists-of-the-world-unite-hong-kong-banned-books/.

＊28　社会で信用を築く方法に関してはAlgan, Cahuc, & Zilberberg, 2012を参照されたい。

＊29　パキスタンに関しては次の記事を参照されたい。"What is the wildest conspiracy theory pertaining to Pakistan?," *Herald*, June 19, 2015, https://herald.dawn.com/news/1153068.

［著者］ヒューゴ・メルシエ（Hugo Mercier）
フランスの認知科学者。パリの国立科学研究センター ジャン・ニコ研究所所属。共著に The Enigma of Reason（Harverd University Press, 2019）。本書が初の単著。Ted Talks にスピーカーとして出演。

［訳者］高橋洋（たかはし・ひろし）
1960 年生まれ。同志社大学文学部文化学科卒業（哲学及び倫理学専攻）。ＩＴ企業勤務を経て翻訳家。D・ホフマン『世界はありのままに見ることができない』E・カンデル『なぜ脳はアートがわかるのか』（以上、青土社）、L・F・バレット『情動はこうしてつくられる』、S・B・キャロル『セレンゲティ・ルール』（以上、紀伊國屋書店）、A・ダマシオ『進化の意外な順序』（白揚社）など、科学系の翻訳書多数。

索引

さ行

ま行

や行

ら行

わ行

ABC

参考文献

Aaker, D. A., & Carman, J. M. (1982). "Are you over-advertising?" *Journal of Advertising Research*, 22(4), 57–70.

Aarnio, K., & Lindeman, M. (2005). "Paranormal beliefs, education, and thinking styles." *Personality and Individual Differences*, 39(7), 1227–1236.

Abercrombie, N., Hill, S., & Turner, B. S. (1980). *The dominant ideology thesis*. London: Allen & Unwin.

Abgrall, J.-M. (1999). *Soul snatchers: The mechanics of cults*. New York: Algora.

Acerbi, A. (2019). "Cognitive attraction and online misinformation." *Palgrave Communications*, 5(1), 15.

Ackerberg, D. A. (2001). "Empirically distinguishing informative and prestige effects of advertising." *RAND Journal of Economics*, 32(2) 316–333.

Adena, M., Enikolopov, R., Petrova, M., Santarosa, V., & Zhuravskaya, E. (2015). "Radio and the rise of the Nazis in prewar Germany." *Quarterly Journal of Economics*, 130(4), 1885–1939.

Aguilar, P. (2009). "Whatever happened to Francoist socialization? Spaniards' values and patterns of cultural consumption in the post-dictatorial period." *Democratization*, 16(3), 455–484.

Ahler, D. J., & Sood, G. (2018). "The parties in our heads: Misperceptions about party composition and their consequences." *Journal of Politics*, 80(3), 964–981.

Aikhenvald, A. Y. (2004). *Evidentiality*. Oxford: Oxford University Press.

Aird, M. J., Ecker, U. K., Swire, B., Berinsky, A. J., & Lewandowsky, S. (2018). "Does truth matter to voters? The effects of correcting political misinformation in an Australian sample." *Royal Society Open Science*, 5(12), 180593.

Alexander, M., & Bruning, J. (2008). *How to break a terrorist: The U.S. interrogators who used brains, not brutality, to take down the deadliest man in Iraq*. New York: Free Press.

Algan, Y., Cahuc, P., & Zilberberg, A. (2012). *La Fabrique de la défiance : ... Et comment s'en sortir*. Paris: Albin Michel.

Allcott, H., Braghieri, L., Eichmeyer, S., & Gentzkow, M. (2019). *The welfare effects of social media*. NBER Working Paper No. 25514. Retrieved from https://www.nber.org/papers/w25514

Allcott, H., & Gentzkow, M. (2017). "Social media and fake news in the 2016 election." *Journal of Economic Perspectives*, 31(2), 211–236.

Allen, V. L. (1965). "Situational factors in conformity." *Advances in Experimental Social Psychology*, 2, 133–175.

Allport, G. W., & Postman, L. (1947). *The psychology of rumor*. Oxford: Henry Holt［『デマの心理学』南博訳、岩波書店、2008年］.

Altay, S., Claidière, N., & Mercier, H. (submitted). *Chain shortening in rumor transmission.*

Altay, S., & Mercier, H. (submitted). *I found the solution! How we use sources to appear competent.*

Aly, G. (2007). *Hitler's beneficiaries: Plunder, racial war, and the Nazi welfare state*. London: Macmillan.

Amos, C., Holmes, G., & Strutton, D. (2008). "Exploring the relationship between celebrity endorser effects and advertising effectiveness: A quantitative synthesis of effect size." *International Journal of Advertising*, 27(2), 209–234.

Analytis, P. P., Barkoczi, D., & Herzog, S. M. (2018). "Social learning strategies for matters of taste." *Nature Human Behaviour*, 2(6), 415–424.

Anderson, C., Brion, S., Moore, D. A., & Kennedy, J. A. (2012). "A status-enhancement account of overconfidence." *Journal of Personality and Social Psychology*, 103(4), 718–735.

Anthony, D. (1999). "Pseudoscience and minority religions: An evaluation of the brainwashing theories of Jean-Marie Abgrall." *Social Justice Research*, 12(4), 421–456.

Arceneaux, K., & Johnson, M. (2013). *Changing minds or changing channels? Partisan news in an age of choice*. Chicago: University of Chicago Press.

Ardener, E. (1970). "Witchcraft, economics, and the continuity of belief." In M. Douglas (Ed.), *Witchcraft confessions and accusations* (pp. 141–160). London: Routledge.

Arendt, H. (1963). *Eichmann in Jerusalem: A report on the banality of evil*. New York: Viking［『エルサレムのアイヒマン――悪の陳腐さについての報告』大久保和郎訳、みすず書房、2017年］.

Arika, N. (2007). *Passions and tempers: A history of the humors*. New York: Harper Perennial.

Artés, J. (2013). "Do Spanish politicians keep their promises?" *Party Politics*, 19(1), 143–158.

Asch, S. E. (1956). "Studies of independence and conformity: A minority of one against a unanimous majority." *Psychological Monographs*, 70(9), 1–70.

Aveni, A. F. (1977). "The not-so-lonely crowd: Friendship groups in collective behavior." *Sociometry*, 40(1), 96–99.

Bago, B., & De Neys, W. (2019). "The smart System 1: Evidence for the intuitive nature of correct responding in the bat-and-ball problem." *Thinking & Reasoning*, 25(3), 257–299.

Bahrami, B., Olsen, K., Latham, P. E., Roepstorff, A., Rees, G., & Frith, C. D. (2010). "Optimally interacting minds." *Science*, 329(5995), 1081–1085.

Balliet, D. (2010). "Communication and cooperation in social dilemmas: A metaanalytic review." *Journal of Conflict Resolution*, 54(1), 39–57.

Barabas, J., & Jerit, J. (2009). "Estimating the causal effects of media coverage on policy-specific knowledge." *American Journal of Political Science*, 53(1), 73–89.

Barker, E. (1984). *The making of a Moonie: Choice or brainwashing?* Oxford: Blackwell.

Barker, J. (2014). *1381: The year of the Peasants' Revolt*. Cambridge, MA: Harvard University Press.

Barkow, J. H., Cosmides, L., & Tooby, J. (1992). *The adapted mind*. Oxford: Oxford University Press.

Barkun, M. (1986). *Disaster and the millennium. Syracuse*, NY: Syracuse University Press.

Barlev, M., Mermelstein, S., & German, T. C. (2017). "Core intuitions about persons coexist and interfere with acquired Christian beliefs about God." *Cognitive Science*, 41(53), 425–454.

Barlev, M., Mermelstein, S., & German, T. C. (2018). "Representational coexistence in the God concept: Core knowledge intuitions of God as a person are not revised by Christian theology despite lifelong experience." *Psychonomic Bulletin and Review*, 25(6) 1–9.

Barrett, J. L. (1999). "Theological correctness: Cognitive constraint and the study of religion." *Method and Theory in the Study of Religion*, 11(4), 325–339.

Barrett, J. L., & Keil, F. C. (1996). "Conceptualizing a nonnatural entity: Anthropomorphism in God concepts." *Cognitive Psychology*, 31(3), 219–247.

Barrows, S. (1981). *Distorting mirrors: Visions of the crowd in late nineteenth-century France*. New Haven, CT: Yale University Press.

Baumard, N., André, J. B., & Sperber, D. (2013). "A mutualistic approach to morality: The evolution of fairness by partner choice." *Behavioral and Brain Sciences*, 36(1), 59–78.

Baumard, N., & Boyer, P. (2013a). "Explaining moral religions." *Trends in Cognitive Sciences*, 17(6), 272–280.

Baumard, N., & Boyer, P. (2013b). "Religious beliefs as reflective elaborations on intuitions: A modified dual-process model." *Current Directions in Psychological Science*, 22(4), 295–300.

Baumard, N., & Chevallier, C. (2015). "The nature and dynamics of world religions: A life-history approach." *Proceedings of the Royal Society B*, 282, 20151593. https://doi.org/10.1098/rspb.2015.1593

Baumard, N., Hyafil, A., Morris, I., & Boyer, P. (2015). "Increased affluence explains the emergence of ascetic wisdoms and moralizing religions." *Current Biology*, 25(1), 10–15.

Beam, M. A., Hutchens, M. J., & Hmielowski, J. D. (2018). "Facebook news and (de) polarization: Reinforcing spirals in the 2016 US election." *Information, Communication and Society*, 21(7), 940–958.

Bekkouche, Y., & Cagé, J. (2018). *The price of a vote: Evidence from France, 1993–2014*. Retrieved from https://papers.ssrn.com/sol3/papers.cfm?abstract_id=3125220

Benjamin, L. T., & Simpson, J. A. (2009). The power of the situation: The impact of Milgram's obedience studies on personality and social psychology. *American Psychologist*, 64(1), 12–19.

Benjamin, P., & Shapiro, R. (1992). *The rational public: Fifty years of trends in Americans'*

policy preferences. Chicago: University of Chicago Press.

Benkler, Y., Faris, R., & Roberts, H. (2018). *Network propaganda: Manipulation, disinformation, and radicalization in American politics*. New York: Oxford University Press.

Berelson, B. R., Lazarsfeld, P. F., McPhee, W. N., & McPhee, W. N. (1954). *Voting: A study of opinion formation in a presidential campaign*. Chicago: University of Chicago Press.

Berg, J., Dickhaut, J., & McCabe, K. (1995). "Trust, reciprocity, and social history." *Games and Economic Behavior*, 10(1), 122–142.

Bergstrom, B., & Boyer, P. (submitted). *Who mental systems believe: Effects of source on judgments of truth*.

Bergstrom, C. T., & Lachmann, M. (2001). "Alarm calls as costly signals of anti-predator vigilance: The watchful babbler game." *Animal Behaviour*, 61(3), 535–543.

Bernard, S., Proust, J., & Clément, F. (2015). "Four- to six-year-old children's sensitivity to reliability versus consensus in the endorsement of object labels." *Child Development*, 86(4), 1112–1124.

Berreman, G. D. (1971). "On the nature of caste in India: A review symposium on Louis Dumont's Homo Hierarchicus: 3 The Brahmannical View of Caste." *Contributions to Indian Sociology*, 5(1), 16–23.

Besley, T., & Burgess, R. (2002). "The political economy of government responsiveness: Theory and evidence from India." *Quarterly Journal of Economics*, 117(4), 1415–1451.

Birch, S. A., & Bloom, P. (2007). "The curse of knowledge in reasoning about false beliefs." *Psychological Science*, 18(5), 382–386.

Blake, T., Nosko, C., & Tadelis, S. (2015). "Consumer heterogeneity and paid search effectiveness: A large-scale field experiment." *Econometrica*, 83(1), 155–174.

Blakeslee, D. (2014). *Propaganda and politics in developing countries: Evidence from India*. Retrieved from https://papers.ssrn.com/sol3/papers.cfm?abstract_id=2542702

Blancke, S., Boudry, M., & Pigliucci, M. (2017). "Why do irrational beliefs mimic science? The cultural evolution of pseudoscience." *Theoria*, 83(1), 78–97.

Blumstein, D. T., Steinmetz, J., Armitage, K. B., & Daniel, J. C. (1997). "Alarm calling in yellow-bellied marmots: II. The importance of direct fitness." *Animal Behaviour*, 53(1), 173–184.

Boehm, C. (1999). *Hierarchy in the forest: The evolution of egalitarian behavior*. Cambridge, MA: Harvard University Press.

Bonaccio, S., & Dalal, R. S. (2006). "Advice taking and decision-making: An integrative literature review, and implications for the organizational sciences." *Organizational Behavior and Human Decision Processes*, 101(2), 127–151.

Bond, C. F. (2008). "Commentary: A few can catch a liar, sometimes: Comments on Ekman and O'Sullivan (1991), as well as Ekman, O'Sullivan, and Frank (1999)." *Applied Cognitive Psychology*, 22(9), 1298–1300.

Bond, C. F., & DePaulo, B. M. (2006). "Accuracy of deception judgments." *Personality and Social Psychology Review*, 10(3), 214–234.

Bond, C. F., Howard, A. R., Hutchison, J. L., & Masip, J. (2013). "Overlooking the obvious: Incentives to lie." *Basic and Applied Social Psychology*, 35(2), 212–221.

Bonnefon, J.-F., Hopfensitz, A., & De Neys, W. (2017). "Can we detect cooperators by looking at their face?" *Current Directions in Psychological Science*, 26(3), 276–281.

Borgia, G. (1985). "Bower quality, number of decorations and mating success of male satin bowerbirds (Ptilonorhynchus violaceus): An experimental analysis." *Animal Behaviour*, 33(1), 266–271.

Borgia, G. (1993). "The cost of display in the non-resource-based mating system of the satin bowerbird." *American Naturalist*, 141(5), 729–743.

Boss, L. P. (1997). "Epidemic hysteria: A review of the published literature." *Epidemiologic Reviews*, 19(2), 233–243.

Boxell, L., Gentzkow, M., & Shapiro, J. M. (2017). "Greater internet use is not associated with faster growth in political polarization among US demographic groups." *Proceedings of the National Academy of Sciences*, 201706588.

Boxell, L., Gentzkow, M., & Shapiro, J. M. (2018). "A note on internet use and the 2016 US presidential election outcome." *PloS One*, 13(7), e0199571.

Boyd, R., & Richerson, P. J. (1985). *Culture and the evolutionary process*. Chicago: University of Chicago Press.

Boyd, R., & Richerson, P. J. (2005). *The origin and evolution of cultures*. New York: Oxford University Press.

Boyer, P. (1994). *The naturalness of religious ideas: A cognitive theory of religion*. Los Angeles: University of California Press.

Boyer, P. (2001). *Religion explained*. London: Heinemann.

Boyer, P., & Baumard, N. (2018). "The diversity of religious systems across history." In J. R. Liddle & T. K. Shackelford (Eds.), *The Oxford handbook of evolutionary psychology and religion* (pp. 1–24). New York: Oxford University Press.

Boyer, P., & Parren, N. (2015). "Threat-related information suggests competence: A possible factor in the spread of rumors." *PloS One*, 10(6), e0128421.

Boyer, P., & Petersen, M. B. (2012). "The naturalness of (many) social institutions: Evolved cognition as their foundation." *Journal of Institutional Economics*, 8(1), 1–25.

Boyer, P., & Petersen, M. B. (2018). "Folk-economic beliefs: An evolutionary cognitive model." *Behavioral and Brain Sciences*, 41, e158.

Brain, P. (1986). *Galen on bloodletting: A study of the origins, development, and validity of his opinions, with a translation of the three works*. Cambridge: Cambridge University Press.

Brain, R. (1970). "Child-witches." In M. Douglas (Ed.), *Witchcraft confessions and accusations* (pp. 161–182). London: Routledge.

Brand, C. O., & Mesoudi, A. (2018). "Prestige and dominance based hierarchies exist in naturally occurring human groups, but are unrelated to task-specific knowledge." *Royal Society Open Science*, 6(6), 181621. https://doi.org/10.1098/rsos.181621

Brandenberger, D. (2012). *Propaganda state in crisis: Soviet ideology, indoctrination, and terror under Stalin, 1927–1941*. New Haven, CT: Yale University Press.

Braucher, J., & Orbach, B. (2015). "Scamming: The misunderstood confidence man." *Yale Journal of Law and the Humanities*, 27(2), 249–287.

Brennan, J. (2012). *The ethics of voting*. New York: Princeton University Press.

Brennan, J. (2016). *Against democracy*. Princeton, NJ: Princeton University Press.

Broockman, D. E., & Butler, D. M. (2017). "The causal effects of elite position-taking on voter attitudes: Field experiments with elite communication." *American Journal of Political Science*, 61(1), 208–221.

Broockman, D. E., & Green, D. P. (2014). "Do online advertisements increase political candidates' name recognition or favorability? Evidence from randomized field experiments." *Political Behavior*, 36(2), 263–289.

Brosseau-Liard, P. E., & Poulin-Dubois, D. (2014). "Sensitivity to confidence cues increases during the second year of life." *Infancy*, 19(5), 461–475.

Brown, R. (1965). *Social psychology*. New York: Free Press.

Buckner, H. T. (1965). "A theory of rumor transmission." *Public Opinion Quarterly*, 29(1), 54–70.

Burger, J. M., Girgis, Z. M., & Manning, C. C. (2011). "In their own words: Explaining obedience to authority through an examination of participants' comments." *Social Psychological and Personality Science*, 2(5), 460–466.

Burgess, T. H. (1839). *The physiology or mechanism of blushing*. London: Churchill.

Burns, J. (2012). "Race, diversity and pro-social behavior in a segmented society." *Journal of Economic Behavior and Organization*, 81(2), 366–378.

Burridge, K. O. L. (1972). "Tangu." In P. Lawrence & M. J. Meggitt (Eds.), *Gods, ghosts and men in Melanesia: Some religions of Australian New Guinea and the New Hebrides* (pp. 224–249). New York: Oxford University Press.

Bursztyn, L., Egorov, G., & Fiorin, S. (2019). *From extreme to mainstream: The erosion of social norms*. https://home.uchicago.edu/bursztyn/Bursztyn_Egorov_Fiorin_Extreme_Mainstream_2019_06_05.pdf.

Campagna, R. L., Mislin, A. A., Kong, D. T., & Bottom, W. P. (2016). "Strategic consequences of emotional misrepresentation in negotiation: The blowback effect." *Journal of Applied Psychology*, 101(5), 605–624.

Canetti, E. (1981). *Crowds and power* (C. Stewart, Trans.). New York: Noonday Press［『群衆と権力』（上・下）岩田行一訳、法政大学出版局、2010年］.

Caplow, T. (1947). "Rumors in war." *Social Forces*, 25(3), 298–302.

Carlsson, M., Dahl, G. B., & Rooth, D.-O. (2015). *Do politicians change public attitudes?* NBER Working Paper No. 21062. Retrieved from https://www.nber.org/papers/w21062

Caro, T. M. (1986a). "The functions of stotting: A review of the hypotheses." *Animal Behaviour*, 34(3), 649–662.

Caro, T. M. (1986b). "The functions of stotting in Thomson's gazelles: Some tests of the predictions." *Animal Behaviour*, 34(3), 663–684.

Carruthers, S. L. (2009). *Cold War captives: Imprisonment, escape, and brainwashing*. Los Angeles: University of California Press.

Castelain, T., Bernard, S., & Mercier, H. (2018). "Evidence that two-year-old children are sensitive to information presented in arguments." *Infancy*, 23(1), 124–135.

Castelain, T., Bernard, S., Van der Henst, J.-B., & Mercier, H. (2016). "The influence of power and reason on young Maya children's endorsement of testimony." *Developmental Science*, 19(6), 957–966.

Castelain, T., Girotto, V., Jamet, F., & Mercier, H. (2016). "Evidence for benefits of argumentation in a Mayan indigenous population." *Evolution and Human Behavior*, 37(5), 337–342.

Cavari, A., & Freedman, G. (2018). "Polarized mass or polarized few? Assessing the parallel rise of survey nonresponse and measures of polarization." *Journal of Politics*, 80(2), 719–725.

Chagnon, N. A. (1992). *Yanomamö: The fierce people* (4th ed.). New York: Holt, Rinehart and Winston.

Chan, M. S., Jones, C. R., Hall Jamieson, K., & Albarracin, D. (2017). Debunking: A meta-analysis of the psychological efficacy of messages countering misinformation. *Psychological Science*, 28(11), 1531–1546.

Chanel, O., Luchini, S., Massoni, S., & Vergnaud, J.-C. (2011). "Impact of information on intentions to vaccinate in a potential epidemic: Swine-origin influenza A (H1N1)." *Social Science and Medicine*, 72(2), 142–148.

Charness, G., & Dufwenberg, M. (2006). "Promises and partnership." *Econometrica*, 74(6), 1579–1601.

Cheatham, M. L. (2008). "The death of George Washington: An end to the controversy?" *American Surgeon*, 74(8), 770–774.

Chen, X., & Shi, T. (2001). "Media effects on political confidence and trust in the People's Republic of China in the post-Tiananmen period." *East Asia*, 19(3), 84–118.

Chen, Y., YeckehZaare, I., & Zhang, A. F. (2018). "Real or bogus: Predicting susceptibility to phishing with economic experiments." *PloS One*, 13(6), e0198213.

Cheney, D. L., & Seyfarth, R. M. (1988). "Assessment of meaning and the detection of unreliable signals by vervet monkeys." *Animal Behaviour*, 36(2), 477–486.

Cheney, D. L., & Seyfarth, R. M. (1990). *How monkeys see the world*. Chicago: University of

Chicago Press.
Cheney, D. L., Seyfarth, R. M., & Silk, J. B. (1995). "The role of grunts in reconciling opponents and facilitating interactions among adult female baboons." *Animal Behaviour*, 50(1), 249–257.
Chiang, C.-F., & Knight, B. (2011). "Media bias and influence: Evidence from newspaper endorsements." *Review of Economic Studies*, 78(3), 795–820.
Chiarella, S. S., & Poulin-Dubois, D. (2013). "Cry babies and Pollyannas: Infants can detect unjustified emotional reactions." *Infancy*, 18(s1), E81–E96.
Chiarella, S. S., & Poulin-Dubois, D. (2015). "'Aren't you supposed to be sad?' Infants do not treat a stoic person as an unreliable emoter." *Infant Behavior and Development*, 38, 57–66.
Choleris, E., Guo, C., Liu, H., Mainardi, M., & Valsecchi, P. (1997). "The effect of demonstrator age and number on duration of socially-induced food preferences in house mouse (Mus domesticus)." *Behavioural Processes*, 41(1), 69–77.
Chorus, A. (1953). "The basic law of rumor." *Journal of Abnormal and Social Psychology*, 48(2), 313–314.
Chwe, M. (2001). *Rational ritual*. New York: Princeton University Press［『儀式は何の役に立つか——ゲーム理論のレッスン』安田雪訳、新曜社、2003年］.
Claidière, N., Trouche, E., & Mercier, H. (2017). "Argumentation and the diffusion of counter-intuitive beliefs." *Journal of Experimental Psychology: General*, 146(7), 1052–1066.
Clauset, A., Arbesman, S., & Larremore, D. B. (2015). "Systematic inequality and hierarchy in faculty hiring networks." *Science Advances*, 1(1), e1400005.
Clément, F. (2006). *Les mécanismes de la crédulité*. Geneva: Librairie Droz.
Clément, F. (2010). "To trust or not to trust? Children's social epistemology." *Review of Philosophy and Psychology*, 1(4), 1–19.
Clément, F., Koenig, M. A., & Harris, P. (2004). "The ontogenesis of trust." *Mind and Language*, 19(4), 360–379.
Cohen, I. B. (1985). *Revolution in science*. Cambridge, MA: Harvard University Press.
Cohn, N. (1970). *The pursuit of the millennium*. St. Albans: Paladin［『千年王国の追求』江河徹訳、紀伊國屋書店、2008年］.
Collins, P. J., Hahn, U., von Gerber, Y., & Olsson, E. J. (2018). "The bi-directional relationship between source characteristics and message content." *Frontiers in Psychology*, 9. Retrieved from https://www.frontiersin.org/articles/10.3389/fpsyg.2018.00018/full
Condorcet, J. A. N. (1785). *Essai sur l'application de l'analyse à la probabilité des décisions rendues à la pluralité des voix*.
Condorcet, J. A. N. (1797). *Esquisse d'un tableau historique des progrès de l'esprit humain*.
Conner, A. W. (2000). "True confessions? Chinese confessions then and now." In K. G. Turner, J. V. Feinerman, & R. K. Guy (Eds.), *The limits of the rule of law in China* (pp.

132–162). Seattle: University of Washington Press.

Conradt, L., & List, C. (2009). “Group decisions in humans and animals: A survey.” *Philosophical Transactions of the Royal Society of London B: Biological Sciences*, 364(1518), 719–742.

Conradt, L., & Roper, T. J. (2003). “Group decision-making in animals.” *Nature*, 421(6919), 155–158.

Corriveau, K. H., & Harris, P. L. (2010). “Preschoolers (sometimes) defer to the majority in making simple perceptual judgments.” *Developmental Psychology*, 46(2), 437–445.

Costas-Pérez, E., Solé-Ollé, A., & Sorribas-Navarro, P. (2012). “Corruption scandals, voter information, and accountability.” *European Journal of Political Economy*, 28(4), 469–484.

Couch, C. J. (1968). “Collective behavior: An examination of some stereotypes.” *Social Problems*, 15(3), 310–322.

Couillard, N. L., & Woodward, A. L. (1999). “Children’s comprehension of deceptive points.” *British Journal of Developmental Psychology*, 17(4), 515–521.

Coviello, L., Sohn, Y., Kramer, A. D., Marlow, C., Franceschetti, M., Christakis, N. A., & Fowler, J. H. (2014). “Detecting emotional contagion in massive social networks.” *PloS One*, 9(3), e90315.

Crivelli, C., & Fridlund, A. J. (2018). “Facial displays are tools for social influence.” *Trends in Cognitive Sciences*, 22(5), 388–399.

Crowell, A., & Kuhn, D. (2014). “Developing dialogic argumentation skills: A 3-year intervention study.” *Journal of Cognition and Development*, 15(2), 363–381.

Davies, S. R. (1997). *Popular opinion in Stalin’s Russia: Terror, propaganda and dissent, 1934–1941*. Cambridge: Cambridge University Press.

Dawkins, R. (2010). *A devil’s chaplain: Selected writings*. London: Hachette UK.

Dawkins, R., & Krebs, J. R. (1978). “Animal signals: Information or manipulation?” In J. R. Krebs & N. B. Davies (Eds.), *Behavioural ecology: An evolutionary approach* (pp. 282–309). Oxford: Basil Blackwell Scientific Publications［『進化からみた行動生態学』山岸哲，巌佐庸監訳、蒼樹書房、1994年］.

Dediu, D., & Levinson, S. C. (2018). “Neanderthal language revisited: Not only us.” *Current Opinion in Behavioral Sciences*, 21, 49–55.

Dehaene, S. (1999). *The number sense: How the mind creates mathematics*. Oxford: Oxford University Press［『数覚とは何か？——心が数を創り、操る仕組み』長谷川眞理子，小林哲生訳、早川書房、2010年］.

DellaVigna, S., & Gentzkow, M. (2010). “Persuasion: Empirical evidence.” *Annual Review of Economics*, 2(1), 643–669.

DellaVigna, S., & Kaplan, E. (2007). “The Fox News effect: Media bias and voting.” *Quarterly Journal of Economics*, 122(3), 1187–1234.

Delton, A. W., & Cimino, A. (2010). “Exploring the evolved concept of NEWCOMER:

Experimental tests of a cognitive model." *Evolutionary Psychology*, 8(2), 147470491000800220.

Delumeau, J. (1977). *Catholicism between Luther and Voltaire*. Philadelphia: Westminster Press.

Del Vicario, M., Scala, A., Caldarelli, G., Stanley, H. E., & Quattrociocchi, W. (2017). "Modeling confirmation bias and polarization." *Scientific Reports*, 7, 40391.

Demick, B. (2010). *Nothing to envy: Real lives in North Korea*. New York: Spiegel and Grau.

Dennett, D. C. (1995). *Darwin's dangerous idea*. London: Penguin Books [『ダーウィンの危険な思想——生命の意味と進化』石川幹人，大崎博，久保田俊彦，斉藤孝，山口泰司訳、青土社、2001年].

DePaulo, B. M. (1992). "Nonverbal behavior and self-presentation." *Psychological Bulletin*, 111(2), 203–243 .

DePaulo, B. M., Kashy, D. A., Kirkendol, S. E., Wyer, M. M., & Epstein, J. A. (1996)."Lying in everyday life." *Journal of Personality and Social Psychology*, 70(5), 979–995.

DePaulo, B. M., Lindsay, J. J., Malone, B. E., Muhlenbruck, L., Charlton, K., & Cooper, H. (2003). "Cues to deception." *Psychological Bulletin*, 129(1), 74–118.

Desmet, K., & Wacziarg, R. (2018). *The cultural divide*. NBER Working Paper No. 24630. Retrived from https://www.nber.org/papers/w24630

Desrochers, S., Morissette, P., & Ricard, M. (1995). "Two perspectives on pointing in infancy." In C. Moore & P. Dunham (Eds.), *Joint attention: Its origins and role in development* (pp. 85–101). Hillsdale, NJ: Erlbaum [『ジョイント・アテンション——心の起源とその発達を探る』大神英裕監訳、ナカニシヤ出版、1999年].

Dessalles, J.-L. (2007). *Why we talk: The evolutionary origins of language*. Cambridge: Oxford University Press.

Deutsch, M., & Gerard, H. B. (1955). "A study of normative and informational social influences upon individual judgment." *Journal of Abnormal and Social Psychology*, 51(3), 629–636.

De Vries, C. E., Hobolt, S. B., & Tilley, J. (2018). "Facing up to the facts: What causes economic perceptions?" *Electoral Studies*, 51, 115–122.

de Waal, F. B. M. (1982). *Chimpanzee politics*. New York: Harper and Row [『チンパンジーの政治学——猿の権力と性』西田利貞訳、産経新聞出版、2006年].

Dewitt, S. H., Lagnado, D., & Fenton, N. E. (submitted). *Updating prior beliefs basedon ambiguous evidence*. Retrieved from https://www.resea rchgate.net/publication/326610460_Updating_Prior_Beliefs_Based_on_Ambiguous_Evidence

Dezecache, G. (2015). "Human collective reactions to threat." *Wiley Interdisciplinary Reviews: Cognitive Science*, 6(3), 209–219.

Dezecache, G., Martin, J. R., Tessier, C., Safra, L., Pitron, V., Nuss, P., & Grèzes, J. (submitted). *Social strategies in response to deadly danger during a mass shooting*.

Dezecache, G., Mercier, H., & Scott-Phillips, T. C. (2013). "An evolutionary approach to emotional communication." *Journal of Pragmatics*, 59(B), 221–233.

Dickson, G. (2007). *The Children's Crusade: Medieval history, modern mythistory*. London: Palgrave Macmillan.

DiFonzo, N. (2010). "Ferreting facts or fashioning fallacies? Factors in rumor accuracy." *Social and Personality Psychology Compass*, 4(11), 1124–1137.

DiFonzo, N., & Bordia, P. (2007). *Rumor psychology: Social and organizational approaches*. Washington, DC: American Psychological Association.

Diggory, J. C. (1956). "Some consequences of proximity to a disease threat." *Sociometry*, 19(1), 47–53.

Dikötter, F. (2010). *Mao's great famine: The history of China's most devastating catastrophe, 1958–1962*. New York: Walker and Company [『毛沢東の大飢饉――史上最も悲惨で破壊的な人災1958-1962』中川治子訳、草思社、2019年].

Dimberg, U., Thunberg, M., & Elmehed, K. (2000). "Unconscious facial reactions to emotional facial expressions." *Psychological Science*, 11(1), 86–89.

Dixon, G., Hmielowski, J., & Ma, Y. (2017). "Improving climate change acceptance among US conservatives through value-based message targeting." *Science Communication*, 39(4), 520–534.

Dockendorff, M., & Mercier, H. (in preparation). *Argument transmission as the weak link in the correction of political misbeliefs*.

Donovan, P. (2004). *No way of knowing: Crime, urban legends and the internet*. London: Routledge.

Drizin, S. A., & Leo, R. A. (2003). "The problem of false confessions in the post-DNA world." *North Carolina Law Review*, 82, 891–1007.

Druckman, J. N., Levendusky, M. S., & McLain, A. (2018). "No need to watch: How the effects of partisan media can spread via interpersonal discussions." *American Journal of Political Science*, 62(1), 99–112.

Drury, J., Novelli, D., & Stott, C. (2013). "Psychological disaster myths in the perception and management of mass emergencies." *Journal of Applied Social Psychology*, 43(11), 2259–2270.

Dubois, E., & Blank, G. (2018). "The echo chamber is overstated: The moderating effect of political interest and diverse media." *Information, Communication and Society*, 21(5), 729–745.

Dubreuil, B. (2010). "Paleolithic public goods games: Why human culture and cooperation did not evolve in one step." *Biology and Philosophy*, 25(1), 53–73.

Dumont, L. (1980). *Homo hierarchicus: The caste system and its implications*. Chicago: University of Chicago Press [『ホモ・ヒエラルキクス――カースト体系とその意味』田中雅一，渡辺公三訳、みすず書房、2001年].

Dunlap, A. S., Nielsen, M. E., Dornhaus, A., & Papaj, D. R. (2016). "Foraging bumble bees weigh the reliability of personal and social information." *Current Biology*, 26(9), 1195–1199.

Durante, R., & Gutierrez, E. (2014). *Political advertising and voting intentions: Evidence from exogenous variation in ads viewership*. Unpublished manuscript. Retrieved from https://spire.sciencespo.fr/hdl:/2441/26lctatf2u813of8nkn7j2230h/resources/wp-mexico-political-advertising.pdf.

Durbach, N. (2000). "'They might as well brand us': Working-class resistance to compulsory vaccination in Victorian England." *Social History of Medicine*, 13(1), 45–63.

Ebrahim, G. J. (1968). "Mass hysteria in school children: Notes on three outbreaks in East Africa." *Clinical Pediatrics*, 7(7), 437–438.

Ecker, U. K., O'Reilly, Z., Reid, J. S., & Chang, E. P. (2019). The effectiveness of shortformat refutational fact-checks. *British Journal of Psychology*. https://doi.org/10.1111/bjop.12383.

Edwards, K., & Smith, E. E. (1996). "A disconfirmation bias in the evaluation of arguments." *Journal of Personality and Social Psychology*, 71(1), 5–24.

Einav, S. (2017). "Thinking for themselves? The effect of informant independence on children's endorsement of testimony from a consensus." *Social Development*, 27(1), 73–86.

Einav, S., & Robinson, E. J. (2011). "When being right is not enough: Four-year-olds distinguish knowledgeable informants from merely accurate informants." *Psychological Science*, 22(10), 1250–1253.

Ekelund, R. B., Tollison, R. D., Anderson, G. M., Hébert, R. F., & Davidson, A. B. (1996). *Sacred trust: The medieval church as an economic firm*. New York: Oxford University Press.

Ekman, P. (2001). *Telling lies: Clues to deceit in the marketplace, politics, and marriage*. New York: Norton

Ekman, P. (2009). "Lie catching and microexpressions." In C. Martin (Ed.), *The philosophy of deception* (pp.118–133). Oxford: Oxford University Press.

Enders, A. M., & Armaly, M. T. (2018). "The differential effects of actual and perceived polarization." *Political Behavior*, https://doi.org/10.1007/s11109-018-9476-2.

Engelberg, J. W., & Gouzoules, H. (2019). "The credibility of acted screams: Implications for emotional communication research." *Quarterly Journal of Experimental Psychology*, 72(8), 1889–1902.

Epler, D. C. (1980). "Bloodletting in early Chinese medicine and its relation to the origin of acupuncture." *Bulletin of the History of Medicine*, 54(3), 337–367.

Eriksson, K. (2012). "The nonsense math effect." *Judgment and Decision Making*, 7(6), 746–749.

Estlund, D. (1994). "Opinion leaders, independence, and Condorcet's jury theorem." *Theory and Decision*, 36(2), 131–162.

Evans, H., & Bartholomew, R. (2009). *Outbreak! The encyclopedia of extraordinary social behavior*. New York: Anomalist Books.

Evans-Pritchard, E. E. (1937). *Witchcraft, magic and oracles among the Azande*. Retrieved from eHRAF: World Cultures database.

Faasse, K., Chatman, C. J., & Martin, L. R. (2016). "A comparison of language use in pro- and anti-vaccination comments in response to a high profile Facebook post." *Vaccine*, 34(47), 5808–5814.

Facchini, G., Margalit, Y., & Nakata, H. (2016). *Countering public opposition to immigration: The impact of information campaigns*. Unpublished article. Retrieved from https://papers.ssrn.com/sol3/papers.cfm?abstract_id=2887349.

Fadda, M., Allam, A., & Schulz, P. J. (2015). "Arguments and sources on Italian online forums on childhood vaccinations: Results of a content analysis." *Vaccine*, 33(51), 7152–7159.

Fershtman, C., & Gneezy, U. (2001). "Discrimination in a segmented society: An experimental approach." *Quarterly Journal of Economics*, 116(1), 351–377.

Fifield, A. (2019). *The Great Successor: The divinely perfect destiny of brilliant comrade Kim Jong Un*. New York: PublicAffairs［『金正恩の実像――世界を翻弄する独裁者』高取芳彦，廣幡晴菜訳、扶桑社、2020年］.

Fiorina, M. P., Abrams, S. J., & Pope, J. (2005). *Culture war? The myth of a polarized America*. New York: Pearson Longman.

FitzGibbon, C. D., & Fanshawe, J. H. (1988). "Stotting in Thomson's gazelles: An honest signal of condition." *Behavioral Ecology and Sociobiology*, 23(2), 69–74.

Flaxman, S., Goel, S., & Rao, J. M. (2016). "Filter bubbles, echo chambers, and online news consumption." *Public Opinion Quarterly*, 80(S1), 298–320.

Fletcher, R., & Nielsen, R. K. (2017). "Are news audiences increasingly fragmented? A cross-national comparative analysis of cross-platform news audience fragmentation and duplication." *Journal of Communication*, 67(4), 476–498.

Foddy, M., Platow, M. J., & Yamagishi, T. (2009). "Group-based trust in strangers: The role of stereotypes and expectations." *Psychological Science*, 20(4), 419–422.

Fodor, J. (1983). *The modularity of mind*. Cambridge, MA: MIT Press［『精神のモジュール形式――人工知能と心の哲学』伊藤笏康，信原幸弘訳、産業図書、1985年］.

Foerster, A., Wirth, R., Herbort, O., Kunde, W., & Pfister, R. (2017). "Lying upsidedown: Alibis reverse cognitive burdens of dishonesty." *Journal of Experimental Psychology: Applied*, 23(3), 301–319.

Fourney, A., Racz, M. Z., Ranade, G., Mobius, M., & Horvitz, E. (2017). "Geographic and temporal trends in fake news consumption during the 2016 US presidential election." *Proceedings of the 2017 ACM Conference on Information and Knowledge Management*, 2071–2074.

Frank, R. H. (1988). *Passions within reason: The strategic role of emotions*. New York: Norton [『オデッセウスの鎖——適応プログラムとしての感情』大坪庸介ほか訳，山岸俊男監訳、サイエンス社、1995年].

Frederick, S. (2005). "Cognitive reflection and decision making." *Journal of Economic Perspectives*, 19(4), 25–42.

Fresco, N. (1980). "Les redresseurs de morts. Chambres à gaz: la bonne nouvelle." Comment on révise l'histoire. *Les Temps Modernes*, 407, 2150–2211.

Freud, S. (1905). "Fragment of an analysis of a case of hysteria." In E. Jones (Ed.), *Collected papers* (pp. 13–146). New York: Basic Books.

Friend, R., Rafferty, Y., & Bramel, D. (1990). "A puzzling misinterpretation of the Asch 'conformity' study." *European Journal of Social Psychology*, 20(1), 29–44.

Fusaroli, R., Bahrami, B., Olsen, K., Roepstorff, A., Rees, G., Frith, C., & Tylén, K. (2012). "Coming to terms quantifying the benefits of linguistic coordination." *Psychological Science*, 0956797612436816.

Futaba, I., & McCormack, G. (1984). "Crime, confession and control in contemporary Japan." *Law Context: A Socio-Legal Journal*, 2, 1–30.

Galler, J. S. (2007). *Logic and argumentation in "The Book of Concord"* (unpublished doctoral dissertation). University of Texas at Austin.

Gallup, A. C., Chong, A., & Couzin, I. D. (2012). "The directional flow of visual information transfer between pedestrians." *Biology Letters*, 8(4), 520–522.

Gallup, A. C., Hale, J. J., Sumpter, D. J., Garnier, S., Kacelnik, A., Krebs, J. R., & Couzin, I. D. (2012). "Visual attention and the acquisition of information in human crowds." *Proceedings of the National Academy of Sciences*, 109(19), 7245–7250.

Galton, F. (1907). "Vox populi." *Nature*, 75(7), 450–451.

Gamson, W. A. (1992). *Talking politics*. Cambridge: Cambridge University Press.

Gang, Q., & Bandurski, D. (2011). "China's emerging public sphere: The impact of media commercialization, professionalism, and the internet in an era of transition." In S. L. Shirk (Ed.), *Changing media, changing China* (pp. 38–76). New York: Oxford University Press.

Garcia, J., Kimeldorf, D. J., & Koelling, R. A. (1955). "Conditioned aversion to saccharin resulting from exposure to gamma radiation." *Science*, 122(3160), 157–158.

Gelman, A., Goel, S., Rivers, D., & Rothschild, D. (2016). "The mythical swing voter." *Quarterly Journal of Political Science*, 11(1), 103–130.

Gelman, A., & King, G. (1993). "Why are American presidential election campaign polls so variable when votes are so predictable?" *British Journal of Political Science*, 23(4), 409–451.

Gendelman, M. (2013). *A tale of two soldiers: The unexpected friendship between a WWII American Jewish sniper and a German military pilot*. Minneapolis, MN: Hillcrest Publishing Group.

Genovese, E. D. (1974). *Roll, Jordan, roll: The world the slaves made*. New York: Pantheon.

Gentzkow, M., & Shapiro, J. M. (2011). "Ideological segregation online and offline." *Quarterly Journal of Economics*, 126(4), 1799–1839.

Gervais, W. M., & Norenzayan, A. (2012). "Analytic thinking promotes religious disbelief." *Science*, 336(6080), 493–496.

Gervais, W. M., van Elk, M., Xygalatas, D., McKay, R. T., Aveyard, M., Buchtel, E. E., ... Riekki, T. (2018). "Analytic atheism: A cross-culturally weak and fickle phenomenon?" *Judgment and Decision Making*, 13(3), 268–274.

Gilbert, D. T. (1991). "How mental systems believe." *American Psychologist*, 46(2), 107–119.

Gilbert, D. T., Krull, D. S., & Malone, P. S. (1990). "Unbelieving the unbelievable: Some problems in the rejection of false information." *Journal of Personality and Social Psychology*, 59(4), 601–613.

Gilbert, D. T., Tafarodi, R. W., & Malone, P. S. (1993). "You can't not believe everything you read." *Journal of Personality and Social Psychology*, 65(2), 221–233.

Gilsenan, M. (1976). "Lying, honor, and contradiction." In B. Kapferer (Ed.), *Transaction and Meaning: Directions in the Anthropology of Exchange and Symbolic Behavior* (pp. 191–219). Philadelphia: Institute for the Study of Human Issues.

Gino, F. (2008). "Do we listen to advice just because we paid for it? The impact of advice cost on its use." *Organizational Behavior and Human Decision Processes*, 107(2), 234–245.

Ginzburg, C. (2013). *The cheese and the worms: The cosmos of a sixteenth-century miller*. Baltimore: Johns Hopkins University Press［『チーズとうじ虫——16世紀の一粉挽屋の世界像』杉山光信訳、みすず書房、2012年］.

Glaeser, E. L., Laibson, D. I., Scheinkman, J. A., & Soutter, C. L. (2000). "Measuring trust." *Quarterly Journal of Economics*, 115(3), 811–846.

Goldacre, B. (2014). *Bad pharma: How drug companies mislead doctors and harm patients*. London: Macmillan.

Goldman, A. I. (2001). "Experts: Which ones should you trust?" *Philosophy and Phenomenological Research*, 63(1), 85–110.

Goues, C. L., Brun, Y., Apel, S., Berger, E., Khurshid, S., & Smaragdakis, Y. (2017). *Effectiveness of anonymization in double-blind review*. Retrieved from https://arxiv.org/abs/1709.01609

Gould, J. L., & Gould, C. G. (1982). "The insect mind: Physics or metaphysics?" In D. R. Griffin (Ed.), *Animal mind-Human mind* (pp. 269–298). Berlin: Springer-Verlag.

Granovetter, M. (1978). "Threshold models of collective behavior." *American Journal of Sociology*, 83(6), 1420–1443.

Greene, E. D. (1990). "The logic of university students' misunderstanding of natural selection." *Journal of Research in Science Teaching*, 27(9), 875–885.

Greenspan, S. (2008). *Annals of gullibility: Why we get duped and how to avoid it*. New York: ABC-CLIO.

Greenwald, A. G. (1968). "Cognitive learning, cognitive response to persuasion, and attitude change." In A. G. Greenwald, T. C. Brock, & T. M. Ostrom (Eds.), *Psychological foundations of attitudes* (pp. 147–170). New York: Academic Press.

Griggs, R. A. (2015). "The disappearance of independence in textbook coverage of Asch's social pressure experiments." *Teaching of Psychology*, 42(2), 137–142.

Griggs, R. A., & Whitehead, G. I. (2015). "Coverage of Milgram's obedience experiments in social psychology textbooks: Where have all the criticisms gone?" *Teaching of Psychology*, 42(4), 315–322.

Grigorieff, A., Roth, C., & Ubfal, D. (2018). "Does information change attitudes towards immigrants? Representative evidence from survey experiments." Unpublished article. Retrieved from https://papers.ssrn.com/sol3/papers.cfm?abstract_id=2768187.

Grinberg, N., Joseph, K., Friedland, L., Swire-Thompson, B., & Lazer, D. (2019). "Fake news on Twitter during the 2016 US presidential election." *Science*, 363(6425), 374–378.

Gross, D. K. (2018). *Documents of the Salem witch trials*. Santa Barbara, CA: ABC-CLIO.

Grove, M. (2018). "Strong conformity requires a greater proportion of asocial learning and achieves lower fitness than a payoff-based equivalent." *Adaptive Behavior*, 26(6), 323–333.

Gudjonsson, G. H. (2003). *The psychology of interrogations and confessions: A handbook*. New York: Wiley.

Gudjonsson, G. H., & Sigurdsson, J. F. (1994). "How frequently do false confessions occur? An empirical study among prison inmates." *Psychology, Crime and Law*, 1(1), 21–26.

Gudjonsson, G. H., Sigurdsson, J. F., Bragason, O. O., Einarsson, E., & Valdimarsdottir, E. B. (2004). "Confessions and denials and the relationship with personality." *Legal and Criminological Psychology*, 9(1), 121–133.

Gudjonsson, G. H., Sigurdsson, J. F., & Einarsson, E. (2004). "The role of personality in relation to confessions and denials." *Psychology, Crime and Law*, 10(2), 125–135.

Guess, A. (2016). *Media choice and moderation: Evidence from online tracking data*. Unpublished manuscript, New York University.

Guess, A., & Coppock, A. (2015). *Back to Bayes: Confronting the evidence on attitude polarization*. Unpublished manuscript. Retrieved from https://pdfs.semanticscholar.org/23fc/c2e9e5706a766148e71624dc0f78e3cbf8ef.pdf.

Guess, A., & Coppock, A. (2018). "Does counter-attitudinal information cause backlash? Results from three large survey experiments." *British Journal of Political Science*. https://doi.org/10.1017/S0007123418000327.

Guess, A., Nagler, J., & Tucker, J. (2019). "Less than you think: Prevalence and predictors of fake news dissemination on Facebook." *Science Advances*, 5(1), eaau4586.

Guess, A., Nyhan, B., & Reifler, J. (2018). *Selective exposure to misinformation: Evidence from the consumption of fake news during the 2016 US presidential campaign*. Retrieved from

http://www.ask-force.org/web/Fundamentalists/Guess-Selective-Exposure-to-Misinformation-Evidence-Presidential-Campaign-2018.pdf.

Gupta, G., Mahmud, M., Maitra, P., Mitra, S., & Neelim, A. (2013). *Religion, minority status and trust: Evidence from a field experiment.* Retrieved from https://www.researchgate.net/profile/Minhaj_Mahmud2/publication/313006388_Religion_Minority_Status_and_Trust_Evidence_from_a_Field_Experiment/links/588c2e7daca272fa50dde0a6/Religion-Minority-Status-and-Trust-Evidence-from-a-Field-Experiment.pdf.

Hahn, U., & Oaksford, M. (2007). "The rationality of informal argumentation: A Bayesian approach to reasoning fallacies." *Psychological Review*, 114(3), 704–732.

Haig, D. (1993). "Genetic conflicts in human pregnancy." *Quarterly Review of Biology*, 68(4), 495–532.

Haig, D. (1996). "Placental hormones, genomic imprinting, and maternal-fetal communication." *Journal of Evolutionary Biology*, 9(3), 357–380.

Hall, J. R. (2009). "Apocalyptic and millenarian movements." In D. A. Snow, D. della Porta, B. Klandermans, & D. McAdam (Eds.), *The Wiley-Blackwell encyclopedia of social and political movements* (pp. 1–3). London: Wiley-Blackwell.

Hall, J. R. (2013). *Apocalypse: From antiquity to the empire of modernity*. Indianapolis: Wiley.

Han, S. (2018). Neurocognitive basis of racial ingroup bias in empathy. *Trends in Cognitive Sciences*, 2(5), 400–421.

Harding, H. (1993). "The Chinese state in crisis, 1966–9." In R. MacFarquhar (Ed.), *The politics of China, 1949–1989* (pp. 148–247). New York: Cambridge University Press.

Harper, E. B. (1968). "Social consequences of an unsuccessful low caste movement." In J. Silverberg (Ed.), *Social Mobility in the Caste System in India* (pp. 36–65). The Hague: Mouton.

Harris, P. L. (2012). *Trusting what you're told: How children learn from others*. Cambridge, MA: Belknap Press of Harvard University Press.

Harris, P. L., Koenig, M. A., Corriveau, K. H., & Jaswal, V. K. (2018). "Cognitive foundations of learning from testimony." *Annual Review of Psychology*, 69(1), 251–273.

Hartwig, M., & Bond, C. H. (2011). "Why do lie-catchers fail? A lens model metaanalysis of human lie judgments." *Psychological Bulletin*, 137(4), 643–659.

Haslam, N., Loughnan, S., & Perry, G. (2014). "Meta-Milgram: An empirical synthesis of the obedience experiments." *PloS One*, 9(4), e93927.

Hassig, R., & Oh, K. (2009). *The hidden people of North Korea: Everyday life in the hermit kingdom*. London: Rowman and Littlefield.

Hasson, O. (1991). "Pursuit-deterrent signals: Communication between prey and predator." *Trends in Ecology and Evolution*, 6(10), 325–329.

Hasson, U., Simmons, J. P., & Todorov, A. (2005). "Believe it or not: On the possibility of suspending belief." *Psychological Science*, 16(7), 566–571.

Hastie, R., & Kameda, T. (2005). "The robust beauty of majority rules in group decisions." *Psychological Review*, 112(2), 494–508.

Hatfield, E., Cacioppo, J. T., & Rapson, R. L. (1994). *Emotional contagion*. Cambridge: Cambridge University Press.

Haun, D. B. M., & Tomasello, M. (2011). "Conformity to peer pressure in preschool children." *Child Development*, 82(6), 1759–1767.

Heathers, J. A., Fayn, K., Silvia, P. J., Tiliopoulos, N., & Goodwin, M. S. (2018). "The voluntary control of piloerection." *PeerJ Preprints*, 6, e26594v1.

Heckewelder, J.G.E. (1876). *History, manners, and customs of the Indian nations: Who once inhabited Pennsylvania and the neighboring states*. Philadelphia: Historical Society of Pennsylvania.

Henrich, J. (2009). "The evolution of costly displays, cooperation and religion: Credibility enhancing displays and their implications for cultural evolution." *Evolution and Human Behavior*, 30(4), 244–260.

Henrich, J. (2015). *The secret of our success: How culture is driving human evolution, domesticating our species, and making us smarter*. Princeton, NJ: Princeton University Press [『文化がヒトを進化させた——人類の繁栄と〈文化 - 遺伝子革命〉』今西康子訳、白揚社、2019年].

Henrich, J., & Boyd, R. (1998). "The evolution of conformist transmission and the emergence of between-group differences." *Evolution and Human Behavior*, 19(4), 215–241.

Henrich, J., & Broesch, J. (2011). "On the nature of cultural transmission networks: Evidence from Fijian villages for adaptive learning biases." *Philosophical Transactions of the Royal Society of London B: Biological Sciences*, 366(1567), 1139–1148.

Henrich, J., & Gil-White, F. J. (2001). "The evolution of prestige: Freely conferred deference as a mechanism for enhancing the benefits of cultural transmission." *Evolution and Human Behavior*, 22(3), 165–196.

Hepach, R., Vaish, A., & Tomasello, M. (2013). "Young children sympathize less in response to unjustified emotional distress." *Developmental Psychology*, 49(6), 1132–1138.

Heraclitus. (2001). *Fragments: The collected wisdom of Heraclitus* (B. Haxton, Trans.). London: Viking Adult.

Herley, C. (2012). "Why do Nigerian scammers say they are from Nigeria?" *WEIS*. Retrieved from http://infosecon.net/workshop/downloads/2012/pdf/Why_do_Nigerian_Scammers_Say_They_are_From_Nigeria.pdf.

Hernon, I. (2006). *Riot! Civil insurrection from Peterloo to the present day*. New York: Pluto Press.

Higham, J. P. (2013). "How does honest costly signaling work?" *Behavioral Ecology*, 25(1), 8–11.

Hill, K., & Kintigh, K. (2009). "Can anthropologists distinguish good and poor hunters?

Implications for hunting hypotheses, sharing conventions, and cultural transmission." *Current Anthropology*, 50(3), 369–378.

Hill, S. J. (2017). "Learning together slowly: Bayesian learning about political facts." *Journal of Politics*, 79(4), 1403–1418.

Hill, S. J., Lo, J., Vavreck, L., & Zaller, J. (2013). "How quickly we forget: The duration of persuasion effects from mass communication." *Political Communication*, 30(4), 521–547.

Hirschfeld, L. A. (2002). "Why don't anthropologists like children?" *American Anthropologist*, 104(2), 611–627.

Hitler, A. (1939). *Mein Kampf* (J. Murphy, Trans.). London: Hurst and Blackett [『わが闘争——完訳』(上・下) 平野一郎, 将積茂訳、角川書店、2001 年].

Hoare, G., & Sperber, N. (2015). *An introduction to Antonio Gramsci: His life, thought and legacy*. London: Bloomsbury.

Hodges, B. H., & Geyer, A. L. (2006). "A nonconformist account of the Asch experiments: Values, pragmatics, and moral dilemmas." *Personality and Social Psychology Review*, 10(1), 2–19.

Hoffmann, D. L., Standish, C. D., García-Diez, M., Pettitt, P. B., Milton, J. A., Zilhão, J., ... De Balbín, R. (2018). "U-Th dating of carbonate crusts reveals Neandertal origin of Iberian cave art." *Science*, 359(6378), 912–915.

Hofman, D., Bos, P. A., Schutter, D. J., & van Honk, J. (2012). "Fairness modulates nonconscious facial mimicry in women." *Proceedings of the Royal Society of London B: Biological Sciences*, 279(1742), 3535–3539.

Holbach, P.H.T.B.d'. (1835). *Christianity unveiled: Being an examination of the principles and effects of the Christian religion*. New York: Johnson.

Hollander, M. M., & Turowetz, J. (2017). "Normalizing trust: Participants' immediately post-hoc explanations of behaviour in Milgram's "obedience" experiments." *British Journal of Social Psychology*, 56(4), 655–674.

Honts, C. R., & Hartwig, M. (2014). "Credibility assessment at portals." In D. C. Raskin, C. R. Honts, & J. C. Kircher (Eds.), *Credibility assessment* (pp. 37–61). Amsterdam: Elsevier.

Hopkins, D. J., & Ladd, J. M. (2014). "The consequences of broader media choice: Evidence from the expansion of Fox News." *Quarterly Journal of Political Science*, 9(1), 115–135.

Hopkins, D. J., Sides, J., & Citrin, J. (2019). "The muted consequences of correct information about immigration." *Journal of Politics*, 81(1), 315–320.

Horne, Z., Powell, D., Hummel, J. E., & Holyoak, K. J. (2015). "Countering antivaccination attitudes." *Proceedings of the National Academy of Sciences*, 112(33), 10321–10324.

Horowitz, D. L. (2001). *The deadly ethnic riot*. Berkeley: University of California Press.

Hovland, C. I. (1954). "The effects of the mass media of communication." In L. Gardner (Ed.), *Handbook of social psychology* (pp. 244–252). Cambridge MA: Addison-Wesley.

Howard, G. (1983). *Frames of mind: The theory of multiple intelligences*. New York: Basic Books.

Hu, J., Whalen, A., Buchsbaum, D., Griffiths, T., & Xu, F. (2015). "Can children balance the size of a majority with the quality of their information?" *Proceedings of the Cognitive Science Society Conference*. Pasadena, California, July 22–25.

Hu, Y., Lodish, L. M., & Krieger, A. M. (2007). "An analysis of real world TV advertising tests: A 15-year update." *Journal of Advertising Research*, 47(3), 341–353.

Huang, H. (2017). "A war of (mis)information: The political effects of rumors and rumor rebuttals in an authoritarian country." *British Journal of Political Science*, 47(2), 283–311.

Huckfeldt, R. (2001). "The social communication of political expertise." *American Journal of Political Science*, 45(2), 425–438.

Huckfeldt, R., Pietryka, M. T., & Reilly, J. (2014). "Noise, bias, and expertise in political communication networks." *Social Networks*, 36, 110–121.

Hutton, R. (2017). *The witch: A history of fear, from ancient times to the present*. New Haven, CT: Yale University Press.

Iannaccone, L. R. (1992). "Sacrifice and stigma: Reducing free-riding in cults, communes, and other collectives." *Journal of Political Economy*, 100(2), 271–291.

Iannaccone, L. R. (2006). "The market for martyrs." *Interdisciplinary Journal of Research on Religion*, 2(4), 1–28.

Inbau, F., Reid, J., Buckley, J., & Jayne, B. (2001). *Criminal interrogation and confessions* (4th ed.). Gaithersberg, MD: Aspen［『自白――真実への尋問テクニック』小中信幸, 渡部保夫訳、ぎょうせい、1990年］.

Isberner, M.-B., & Richter, T. (2013). "Can readers ignore implausibility? Evidence for nonstrategic monitoring of event-based plausibility in language comprehension." *Acta Psychologica*, 142(1), 15–22.

Isberner, M.-B., & Richter, T. (2014). "Does validation during language comprehension depend on an evaluative mindset?" *Discourse Processes*, 51(1–2), 7–25.

Isenberg, D. J. (1986). "Group polarization: A critical review and meta-analysis." *Journal of Personality and Social Psychology*, 50(6), 1141–1151.

Iyengar, S., & Kinder, D. R. (1987). *News that matters: Television and public opinion*. Chicago: University of Chicago Press.

Iyengar, S., Lelkes, Y., Levendusky, M., Malhotra, N., & Westwood, S. J. (2019). "The origins and consequences of affective polarization in the United States." *Annual Review of Political Science*, 22, 129–146.

Janis, I. L. (1951). *Air war and emotional stress: Psychological studies of bombing and civilian defense*. New York: McGraw-Hill.

Jeffries, S. (2016). *Grand hotel abyss: The lives of the Frankfurt School*. New York: Verso.

Jiménez, Á. V., & Mesoudi, A. (2019). "Prestige-biased social learning: Current evidence and

outstanding questions." *Palgrave Communications*, 5(1), 20. Retrieved from https://www.nature.com/articles/s41599-019-0228-7

Jo, D. (2017). *Better the devil you know: An online field experiment on news consumption*. Retrieved from https://bfi.uchicago.edu/sites/default/files/research/Better_the_Devil_You_Know_Online_Field_Experiment_on_News_Consumption-2.pdf

Johnson, N. R. (1988). "Fire in a crowded theater: A descriptive investigation of the emergence of panic." *International Journal of Mass Emergencies and Disasters*, 6(1), 7–26.

Johnson, N. R., Feinberg, W. E., & Johnston, D. M. (1994). "Microstructure and panic: The impact of social bonds on individual action in collective flight from the Beverly Hills Supper Club fire." In R. R. Dynes & K. J. Tierney (Eds.), *Disasters, collective behavior and social organizations* (pp. 168–189). Newark: University of Delaware Press.

Jordan, S., Brimbal, L., Wallace, D. B., Kassin, S. M., Hartwig, M., & Street, C. N. (In press). "A test of the micro-expressions training tool: Does it improve lie detection?" *Journal of Investigative Psychology and Offender Profiling*. https://doi.org/doi.org/10.1002/jip.1532

Juergensmeyer, M. (1980). "What if the Untouchables don't believe in Untouchability?" *Bulletin of Concerned Asian Scholars*, 12(1), 23–28.

Kahneman, D. (2011). *Thinking, fast and slow*. New York: Farrar, Straus and Giroux［『ファスト＆スロー――あなたの意思はどのように決まるか？』（上・下）村井章子，友野典男訳、早川書房、2014年］.

Kalla, J. L., & Broockman, D. E. (2018). "The minimal persuasive effects of campaign contact in general elections: Evidence from 49 field experiments." *American Political Science Review*, 112(1), 148–166.

Kallis, A. (2008). *Nazi propaganda in the Second World War*. London: Palgrave Macmillan.

Kam, C. D., & Zechmeister, E. J. (2013). "Name recognition and candidate support." *American Journal of Political Science*, 57(4), 971–986.

Kanwisher, N. (2000). "Domain specificity in face perception." *Nature Neuroscience*, 3(8), 759–763.

Kaplan, S. L. (1982). *Le complot de famine: Histoire d'une rumeur au XVIIIe siècle* (Vol. 39). Paris: A. Colin.

Karsh, E., & Rautsi, I. (2007). *Saddam Hussein: A political biography*. New York: Grove/Atlantic.

Kassin, S. M., & Gudjonsson, G. H. (2004). "The psychology of confessions: A review of the literature and issues." *Psychological Science in the Public Interest*, 5(2), 33–67.

Kassin, S. M., Meissner, C. A., & Norwick, R. J. (2005). "'I'd know a false confession if I saw one': A comparative study of college students and police investigators." *Law and Human Behavior*, 29(2), 211–227.

Kassin, S. M., & Neumann, K. (1997). "On the power of confession evidence: An

experimental test of the fundamental difference hypothesis." *Law and Human Behavior*, 21(5), 469–484.

Kassin, S. M., & Wrightsman, L. S. (1980). "Prior confessions and mock juror verdicts." *Journal of Applied Social Psychology*, 10(2), 133–146.

Katz, E. (1957). "The two-step flow of communication: An up-to-date report on an hypothesis." *Public Opinion Quarterly*, 21(1), 61–78.

Katz, E., & Lazarsfeld, P. F. (1955). *Personal influence: The part played by people in the flow of mass communications*. Glencoe: Free Press. [『パーソナル・インフルエンス――オピニオン・リーダーと人びとの意思決定』竹内郁郎訳、培風館、1965年]

Kay, J. (2011). *Among the Truthers: A journey through America's growing conspiracist underground*. New York: HarperCollins.

Keil, F. C., Stein, C., Webb, L., Billings, V. D., & Rozenblit, L. (2008). "Discerning the division of cognitive labor: An emerging understanding of how knowledge is clustered in other minds." *Cognitive Science*, 32(2), 259–300.

Keller, K. L., & Lehmann, D. R. (2006). "Brands and branding: Research findings and future priorities." *Marketing Science*, 25(6), 740–759.

Kennedy, J. A., Anderson, C., & Moore, D. A. (2013). "When overconfidence is revealed to others: Testing the status-enhancement theory of overconfidence." *Organizational Behavior and Human Decision Processes*, 122(2), 266–279.

Kennedy, J. J. (2009). "Maintaining popular support for the Chinese Communist Party: The influence of education and the state-controlled media." *Political Studies*, 57(3), 517–536.

Kershaw, I. (1983a). "How effective was Nazi propaganda?" In D. Welch (Ed.), *Nazi propaganda: The power and the limitations* (pp. 180–205). London: Croom Helm.

Kershaw, I. (1983b). *Popular opinion and political dissent in the Third Reich, Bavaria 1933–1945*. New York: Oxford University Press.

Kershaw, I. (1987). *The "Hitler myth": Image and reality in the Third Reich*. New York: Oxford University Press [『ヒトラー神話――第三帝国の虚像と実像』柴田敬二訳、刀水書房、1993年].

Kershaw, I. (1991). *Hitler: Profiles in power*. London: Routledge.

Khare, R. S. (1984). *The untouchable as himself: Ideology, identity and pragmatism among the Lucknow Chamars* (Vol. 8). Cambridge: Cambridge University Press.

Kierkegaard, S. (1961). *Diary* (P. P. Rohde, Ed.). London: Peter Owen [『キェルケゴールの日記――哲学と信仰のあいだ』鈴木祐丞編訳、講談社、2016年].

Kim, G., & Kwak, K. (2011). "Uncertainty matters: Impact of stimulus ambiguity on infant social referencing." *Infant and Child Development*, 20(5), 449–463.

Kim, J. W. (2018). *Evidence can change partisan minds: Rethinking the bounds of motivated reasoning*. Working paper.

Kim, J. W., & Kim, E. (in press). "Identifying the effect of political rumor diffusion using

variations in survey timing." *Quarterly Journal of Political Science*.

King, G., Pan, J., & Roberts, M. E. (2017). "How the Chinese government fabricates social media posts for strategic distraction, not engaged argument." *American Political Science Review*, 111(3), 484–501.

Kitcher, P. (1993). *The advancement of science: Science without legend, objectivity without illusions*. New York: Oxford University Press.

Klapper, J. T. (1960). *The effects of mass communication*. Glencoe, IL: Free Press.

Klar, S., Krupnikov, Y., & Ryan, J. B. (2018). "Affective polarization or partisan disdain? Untangling a dislike for the opposing party from a dislike of partisanship." *Public Opinion Quarterly*, 82(2), 379–390.

Klarman, M. J. (2016). *The framers' coup: The making of the United States Constitution*. New York: Oxford University Press.

Knapp, R. H. (1944). "A psychology of rumor." *Public Opinion Quarterly*, 8(1), 22–37.

Knittel, C. R., & Stango, V. (2009). *Shareholder value destruction following the Tiger Woods scandal*. University of California. Retrieved from Faculty. Gsm. Ucdavis. Edu/~ Vstango/ Tiger004. Pdf Koch

Kramer, A. D., Guillory, J. E., & Hancock, J. T. (2014). "Experimental evidence of massive-scale emotional contagion through social networks." *Proceedings of the National Academy of Sciences*, 201320040.

Krebs, J. R., & Dawkins, R. (1984). "Animal signals: Mind-reading and manipulation?" In J. Krebs, R., & Davies, N. B. (Eds.), *Behavioural ecology: An evolutionary approach* (Vol. 2, pp. 390–402). Oxford: Basil Blackwell Scientific Publications [『進化からみた行動生態学』既出].

Kuller, C. (2015). "The demonstrations in support of the Protestant provincial bishop Hans Meiser: A successful protest against the Nazi regime." In N. Stoltzfus & B. Maier-Katkin (Eds.), *Protest in Hitler's "National Community": Popular unrest and the Nazi response* (pp. 38–54). New York: Berghahn.

Kurzban, R., & Christner, J. (2011). "Are supernatural beliefs commitment devices for intergroup conflict?" In J. P. Forgas, A. Kruglanski, & K. D. Willimas (Eds.), *The psychology of social conflict and aggression* (pp. 285–300). Sydney Symposium of Social Psychology, vol. 13). New York: Taylor and Francis.

Kushnir, T., Vredenburgh, C., & Schneider, L. A. (2013). "'Who can help me fix this toy?': The distinction between causal knowledge and word knowledge guides preschoolers' selective requests for information." *Developmental Psychology*, 49(3), 446–453.

Lacan, J. (1939). "De l'impulsion au complexe." *Revue Française de Psychanalyse*, 1, 137–141.

Lacan, J. (1970). *Of structure as an inmixing of an otherness prerequisite to any subject whatever* (R. Macksey & E. Donato, Eds.). Baltimore: Johns Hopkins University Press.

Lacan, J. (1980). *De la Psychose paranoïaque dans ses rapports avec la personnalité*. Paris: Seuil.

Lacan, J. (2005). *Le Séminaire*, Livre 23, le sinthome. Paris: Seuil.

Ladd, J. M. (2011). *Why Americans hate the media and how it matters*. New York: Princeton University Press.

Ladd, J. M., & Lenz, G. S. (2009). "Exploiting a rare communication shift to document the persuasive power of the news media." *American Journal of Political Science*, 53(2), 394–410.

Lagrange, P. (2005). *La guerre des mondes at-elle eu lieu?* Paris: Robert Laffont.

Laland, K. N. (2004). "Social learning strategies." *Animal Learning and Behavior*, 32(1), 4–14.

Lanternari, V. (1963). *The religions of the oppressed: A study of modern messianic cults*. New York: Knopf.

Lanzetta, J. T., & Englis, B. G. (1989). "Expectations of cooperation and competition and their effects on observers' vicarious emotional responses." *Journal of Personality and Social Psychology*, 56(4), 543–554.

Larrick, R. P., & Soll, J. B. (2006). "Intuitions about combining opinions: Misappreciation of the averaging principle." *Management Science*, 52, 111–127.

Larson, H. J. (2018). "The biggest pandemic risk? Viral misinformation." *Nature*, 562(7727), 309–309.

Lasswell, H. D. (1927). *Propaganda technique in the world war*. Cambridge, MA: MIT Press.

Laustsen, L., & Bor, A. (2017). "The relative weight of character traits in political candidate evaluations: Warmth is more important than competence, leadership and integrity." *Electoral Studies*, 49, 96–107.

Lawlor, H. J., & Oulton, J. E. L. (1928). *The ecclesiastical history and the martyrs of Palestine: Introduction, notes and index* (Vol. 2). London: Society for Promoting Christian Knowledge.

Lazarsfeld, P. F., Berelson, B., & Gaudet, H. (1948). *The people's choice: How the voter makes up his mind in a presidential campaign*. New York: Columbia University Press [『ピープルズ・チョイス――アメリカ人と大統領選挙』有吉広介，時野谷浩訳、芦書房、1987年].

Le Bon, G. (1897). *The crowd: A study of the popular mind*. London: Macmillian.

Le Bon, G. (1900). *Psychologie des foules*. Paris: Alcan [『群衆心理』櫻井成夫訳、講談社、1993年].

Le Bras, G. (1955). *Etudes de sociologie religieuse*. Paris: Presses Universitaires de France.

Leeper, T. J., & Slothuus, R. (2015). *Can citizens be framed? How information, not emphasis, changes opinions*. Unpublished manuscript, Aarhus University.

Leese, D. (2011). *Mao cult: Rhetoric and ritual in China's Cultural Revolution*. Cambridge: Cambridge University Press.

Lenz, G. S. (2009). "Learning and opinion change, not priming: Reconsidering the priming hypothesis." *American Journal of Political Science*, 53(4), 821–837.

Lenz, G. S. (2013). *Follow the leader? How voters respond to politicians' policies and performance*. Chicago: University of Chicago Press.

Le Roy Ladurie, E. (2016). *Montaillou, village occitan de 1294 à 1324*. Paris: Editions Gallimard [『モンタイユー——ピレネーの村 1294 ～ 1324』(上・下) 井上幸治訳、刀水書房、1990-1991 年].

Levendusky, M. S., & Malhotra, N. (2015). "(Mis)perceptions of partisan polarization in the American public." *Public Opinion Quarterly*, 80(S1), 378–391.

Levine, T. R. (2014). "Truth-default theory (TDT): A theory of human deception and deception detection." *Journal of Language and Social Psychology*, 33(4), 378–392.

Lévi-Strauss, C. (1967). "The sorcerer and his magic." In J. Middleton (Ed.), *Magic, witchcraft, and curing* (pp. 23–42). New York: Natural History Press.

Lévi-Strauss, C. (1986). "Entretien avec Judith Miller et Alain Grosrichard." *L'Ane. Le Magazine Freudien*, 20, 27–29.

Lewis, R. A., & Rao, J. M. (2013). *On the near impossibility of measuring the returns to advertising*. Unpublished paper, Google, Inc. and Microsoft Research. Retrieved from http://justinmrao.com/lewis_rao_nearimpossibility.pdf

Liberman, V., Minson, J. A., Bryan, C. J., & Ross, L. (2012). "Naïve realism and capturing the 'wisdom of dyads.'" *Journal of Experimental Social Psychology*, 48(2), 507–512.

Linton, R. (1963). *Acculturation in seven American Indian tribes*. New York: Peter Smith.

Lloyd, G., & Sivin, N. (2002). *The way and the word: Science and medicine in early China and Greece*. New Haven, CT: Yale University Press.

Lodish, L. M., Abraham, M., Kalmenson, S., Livelsberger, J., Lubetkin, B., Richardson, B., & Stevens, M. E. (1995). "How TV advertising works: A meta-analysis of 389 real world split cable TV advertising experiments." *Journal of Marketing Research*, 32(2), 125–139.

Lopez-Ibor, J. J., Soria, J., Canas, F., & Rodriguez-Gamazo, M. (1985). "Psychopathological aspects of the toxic oil syndrome catastrophe." *British Journal of Psychiatry*, 147(4), 352–365.

Luke, T. J. (in press). "Lessons from Pinocchio: Cues to deception may be highly exaggerated." *Perspectives on Psychological Science*, 1745691619838258. https://doi.org/10.1177/1745691619838258

Lull, R. B., & Bushman, B. J. (2015). "Do sex and violence sell? A meta-analytic review of the effects of sexual and violent media and ad content on memory, attitudes, and buying intentions." *Psychological Bulletin*, 141(5), 1022–1048.

Lutz, D. J., & Keil, F. C. (2002). "Early understanding of the division of cognitive labor." *Child Development*, 73(4) 1073–1084.

Macfarlane, A. (1970). "Witchcraft in Tudor and Stuart Essex." In M. Douglas (Ed.), *Witchcraft confessions and accusations* (pp. 81–101). London: Routledge.

MacMullen, R. (1984). *Christianizing the Roman Empire (AD 100–400)*. New Haven, CT:

Yale University Press.
MacMullen, R. (1999). *Christianity and paganism in the fourth to eighth centuries*. New Haven, CT: Yale University Press.
Madden, J. R. (2002). "Bower decorations attract females but provoke other male spotted bowerbirds: Bower owners resolve this trade-off." *Proceedings of the Royal Society of London. Series B: Biological Sciences*, 269(1498), 1347–1351.
Maines, L. A. (1990). "The effect of forecast redundancy on judgments of a consensus forecast's expected accuracy." *Journal of Accounting Research*, 28, 29–47.
Majima, Y. (2015). "Belief in pseudoscience, cognitive style and science literacy." *Applied Cognitive Psychology*, 29(4), 552–559.
Malkiel, B. G., & McCue, K. (1985). *A random walk down Wall Street*. New York: Norton [『ウォール街のランダム・ウォーカー――株式投資の不滅の真理』井手正介訳、日本経済新聞出版社、2019年].
Malle, B. F., Knobe, J. M., & Nelson, S. E. (2007). "Actor-observer asymmetries in explanations of behavior: New answers to an old question." *Journal of Personality and Social Psychology*, 93(4), 491–514.
Mancosu, P. (1999). "Between Vienna and Berlin: The immediate reception of Godel's incompleteness theorems." *History and Philosophy of Logic*, 20(1), 33–45.
Mansbridge, J. (1999). "Everyday talk in the deliberative system." In S. Macedo (Ed.), *Deliberative politics: Essays on democracy and disagreement* (pp. 211–42). New York: Oxford University Press.
Marcuse, H. (1966). *Eros and civilization: Philosophical inquiry into Freud*. Boston: Beacon Press [『エロス的文明』南博訳、紀伊國屋書店、1958年].
Márquez, X. (2016). *Non-democratic politics: Authoritarianism, dictatorship and democratization*. London: Macmillan International Higher Education.
Márquez, X. (2018). "Two models of political leader cults: Propaganda and ritual." *Politics, Religion and Ideology*, 19(3), 1–20.
Martin, G. J., & Yurukoglu, A. (2017). "Bias in cable news: Persuasion and polarization." *American Economic Review*, 107(9), 2565–2599.
Marx, K., & Engels, F. (1970). *The German ideology*. New York: International Publishers.
Mascaro, O., & Morin, O. (2014). "Gullible's travel: How honest and trustful children become vigilant communicators." In L. Robinson & S. Einav (Eds.), *Trust and skepticism: Children's selective learning from testimony*. London: Psychology Press.
Matsui, T., Rakoczy, H., Miura, Y., & Tomasello, M. (2009). "Understanding of speaker certainty and false-belief reasoning: A comparison of Japanese and German preschoolers." *Developmental Science*, 12(4), 602–613.
Matz, S. C., Kosinski, M., Nave, G., & Stillwell, D. J. (2017). "Psychological targeting as an effective approach to digital mass persuasion." *Proceedings of the National Academy of*

Sciences, 114(48), 12714–12719.

Maurer, D. (1999). *The big con: The story of the confidence man*. New York: Anchor Books [『詐欺師入門——騙しの天才たち：その華麗なる手口』山本光伸訳、光文社、1999年].

Mawson, A. R. (2012). *Mass panic and social attachment: The dynamics of human behavior*. Aldershot: Ashgate.

Maynard Smith, J., & Harper, D. (2003). *Animal signals*. Oxford: Oxford University Press.

McCloskey, M., Caramazza, A., & Green, B. (1980). "Curvilinear motion in the absence of external forces: Naive beliefs about the motion of objects." *Science*, 210(4474), 1139–1141.

McCloskey, M., Washburn, A., & Felch, L. (1983). "Intuitive physics: The straightdown belief and its origin." *Journal of Experimental Psychology: Learning, Memory, and Cognition*, 9(4), 636–649.

McCullough, M. E., Swartwout, P., Shaver, J. H., Carter, E. C., & Sosis, R. (2016)."Christian religious badges instill trust in Christian and non-Christian perceivers." *Psychology of Religion and Spirituality*, 8(2), 149–163.

McIntyre, L. (2018). *Post-truth*. Cambridge, MA: MIT Press.

McPhail, C. (1991). *The myth of the madding crowd*. New York: Aldine de Gruyter.

McPhail, C. (2007). *A sociological primer on crowd behavior*. Retrieved from https://www.academia.edu/1292597/_2007_A_Sociological_Primer_on_Crowd_Behavior_

McPhail, C., & Wohlstein, R. T. (1983). "Individual and collective behaviors within gatherings, demonstrations, and riots." *Annual Review of Sociology*, 9(1) 579–600.

Meissner, C. A., & Kassin, S. M. (2002). "'He's guilty!': Investigator bias in judgments of truth and deception." *Law and Human Behavior*, 26(5), 469–480.

Meissner, C. A., Surmon-Böhr, F., Oleszkiewicz, S., & Alison, L. J. (2017). "Developing an evidence-based perspective on interrogation: A review of the US government's high-value detainee interrogation group research program." *Psychology, Public Policy, and Law*, 23(4), 438–457.

Mencher, J. P. (1974). "The caste system upside down, or the not-so-mysterious East." *Current Anthropology*, 15(4), 469–493.

Mercier, H. (2011). "Self-deception: Adaptation or by-product?" *Behavioral and Brain Sciences*, 34(1), 35.

Mercier, H. (2012). "Looking for arguments." *Argumentation*, 26(3), 305–324.

Mercier, H. (2013). "Our pigheaded core: How we became smarter to be influenced by other people." In B. Calcott, R. Joyce, & K. Sterelny (Eds.), *Cooperation and its evolution* (pp. 373–398). Cambridge, MA: MIT Press.

Mercier, H. (2016a). "The argumentative theory: Predictions and empirical evidence." *Trends in Cognitive Sciences*, 20(9), 689–700.

Mercier, H. (2016b). "Confirmation (or myside) bias." In R. Pohl (Ed.), *Cognitive Illusions* (2nd ed., pp. 99–114). London: Psychology Press.

Mercier, H. (2017). "How gullible are we? A review of the evidence from psychology and social science." *Review of General Psychology*, 21(2), 103–122.

Mercier, H. (submitted). *The cultural evolution of oaths, ordeals, and lie detectors*.

Mercier, H., Bernard, S., & Clément, F. (2014). "Early sensitivity to arguments: How preschoolers weight circular arguments." *Journal of Experimental Child Psychology*, 125, 102–109.

Mercier, H., Bonnier, P., & Trouche, E. (2016c). "Why don't people produce better arguments?" In L. Macchi, M. Bagassi, & R. Viale (Eds.), *Cognitive Unconscious and Human Rationality* (pp. 205–218). Cambridge, MA: MIT Press.

Mercier, H., Dockendorff, M., & Schwartzberg, M. (submitted). *Democratic legitimacy and attitudes about information-aggregation procedures*.

Mercier, H., Majima, Y., Claidière, N., & Léone, J. (submitted). *Obstacles to the spread of unintuitive beliefs*.

Mercier, H., & Miton, H. (2019). "Utilizing simple cues to informational dependency." *Evolution and Human Behavior*, 40(3), 301–314.

Mercier, H., & Morin, O. (2019). "Majority rules: How good are we at aggregating convergent opinions?" *Evolutionary Human Sciences*, 1, e6.

Mercier, H., & Sperber, D. (2011). "Why do humans reason? Arguments for an argumentative theory." *Behavioral and Brain Sciences*, 34(2), 57–74.

Mercier, H., & Sperber, D. (2017). *The enigma of reason*. Cambridge, MA: Harvard University Press.

Mercier, H., Sudo, M., Castelain, T., Bernard, S., & Matsui, T. (2018). "Japanese preschoolers' evaluation of circular and non-circular arguments." *European Journal of Developmental Psychology*, 15(5), 493–505.

Miguel, E. (2005). "Poverty and witch killing." *Review of Economic Studies*, 72(4), 1153–1172.

Milgram, S. (1974). *Obedience to authority: An experimental view*. New York: Harper and Row [『服従の心理』山形浩生訳、河出書房新社、2012年].

Milgram, S., Bickman, L., & Berkowitz, L. (1969). "Note on the drawing power of crowds of different size." *Journal of Personality and Social Psychology*, 13(2), 79–82.

Mills, C. M., & Keil, F. C. (2005). "The development of cynicism." *Psychological Science*, 16(5), 385–390.

Mills, C. M., & Keil, F. C. (2008). "Children's developing notions of (im)partiality." *Cognition*, 107(2), 528–551.

Milner, J.-C. (1995). *L'Œuvre claire: Lacan, la science, la philosophie*. Paris: Seuil.

Minson, J. A., Liberman, V., & Ross, L. (2011). "Two to tango." *Personality and Social*

Psychology Bulletin, 37(10), 1325–1338.

Mitnick, K. D., & Simon, W. L. (2002). *The art of deception: Controlling the human element of security*. Indianapolis: Wiley.

Miton, H., Claidière, N., & Mercier, H. (2015). "Universal cognitive mechanisms explain the cultural success of bloodletting." *Evolution and Human Behavior*, 36(4), 303–312.

Miton, H., & Mercier, H. (2015). "Cognitive obstacles to pro-vaccination beliefs." *Trends in Cognitive Sciences*, 19(11), 633–636.

Moon, J. W., Krems, J. A., & Cohen, A. B. (2018). "Religious people are trusted because they are viewed as slow life-history strategists." *Psychological Science*, 0956797617753606.

Moorehead, A. (1965). *African trilogy: The North African campaign 1940–43*. London: Hamish Hamilton.

Morgan, A. C., Economou, D., Way, S. F., & Clauset, A. (2018). *Prestige drives epistemic inequality in the diffusion of scientific ideas*. Retrieved from https://arxiv.org/abs/1805.09966

Morgan, T.J.H., Laland, K. N., & Harris, P. L. (2015). "The development of adaptive conformity in young children: Effects of uncertainty and consensus." *Developmental Science*, 18(4), 511–524.

Morgan, T.J.H., Rendell, L. E., Ehn, M., Hoppitt, W., & Laland, K. N. (2012). "The evolutionary basis of human social learning." *Proceedings of the Royal Society of London B: Biological Sciences*, 279(1729), 653–662.

Morin, E. (1969). *La Rumeur d'Orléans*. Paris: Seuil [『オルレアンのうわさ――女性誘拐のうわさとその神話作用』杉山光信訳、みすず書房、1997年].

Morin, O. (2016). *How traditions live and die*. New York: Oxford University Press.

Morton-Williams, P. (1956). "The Atinga cult among the south-western Yoruba: A sociological analysis of a witch-finding movement." *Bulletin de l'Institut Français d'Afrique Noire, Série B Sciences Humaines*, 18, 315–334.

Moscovici, S. (1981). *L'Age des foules*. Paris: Fayard [『群衆の時代――大衆心理学の史的考察』古田幸男訳、法政大学出版局、1984年].

Moscovici, S. (1985). "Social influence and conformity." In G. Lindzey & E. Aronson (Eds.), *Handbook of social psychology* (3rd ed., Vol. 2, pp. 347–412). New York: Random House.

Murdock, G. P., Wilson, S. F., & Frederick, V. (1978). "World distribution of theories of illness." *Ethnology*, 17, 449–470.

Murray, A. (1974). "Religion among the poor in thirteenth-century France: The testimony of Humbert de Romans." *Traditio*, 30, 285–324.

Myers, D. G. (2009). *Social psychology* (10th ed.). New York: McGraw-Hill.

Myers, D. G., & Bach, P. J. (1974). "Discussion effects on militarism-pacifism: A test of the group polarization hypothesis." *Journal of Personality and Social Psychology*, 30(6), 741–747.

Nadeau, R., Nevitte, N., Gidengil, E., & Blais, A. (2008). "Election campaigns as information campaigns: Who learns what and does it matter?" *Political Communication*, 25(3), 229–248.

Nair, G. (2018). "Misperceptions of relative affluence and support for international redistribution." *Journal of Politics*, 80(3), 815–830.

Naughton, T. J. (1996). "Relationship of personal and situational factors to managers' expectations of organizational change." *Psychological Reports*, 78(1), 313–314.

Nelissen, R. M., & Meijers, M. H. (2011). "Social benefits of luxury brands as costly signals of wealth and status." *Evolution and Human Behavior*, 32(5), 343–355.

Nichols, S. (2002). "On the genealogy of norms: A case for the role of emotion in cultural evolution." *Philosophy of Science*, 69(2), 234–255.

Nishida, N., Yano, H., Nishida, T., Kamura, T., & Kojiro, M. (2006). "Angiogenesis in cancer." *Vascular Health and Risk Management*, 2(3), 213–219.

Nitecki, M. H., Lemke, J. L., Pullman, H. W., & Johnson, M. E. (1978). "Acceptance of plate tectonic theory by geologists." *Geology*, 6(11), 661–664.

Norscia, I., & Palagi, E. (2011). "Yawn contagion and empathy in Homo sapiens." *PloS One*, 6(12), e28472.

Nunn, N., & Sanchez de la Sierra, R. (2017). "Why being wrong can be right: Magical warfare technologies and the persistence of false beliefs." *American Economic Review*, 107(5), 582–587.

Nyhan, B., Porter, E., Reifler, J., & Wood, T. (2017). *Taking corrections literally but not seriously? The effects of information on factual beliefs and candidate favorability*. Unpublished manuscript.

Nyhan, B., & Reifler, J. (2010). "When corrections fail: The persistence of political misperceptions." *Political Behavior*, 32(2), 303–330.

Nyhan, B., & Reifler, J. (2015). "Does correcting myths about the flu vaccine work? An experimental evaluation of the effects of corrective information." *Vaccine*, 33(3), 459–464.

O'Donnell, V., & Jowett, G. S. (1992). *Propaganda and persuasion*. New York: Sage.

Ong, A. (1987). *Spirits of resistance and capitalist discipline, Second Edition: Factory women in Malaysia*. Albany: SUNY Press.

Open Science Collaboration. (2015). "Estimating the reproducibility of psychological science." *Science*, 349(6251), aac4716.

Oreskes, N. (1988). "The rejection of continental drift." *Historical Studies in the Physical and Biological Sciences*, 18(2), 311–348.

Origgi, G. (2017). *Reputation: What it is and why it matters*. Princeton, NJ: Princeton University Press.

Osnos, E. (2014). *Age of ambition: Chasing fortune, truth, and faith in the new China*. London: Macmillan [『ネオ・チャイナ——富、真実、心のよりどころを求める13億人の

野望』笠井亮平訳、白水社、2015年].

Ostreiher, R., & Heifetz, A. (2017). "The sentinel behaviour of Arabian babbler floaters." *Royal Society Open Science*, 4(2), 160738.

Ostrom, E., Walker, J., & Gardner, R. (1992). "Covenants with and without a sword: Self-governance is possible." *American Political Science Review*, 86(2), 404–417.

Owren, M. J., & Bachorowski, J.-A. (2001). "The evolution of emotional experience: A 'selfish-gene' account of smiling and laughter in early hominids and humans." In T. J. Mayne & G. A. Bonanno (Eds.), *Emotions: Current issues and future directions* (pp. 152–191). New York: Guilford Press.

Parker, K., & Jaudel, E. (1989). *Police cell detention in Japan: The Daiyo Kangoku system: A report*. San Francisco: Association of Humanitarian Lawyers.

Peires, J. B. (1989). *The dead will arise: Nongqawuse and the great Xhosa cattle-killing movement of 1856–7*. Bloomington: Indiana University Press.

Peisakhin, L., & Rozenas, A. (2018). "Electoral effects of biased media: Russian television in Ukraine." *American Journal of Political Science*, 62(3), 535–550.

Pennycook, G., Cheyne, J. A., Barr, N., Koehler, D. J., & Fugelsang, J. A. (2015). "On the reception and detection of pseudo-profound bullshit." *Judgment and Decision Making*, 10(6), 549–563.

Pennycook, G., Cheyne, J. A., Seli, P., Koehler, D. J., & Fugelsang, J. A. (2012). "Analytic cognitive style predicts religious and paranormal belief." *Cognition*, 123(3), 335–346.

Pennycook, G., & Rand, D. G. (2018). "Lazy, not biased: Susceptibility to partisan fake news is better explained by lack of reasoning than by motivated reasoning." *Cognition*, 188, 39–50.

Perry, G. (2013). *Behind the shock machine: The untold story of the notorious Milgram psychology experiments*. New York: New Press.

Perry, G., Brannigan, A., Wanner, R. A., & Stam, H. (In press). "Credibility and incredulity in Milgram's obedience experiments: A reanalysis of an unpublished test." *Social Psychology Quarterly*. https://doi.org/10.1177/0190272519861952

Petersen, M. B., Osmundsen, M., & Arceneaux, K. (2018). *A "need for chaos" and the sharing of hostile political rumors in advanced democracies*. https://doi.org/10.31234/osf.io/6m4ts

Peterson, J. B. (2002). *Maps of meaning: The architecture of belief*. London: Routledge.

Petrocelli, J. V. (2018). "Antecedents of bullshitting." *Journal of Experimental Social Psychology*, 76, 249–258.

Petrova, M., & Yanagizawa-Drott, D. (2016). "Media persuasion, ethnic hatred, and mass violence." In C. H. Anderton & J. Brauer (Eds.), *Economic aspects of genocides, other mass atrocities, and their prevention* (p. 274–286). Oxford: Oxford University Press.

Pettegree, A. (2014). *The invention of news: How the world came to know about itself*. New Haven, CT: Yale University Press.

Petty, R. E., & Wegener, D. T. (1998). "Attitude change: Multiple roles for persuasion variables." In D. T. Gilbert, S. Fiske, & G. Lindzey (Eds.), *The handbook of social psychology* (pp. 323–390). Boston: McGraw-Hill.

Pfaff, S. (2001). "The limits of coercive surveillance: Social and penal control in the German Democratic Republic." *Punishment and Society*, 3(3), 381–407.

Pinker, S. (1997). *How the mind works*. New York: Norton［『心の仕組み』（上・下）椋田直子，山下篤子訳、筑摩書房、2013年］.

Planck, M. (1968). *Scientific autobiography and other papers* (F. Gaynor, Trans.). New York: Citadel Press.

Platow, M. J., Foddy, M., Yamagishi, T., Lim, L., & Chow, A. (2012). "Two experimental tests of trust in in-group strangers: The moderating role of common knowledge of group membership." *European Journal of Social Psychology*, 42(1), 30–35.

Pomper, G. M., & Lederman, S. S. (1980). *Elections in America: Control and influence in democratic politics*. New York: Longman.

Porter, S., & ten Brinke, L. (2008). "Reading between the lies: Identifying concealed and falsified emotions in universal facial expressions." *Psychological Science*, 19(5), 508–514.

Pound, J., & Zeckhauser, R. (1990). "Clearly heard on the street: The effect of takeover rumors on stock prices." *Journal of Business*, 63(3), 291–308.

Power, E. A. (2017). "Social support networks and religiosity in rural South India." *Nature Human Behaviour*, 1(3), 0057.

Prasad, J. (1935). "The psychology of rumour: A study relating to the great Indian earthquake of 1934." *British Journal of Psychology. General Section*, 26(1), 1–15.

Pratkanis, A. R., & Aronson, E. (1992). *Age of propaganda: The everyday use and abuse of persuasion*. New York: W. H. Freeman［『プロパガンダ――広告・政治宣伝のからくりを見抜く』社会行動研究会訳、誠信書房、1998年］.

Priniski, J., & Horne, Z. (2018). "Attitude change on Reddit's change my view." *Proceedings of the Cognitive Science Society Conference*.

Proulx, G., Fahy, R. F., & Walker, A. (2004). *Analysis of first-person accounts from survivors of the World Trade Center evacuation on September 11*. Retrieved from https://s3.amazonaws.com/academia.edu.documents/36860616/Analysis_of_First-Person_Accounts.PDF?AWSAccessKeyId=AKIAIWOWYYGZ2Y53UL3A&Expires=1542920752&Signature=S5zsNHIA%2BObbcYJA%2BSBpXT%2BGrR8%3D&response-content-disposition=inline%3B%20filename%3DAnalysis_of_First-Person_Accounts_PDF.pdf

Pulford, B. D., Colman, A. M., Buabang, E. K., & Krockow, E. M. (2018). "The persuasive power of knowledge: Testing the confidence heuristic." *Journal of Experimental Psychology: General*, 147(10), 1431–1444.

Puschmann, C. (2018, November). "Beyond the bubble: Assessing the diversity of political search results." *Digital Journalism*, doi: https://doi.org/10.1080/21670811.2018.1539626

Radelet, M. L., Bedau, H. A., & Putnam, C. E. (1994). *In spite of innocence: Erroneous convictions in capital cases*. Boston: Northeastern University Press.
Rankin, P. J., & Philip, P. J. (1963). "An epidemic of laughing in the Bukoba district of Tanganyika." *Central African Journal of Medicine*, 9(5), 167–170.
Raskin, D. C., Honts, C. R., & Kircher, J. C. (2013). *Credibility assessment: Scientific research and applications*. London: Academic Press.
Ratcliffe, J. M., Fenton, M. B., & Galef, B. G., Jr. (2003). "An exception to the rule: Common vampire bats do not learn taste aversions." *Animal Behaviour*, 65(2), 385–389.
Reed, L. I., DeScioli, P., & Pinker, S. A. (2014). "The commitment function of angry facial expressions." *Psychological Science*, 25(8), 1511–1517.
Reicher, S. D. (1996). "'The Crowd' century: Reconciling practical success with theoretical failure." *British Journal of Social Psychology*, 35(4), 535–553.
Reicher, S. D., Haslam, S. A., & Smith, J. R. (2012). "Working toward the experimenter: Reconceptualizing obedience within the Milgram paradigm as identification-based followership." *Perspectives on Psychological Science*, 7(4), 315–324.
Reid, T. (1970). *Inquiry into the human mind*. Chicago: University of Chicago Press. (Original work published 1764.)
Reyes-Jaquez, B., & Echols, C. H. (2015). "Playing by the rules: Self-interest information influences children's trust and trustworthiness in the absence of feedback." *Cognition*, 134, 140–154.
Richerson, P. J., & Boyd, R. (2005). *Not by genes alone*. Chicago: University of Chicago Press.
Richter, T., Schroeder, S., & Wöhrmann, B. (2009). "You don't have to believe everything you read: Background knowledge permits fast and efficient validation of information." *Journal of Personality and Social Psychology*, 96(3), 538–558.
Robbins, T. (1988). *Cults, converts and charisma: The sociology of new religious movements*. New York: Sage.
Roberts, M. E. (2018). *Censored: Distraction and diversion inside China's great firewall*. Princeton, NJ: Princeton University Press.
Robertson, R. E., Jiang, S., Joseph, K., Friedland, L., Lazer, D., & Wilson, C. (2018). "Auditing partisan audience bias within Google search." *Proceedings of the ACM on Human-Computer Interaction*, 2(CSCW). Retrieved from https://dl.acm.org/citation.cfm?id=3274417
Robertson, T. E., Sznycer, D., Delton, A. W., Tooby, J., & Cosmides, L. (2018). "The true trigger of shame: Social devaluation is sufficient, wrongdoing is unnecessary." *Evolution and Human Behavior*, 39(5), 566–573.
Robinson, E. J., Champion, H., & Mitchell, P. (1999). "Children's ability to infer utterance veracity from speaker informedness." *Developmental Psychology*, 35(2), 535–546.
Robinson, F. G. (1988). "The characterization of Jim in Huckleberry Finn."

NineteenthCentury Literature, 43(3), 361–391.

Robisheaux, T. W. (2009). *The last witch of Langenburg: Murder in a German village*. New York: Norton.

Rocher, L. (1964). "The theory of proof in ancient Hindu law." *Recueil de La Société Jean Bodin*, 18, 325–371.

Rogers, T., & Nickerson, D. (2013). *Can inaccurate beliefs about incumbents be changed? And can reframing change votes?* Retrieved from https://papers.ssrn.com/sol3/papers.cfm?abstract_id=2271654

Rose, R., Mishler, W. T., & Munro, N. (2011). *Popular support for an undemocratic regime: The changing views of Russians*. https://doi.org/10.1017/CBO9780511809200

Rosnow, R. L. (1991). "Inside rumor: A personal journey." *American Psychologist*, 46(5), 484–496.

Rothbard, M. N. (2003). *The ethics of liberty*. New York: NYU Press.

Roulin, N., & Ternes, M. (2019). "Is it time to kill the detection wizard? Emotional intelligence does not facilitate deception detection." *Personality and Individual Differences*, 137, 131–138.

Rousseau, J.-J. (2002). *The social contract: And, the first and second discourses* (G. May, Trans.). New Haven, CT: Yale University Press［『社会契約論』作田啓一訳、白水社、2010年］.

Roy, O. (2016). *Le djihad et la mort*. Paris: Le Seuil［『ジハードと死』辻由美訳、新評論、2019年］.

Royed, T. J. (1996). "Testing the mandate model in Britain and the United States: Evidence from the Reagan and Thatcher eras." *British Journal of Political Science*, 26(1), 45–80.

Rozin, P. (1976). "The selection of foods by rats, humans, and other animals." In R. A. Rosenblatt, A. Hind, E. Shaw, & C. Beer (Eds.), *Advances in the study of behavior* (Vol. 6, pp. 21–76). New York: Academic Press.

Rudé, G. (1959). *The crowd in the French Revolution*. Oxford: Oxford University Press［『フランス革命と群衆』前川貞次郎，野口名隆，服部春彦訳、ミネルヴァ書房、1996年］.

Rumsey, A., & Niles, D. (Eds.). (2011). *Sung tales from the Papua New Guinea highlands: Studies in form, meaning, and sociocultural context*. Camberra: ANU E Press.

Sadler, O., & Tesser, A. (1973). "Some effects of salience and time upon interpersonal hostility and attraction during social isolation." *Sociometry*, 36(1), 99–112.

Safra, L., Baumard, N., & Chevallier, C. (submitted). *Why would anyone elect an untrustworthy and narcissistic leader*.

Sala, G., Aksayli, N. D., Tatlidil, K. S., Tatsumi, T., Gondo, Y., & Gobet, F. (2018). "Near and far transfer in cognitive training: A second-order meta-analysis." *Collabra: Psychology*, 5, 18. DOI: doi:10.1525/collabra.203

Sala, G., & Gobet, F. (2017). “Does far transfer exist? Negative evidence from chess, music, and working memory training.” *Current Directions in Psychological Science*, 26(6), 515–520.

Sala, G., & Gobet, F. (2018). “Cognitive training does not enhance general cognition.” *Trends in Cognitive Sciences*, 23(1), 9–20.

Sally, D. (1995). “Conversation and cooperation in social dilemmas.” *Rationality and Society*, 7(1), 58–92.

Salter, S. (1983). “Structures of consensus and coercion: Workers’ morale and the maintenance of work discipline, 1939–1945.” In D. Welch (Ed.), *Nazi propaganda: The power and the limitations* (pp. 88–116). London: Croom Helm.

San Roque, L., & Loughnane, R. (2012). “The New Guinea Highlands evidentiality area.” *Linguistic Typology*, 16(1), 111–167.

Schieffelin, B. B. (1995). “Creating evidence.” *Pragmatics: Quarterly Publication of the International Pragmatics Association*, 5(2), 225–243.

Schniter, E., Sheremeta, R. M., & Sznycer, D. (2013). “Building and rebuilding trust with promises and apologies.” *Journal of Economic Behavior and Organization*, 94, 242–256.

Schroeder, E., & Stone, D. F. (2015). *Fox News and political knowledge. Journal of Public Economics*, 126, 52–63.

Schultz, D. P. (1964). *Panic behavior: Discussion and readings* (Vol. 28). New York: Random House.

Schweingruber, D., & Wohlstein, R. T. (2005). “The madding crowd goes to school: Myths about crowds in introductory sociology textbooks.” *Teaching Sociology*, 33(2), 136–153.

Scott, J. C. (1990). *Domination and the arts of resistance: Hidden transcripts*. New Haven, CT: Yale University Press.

Scott, J. C. (2008). *Weapons of the weak: Everyday forms of peasant resistance*. New Haven, CT: Yale University Press.

Scott-Phillips, T. C. (2008). “Defining biological communication.” *Journal of Evolutionary Biology*, 21(2), 387–395.

Scott-Phillips, T. C. (2014). *Speaking our minds: Why human communication is different, and how language evolved to make it special*. London: Palgrave Macmillan.

Scott-Phillips, T. C., Blythe, R. A., Gardner, A., & West, S. A. (2012). “How do communication systems emerge?” *Proceedings of the Royal Society B: Biological Sciences*, 279(1735), 1943–1949.

Seabright, P. (2004). *The company of strangers: A natural history of economic life*. Princeton: Princeton University Press [『殺人ザルはいかにして経済に目覚めたか？——ヒトの進化からみた経済学』山形浩生，森本正史訳、みすず書房、2014年].

Sebestyen, V. (2009). *Revolution 1989: The fall of the Soviet empire*. London: Hachette UK [『東欧革命1989——ソ連帝国の崩壊』三浦元博，山崎博康訳、白水社、2017

年］.

Selb, P., & Munzert, S. (2018). "Examining a most likely case for strong campaign effects: Hitler's speeches and the rise of the Nazi Party, 1927–1933." *American Political Science Review*, 112(4), 1050–1066.

Sell, A., Tooby, J., & Cosmides, L. (2009). "Formidability and the logic of human anger." *Proceedings of the National Academy of Sciences*, 106(35), 15073–15078.

Seyfarth, R. M., Cheney, D. L., & Marler, P. (1980). "Vervet monkey alarm calls: Semantic communication in a free-ranging primate." *Animal Behaviour,* 28(4), 1070–1094.

Shea, N., Boldt, A., Bang, D., Yeung, N., Heyes, C., & Frith, C. D. (2014). "Suprapersonal cognitive control and metacognition." *Trends in Cognitive Sciences*, 18(4), 186–193.

Shibutani, T. (1966). *Improvised news: A sociological study of rumor*. New York: Bobbs-Merrill［『流言と社会』広井脩，橋元良明，後藤将之訳、東京創元社、1985年］.

Shore, J., Baek, J., & Dellarocas, C. (2018). "Network structure and patterns of information diversity on Twitter." *MIS Quarterly*, 42(3), 849–872.

Shtulman, A. (2006). "Qualitative differences between naïve and scientific theories of evolution." *Cognitive Psychology*, 52(2), 170–194.

Shtulman, A. (2017). *Scienceblind: Why our intuitive theories about the world are so often wrong*. New York: Basic Books.

Shtulman, A., & Valcarcel, J. (2012). "Scientific knowledge suppresses but does not supplant earlier intuitions." *Cognition*, 124(2), 209–215.

Sighele, S. (1901). *La foule criminelle: Essai de psychologie collective*. Paris: Alcan.

Signer, M. (2009). *Demagogue: The fight to save democracy from its worst enemies*. New York: Macmillan.

Sigurdsson, J. F., & Gudjonsson, G. H. (1996). "The psychological characteristics of'false confessors': A study among Icelandic prison inmates and juvenile offenders." *Personality and Individual Differences*, 20(3), 321–329.

Silver, B. (1987). "Political beliefs of the Soviet citizen: Sources of support for regime norms." In J. R. Millar (Ed.), *Politics, work, and daily life in the USSR*. New York: Cambridge University Press.

Silver, I., & Shaw, A. (2018). "No harm, still foul: Concerns about reputation drive dislike of harmless plagiarizers." *Cognitive Science*, 42(S1), 213–240.

Simler, K., & Hanson, R. (2017). *The elephant in the brain: Hidden motives in everyday life*. New York: Oxford University Press［『人が自分をだます理由——自己欺瞞の進化心理学』大槻敦子訳、原書房、2019年］.

Singh, M. (2018). "The cultural evolution of shamanism." *Behavioral and Brain Sciences*, 41, e66.

Sinha, D. (1952). "Behaviour in a catastrophic situation: A psychological study of reports and rumours." *British Journal of Psychology*. General Section, 43(3), 200–209.

Sklar, A. Y., Levy, N., Goldstein, A., Mandel, R., Maril, A., & Hassin, R. R. (2012). "Reading and doing arithmetic nonconsciously." *Proceedings of the National Academy of Sciences*, 109(48), 19614–19619.

Smith, E. A., & Bird, R.L.B. (2000). "Turtle hunting and tombstone opening: Public generosity as costly signaling." *Evolution and Human Behavior*, 21(4), 245–261.

Smith, M. J., Ellenberg, S. S., Bell, L. M., & Rubin, D. M. (2008). "Media coverage of the measles-mumps-rubella vaccine and autism controversy and its relationship to MMR immunization rates in the United States." *Pediatrics*, 121(4), e836–e843.

Sniezek, J. A., Schrah, G. E., & Dalal, R. S. (2004). "Improving judgement with prepaid expert advice." *Journal of Behavioral Decision Making*, 17(3), 173–190.

Snow, David A., & Phillips, C. L. (1980). "The Lofland-Stark conversion model: A critical reassessment." *Social Problems*, 27(4), 430–447.

Snyder, J. M., & Strömberg, D. (2010). "Press coverage and political accountability." *Journal of Political Economy*, 118(2), 355–408.

Sodian, B., Thoermer, C., & Dietrich, N. (2006). "Two- to four-year-old children's differentiation of knowing and guessing in a non-verbal task." *European Journal of Developmental Psychology*, 3(3), 222–237.

Sokal, A. D., & Bricmont, J. (1998). *Intellectual impostures: Postmodern philosophers' abuse of science*. London: Profile Books.

Sommer, C. (2011). "Alarm calling and sentinel behaviour in Arabian babblers." *Bioacoustics*, 20(3), 357–368.

Sperber, D. (1975). *Rethinking symbolism*. Cambridge: Cambridge University Press.

Sperber, D. (1994). "The modularity of thought and the epidemiology of representations." In L. A. Hirschfeld & S. A. Gelman (Eds.), *Mapping the mind: Domain specificity in cognition and culture* (pp. 39–67). Cambridge: Cambridge University Press.

Sperber, D. (1997). "Intuitive and reflective beliefs." *Mind and Language*, 12(1), 67–83.

Sperber, D. (2010). "The guru effect." *Review of Philosophy and Psychology*, 1(4), 583–592.

Sperber, D., & Baumard, N. (2012). "Moral reputation: An evolutionary and cognitive perspective." *Mind and Language*, 27(5), 495–518.

Sperber, D., Clément, F., Heintz, C., Mascaro, O., Mercier, H., Origgi, G., & Wilson, D. (2010). "Epistemic vigilance." *Mind and Language*, 25(4), 359–393.

Sperber, D., & Mercier, H. (2018). "Why a modular approach to reason?" *Mind and Language*, 131(4), 496–501.

Sperber, D., & Wilson, D. (1995). *Relevance: Communication and cognition*. New York: Wiley-Blackwell［『関連性理論――伝達と認知』内田聖二，中逵俊明訳、研究社出版、1999年］.

Stanley, J. (2015). *How propaganda works*. New York: Princeton University Press.

Stapleton, T. J. (1991). "'They no longer care for their chiefs': Another look at the Xhosa

cattle-killing of 1856–1857." *International Journal of African Historical Studies*, 24(2), 383–392.

Stark, R. (1984). *The rise of a new world faith. Review of Religious Research*, 26(1), 18–27.

Stark, R. (1996). *The rise of Christianity: A sociologist reconsiders history*. Princeton, NJ: Princeton University Press.

Stark, R. (1999). "Secularization, RIP." *Sociology of Religion*, 60(3), 249–273.

Stark, R., & Bainbridge, W. S. (1980). "Networks of faith: Interpersonal bonds and recruitment to cults and sects." *American Journal of Sociology*, 85(6), 1376–1395.

Stenberg, G. (2013). "Do 12-month-old infants trust a competent adult?" *Infancy*, 18(5), 873–904.

Sterelny, K. (2012). *The evolved apprentice*. Cambridge, MA: MIT Press [『進化の弟子——ヒトは学んで人になった』田中泉吏, 中尾央, 源河亨, 菅原裕輝訳、勁草書房、2013年].

Sternberg, R. J. (1985). *Beyond IQ: A triarchic theory of human intelligence*. Cambridge: Cambridge University Press.

Stibbard-Hawkes, D. N., Attenborough, R. D., & Marlowe, F. W. (2018). "A noisy signal: To what extent are Hadza hunting reputations predictive of actual hunting skills?" *Evolution and Human Behavior*, 39(6), 639–651.

Stimson, J. A. (2004). *Tides of consent: How public opinion shapes American politics*. Cambridge: Cambridge University Press.

Stone, J. R. (2016). *The craft of religious studies*. New York: Springer.

Stout, M. J. (2011). *The effectiveness of Nazi propaganda during World War II* (master's thesis). Eastern Michigan University.

Strahan, E. J., Spencer, S. J., & Zanna, M. P. (2002). "Subliminal priming and persuasion: Striking while the iron is hot." *Journal of Experimental Social Psychology*, 38(6), 556–568.

Strandburg-Peshkin, A., Farine, D. R., Couzin, I. D., & Crofoot, M. C. (2015). "Shared decision-making drives collective movement in wild baboons." *Science*, 348(6241), 1358–1361.

Strauss, C., & Quinn, N. (1997). *A cognitive theory of cultural meaning*. Cambridge: Cambridge University Press.

Street, C. N. H., & Richardson, D. C. (2015). "Lies, damn lies, and expectations: How base rates inform lie-truth judgments." *Applied Cognitive Psychology*, 29(1), 149–155.

Strömberg, D. (2004). Radio's impact on public spending. *Quarterly Journal of Economics*, 119(1), 189–221.

Stroud, N. J., & Lee, J. K. (2013). "Perceptions of cable news credibility." *Mass Communication and Society*, 16(1), 67–88.

Sunstein, C. R. (2018). *#Republic: Divided democracy in the age of social media*. New York: Princeton University Press. [『#リパブリック——インターネットは民主主義にな

にをもたらすのか』伊達尚美訳、勁草書房、2018年]
Surowiecki, J. (2005). *The wisdom of crowds*. New York: Anchor Books [『「みんなの意見」は案外正しい』小高尚子訳、角川書店、2006年].
Svolik, M. W. (2012). *The politics of authoritarian rule*. Cambridge: Cambridge University Press.
Sznycer, D., Schniter, E., Tooby, J., & Cosmides, L. (2015). "Regulatory adaptations for delivering information: The case of confession." *Evolution and Human Behavior*, 36(1), 44–51.
Sznycer, D., Xygalatas, D., Agey, E., Alami, S., An, X.-F., Ananyeva, K. I., ... Flores, C. (2018). "Cross-cultural invariances in the architecture of shame." *Proceedings of the National Academy of Sciences*, 115(39), 9702–9707.
Taber, C. S., & Lodge, M. (2006). "Motivated skepticism in the evaluation of political beliefs." *American Journal of Political Science*, 50(3), 755–769.
Taine, H. (1876). *The origins of contemporary France*. London: H. Holt.
Taine, H. (1885). *The French Revolution* (Vol. 1). London: H. Holt.
Taleb, N. (2005). *Fooled by randomness: The hidden role of chance in life and in the markets*. New York: Random House [『まぐれ――投資家はなぜ、運を実力と勘違いするのか』望月衛訳、ダイヤモンド社、2008年].
Tamis-LeMonda, C. S., Adolph, K. E., Lobo, S. A., Karasik, L. B., Ishak, S., & Dimitropoulou, K. A. (2008). "When infants take mothers' advice: 18-month-olds integrate perceptual and social information to guide motor action." *Developmental Psychology*, 44(3), 734–746.
Tappin, B. M., & Gadsby, S. (2019). "Biased belief in the Bayesian brain: A deeper look at the evidence." *Consciousness and Cognition*, 68, 107–114.
Tappin, B. M., & McKay, R. T. (2019). "Moral polarization and out-party hostility in the US political context." *Journal of Social and Political Psychology*, 7(1), 213–245.
Tarde, G. (1892). "Les crimes des foules." *Archives de l'Anthropologie Criminelle*, 7, 353–386.
Tarde, G. (1900). *Les lois de l'imitation: Étude sociologique. Paris*: Alcan [『模倣の法則』池田祥英，村澤真保呂訳、河出書房新社、2016年].
Tellis, G. J. (1988). "Advertising exposure, loyalty, and brand purchase: A two-stage model of choice." *Journal of Marketing Research*, 25(2), 134–144.
Tellis, G. J. (2003). *Effective advertising: Understanding when, how, and why advertising works*. London: Sage.
Tellis, G. J., Chandy, R., & Thaivanich, P. (2000). "Decomposing the effects of direct advertising: Which brand works, when, where, and how long?" *Journal of Marketing Research*, 37(1), 32–46.
ten Brinke, L., MacDonald, S., Porter, S., & O'Connor, B. (2012). "Crocodile tears: Facial, verbal and body language behaviours associated with genuine and fabricated remorse." *Law*

and Human Behavior, 36(1), 51–59.

Tenney, E. R., MacCoun, R. J., Spellman, B. A., & Hastie, R. (2007). "Calibration trumps confidence as a basis for witness credibility." *Psychological Science*, 18(1), 46–50.

Tenney, E. R., Small, J. E., Kondrad, R. L., Jaswal, V. K., & Spellman, B. A. (2011)."Accuracy, confidence, and calibration: How young children and adults assess credibility." *Developmental Psychology*, 47(4), 1065.

Tenney, E. R., Spellman, B. A., & MacCoun, R. J. (2008). "The benefits of knowing what you know (and what you don't): How calibration affects credibility." *Journal of Experimental Social Psychology*, 44(5), 1368–1375.

Terrier, N., Bernard, S., Mercier, H., & Clément, F. (2016). "Visual access trumps gender in 3- and 4-year-old children's endorsement of testimony." *Journal of Experimental Child Psychology*, 146, 223–230.

Tesser, A. (1978). "Self-generated attitude change." In L. Berkowitz (Ed.), *Advances in Experimental Social Psychology* (pp. 289–338). New York: Academic Press.

Thagard, P. (2005). "Testimony, credibility, and explanatory coherence." *Erkenntnis*, 63(3), 295–316.

Thomas, K. (1971). *Religion and the decline of magic*. London: Weidenfeld and Nicolson［『宗教と魔術の衰退』荒木正純訳、法政大学出版局、1993年］.

Thomas, M. (in press). "Was television responsible for a new generation of smokers?" *Journal of Consumer Research*. https://doi.org/10.1093/jcr/ucz024

Thorndike, E. L. (1917). *The principles of teaching*. New York: AG Seiler.

Tilly, L., & Tilly, R. (1975). *The rebellious century, 1830–1930*. Cambridge: Cambridge University Press.

Tismaneanu, V. (1989). "The tragicomedy of Romanian communism." *East European Politics and Societies*, 3(2), 329–376.

Todorov, A., Funk, F., & Olivola, C. Y. (2015). "Response to Bonnefon et al.: Limited "kernels of truth" in facial inferences." *Trends in Cognitive Sciences*, 19(8), 422–423.

Tomasello, M., Call, J., & Gluckman, A. (1997). "Comprehension of novel communicative signs by apes and human children." *Child Development*, 68(6), 1067–1080.

Tooby, J., Cosmides, L., & Price, M. E. (2006). "Cognitive adaptations for n-person exchange: The evolutionary roots of organizational behavior." *Managerial and Decision Economics*, 27(2–3), 103–129.

Torrey, N. L. (1961). *Les Philosophes: The philosophers of the Enlightenment and modern democracy*. New York: Capricorn Books.

Trappey, C. (1996). "A meta-analysis of consumer choice and subliminal advertising." *Psychology and Marketing*, 13(5), 517–530.

Trouche, E., Sander, E., & Mercier, H. (2014). "Arguments, more than confidence, explain the good performance of reasoning groups." *Journal of Experimental Psychology: General*,

143(5), 1958–1971.

Trouche, E., Shao, J., & Mercier, H. (2019). "How is argument evaluation biased?" *Argumentation*, 33(1), 23–43.

Turner, P. A. (1992). "Ambivalent patrons: The role of rumor and contemporary legends in African-American consumer decisions." *Journal of American Folklore*, 105(418), 424–441.

Turner, R. H. (1964). "Collective behavior." In R.E.L. Paris (Ed.), *Handbook of modern sociology* (pp. 382–425). Chicago: Rand McNally.

Turner, R. H., & Killian, L. M. (1972). *Collective behavior*. Englewood Cliffs, NJ: Prentice-Hall.

Tyndale-Biscoe, C. H. (2005). *Life of marsupials*. Clayton: CSIRO Publishing.

Ullmann, W. (1946). "Medieval principles of evidence." *Law Quarterly Review*, 62, 77–87.

Umbres, R. (2018). *Epistemic vigilance and the social mechanisms of mirthful deception in fool's errands*. Manuscript in preparation.

Underwood, R. H. (1995). "Truth verifiers: From the hot iron to the lie detector." *Kentucky Law Journal*, 84, 597–642.

VanderBorght, M., & Jaswal, V. K. (2009). "Who knows best? Preschoolers sometimes prefer child informants over adult informants." *Infant and Child Development: An International Journal of Research and Practice*, 18(1), 61–71.

van der Linden, S., Maibach, E., & Leiserowitz, A. (2019, May). "Exposure to scientific consensus does not cause psychological reactance." *Environmental Communication*, DOI: https://doi.org/10.1080/17524032.2019.1617763

Van Doorn, G., & Miloyan, B. (2017). "The Pepsi paradox: A review." *Food Quality and Preference*, 65, 194–197.

van Prooijen, J.-W., & Van Vugt, M. (2018). "Conspiracy theories: Evolved functions and psychological mechanisms." *Perspectives on Psychological Science*, 13(6), 770–788.

Van Zant, A. B., & Andrade, E. B. (submitted). "Is there a 'voice' of certainty? Speakers' certainty is detected through paralanguage."

Vargo, C. J., Guo, L., & Amazeen, M. A. (2018). "The agenda-setting power of fake news: A big data analysis of the online media landscape from 2014 to 2016." *New Media and Society*, 20(5), 2028–2049.

Veyne, P. (2002). "Lisibilité des images, propagande et apparat monarchique dans l'Empire romain." *Revue Historique*, 621(1), 3–30.

Vinokur, A. (1971). "Review and theoretical analysis of the effects of group processes upon individual and group decisions involving risk." *Psychological Bulletin*, 76(4), 231–250.

Voigtländer, N., & Voth, H.-J. (2014). *Highway to Hitler*. NBER Working Paper No. 20150. Retrieved from https://www.nber.org/papers/w20150

Voigtländer, N., & Voth, H.-J. (2015). "Nazi indoctrination and anti-Semitic beliefs in Germany." *Proceedings of the National Academy of Sciences*, 112(26), 7931–7936.

von Hippel, W., & Trivers, R. (2011). "The evolution and psychology of self-deception." *Behavioral and Brain Sciences*, 34(1), 1–16.

Vosoughi, S., Roy, D., & Aral, S. (2018). "The spread of true and false news online." *Science*, 359(6380), 1146–1151.

Vrij, A. (2000). *Detecting lies and deceit: The psychology of lying and the implications for professional practice*. Chichester, U.K.: Wiley.

Vullioud, C., Clément, F., Scott-Phillips, T. C., & Mercier, H. (2017). "Confidence as an expression of commitment: Why misplaced expressions of confidence backfire." *Evolution and Human Behavior*, 38(1), 9–17.

Walter, N., & Murphy, S. T. (2018). "How to unring the bell: A meta-analytic approach to correction of misinformation." *Communication Monographs*, 85(3), 1–19.

Wang, S. (1995). *Failure of charisma: The Cultural Revolution in Wuhan*. New York: Oxford University Press.

Ward, B. E. (1956). "Some observations on religious cults in Ashanti." *Africa*, 26(1), 47–61.

Warren, Z. J., & Power, S. A. (2015). "It is contagious: Rethinking a metaphor dialogically." *Culture and Psychology*, 21(3), 359–379.

Watts, D. J. (2011). *Everything is obvious: Once you know the answer*. New York: Crown Business [『偶然の科学』青木創訳、早川書房、2014年].

Weber, E. (2000). *Apocalypses: Prophecies, cults, and millennial beliefs through the ages*. Cambridge, MA: Harvard University Press.

Webster, S. W., & Abramowitz, A. I. (2017). "The ideological foundations of affective polarization in the US electorate." *American Politics Research*, 45(4), 621–647.

Wedeen, L. (2015). *Ambiguities of domination: Politics, rhetoric, and symbols in contemporary Syria*. Chicago: University of Chicago Press.

Weinberg, S. B., & Eich, R. K. (1978). "Fighting fire with fire: Establishment of a rumor control center." *Communication Quarterly*, 26(3), 26–31.

Weinberger, S. (2010). "Airport security: Intent to deceive?" *Nature*, 465(7297), 412–415.

Weisberg, D. S., Keil, F. C., Goodstein, J., Rawson, E., & Gray, J. R. (2008). "The seductive allure of neuroscience explanations." *Journal of Cognitive Neuroscience*, 20(3), 470–477.

Weisbuch, M., & Ambady, N. (2008). "Affective divergence: Automatic responses to others' emotions depend on group membership." *Journal of Personality and Social Psychology*, 95(5), 1063–1079.

Westfall, J., Van Boven, L., Chambers, J. R., & Judd, C. M. (2015). "Perceiving political polarization in the United States: Party identity strength and attitude extremity exacerbate the perceived partisan divide." *Perspectives on Psychological Science*, 10(2), 145–158.

Westwood, S. J., Peterson, E., & Lelkes, Y. (2018). *Are there still limits on partisan prejudice?* Working paper. Retrieved from https://www.dartmouth .edu/~seanjwestwood/papers/stillLimits.pdf

Whedbee, K. E. (2004). "Reclaiming rhetorical democracy: George Grote's defense of Gleon and the Athenian demagogues." *Rhetoric Society Quarterly*, 34(4), 71–95.

White, J. W. (2016). *Ikki: Social conflict and political protest in early modern Japan*. Ithaca, NY: Cornell University Press.

Williams, G. C. (1966). *Adaptation and natural selection*. Princeton, NJ: Princeton University Press.

Willis, R. G. (1970). "Instant millennium: The sociology of African witch-cleansing cults." In M. Douglas (Ed.), *Witchcraft confessions and accusations* (pp. 129–140). London: Routledge.

Winterling, A. (2011). *Caligula: A biography*. Los Angeles: University of California Press.

Wirtz, J. G., Sparks, J. V., & Zimbres, T. M. (2018). "The effect of exposure to sexual appeals in advertisements on memory, attitude, and purchase intention: A metaanalytic review." *International Journal of Advertising*, 37(2), 168–198.

Wiswede, D., Koranyi, N., Müller, F., Langner, O., & Rothermund, K. (2012). "Validating the truth of propositions: Behavioral and ERP indicators of truth evaluation processes." *Social Cognitive and Affective Neuroscience*, 8(6), 647–653.

Wlezien, C. (1995). "The public as thermostat: Dynamics of preferences for spending." *American Journal of Political Science*, 39(4), 981–1000.

Wohlstetter, R. (1962). *Pearl Harbor: Warning and decision*. Stanford, CA: Stanford University Press［『パールハーバー――トップは情報洪水の中でいかに決断すべきか』岩島久夫，岩島斐子訳、読売新聞社、1987年］.

Wood, J., Glynn, D., Phillips, B., & Hauser, M. D. (2007). "The perception of rational, goal-directed action in nonhuman primates." *Science*, 317(5843), 1402–1405.

Wood, T., & Porter, E. (2016). *The elusive backfire effect: Mass attitudes' steadfast factual adherence*. Retrieved from https://papers.ssrn.com/sol3/papers.cfm?abstract_id=2819073

Wootton, D. (2006). *Bad medicine: Doctors doing harm since Hippocrates*. Oxford: Oxford University Press.

Wootton, D. (2015). *The invention of science: A new history of the scientific revolution*. London: Harper.

Wray, M. K., Klein, B. A., Mattila, H. R., & Seeley, T. D. (2008). "Honeybees do not reject dances for 'implausible' locations: Reconsidering the evidence for cognitive maps in insects." *Animal Behaviour*, 76(2), 261–269.

Wright, J. (1997). "Helping-at-the-nest in Arabian babblers: Signalling social status or sensible investment in chicks?" *Animal Behaviour*, 54(6), 1439–1448.

Wright, J., Parker, P. G., & Lundy, K. J. (1999). "Relatedness and chick-feeding effort in the cooperatively breeding Arabian babbler." *Animal Behaviour*, 58(4), 779–785.

Wright, R. (2009). *The evolution of God*. New York: Little, Brown.

Yamagishi, T. (2001). "Trust as a form of social intelligence." In K. Cook (Ed.), *Trust in*

society (pp. 121–147). New York: Russell Sage Foundation.

Yang, J., Rojas, H., Wojcieszak, M., Aalberg, T., Coen, S., Curran, J., ... Mazzoleni, G. (2016). "Why are "others" so polarized? Perceived political polarization and media use in 10 countries." *Journal of Computer-Mediated Communication*, 21(5), 349–367.

Yaniv, I. (2004). "Receiving other people's advice: Influence and benefit." *Organizational Behavior and Human Decision Processes*, 93(1), 1–13.

Yaniv, I., & Kleinberger, E. (2000). "Advice taking in decision making: Egocentric discounting and reputation formation." *Organizational Behavior and Human Decision Processes*, 83(2), 260–281.

Zahavi, A., & Zahavi, A. (1997). *The handicap principle: A missing piece of Darwin's puzzle*. Oxford: Oxford University Press.

Zeifman, D. M., & Brown, S. A. (2011). "Age-related changes in the signal value of tears." *Evolutionary Psychology*, 9(3), 147470491100900300.

Zimbardo, P. G., Johnson, R., & McCann, V. (2012). *Psychology: Core concepts with DSM-5 update* (7th ed.). Boston: Pearson Education.

Zipperstein, S. J. (2018). *Pogrom: Kishinev and the tilt of history*. New York: Liveright.

Zollo, F., Bessi, A., Del Vicario, M., Scala, A., Caldarelli, G., Shekhtman, L., ... Quattrociocchi, W. (2017). "Debunking in a world of tribes." *PloS One*, 12(7), e0181821.

NOT BORN YESTERDAY:
The Science of Who We Trust and What We Believe
By Hugo Mercier

人は簡単には騙されない
嘘と信用の認知科学

2021年2月15日　第1刷印刷
2021年3月 5 日　第1刷発行

著者――ヒューゴ・メルシエ
訳者――高橋洋

発行者――清水一人
発行所――青土社

〒101-0051　東京都千代田区神田神保町1-29　市瀬ビル
［電話］03-3291-9831（編集）　03-3294-7829（営業）
［振替］00190-7-192955

組版――フレックスアート
印刷・製本――シナノ印刷

装幀――大倉真一郎

ISBN978-4-7917-7364-0　C0040